掌尚文化

Culture is Future

尚文化・掌天下

Financial Support for Agricultural Modernization in Jiangsu Province

《产业金融》丛书

金融支持农业现代化的江苏实践

闫海峰　丁灿　编著

经济管理出版社
ECONOMY & MANAGEMENT PUBLISHING HOUSE

图书在版编目（CIP）数据

金融支持农业现代化的江苏实践 / 闫海峰，丁灿编著 . — 北京：经济管理出版社，2021.4
ISBN 978-7-5096-7926-5

Ⅰ . ①金… Ⅱ . ①闫… ②丁… Ⅲ . ①农村金融—金融支持—农业现代化—研究—江苏
Ⅳ . ① F327.53

中国版本图书馆 CIP 数据核字（2021）第 068224 号

策划编辑：宋 娜
责任编辑：宋 娜 谢 妙
责任印制：黄章平
责任校对：张晓燕

出版发行：经济管理出版社
（北京市海淀区北蜂窝 8 号中雅大厦 A 座 11 层 100038）
网 址：www.E-mp.com.cn
电 话：（010）51915602
印 刷：唐山昊达印刷有限公司
经 销：新华书店
开 本：710mm×1000mm /16
印 张：24.25
字 数：419 千字
版 次：2021 年 8 月第 1 版 2021 年 8 月第 1 次印刷
书 号：ISBN 978-7-5096-7926-5
定 价：98.00 元

编写指导委员会

主任

徐　立　江苏省金融业联合会秘书长

副主任

吴万善　江苏省农村信用社联合社理事长

成员

徐之顺　江苏省社科联副主席

许加林　江苏省证监局副局长

许承明　晓庄学院校长

华仁海　南京财经大学副校长

专业顾问

葛　扬　南京大学商学院经济学院副院长、教授

林乐芬　南京农业大学教授

孙　杨　南京审计大学经济与金融研究院院长、江苏紫金产业金融发展研究院副院长、教授

主编

闫海峰　南京财经大学江苏创新发展研究院院长、江苏紫金产业金融发展研究院院长、教授

副主编

丁　灿　江苏省银保监局党委委员、副局长

编委

陈晓慧 南京财经大学金融学院金融工程系副主任、副教授

卢 斌 南京审计大学经济与金融研究院、江苏紫金产业金融发展研究院副院长、副教授

路 璐 南京财经大学江苏创新发展研究院、江苏紫金产业金融发展研究院研究员、博士

王倩倩 南京财经大学江苏创新发展研究院、江苏紫金产业金融发展研究院研究员、博士

其他参编人员

朱佳鹏 余海霞 程紫薇 滕 沁 陈 羽 徐天赐

目录

第一章

引论

实施乡村振兴战略，是党的十九大作出的重大决策部署，是决胜全面建成小康社会、全面建设社会主义现代化国家的重大历史任务，是新时代做好“三农”工作的总抓手。乡村振兴战略的向前推进，农业农村现代化的落地实施，离不开农村金融的助力。近年来，农村金融服务体系日益健全，服务能力显著增强，农村金融生态环境持续改善，为促进农业生产、农村经济的发展发挥了重要作用。2019 年 2 月，中国人民银行联合银保监会等多部门发文，明确提出健全适合乡村振兴发展的金融服务组织体系，积极引导涉农金融机构回归本源。但同时我们也看到，农村金融供给不足的问题是长期积累下来的，与发展现代农业的要求相比，金融仍是农业支持保护政策体系中的短板，农村金融排斥问题仍然存在，农村金融生态环境仍需改进；适应农业农村现代化，适应乡村振兴新需求的金融产品和服务仍然缺乏，影响了农村金融支持乡村振兴的质量和效率。为此，《江苏农村金融与农业农村现代化》白皮书围绕农业农村现代化对金融需求的重点领域，探讨创新金融投资渠道模式，破解制度和政策瓶颈，凝聚更大的共识、汇集更多的力量、增强更足的信心，以加快推进农村金融改革创新，实现乡村振兴与农村金融共赢发展。

第一节　农业现代化

农业现代化的相关问题一直都是国家和地方政府关注的焦点，宏观上讲是国家战略管理问题，微观上讲是每一户农民过上美好生活的具体问题。想要更好地实现农业现代化，就必须对农业现代化的内涵和外延有一个准确的认识：农业现代化是过程，也是手段，其内涵是与时俱进的；通过定性分析来界定农业现代化的基本概念，不难发现农业现代化具备动态性、区域性、世界性、时代性和整体性的特点。加快推进农业现代化，重在增强农产品供给保障能力，重在构建农业现代产业体系，重在加强农业基础设施建设，重在培育新型农民。

一、农业现代化

农业现代化是一种过程，又是一种手段。农业现代化的内涵随着技术、经济和社会的进步而变化，即不同时期有不同的内涵。农业现代化是用现代工业装备农业、用现代科学技术改造农业、用现代管理方法管理农业、用现代科学文化知识提高农民素质的过程。为更好地理解农业现代化的含义，通过结合我国农业发展的实际状况，可从以下几个方面来分析农业现代化的内涵：

（一）动态性

农业现代化是一个相对性比较强的概念，其内涵随着技术、经济和社会的进步而变化，即不同时期有不同的内涵，从这个意义上讲，农业现代化只有阶段性目标，而没有终极目标，即在不同时期应当选择不同的农业现代化阶段性目标，并在不同的国民经济水平层面上有不同的农业现代化表现形式和特征。根据发达国家现代农业的历史进程，一般可将农业现代化分为五个阶段，即准备阶段、起步阶段、初步实现阶段、基本阶段及发达阶段。一个国家、地区要推进农业现代化进程，必须分析区域社会、经济发展水平，特别是农业发展现状，只有这样才能做出符合实际且便于操作的决策。

（二）区域性

西方发达国家现代农业的成功经验非常丰富，但它们有其自身的历史背景、经济发展条件以及生态资源环境。我们在借鉴发达国家现代农业经验时，需要对其实现的条件进行分析。农业生产具有很强的区域性特点，不同国家的区域性特点不同，即使同一个国家的不同区域，同一区域的不同地区，农业生产的条件都存在很大差异。

（三）世界性和时代性

随着经济全球化的逐步推进，特别是在中国加入 WTO 的宏观背景下，我国农业将全面融入到国际市场竞争之中，面临着来自国内、国际两个市场的挑战。因此，从这个意义上讲，须站在全球化的高度来分析农业现代化，将区域农业现代化放在国际大舞台之上，依据国际公认的标准来判断农业现代化的战略目标是否实现。

（四）整体性

农业现代化不仅包括农业生产条件的现代化、农业生产技术的现代化和农业生产组织管理的现代化，同时也包括资源配置方式的优化，以及与之相适应的制度安排。因此，在推进农业现代化的过程中，既要重视“硬件”建设，也要重视“软件”建设，特别是农业现代化必须与农业产业化、农村工业化相协调，与农村制度改革、农业社会化服务体系建设以及市场经济体制建设相配套。如果忽视“软件”建设，“硬件”建设将无法顺利实施，也无法发挥其应有的作用。我国实现农业的现代化，本质上是从根本上改造传统农业，大大缩小与发达国家农业的差距，在一些方面达到世界先进水平，在总体和平均水平上大体接近发达国家的水平。虽然各个国家或者地区的条件和情况各不相同，不具有完全的可比性，但是在最基本的特征方面，应当是共通的，这也得到了国际社会的公认。

自新中国成立以来，一直在探索着农业现代化发展道路，随着时间的推移、技术的进步，农业现代化不断被赋予新的涵义。在 20 世纪五六十年代，人们认为农业现代化的内涵主要体现在机械化、水利化、电气化和化学化等方面。在 80 年代，随着市场机制的引入，主要以商品化、社会化、集约化和科学化作为农业现代化的内涵。在 90 年代中后期，由于生存环境的恶化，人们开始关注农业的可持续发展，农业现代化的内涵主要体现在农业生态化上。2007 年公布的中央一号文件全面阐释了新时期农业现代化的内涵，即“用现代物质条件装备农业，用现代科学技术改造农业，用现代产业体系提升农业，用现代经营形式推进农业，用现代发展理念引领农业，用培养新型农民发展农业，提高农业水利化、机械化和信息化水平，提高土地产出率、资源利用率和劳动生产率，提高农业素质、效益和竞争力”。

新时代农业现代化的内涵不再局限于狭义的农业领域，农业、农村、农民是一个整体性的概念，推进农业现代化，必须统筹协调农业、农村、农民的现代化发展，否则农业现代化就不是真正的现代化。概括地说，农业现代化是用现代工业装备农业、用现代科学技术改造农业、用现代管理方法管理农业、用现代科学文化知识提高农民素质的过程；是建立高产高效优质的农业生产体系，把农业建成具有显著经济效益、社会效益和生态效益的可持续发展的农业的过程；也是大幅度提高农业综合生产能力、不断增加农产品有效供给和农民收入的过程。

二、农业现代化的特征

农业现代化的实现是由传统农业向现代农业转变的过程，是农业机械化、生产技术科学化、产业化、信息化、劳动者素质化和可持续化相统一的发展过程。现代农业是通过提高农业科技水平，提高土地生产率、资源利用率和人均劳动生产率，提升农业劳动者的科学文化素质，改善农业生态环境，从而达到生产发展、生活富裕、生态良好的现代化农业水平。农业现代化具有丰富的内涵和要求，致力于在提高农业生产科技水平、效率和扩大农业生产规模的同时，更注重农业的可持续发展。农业现代化是世界各国农业发展的趋势，无论是美国、加拿大这类追求优良环境和生活质量的发达国家，还是中国、印度这类致力于高效高能低耗发展的发展中国家，其现代农业的发展都应具有农业机械化、生产技术科学化、农业产业化、农业信息化、劳动者素质化和农业发展可持续化六个方面的共同目标。

（一）农业机械化是农业现代化的基础

“无机不农、无农不机”，没有农业机械化，就没有一个地区农业或一个产业的现代化。当前，特色农业机械化已成为农业生产全面机械化的“突出短板”。机械化排在农业现代化的首要位置，农业机械化是指运用先进设备代替人力的手工劳动，在产前、产中、产后各环节中大面积采用机械化作业，从而降低劳动的体力强度，提高劳动效率。理论上讲是这样，但在山区、丘陵地区，由于其土地面积较小，限制了机械化的应用，甚至无法利用机械。

（二）生产技术科学化是农业现代化的动力源泉

农业生产技术科学化，其涵义是指把先进的科学技术广泛应用于农业，从而提高产品产量、提升产品质量、降低生产成本、保证食品安全。实现农业现代化的过程，其实就是不断将先进的农业生产技术应用于农业生产过程，不断提高科技对增产贡献率的过程。新技术、新材料、新能源的出现，将使农业现代化发生巨大的变化，农业增长方式从粗放经营转变为集约经营。科技将在对传统农业的改造过程中，发挥至关重要的作用。

（三）农业产业化是农业现代化的重要内容

农业产业化是指农业生产单位或生产地区，根据自然条件和社会经济条件的特点，以市场为导向，以农户为基础，以龙头企业或合作经济组织为依托，以经济效益为中心，以系列化服务为手段，通过实现种养加、产供销、农工商一条龙综合经营，将农业再生产过程的产前、产中、产后诸环节联结为一个完整的产业系统的过程。可以说，农业产业化的发展过程就是农业现代化的建设过程。一方面，农业产业化促进了农业专业化和经营规模化的发展；另一方面，农业专业化和经营规模化又反过来促进了农业先进技术和设备的推广应用，推进了农业现代化的进程。需要指出的是，农业产业化模式不是万能的，不同区域采取农业产业化模式时，需要对该模式产生的历史背景、运作机制、绩效评价等进行研究，盲目引进外界模式往往会导致失败。

（四）农业信息化是农业现代化的重要技术手段

所谓农业信息化是指利用现代信息技术和信息系统为农业产供销及相关的管理和服务提供有效的信息支持，以提高农业的综合生产力和经营管理效率的过程；就是在农业领域全面地发展和应用现代信息技术，使之渗透到农业生产、市场、消费以及农村社会、经济、技术等各个具体环节，加速传统农业改造，大幅度地提高农业生产效率和农业生产力水平，促进农业持续、稳定、高效发展的过程。农业信息产业化是发展“一优两高”农业的需要，是农民进入市场的需要，是推进农村社会化服务的需要，是农业信息部门转变职能、自我发展的需要，是农村经济发展的必然趋势。它是以信息化的方式改造传统农业，把农业发展推进到更高阶段，实现信息时代的农业现代化。

（五）劳动者素质化是实现农业现代化的决定因素

农业现代化必须由高素质的农民这一主体来推进，没有农民自身素质的现代化，要实现农业的现代化是不可能的，因为农业不仅要依靠现代的工业装备及先进的科学技术，还要依靠先进的管理手段在农业上的应用。而这些都要由农业生产的主体——农民来实现。反过来，随着农业现代化的进程，也必然要求农民素质的提高，以使其同农业现代化的要求相适应，即农业现代化与农民素质是互相影响、互相促进的。

总之，在农业生产经营过程中，先进的生产工具靠人去创造，先进的科学技术靠人去摸索，先进的管理经验靠人去总结，先进的经营体制和运行机制靠人去应用。无论是增长方式的转变，还是生产绩效的提高，都是在人的主观能动性作用下得以实现的。离开人，现代化是不复存在的。从这个意义上说，我们要实现的农业现代化，是以人为本的现代化。

（六）农业发展可持续化是农业现代化的必由之路

从可持续发展的观点看，农业现代化既是人类改造自然和征服自然能力的反映，也是人与自然和谐发展程度的反映。农业现代化一个显著的特点就是人工生态系统的产生及普遍应用。这种系统具有双层含义：一方面要求尽可能多地生产满足人类生存、生活的必需品，确保食物安全；另一方面要坚持生态良性循环的指导思想，维持一个良好的农业生态环境，不滥用自然资源，兼顾目前利益和长远利益，合理地利用和保护自然环境，实现资源永续利用。这是落实科学发展观，建立资源节约型社会的要求，也是统筹人与自然和谐发展的前提。

三、农业现代化的实现条件

实现农业现代化，是实现国家现代化的重要组成部分。没有农业的现代化，就没有整个国家的现代化。而农业现代化的一个根本标志，是农业生产力的高度发达。向农业现代化不断趋近的过程，就是不断发展生产力，使之达到世界先进水平的过程。无论是党的各级组织还是农业、农村工作部门，在具体工作中要实践“代表先进生产力的发展要求”，就是要组织动员广大农民，向实现农业现代化的目标进军。在相当长的一段工作时期中，应在这四个方面下功夫：

（一）加快推进农业现代化，重在提高农业的科技和信息化水平

推进农业现代化战略，就是要把农业科技摆上更加突出的位置，以提高单产为主攻方向，以信息化为核心，实施良田、良种、良法、良制的“四良”配套工程，按照优质、高产、高效农业的要求，加快转变农业发展方式，重点推进农业经营产业化、农业技术集成化、基础设施工程化、农业生产机械化、农业服务社会化和农民现代化，着力创新农业经营体制机制，积极发展农业循环经济，着力提高农业劳动生产率、土地产出率、资源利用率，着力提高农业综合生产能力、抗风险能力、市场竞争能力、可持续发展能力。

（二）加快推进农业现代化，重在构建农业现代产业体系

要加大粮食战略工程实施力度，稳定粮食播种面积，推进国家粮食核心产区和后备产区建设，健全粮食安全保障体系；积极推进农业结构调整，实施优势农产品区域布局规划，提升高效经济作物、园艺产业和现代畜牧水产业的比重，加快形成优势突出和特色鲜明的农产品产业带；大规模开展园艺产品生产和畜牧水产养殖标准化创建活动，加快发展无公害农产品、绿色食品和有机农产品，实行规模化种养、标准化生产、品牌化销售和产业化经营，进一步提升农产品质量安全水平，促进园艺产品、畜产品、水产品规模种养，加快发展设施农业和农产品加工业、流通业，促进农业生产经营专业化、标准化、规模化、集约化；推进现代农业示范区建设，发展节水农业，推广清洁环保生产方式，治理农业面源污染；加快“引进来、走出去”步伐，突出抓好农业招商引资，引导龙头企业与农民建立风险共担、利益共享的合作共赢机制，让农民更多分享加工环节的利益增值。

（三）加快推进农业现代化，重在加强农业基础设施建设

农村基础设施建设要以水利为重点，大幅增加投入，完善建设和管护机制，推进小型病险水库除险加固，加快大中型灌区配套改造，搞好抗旱水源工程建设，完善农村小微型水利设施，全面加强农田水利建设；把建设高标准粮田、改造中低产田和完善农田水利设施，作为农业基础设施建设的重中之重，科学谋划和实施一批提高保障支撑水平、增强发展后劲的农业重大工程项目，推进农业基础设施建设跨上新台阶；积极开展土地整理复垦，增加有效耕地面积；按照推进城乡经济社会发展一体化的要求，搞好社会主义新农村建设规划，加快改善农村生产生活条件，继续推进农村电网改造，加强农村饮水安全工程、公路、沼气的建设，继续改造农村危房，实施农村清洁工程，开展农村环境综合整治。

（四）加快推进农业现代化，重在培育新型农民

建设现代农业，最终要靠有文化、懂技术、会经营的新型农民。必须发挥农村的人力资源优势，大幅度增加人力资源开发投入，全面提高农村劳动者素质，为现代农业建设提供强大的人才智力支持。要以提高科技素质、职业技能、经营能力为核心，深入实施新型农民培训民生工程，大规模开展农村实用人才培训，加快培养村干部、到村任职大学生村官等农村发展带头人，加快培养农村技能服务型人才、

农村生产经营型人才，打造一支有文化、懂技术、会经营的职业农民队伍。

第二节　农村金融体系

农村金融是中国独有的术语，为更好地全面认识目前农村金融的发展状况，需要理解农村金融与农村金融体系的关系。农村金融体系是指在县及其以下行政区域为农村经济发展提供金融服务的金融组织机构的总称。农村金融属于农村金融体系中的组织架构体系，在现有的经济运行条件下，本书的农村金融主要指正规的金融机构，包括农业政策性金融机构、农业商业性金融机构、农业合作性金融机构和农业保险机构等，具体而言就是农村信用社、农业发展银行、农业银行、农村商业银行、保险公司等。这些正规的金融机构对发展农业现代化、服务“三农”起着至关重要的作用。

一、金融体系与农村金融体系

一般而言，广义上的金融体系是指构成整个金融运行系统的所有要素的总称，它是金融市场、金融机构、金融工具、金融规则、金融调控和金融监管构成的综合体。兹维·博迪和罗伯特·默顿（2008）就认为金融体系是金融市场以及其他用于订立金融合约和交换资产及风险的机构的集合，包括股票市场、债券市场等金融市场，商业银行、保险公司等金融中介机构，咨询公司等金融服务机构和中央银行、银行业监管部门等金融监管机构。

我国一般认为金融体系包括金融组织体系、金融市场体系、金融保障体系、金融生态体系和金融监管体系五个部分。金融组织体系是指在一定的经济和金融制度下，以国家法律形式确定的中央银行、商业银行、保险公司、证券机构、中小金融机构的种类、地位、职能和相互关系；金融市场体系是指货币市场、资本市场、外汇市场、黄金市场等各金融市场的构成形式；金融保障体系指的是国家调节金融市场，保证金融体系稳定运行的各种经济政策、法律法规和行政措施的统称，它既包括中央银行运用法定存款准备金率、再贴现率、公开市场业务三大法宝对金融市场的调控，也包括国家为调控金融市场出台的各种法律法规和政策措施；金融生态体系是指金融机构在外部环境中利用自身调节机制和外部调节机制的互动循环，不断寻求平衡的动态过程，包括建立健全现代产权制度、完善公司法人治理结构、建设全国统一市场、建立健全社会信用体系等；金融监管体系是指一个国家或地区对金融活动施加影响的机制和具有金融监管职能的机构的总和。

而狭义上的金融体系就是指金融组织体系。曼昆在《经济学原理》中就指出金融体系是让经济的稀缺资源从储蓄者流动到借款人手中的中介。我国的《证券投资大辞典》也将金融体系定义为是构成金融组织结构的整体，是专门从事各种金融活动的组织结构，如各种类型的银行和非银行的金融机构；以及同一金融机构的内部组织机构，如某一银行系统的总行、分行、支行。

农村金融体系从属于国家金融体系，是一国金融体系在农村的运行与发展，农村金融体系就是“农村”的“金融体系”，在概念界定上多数学者是将金融体系这一概念界定在农村领域直接合成。农村金融体系与农村经济紧密相连、互相依存，一国采取什么样的金融体系取决于该国现行的经济制度和农村经济发展状况。从内容上讲，农村金融体系包括一系列为农村经济服务的金融制度、金融机构、金融工具及金融活动；从地域上讲，农村金融体系是指所有的为县及其以下行政区域的中小企业和农户提供金融服务的金融组织。

因此，结合内容和地域的概念，农村金融体系是在县及其以下行政区域为农村经济发展提供金融服务的金融组织机构的总称。农村金融体系作为一国金融体系的重要组成部分，同样由农村金融组织体系、农村金融市场体系、农村金融保障体系、农村金融生态体系和农村金融监管体系五个部分组成。农村金融体系在未来的发展趋势是不断向保险、证券等新领域延伸。它必须能够满足农村经济中的正常金融需求，必须能够促进农村经济的持续快速发展，必须能够促进农民收入的稳定增长。

二、农村金融的内涵

国外学者很少将农村金融的概念作为一个独立的概念来界定研究，《新帕尔格雷夫货币金融大辞典》中并没有“农村金融”这一词语，与“农村金融”语义内涵相接近的是“农业金融”。显然，被赋予经济、金融、政治、社会、文化等内涵的“农村金融”与西方单一的所谓具有金融内涵的“农业金融”具有本质上的区别。从既有学术文献看农村金融的内涵主要包括三个层次：第一个层次比较浅显，把农村金融拆解为“农村”加“金融”。其认为所谓的农村金融是指金融资源要素在农村的流动和配置。第二个层次是把农村金融置于城乡二元格局下进行考察和分解。不仅回答了农村金融的成因，还特别突出了发展农村金融的必要性和现实意义，由此赋予了农村金融更多的政治和社会因素。第三个层次是从历史的和宏观的视角来对农村金融的内涵进行界定。主张透过二元经济背景对农村金融进行整体认识和把握，认为“农村金融是一个历史范畴、相对范畴和关系范畴”。

在国内，由于历史发展原因，农村金融的概念解释及其研究较为丰富，农村金融是中国独有的学术和政治话语。“农村金融”的提出是中国农村金融改革对世界农村金融学术话语的重要贡献。在《简明金融词典》（1996）里，农村金融被定义为农村货币流通和信用活动的总称，在《中国农村金融发展报告（2008）》中，将农村金融定义为在县及县以下地区提供的存款、贷款、汇兑、保险、期货、证券等各种金融服务，包括正规金融和非正规金融。

从农村领域的金融活动及金融关系理解农村金融的涵义，农村金融主要是研究以信用手段筹集和分配农村货币资金的活动，研究这种金融活动所反映的分配关系、交换关系及其内在的联系，研究如何按照这种内在联系组织好农村中的信用活动、资金运动与货币流通，研究农村货币与信用活动的基本原理和特殊规律。从所有制情况来看，农村金融活动是以集体所有制的农村信用合作社为主展开的，与城市金融不同。从农村金融市场来看，由于农民收入较低，导致农村金融市场发育较慢，金融市场活动不够规范。

从金融的本质来阐述农村金融，即农村金融是指农村货币资金的融通，指在农村以及与农业有密切关系的各个领域中，为农民、农业和农村经济服务而组织和调剂农村资金的活动。包括农村中的资金运动、货币流通和信用活动。

本书的农村金融指农村货币流通和信用活动的总称。主要包括吸收农村存款、发放农村贷款、办理农村现金收支和转账结算等业务，以及发展农村信用社等活动。它是随着商品生产和商品交换的发展，货币在农村领域发挥流通手段和支付手段职能所形成的经济范畴，是一种依存于农村物质资料再生产的货币信用体系。

总之，农村金融作为农村金融体系的一部分，属于农村金融体系中的组织架构体系，我国农村金融具有典型的“二元结构”特征，即正规金融与非正规金融并行。农村正规金融是农村金融的主力军，也是农业发展的助跑者。网点遍布乡村，星星点点的各类营业网点、金融便利店等为“三农”提供了全面且优质的金融服务。伴随着农村金融体制的改革，农村正规金融体系不断完善，为农村经济发展和农民致富做出了巨大贡献，对发展农业现代化、服务“三农”具有重大作用。

三、农村金融的发展阶段

梳理农村金融的发展阶段，对研究我国农村金融改革的发展趋势和变化规律具有重要的参考价值，并为今后进一步发展的政策主张提供了理论与逻辑支撑。改革开放以来，我国的农村经济焕发出前所未有的活力，为了适应农村经济快速发展的需要，政府对农村金融体制进行了一系列改革，我国农村金融发展大体上可以分成以下四个阶段：

第一阶段（1979~1993 年）：这一阶段是农村金融机构的恢复和成立时期，农村金融市场上出现了多元化的组织机构和运营模式。1979 年中国农业银行从中国人民银行体系中分离出来独立经营，成为专门负责农村金融领域信贷业务的正规金融机构。随着人民公社制度的瓦解，农村信用社恢复了农村集体金融组织的性质，但其仍只是名义上的集体金融组织，具体的经营要听从中国农业银行的指令式计划。1986 年 4 月邮政储蓄银行开始在全国范围内开展个人储蓄业务，由于坐收利差又无任何风险，所以邮政储蓄银行的业务在农村扩张的速度很快。此外，政府放松了对农村非正规金融的管制，允许多种融资方式并存，促使农村合作基金会等民间合作金融组织如雨后春笋般纷纷成立。

第二阶段（1994~1996 年）：为了更好地发挥国家政策性金融的支农作用，中国农业发展银行于 1994 年 11 月正式成立，其主要任务是负责农业政策性金融业务与代理财政性支农资金的拨付，具体包括国家粮棉油储备贷款、农业综合开发贷款以及扶贫贴息贷款等。农业发展银行的成立加快了中国农业银行商业化改革的步伐，农业银行全面推行经营目标责任制，并对信贷资金进行规模经营，为其以后逐步撤出农村金融领域埋下了伏笔；农村信用社也开始尝试商业化改革，在 1996 年《关于印发农村信用社与中国农业银行脱离行政隶属关系实施方案的通知》颁布以后，农村信用社正式与中国农业银行分离，直接接受中国人民银行的金融监管。至此，我国农村金融市场上形成了以农业发展银行为主的政策性金融、中国农业银行为主的商业性金融与农村信用社为主的合作性金融并存的“三足鼎立”局面。

第三阶段（1997~2004 年）：1997 年亚洲金融危机的爆发给我国金融安全问题

敲响了警钟，政府开始对农村金融体系进行治理整顿，农村合作基金会等非正规金融组织在全国范围内被取缔，民间金融由此从“地上”转入“地下”；以中国农业银行为代表的国有商业银行加快改革步伐，设在县及县以下的分支机构被大量撤并；农业发展银行开始施行封闭式运营，专门负责粮棉油等农副产品收购资金的供应和管理，将政策性专项贷款等业务划归中国农业银行所有；农村信用社成为这一时期改革的重点，1999 年召开的全国农村信用社工作会议要求进行农村信用社改革以承担农村领域的金融管理和服务职能。

第四阶段（2005 年至今）：随着建设社会主义和谐社会的步伐不断迈进，“三农”问题成为时代关注的主题，政府对农村金融领域的改革非常重视，中央一号文件更是连续多年发布加快农村金融体制改革的政策部署。农村信用社相继开始了改革试点，通过不断完善内部管理体制和优化股本结构，农村信用社进入了一个新的发展阶段；2006 年 12 月 31 日，经国务院和中国银监会正式批准，中国邮政储蓄银行开业，允许其在原有发展基础上全面开展农村领域金融业务；农业发展银行与农业银行也加快涉农业务改革，增加对农村金融领域的投入与支持力度。此外，为了满足农村多层次的金融需求，村镇银行、小额贷款公司、农村资金互助社等新型农村金融机构也不断涌现，农村金融市场初步形成了多元化的金融组织体系。

第三节 农村金融与农业现代化

农业现代化的实现需要大量的资金支持，这对农村金融的发展提出了更高的要求。中央一号文件已经连续多年涉及农村金融发展问题。因此，深入研究农村金融发展和农业现代化的关系问题，探讨农村金融对农业现代化的支持力度，以及农业现代化对农村金融发展的影响程度，具有重要的现实意义。

在理论上，农村金融与农业现代化相互支撑。农业信贷补贴论认为资金不足是农村经济面临的常态问题，所以政府应实施政策性农村金融政策来支撑农业现代化进程。改造传统农业理论则认为发展现代农业的首要改造路径是健全农村金融市场，以农村金融为支撑，政府进行经济和政策引导，打破农业封闭状态，提高农民参与度。

在实践上，农村金融与农业现代化相互作用，农业现代化的发展离不开农村金融的支持，农业现代化的发展反作用于农村金融。农业现代化是农业发展的根本方向，事关社会主义现代化建设全局，而农村金融事关农业、农民和农村经济发展全局，两者互为因果关系。资金的有效供给是农业现代化得以实现的重要保障，农村金融的发展有利于改善农业现代化发展过程中融资渠道有限、资金供给不足的局面，从而为农业现代化的实现注入新鲜的血液。反过来，伴随农业现代化的发展将产生复杂的金融需求，这将倒逼金融部门进行改革以适应农业现代化的需要，从而促进农村金融的发展繁荣。

一、农村金融与农业现代化相关理论

（一）农村金融理论

国外学者对于农村金融的研究经历了几个阶段：20 世纪 80 年代以前，农业补贴理论占主导地位，该理论认为，资金不足是农村经济面临的常态，所以政府应实施政策性农村金融政策。而 20 世纪 80 年代以后，农村金融市场理论占据了主导地位，该理论吸收了肖和麦金农（1988 年）有关金融深化和金融抑制的观点，认为市场调节完全可满足农村经济发展对资金的需求，政府没有必要进行干预。20 世纪 90 年代以后，随着东南亚金融风暴等一系列危机的产生，人们逐渐认识到在信息不对称的条件下，农村金融市场是不完全竞争市场这一重要事实，从而为政府干预提供了理论指导。

中国农村金融的发展也历经了以上三个阶段。长期以来，农村信贷补贴论是中国农村金融改革的指导理论，政府补贴是缓解农村资金紧张的重要渠道，但实践证明，政府为保护农村金融市场所采取的金融抑制措施反而为农村金融的发展制造了“瓶颈”。20 世纪 90 年代后期，农村金融市场理论日益受到重视，但农村金融交易的高成本和政府存贷利率的限制导致金融机构提供农村金融服务的积极性不高。基于此，不完全竞争市场理论成为新一轮农村金融改革的指导思想。而以家庭为单位从事农业生产具有中国特色，这一特征决定了西方农村金融的研究并不完全适用于中国。国内学者围绕中国农业发展基础在农村经济体制、农村金融发展、农村经济增长和农业保险等农村金融领域的研究，极大丰富了中国的农村金融发展理论。

（二）农业现代化理论

舒尔茨在《改造传统农业》中认为传统农业在配置上是有效的，这也是在一定历史时期，传统农业生产方式在很多国家和地区依然存在的根本原因，但是在国家经济发展过程中，农业显然不能是封闭的，依靠传统农业生产工具和累积的生产经验所带来的农业增值，并不能满足农业大国经济崛起的要求，甚至阻碍一国的农业经济增长，因此，必须发展现代农业，进而提出了三条改造路径：首先是健全农村金融市场，政府给予一定的经济和政策引导，可以打破农业封闭状态，提高农民的参与度；其次是整合现有农业生产要素，扩大规模，但总量不宜太大；最后是开发新的农业生产力，即依靠新技术和新生产要素的投入，并提供合理的制度保障，使农业投入与产出实现新的稳态平衡。

诱导创新理论认为，农业现代化是农业市场参与主体（农户、企业、政府）在一定机制诱导下，自发创新农业生产和相关技术来实现的。无论是追求国民经济发展、农民收入增长还是农业产出增加，都需要克服农业生产要素禀赋的缺陷，如可供作业的土地总量有限，就必须利用生物技术培育抗病、抗灾或更高产的品种来实现增产；必须装备先进的机械设备来降低劳动力不足的影响。该理论认为，引发农业创新首先是私营部门的诱导创新。由于生产要素比较优势的存在，为了追求利润最大化，私营部门在生产中会优先选择低成本要素，并致力于探索低成本要素取代高成本要素的方法，节约成本获取更高利润是创新的诱导要素之一。其次是公共部门的诱导创新。供求变化会影响要素价格的随机波动，市场价格信号会引导农业主体寻求低成本替代成本较高的生产要素的方法，从而增加相关需求，需求增加会刺激公共部门创新和研发。最后是制度创新，为了克服要素禀赋和落后技术的限制，国家和政府会创新和改革上层建筑来引导农业更好发展。

二、农村金融与农业现代化的关系

（一）农业现代化的发展离不开农村金融的支持

1. 农业的产业特性决定了农业现代化的发展离不开农村金融的支持

马克思主义政治经济学的农业发展理论认为农业在国民经济中始终居于基础性地位，这是不以工业化实现而改变、不以科学技术发展而改变的客观规律。农业是国民经济的基础，实践证明农业劳动生产率越高，农业剩余劳动或剩余产品就越多，就越能够支撑工业和其他部门的发展。农业再生产过程的这种特殊性使农业再生产过程中对自然条件形成高度依赖，这也成为传统农业弱质的根源；由于农业的生产周期长及其内在的生态、自然属性，导致农业生产的技术进步和技术运用要比工业部门困难得多，因此农业劳动生产率提高的局限性相对较大。而资本是一切生产过程中最具充分替代作用的生产资源或要素，因此彻底改造传统农业的弱质性，推动农业现代化的一个重要途径，就是通过农村金融对农业再生产过程持续追加资本要素的投入，以期改变农业再生产过程中的资源结构和资源配置，并形成对传统要素的有效替代。这是增强农业战略地位，促进农业现代化发展的基本途径。

2. 农业现代化过程的高投入性决定了农村金融支持的重要性

农业现代化在准备阶段、起步阶段、成长阶段及发达阶段都离不开资金支持，并且农业现代化的各个阶段都需要不同形式、不同数量、不同性质的资金投入。没有初始阶段的农村金融投资以及后续阶段的不断追加投入，农业现代化进程就可能中断。对此，各国政府都试图通过多元化的金融机构，积极探索建立适合本国国情的农业现代化投入机制，以不断提高储蓄投资的转化效率，支持农业现代化和农村经济增长。如美国建立了以金融市场为核心的多元化农业投入机制；法国和日本则以政策性金融作为主要的农业投入方式。一般来说，土地、资本与劳动是促进农业经济增长的基本要素。农业生产中现代生产要素的注入实际上就是不同要素之间相互替代的过程。只有通过这种替代，才能从根本上提高农业的质态水平，增加农业的科技含量，提高农业生产率，增加农民收入。从世界各国农业现代化发展的进程来看，现代农业所需要素基本上都是以资本形态出现的，而且都是由农业外部的其他部门，如工业、教育和科技等部门提供的。只有通过资本积累和投资，这些生产要素才能成为加快农业现代化进程的催化剂，提高农业生产的效率。由于我国农村劳动力资源数量众多、素质较低，而土地与资本资源却相对短缺，导致土地经营规模细碎化、资本不足、农业科技含量低、农业劳动生产率难以提高和农民收入增长缓慢等问题。因此，实现农业现代化的首要条件是投入资金，而农村金融能够有效地为现代化投入资金。

3. 现代生产要素的引入也离不开农村金融的支持

农业转型发展理论从如何实现传统农业向现代农业转型的角度考察和分析了发展中国家的农业转型，其中，舒尔茨的“要素引入模型”认为传统农业低效率的根源在于传统农业严重缺乏现代生产要素（主要指资本和技术要素）的投入，而并非在于生产要素的不合理配置。促进传统农业向现代农业转型的一个基本途径是为传统农业持续培育新的生产率增长的源泉。根据舒尔茨的观点，要引入传统农业所不具备的知识、技术、资本等新要素，才能促进传统农业转型为现代化农业，但这些新要素的投入是以资本投入为前提的。要改造我国传统农业，实现农业现代化，必须在农业中引入现代生产要素，其中，最为突出的要素有两个：一是科技要素。农业科技是现代农业发展的第一生产力。实现农业现代化，需要对生产要素进行重新组合，通过农业科技创新提高农业生产率，使农业生产方式和管理模式都发生深刻变革。随着农业产业化经营的不断深入，农户和农业企业的科技创新活动将逐步增多，对创新所需的资金量也逐步扩大。二是人力资本要素。人力资本是经济增长的核心，既能增加农业劳动力存量，也有助于保证经济增长的持续性。农业生产技术现代化和人力资本的形成都需要大量的资金投入，显然，这两个关键要素都与农村金融密不可分。

目前，我国已进入城乡一体化阶段。城乡一体化的实质是统筹城乡发展，通过体制改革、机制创新和政策调整等，让农民享有与城镇居民同等的机会和权利，使农业与工商业居于同等竞争地位；打破城乡分隔的“二元”体制、经济和社会结构，促进城乡地位平等与资源共享，从根本上解决“三农”问题。从现实来看，城乡一体化是城乡各方面协调发展的长期过程，其发展重点在乡村，需要巨额的资金投入来提升农村经济基础，缩小直至消除城乡差距。农村金融可以支持的方面：一是农村基础设施建设需要金融支持，来为经济发展提供更好的平台。二是农业产业化和市场化需要农村金融信贷资金的强力支持。农业产业化是在家庭承包制基础上实现农业规模经营和引导农民进入市场的有效途径，也是进行农业战略性调整的重要带动力量。只有增强农村金融市场竞争力，加快推进农业产业化经营，提高农民组织化程度和农业综合效益，才能更好地实现农业现代化。据国家统计局测算，截至2020年，新农村建设新增15万亿元左右的资金需求量，基本上是要靠农村金融来解决的。三是农民生活水平提升需要金融服务。随着农民生活水平的提高，农民的消费能力和偿债能力增强，不再满足于现有的金融服务领域和层次，对支付结算手段、投资理财方式等有了较大的需求改变。

4. 从生产关系必须与生产力相适应的角度来看，农业现代化的发展离不开农村金融的支持

生产关系变革或调整都不得超前或滞后，生产关系必须与生产力相适应，否则会阻碍生产力的发展。国民经济均衡协调发展理论中提到国民经济是一个大系统，各部门、各产业之间必须保持适当比例和合理结构，才能实现均衡发展，才能实现社会总供给与社会总需求的基本平衡，从而实现整体效益最优。马克思按照产品使

用价值的不同，把社会总产品划分为生产资料和生活资料，进而把社会生产划分为生产资料的生产和生活（消费）资料的生产两大部类，并揭示出两大部类之间的内在联系和均衡协调发展的客观规律，认为两大部类之间必须保持合理的结构与比例关系，才能实现均衡发展，制定任何经济政策或制度都必须实事求是，合乎经济规律。同理，农业现代化发展缺失农村金融的支持则无法均衡发展。此外，西方经济学的金融发展理论中提到，对于大多数发展中国家而言，所面临的一个紧迫性问题是资本形成严重不足而导致的金融资源总量短缺，由于金融体制脆弱以及金融体系的不完善，社会的金融资源流动与配置效率都相对较低，这使得投资规模与投资结构必然在相当程度上难以满足经济增长的需求。农业是发展中国家的基础性产业，农业金融问题成为制约这些国家的关键性“瓶颈”，所以推进我国农业现代化发展的一个关键性路径就是推进农业金融发展。因此，按照生产力适应生产关系的规律，农业现代化的发展需要现代化的农村金融为之提供服务，农业现代化的发展离不开相配套的农村金融的支持。

5. 农村金融对农业现代化的促进作用决定了农业现代化发展离不开农村金融的支持

在西方经济学理论中，经济增长与金融发展是良性互动的，假若农村经济主体所获金融支持不足，则资本和智力等资源都不可能流向相对落后的农村地区。发展中国家的农业要达到现代化的状态，现代且高效的农村金融体系非常关键。在农业现代化进程中，农村金融发展通过产生储蓄、投资和资源配置方面的效应，不断促进物质资本和人力资本的积累，以及推动技术的进步，从而产生资本形成、资源配置和技术创新的传导机制，对农业现代化发挥作用，故农业现代化的发展离不开农村金融的支持。农村金融对农业现代化的促进作用具体表现在以下方面：

首先，农村金融发展通过物质资本积累促进农业现代化。资本的来源是储蓄，即一国在一定时期内国民收入减去消费后的余额。对此，经济学家们的观点较为一致。根据 AK 模型，金融发展的三大效应决定了资本积累增长率，而经济增长率与资本积累增长率相等。储蓄越高，资本积累就越多；投资增加则储蓄投资转化率提高；若资源配置得以优化，则同等投资下产出更多。因此，农村金融发展不仅意味着农村储蓄率、储蓄投资转化率和投资效率的提高，还能够降低聚集小额储蓄的成本和克服因信息不对称产生的信任成本。同时，发挥农村金融机构的优势，通过允许风险规避者持有银行储蓄，对外提供具有一定流动性的非生产性资产，以提高储蓄者的资金流动性，减少农村家庭的资金流动性风险，并将更多的储蓄转化为投资，进一步促进物质资本的积累。

其次，农村金融发展通过人力资本积累促进农业现代化。从理论上讲，人力资本积累是依靠教育、培训、健康保健等途径来增加的，但这些途径的实现需要资金投入。

最后，农村金融发展通过技术进步促进农业现代化。技术进步是指由于应用了新生产技术、新的组织和管理形式，当要素投入不变时，产出量增大，或者是在产出量既定的情况下，所需的要素投入减少。技术进步可以打破传统农业的“低水平陷阱”，促使农业生产率不断提高，农产品产量和农业剩余劳动力增多，为现代非农产业提供了物质资本和人力资源，有利于改变发展中国家的城乡二元结构状况。

从理论上讲，金融系统具有评估、甄别和监管的功能，并能分散风险，可以将创新活动的预期利润显示出来，提高创新活动成功的概率。在现实中，如果农村金融发展比较落后，仅凭农户自身拥有的储蓄是不可能提供其采用新技术所需的投资资金，而自我融资不足将严重阻碍新技术向传统行业渗透的投资战略。

（二）农业现代化的发展反作用于农村金融

农村金融发展与农业现代化互为因果关系。资金的有效供给是农业现代化得以实现的重要保障，农村金融的发展有利于改善农业现代化发展过程中融资渠道有限、资金供给不足的局面，从而为农业现代化的实现注入新鲜的血液。反过来，伴随农业现代化的发展将产生复杂的金融需求，这又促使金融部门进行改革以适应农业现代化的需要，从而促进农村金融的繁荣发展。

戈德史密斯的平行理论认为，经济发展与金融发展是同步进行的，经济快速增长的时期一般都伴随着金融发展的超常水平。反之，经济发展趋于缓慢甚至处于停滞时期，金融发展的成效也微乎其微。肖和麦金农的金融抑制理论认为，发展中国家经济和金融发展停滞不前的重要原因是各国普遍建立的以抑制为特征的金融制度，在强调经济中的金融部门与经济发展息息相关时，如果金融领域本身被压制或扭曲的话，金融就会对经济发展产生一定的阻碍和破坏，导致“金融抑制”。为此，应推行以金融深化为目的的金融发展战略，消除金融抑制，用价格机制与分权机制代替金融配给机制，拓展储蓄者对投资机会的选择区间，减少人为因素对金融市场的干预，借助市场的力量以实现利率、储蓄、投资与经济增长的协调发展。

不论是“平行理论”还是“抑制理论”都表现了金融发展与经济发展之间的关系。两者之间是一种相互影响、相互促进，但又相互制约的交替上升或下降的关系，可见，现代农业发展离不开金融发展的支持，而金融发展又是以农业发展为基础的。金融发展与经济发展之间的这种一损俱损、一荣俱荣的相互关系已被社会经济发展的实践所验证，在农村金融支持农业现代化发展的过程中，农业现代化的愈发成熟也能够进一步推动农村金融的发展，二者是相互作用的。

此外，从短期来看，农村金融发展对农业现代化的正向作用明显强于农业现代化对农村金融的正向作用；但从长期来看，农业现代化对农村金融发展的刺激作用强于农村金融发展对农业现代化的支持作用。究其原因，中国农村金融需求规模化、集约化和多样化的现实注定了农村金融的短期发展将大大缓解农业现代化对资金的需求，从而对农业现代化的发展起到较快的拉动作用。但是，农村金融改革是一个长期且复杂的工程，而且农村金融的发展面临着制度上和政策上等多方面的困难，所以农业现代化对农村金融的带动作用从短期来看并不显著。

三、江苏省农村金融与农业现代化发展状况

（一）江苏省农村金融发展概述

2019 年，根据江苏省委、省政府和人民银行总行对乡村振兴的决策部署，人民银行南京分行等六部门联合出台的《关于江苏金融服务乡村振兴的指导意见》（以下简称《意见》）提出，到 2020 年，江苏金融服务乡村振兴，要实现金融支持高质量扶贫效果显著、金融支农资源不断增加、农村金融服务持续改善、涉农金融机构公司治理和支农能力明显提升四大目标。到 2035 年要基本建立起多层次、广覆盖、可持续、适度竞争、有序创新、风险可控的现代农村金融体系，实现金融服务能力和水平显著提升，农业农村发展的金融需求得到有效满足。针对金融服务乡村振兴的关键问题和重要环节，《意见》提出了六个方面 29 条具体措施：一是强化政策协调，有效落实金融服务乡村振兴的各项措施；二是围绕金融支持乡村振兴目标，构建服务乡村振兴的金融组织体系；三是明确金融重点支持领域，加大金融资源向重点领域和薄弱环节的倾斜力度；四是推动金融产品和服务方式创新，满足乡村振兴多样化的融资需求；五是建立健全多渠道资金供给体系，拓宽乡村振兴资金来源；六是加强金融基础设施建设，为乡村振兴营造良好的金融生态环境。

江苏省有关部门认真贯彻落实党中央、国务院有关部署，加强协作配合，创造性地开展工作，财政部门不断加大对农村的金融支持力度，江苏省农村金融机构农业贷款不断增加，年平均增长率为20.2%，农村金融发展势头良好。

1. 农村金融发展总量规模大

改革开放以来，江苏农村信用社系统在自身改革和服务“三农”方面通过产权制度改革，组建了62家农村商业银行，将一个风险高发、巨额亏损的农村信用社系统建设为风险可控、可持续发展、服务“三农”的生力军，其中5家农村商业银行先后在国内A股上市。农业贷款总量大幅度提升，2019年末农村金融机构的存款额达到了152837亿元，贷款额达到了133330亿元。农村金融机构的资产相关率达到了38.14%，农村金融深度为17.77%。

2. 金融机构的类型以银行模式为主

随着金融体制改革的深化，越来越多的农村合作银行和农村信用社改制为农村商业银行，到了2013年，农村合作银行已全部改制为农村商业银行；目前，农村信用社也已全部改制为农村商业银行。这进一步拓宽了农村金融机构的信贷业务范围，提高了农村金融服务质量。近年来，江苏省农村金融机构建设规模不断扩大，全省13个地级市平均金融网点数为188个。金融业务类型多渠道发展，包含人身养老保险、小额信贷和股票等金融业务。除此之外，江苏省也发展了一些非正规农村金融机构，如民间借贷、小额贷款和农村互助资金等。

总体而言，江苏省农村金融机构规模不断扩大、业务发展趋于多元化，金融机构网点已覆盖全部县（市）和绝大多数乡镇，金融服务已覆盖全部乡镇。

（二）江苏省农业现代化发展现状

江苏既是经济大省，也是农业大省，近年来，随着全省经济社会持续快速发展，农业现代化成效突出，推进农业现代化的基础良好、特色鲜明。江苏省委、省政府高度重视“三农”工作，特别是党的十八大以来，依托江苏自然资源禀赋、地理区位、经济优势等条件，大力实施农业现代化工程，农业、农村面貌不断改善。

1. 农业产出效益高

2019年江苏第一产业实现增加值4296亿元，较上年增长1.3%。粮食、蔬菜园艺、畜禽等主要农产品总量均居全国前列，粮食总产比上年增幅1.3%。农业结构持续优化，高标准农田占比达65%，农业综合机械化水平达86%。

2. 重视推动农业科技创新、农业发展内生活力强

江苏省新产业、新业态成长快，农产品电商保持每年20%以上的增速。特色产业蓬勃发展，2019年全省约有170个产值10亿元以上的县域特色产业。创意休闲农业综合发展指数居全国第一。科技含量不断提升，78家园区入选农业部农村创业创新园区（基地）目录，总数居全国第二。全省农业科技进步贡献率提高到69.1%，比全国平均水平高出十个百分点。

3. 农业产业主体多元化、模式多样化

2019年江苏省新型经营主体增长快，在全国农业产业化龙头企业500强中，江苏有131家企业入围，数量居全国第一。县级以上农业产业化龙头企业超7700家，其中，国家级61家，省级775家。近两年新增互联网农业、休闲观光农业等新业态省级龙头企业55家。江苏省以农民专业合作社、家庭农场和农业企业为代表的新型农业经营主体，数量快速增长、规模日益扩大、领域不断拓宽，在衔接小农户与现代农业发展、推进农业供给侧结构性改革、推动现代农业发展上发挥了重要作用。各地新型经营主体蓬勃发展，更多农户参与到现代农业的发展进程中来，共享加工与流通等环节带来的增值收益。

4. 农业物质装备齐全、农机装备水平不断改善

全省农业机械总动力持续上升，截至2018年底，江苏省农业机械总动力达到5042.27万千瓦，人均农机动力达到6.59千瓦。水稻、小麦、玉米的收割机保有量大大提高，大中型机械工具持有量增长较快。粮食作物的机械化作业水平高，2019年底，江苏省农业的综合机械水平已达86%，主要农作物的机械化水平高于65%，高标准农田比重66.41%，农业生产效率提升，生产总量提高，基本实现了水稻生产机械化。

5. 农村改革力度大、县域经济全国领先

2019年全国综合实力百强县（市）中，江苏县（市）占四分之一，其中，前10强中江苏占6家。农民人均年收入连续13年保持增长，2019年人均年收入为41400元，在全国大陆省级地区排名前五名。土地确权登记颁证进度居全国前列，农村集体“三资”（农村集体资金、农村集体资产和农村集体资源）管理示范县的数量居全国前列。

（三）江苏省农村金融支持农业现代化发展的现状

农业现代化是传统农业通过不断地利用现代科学技术来调整完善农业产业结

构，从而实现农业生产的专业化和社会化分工的过程。在农业现代化发展的过程中，对农村金融的要求和依赖性越来越高，农业科技的推广应用、农业产业化的发展和农村基础设施建设等都需要金融服务的大力支持。农村金融的发展对促进整个农业发展尤其是农业现代化的发展具有举足轻重的作用。

作为我国的经济发达地区之一，江苏省与其他大多数省份相比，经济发展速度快，且地理环境、行政管理环境与经济服务环境优越，为该地区农村经济发展与农村金融行业发展提供了有利的社会保障与便利条件。党的十九大以来，江苏省全面落实党中央、国务院和省委决策部署，坚持稳中求进的工作总基调，深入贯彻新发展理念，统筹做好稳增长、促改革、调结构、惠民生、防风险、保稳定等各项工作，全力推动高质量发展，经济运行总体平稳、稳中有进，高水平全面建成小康社会取得新的进展，“强富美高”新江苏建设迈出新的步伐。在农村金融改革步伐不断加快与改革力度不断加大的推动作用下，江苏省农村金融发生了巨大的变化，农村金融服务机构逐渐趋于完善，农村金融服务水平逐渐提高。总体来看，江苏省农村金融对农业现代化支持已取得不错的成效，农村金融支持力度全国领先。

但与此同时，也不可避免地存在一些问题，主要表现在以下几个方面：

1. 不缺需求缺载体

随着乡村振兴战略的实施，在农业现代化进程中，无论是产业提升、基础优化，还是环境整治、农民增收，都会涌现出旺盛的资金需求。但与之相对的是，当前农业、农村有效融资载体明显缺乏，“三农”“融资难”和金融机构“难融资”等问题并存。主要表现在农业经营主体金融承载能力不足、农村环境提升的融资渠道不畅、农村消费主体的金融意识和能力不强，这不利于农业现代化发展。

2. 不缺机构缺服务

江苏省内传统金融机构网点和新型金融组织总量并不少，但金融服务精准化、精细化程度却不高。主要表现在农村金融产品的“乡土气”不够、农村金融服务的“科技化”水平不高、金融机构“脱农化”现象尚未扭转。农村金融产品和服务方式较为单一，主要集中在传统的存贷款业务上，包括存、贷、转、汇、兑等基础服务，不利于农业现代化的发展。金融机构仅仅是对原有的业务重新进行包装，推出的产品主要是信贷产品，而这些信贷产品难以满足农户的个性化和多样化的金融需求，农民的金融需求，不仅包括贫困农户维持生活的基本开支，小规模生产经营所需资金，还包括一般性农户的经营性资金需求。

此外，农村金融在抵押担保方式上也没有太大突破，在咨询服务类、结算方式、金融租赁等方面提供的服务比较少。无论是农商行还是村镇银行等在提供产品时都存在同质性，未针对农户的不同特点开发设计出具有个性化的产品。造成这种同质性主要有两方面的原因：一是金融机构缺乏创新意识，或是创新成本较高而不愿进行；二是农户对金融产品的认识具有习惯性，不太容易接受新的金融产品，这也使得一家金融机构在推广新的金融工具时面临诸多困难，进而打消创新金融工具的积极性，导致农村金融支持力度不够充分。

3. 不缺资金缺机制

发展农业现代化的资金需求具有全方位、多元化、市场流动性整体充裕的特点，然而由于机制不完善，资本市场、社会资本对“三农”领域的支持还十分薄弱。农村是不缺资金的，真正缺少的是把农民手中的闲置资金用于发展农村经济的体制机制。由于农民的信用意识相对淡薄，存在故意逃避债务的问题，各大商业银行、小额贷款公司、村镇银行等的不良贷款率在上升，恶化了信用关系，加上法律层面对失信行为的约束不足，金融机构发放的贷款缺乏有效保护的法律，极大地影响了金融机构涉农贷款的积极性。另外，江苏省各地的农村信贷产品一直以抵押担保的方式为主，我国的《担保法》和《物权法》规定农村土地、丘陵、耕地和宅基地等集体所有的土地使用权不得抵押，农民所拥有的土地、房屋等不能实现流通，无法成为抵押担保品，在一定程度上限制了涉农信贷的服务规模与能力。

4. 不缺政策缺协同

当前，江苏省各部门、各地区围绕“三农”出台了一系列政策，但资金碎片化、竞争同质化、政策部门化现象在不同程度上存在，整体规划与政策协同程度不够，难以发挥合力，相关配套服务制度也有待进一步落实。一方面，已经颁布的政策措施都是站在宏观的角度来分析整个江苏省目前农村金融和农业现代化的问题，更多的是一种理论性制度，缺乏实际的信贷指导意义，而且这些措施的可操作性不强。另一方面，农村地区的整个金融生态环境不能适应农村金融发展的需要。农村金融的专业人才较为匮乏，使得农村金融机构的很多金融资源不能流向农业而是流入了其他经济领域，这在一定程度上限制了农村金融机构对农业现代化发展的有效支持。

第二章

江苏省农业现代化发展总体评价

为了客观衡量和界定江苏省农业现代化发展水平，分析江苏省农业现代化发展过程中出现的问题，并提出相关对策。本章总结了江苏省农业现代化发展的现状，参考和借鉴有关评价农业现代化发展水平的指标体系，结合江苏实际，对江苏省农业现代化的发展趋势和结果进行分析，并对农业现代化发展过程中的短板问题进行进一步阐述，得出了江苏省农业现代化对农业金融具体需求的结果。

第一节　江苏省农业现代化发展现状

为全国发展探路是中央政府对江苏省的一贯要求。基于自身资源禀赋及发展基础，江苏省明确提出，要率先实现农业、农村现代化和乡村治理现代化。本节对江苏省农业发展总体情况进行分析，并且从农业产出效益、农业科技发展情况、农业产业化经营、农业物质装备、农业生态环境、农业支持保障六个方面总结了目前江苏省农业现代化发展水平。

一、江苏省农业发展总体情况

江苏地处南北气候过渡地带，生态类型多样，农业生产条件得天独厚，素有“鱼米之乡”的美誉。江苏是我国南方最大的水稻生产省份，也是全国优质弱筋小麦生产优势区。玉米、花生、油菜及多种杂粮、杂豆等特色粮食作物遍布全省。棉花、蚕桑生产稳定，野生中草药材超千种，园艺蔬菜是全省第一大经济作物。地方畜禽种质资源丰富，拥有畜禽遗传资源保护名录品种 30 个，其中 15 个被列入国家级畜禽遗传资源保护名录，国家级保种单位数量全国第一。

2019 年，江苏坚持把实施乡村振兴战略作为新时代“三农”工作总抓手，农业、农村保持良好发展势头。农业生产总体稳定，全年粮食总产量 3706.2 万吨，猪牛羊禽肉产量 270.8 万吨，禽蛋产量 212.3 万吨，牛奶总产量 62.4 万吨，水产品总产量 484.8 万吨（不含远洋捕捞）。

现代农业发展深入推进。全省新建高标准农田 350 万亩，农业机械化水平达 86%，农业科技进步贡献率达 69.1%。高效设施农业面积占比达 20.3%；有效灌溉面积达 419.7 万公顷，新增设施农业面积 4.5 万公顷，年末农业机械总动力 5114

万千瓦。

新产业、新业态保持高速增长。农业新产业、新业态增幅连续多年保持在20%左右，农产品网上交易额610亿元，休闲观光农业综合收入640亿元，绿色优质农产品比重超过58.7%。

农村创业创新主体培育加快。截至2019年，全省新培育高素质农民20万人，返乡下乡创业人员超过25万人，省级以上农业产业化龙头企业总数达823家，省级示范家庭农场1876家，农民合作社国家示范社476家、省级示范社1244家，农业产业化联合体500家。城乡居民收入差距进一步缩小，城乡居民收入比由2018年的2.26∶1缩小为2.25∶1。

二、江苏省农业现代化发展情况

“十三五”时期，是江苏全面贯彻党的十八大和十八届三中、四中、五中、六中全会精神，深入贯彻落实习近平总书记系列重要讲话特别是视察江苏重要讲话精神、推动“迈上新台阶、建设新江苏”取得重大进展的关键时期，也是高水平全面建成小康社会的决胜阶段和积极探索开启基本实现现代化建设新征程的重要阶段。“十三五”期间，江苏现代农业发展的基础比以往任何时候都更加坚实，面临的形势比以往任何时候都更加复杂，各方面的机遇也比以往任何时候都更加难得。与全国其他省份相比，江苏现代农业基础总体较好，有着多重战略利好，面临重大历史机遇，但农业基数也相对较高，人多地少等资源环境制约表现得更加突出，农民对务农收入的期望值更高。

（一）农业产出效益

2019年，江苏省农业生产能力增强。全年粮食总产量3706.2万吨，比上年增产45.9万吨，增长1.3%。其中，夏粮1356.6万吨，增长2.3%；秋粮2349.6万吨，增长0.7%。粮食亩产459.1公斤，比上年增加13.5公斤，增长3.0%。种植业结构不断调整。全年粮食播种面积538.1万公顷，比上年减少9.4万公顷；棉花种植面积1.2万公顷，比上年减少0.5万公顷；油料种植面积28.3万公顷，比上年增加2.0万公顷；蔬菜种植面积142.4万公顷，比上年减少0.1万公顷。高效农业面积占耕地面积比重提高到20.3%。农村居民人均纯收入达20845元，比2012年的8643元增加了 1.4 倍以上。江苏省农业产出效益的地区分布规律，大致分为三个区域带：

第一个是整体经济迅猛发展的苏南地区（包括苏州、无锡、常州、南京、镇江）。苏南工业的发展优化了整个经济环境，同时带动了外商对农业的直接投资，与此相对应的是农民种田和投资者的积极性普遍提高，从而加大了农业的发展，吸引了“三资”（外商资本、工商资本和民间资本）的加入，形成了良好的投资环境和良性循环，并且向农业科技含量高的方向发展。

第二个是正在积极抓住机遇，发展相对落后于苏南地区的苏中地区（包括扬州、泰州、南通）。以上海为辐射中心的长三角整体经济发展迅猛，但由于地理位置和交通的原因，苏中地区的整体经济发展略微滞后，农业布局不适合自身的发展环境，所以，这些地区提高农业经济效益的主要途径，应着重在种植结构的调整上。

第三个则是整体经济发展落后的苏北地区（包括盐城、淮安、宿迁、连云港、徐州）。劳动力转移需要加快，农业生产条件有待提高。

除去几个城市的个别情况，江苏省农业产出效益发展水平在总体分布上基本属于以上三种地带，因此也可看出，影响江苏省农业产出效益的因素与各市的地理位置和环境，自身的整体经济实力和农业生产条件，以及各地的农业发展政策有很大关系。

（二）农业科技发展情况

2013~2018 年，江苏省县级以上政府部门所属农业研究与发展机构相对稳定，2013 年 33 个，2014~2016 年 31 个，2017~2018 年 29 个。江苏省县级以上政府部门所属农业 R&D（科学研究与试验发展）经费收入波动式增长，从 2013 年的 174080 万元增长至 2017 年的 221513 万元，2018 年约为 200179 万元。2013~2018 年江苏省从事农业科技活动的人员相对稳定，约为 2.9 万人，江苏省高度重视推动农业科技创新。

“十二五”期间，江苏省围绕种植农业、设施农业、生物农业、信息农业、生态农业、农产品精深加工等领域，组织实施农业高新技术研发项目。重点开展分子育种技术、高端农机、加工装备等前瞻性高新技术研发，引领全省生物制品、生物农药、智能化农业装备、农业物联网和农产品精深加工产地保鲜等农业高新技术新兴产业发展。同时，为加快江苏省农业科技创新与产业化步伐，推进企业与高校、科研院所有效协同创新，加强农业产业技术创新联盟建设。

江苏省在高度重视推动农业科技创新的同时，也十分重视农业科技的推广与应用。江苏省逐步构建了以国家农业技术推广机构为主导，农村合作经济组织为基础，农业科研教学等单位和涉农企业广泛参与的“一主多元”农业技术推广体系。并大力推进村级规范化农业科技服务站、农业科技超市、科技示范户建设。

为更好地促进农业科技发展，江苏省高度重视农业科技园区建设，重点推进国家级农业科技园区建设，大力推进省级现代农业科技园区建设。另外，江苏省还大力培育农业科技型企业、科技型农业专业合作社、科技示范户等科技型农业经营主体。截至 2018 年底，江苏省农业科技型企业达 800 多家。

在各项措施的大力推动下，江苏省农业科技得到了快速发展，农业科技进步贡献率得到了稳步提升。“十二五”时期，江苏省农业科技进步贡献率为 65%，而 2019 年已达到 69.1%。除此之外，新型农业信息服务覆盖率也有了显著提升，从 2012 年的 78% 增加为 2019 年的 84%。

（三）农业产业化经营

1. 农业产业化的经营主体多元化

随着产业化的稳步发展，各地新型经营主体蓬勃发展，更多农户参与到现代农业的发展进程中来，共享加工与流通等环节带来的增值收益。

（1）农业龙头企业逐步崛起。2018 年，江苏省县级以上农业产业化龙头企业超过 7700 家，其中，国家级 61 家，省级 775 家；近两年新增互联网农业、休闲观光农业等新业态省级龙头企业 55 家。2018 年，省级以上农业龙头企业年销售（交易）额达 7800 亿元，有 15 家企业销售（交易）额超百亿元。全省已组建农业产业化联合体 289 家，有 100 家进入省级示范联合体名录，2500 多家龙头企业、家庭农场、合作社抱团发展，实现资源与信息共享，必须充分发挥龙头企业的作用，推进农业高质量发展。

（2）家庭农场成为促进农村产业化的重要主体。经过几年的奋斗，截至 2019 年全省经农业系统认定的家庭农场超过 4.89 万家，其中省级示范场 1406 家。全省各地积极鼓励家庭农场开展适度规模经营，常熟田娘农场、泰州上膳源有机农场等一批家庭农场开展农产品加工销售业务，发展农产品直销、乡村旅游，有力促进了产业联动。

（3）农村合作社成为推进农村产业化的主力军。江苏省农民合作社总数达 8.15 万家，农户入社率为 77.8%，创建国家示范社 496 家，数量居全国第二。农民合作社大力发展加工流通与直供直销，目前产加销一体化或专门从事加工流通的占合作社总数的 50% 以上。农业合作社多为非营利农民组织，农户通过合作社，提高了市场营销能力、抗风险能力和品牌竞争力，带动了农民持续增收。

2. 农业产业化的模式多样化

根据地区的资源禀赋、产业发展特色等条件，江苏省各地积极探索适合当地的农业产业化模式。主要有以下几种模式：

（1）产业链延伸型。以产业链某个环节为基点，向产前、产后延伸，实现农技服务、生产、加工和销售环节的有机整合。如“中国水蜜桃之乡”无锡惠山区阳山镇，已将水蜜桃产业发展成为从生产、贮运、加工到流通的产业链条。目前，已研发出水蜜桃汁、水蜜桃果酒等附加产品，同时拓展农业多功能性，打造了以生态高效农业、农林乐园、园艺中心为主体，体现花园式农场运营理念的农林、旅游、度假、文化、居住综合性园区。阳山镇以水蜜桃为代表的高效农业占农业的比重达 98%，桃农人均纯收入超 3 万元 / 年。

（2）社会化服务型。依托专业化服务组织，构建农业生产产前、产中和产后全程化服务，提升农业生产服务的专业化水平和社会化程度。如江苏百汇农业发展有限公司是江苏省农业产业化龙头企业。公司是集种植、养殖、饲料加工、农产品期货交易市场、屠宰分割、肉制品加工、冷链物流、批发配送市场和副产品高科技转化等为一体，具有完整农业生态链的特大型农业产业化企业。2019 年，公司实现屠宰生猪 39 万头，同比增长 95%，屠宰利润 1200 万元左右，与 2018 年相比，扭亏为盈。

（3）产业集聚型。集聚农业各种要素，打造农业产业生产、加工集聚平台，提高农业综合生产效益。产业集聚模式的产业化主要是通过建设农业产业园区的形式来实现。现代农业产业园区在规模化种养基础上，通过“生产 + 加工 + 科技”模式来聚集现代生产要素，创新体制机制，集中打造产业链，建设高水平的现代农业发展平台。如位于东台沿海经济区绿色食品产业园的江苏东台农产品加工集中区，自 2009 年启动建设以来，不断完善基础功能配套，招引高层次农产品加工企业入驻，致力于构建绿色生态、特色鲜明、高效优质的现代农产品加工企业集群，重点建设畜禽制品加工区、水产品加工区、农副产品加工区及物流中心，着力打造江苏沿海一流特色农产品加工集中区。2012 年 1 月被江苏省农委批准为“省级农产品加工集中区”。目前，中粮肉食（江苏）公司、华大集团、光亚集团、江苏海天公司等 61 家农产品加工及配套企业相继入驻园区。2015 年，园区销售近 60 亿元，实现税收超 5 亿元，企业带动农户近 7 万户，增加农民收入近 4 亿元。

（4）功能拓展型。立足一产，挖掘农业在生态休闲、旅游观光、农耕文化、科技教育等方面的价值，拓展农业发展的领域和空间。南京市江宁区的黄龙岘茶文化旅游村，以茶文化展示为内涵，着力打造融品茶休憩、茶道、茶艺、茶俗、茶浴体验、茶叶展销、茶叶研发、茶叶生产、茶宴调理、特色茶制品购买为一体的乡村特色茶庄，现村庄总户数为 43 户。自 2013 年 4 月以来，以黄龙岘茶文化村为核心的美丽乡村西部片区共接待游客 800 多万人次，年平均游客量达到 100 万人次，实现年综合收入近 1.5 亿元。

（5）"农业 + 互联网"型。发展农村电子商务，利用互联网络，开展农产品线上销售。目前"互联网 +"已融入江苏省农业全产业链条、全产业类别，催生了一批特色产业集群与创意休闲农业、智能农业、电商产业园等新产业、新业态、新模式。2019 年上半年，全省农产品网络营销额达 310 亿元，同比增长 31.9%，在阿里巴巴平台上农产品销售额名列全国第一，连续多年保持 20% 以上的增速。在首创"一村一品一店"发展模式的宿迁，各县（区）均建成农村电子商务产业园，114 个乡（镇）建成乡镇电子商务服务中心，1392 个行政村实现村级网店建设全覆盖，"一村一品一店"标准村占比超过 60%。

3. 农村产业化的利益联结机制多样化

农业企业与农户的利益联结主要通过签订合同订单的方式，主要形成了"企业 + 合作社 + 农户""企业 + 种养小区 + 农户""企业 + 专业村 + 农户""企业 + 订单 + 农户"等多种联农带农模式以及"联合社（综合社）+ 社会化服务组织 + 专业合作社 + 家庭农场 + 农户"的一体多元的综合服务模式，订单农业范围也不断扩展，签约农户数量不断增加。同时，也出现了租赁、托管、股份合作等利益联结模式，利益联结机制开始多样化发展。

（四）农业物质装备

1. 农机装备水平

"十二五"以来，江苏省农业物质技术的装备水平持续长进，农机装备技术得到有效改善。江苏省全省农业机械总动力持续上升，至 2018 年底，农业机械总动力达到 5042.27 万千瓦，人均农机动力达到 6.59 千瓦。水稻、小麦、玉米的收割机保有量大大提高，大中型机械工具持有量增长较快。随着农民生活水平的提升，购买机械设备数量和种类也有所增加，如以前几户共同使用一台拖拉机和收割机，如今基本每户必备一台，农机装备水平明显提高。

2. 农机作业水平

一是粮食作物的机械化作业水平：2018 年新增有效灌溉面积 47.95 万亩，截至 2019 年底，江苏省农业的综合机械水平已达 86%，主要农作物的机械化水平高于 65%，高标准农田比重 66.41%。机械水平的提高便于减少劳动力，农业生产效率得到提升，生产总量提高，基本实现了水稻生产机械化。从作物间机械化水平看，耕作、种植、收获的综合机械化水平从低到高依次为大豆、玉米、水稻、小麦。从各环节操作的机械化水平来看，机耕水平相对较高，其次是机收水平，最后是机械种植水平。二是特种经济作物的机械化作业水平：油菜、花生、棉花的机耕水平相对来说较高；花生的机收水平和棉花的机收水平相对来说较低，其中棉花的机收水平基本为零；但是油菜的机收水平远高于机械化种植水平。三是畜牧水产养殖的机械化水平：畜牧业机械化可以在降低劳动力的同时有效提升劳动生产率，并且确保畜牧业产品的质地和产量。从而促使畜牧业的规模化、产业化发展，也为达到畜牧业现代化奠定了一定的基础。据资料统计，在畜牧业相关机械化水平比较中，牧草生产加工的机械化水平最高，其他环节如饲草投喂、粪污清理、挤奶、剪毛等的机械化水平相对较低。四是设施农业的机械化水平：2018 年，江苏省粮食播种面积 7520.2 千公顷，采运机械化水平最低，其他依次为种植机械化水平、环境调控机械化水平、灌溉施肥机械化水平、设耕整地的机耕水平。

（五）农业生态环境

江苏省以种植业和畜牧业为主，农业生产机械化水平相对较高，位居全国第一，但化肥使用量和农药使用量也位居前列。2018 年 1 月底，江苏省印发了《关于加快推进农业绿色发展的实施意见》，提出要建设农业发展与农业生态协调发展的生态江苏。截至 2019 年底，全省 66.41% 的农田达到高标准要求，并按照生态农业发展的要求，土地用养结合，减少土地负荷。全省推广测土施肥技术，2017 年推广面积达到了 480 万公顷，同时推广秸秆还田、绿肥种植技术等。在化肥使用量方面，全省的使用量和单位面积使用程度都有所下降。目前，围绕推广有机肥，减少化肥的使用进行调整，通过创建示范县来推广有机肥替代化肥、机械化施肥、水肥一体化智能配肥等高效施肥技术。在灌溉方面，建立高效的节水制度，提倡喷灌、滴灌和管道为主的节水灌溉方式。截至 2018 年底，全省农业废弃物综合利用率达

82.7%，比上年提高 1.7 个百分点。2019 年林木覆盖率达到 23.5%。

（六）农业支持保障

农村金融的发展对促进整个农业发展尤其是农业现代化的发展具有举足轻重的作用。农业现代化的发展需要农村金融配套完整的金融服务。据江苏省统计年鉴显示，从 2014 年至 2019 年，每年涉农年末贷款余额增加比重分别为 6.61%、7.85%、8.21%、9.93%、9.32%、9.90%。近六年来，金融机构对农业的贷款增加额比例维持稳定增长，但与农业发展速度比较，支持力度仍显不足。财政对农业总投入的增长幅度与财政经常性收入增长幅度之比维持在 1.1 左右，但有个别年份为负。2018 年农业保险费收入为 38 亿元，相比于 2017 年增加了 2 亿元。

第二节　江苏省农业基本现代化评级指标体系

指标的合理确定在评价中占有十分重要的地位，它既是对目标系统展开科学评价的一个重要组成部分，又是下一步进行决策的重要工具。

指标体系通过对数据和信息的搜集，能帮助决策者从许多不同的因素中提炼有用的信息，建立关联信息序列，以提高其透明度和综合性，还可以在缺乏信息的情况下帮助确立重要问题，对数据做出比较准确的预测。构建科学合理、全面客观的农业现代化水平评价指标体系，是正确掌握总体的农业现代化和不同地区的农业现代化水平现状、制定区域农业现代化发展政策的基础。

本节借鉴《江苏省农业基本现代化指标体系（试行）》，再结合江苏省实际情况，构建了江苏农业现代化发展水平指标体系。对指标评价体系的设计原则、框架结构以及指标意义做了详细的介绍。

一、评价指标体系的构建原则

用于评价某一事物的指标往往有很多，指标的选用与所研究的问题密切相关。是否建立科学正确的指标体系，是能否客观准确评价给定问题的关键。指标的选择具有一定的原则，依据原则建立的指标体系具有健康、良好的特性。总而言之，指标体系的构建应当遵循以下几个原则：

第一，导向性原则。指标体系要充分发挥导向、引领作用，激励各地区进一步增强科学发展意识和发展能力，创新体制机制，切实有效地加快科学发展进程。

第二，前瞻性原则。建立综合发展评价体系，视野要开阔，着眼要长远，不仅要考虑 21 世纪头二十年全面建设小康社会的目标，而且要考虑 21 世纪中叶基本实现现代化的目标。

第三，开放性原则。综合发展指标体系的建立过程，应保持指标体系的动态性和开放性，根据地区发展的新情况、新特征及中国发展阶段的变化，及时对指标体系进行补充、完善和修订。

第四，可操作性原则。指标选择具有代表性，同时兼顾统计数据的可获得性，使指标可采集、可量化、可对比。指标设置要与相关国民经济和社会发展规划指标衔接一致，以增强指标体系的政策导向与实践意义。

第五，公认性原则。评价指标不仅要以客观指标反映地区发展的数量特征，更要把群众认可与满意作为一项重要的衡量标准，做到量化考评和定性考评相结合。因此，综合发展评价体系引入公众评价指标，以充分考察人民群众的切身感受，提高公众对于发展的参与度和认可度。并且，主观性指标的引入强化了“既看数字又不唯数字”的理念。

二、农业现代化评价指标体系的构建

江苏省在编制《江苏省农业基本现代化指标体系（试行）》的过程中，广泛征求了省内外专家及各地、各部门的意见，并进行了深入的研究论证。修订工作较好地贯彻了四个方面的要求：一是体现了习近平总书记对江苏提出的“深化产业结构调整、积极稳妥推进城镇化、扎实推进生态文明建设”三大重点任务，进一步突出以提高经济增长质量和效益为中心，加快转变经济发展方式。二是体现了省委提出的“增强经济发展新动力、构建城乡区域发展新格局、增创改革开放新优势、形成社会建设新局面、建设生态文明新体系”的目标。三是体现了江苏“两个率先”必须取得的过硬成果，使之具有更高质量、更高水平、更高满意度。四是体现了国家层面的《苏南现代化建设示范区规划》中具有普遍意义的目标要求。《江苏省农业基本现代化指标体系（试行）》重新将农业现代化指标体系划分为六大类21个指标，更加体现了科学发展、以人为本的鲜明发展导向，更加突出了加快转型升级、提升发展质量和效益的根本要求。

因此，本节根据农业现代化的内涵、特征、客观实际和农业现代化评价指标体系的选取原则，在借鉴《江苏省农业基本现代化指标体系（试行）》的基础上，再结合江苏省实际情况，将农业现代化水平评价指标体系分为农业产出效益、农业科技进步、农业产业化经营、农业物质装备、农业生态环境、农业支持保障6个大类，共计21项指标。其中，农业产出效益4项、权重24分；农业科技进步4项、权重17分；农业产业化经营5项、权重21分；农业物质装备2项、权重10分；农业生态环境3项、权重14分；农业支持保障3项、权重14分（见表2-1）。

表2-1 江苏省农业现代化水平评价指标体系

指标名称	权重	单位	2020年目标值	2008年完成值	考核单位
一、农业产出效益（共24分）					
1. 农林牧渔业增加值	6	亿元	3247（年递增3.7%，可比价）	2100	江苏省统计局
2. 粮食亩产	5	公斤	450（年递增1%）	402	江苏省统计局、江苏省调查总队
3. 高效设施农业（渔业）面积比重	6	%	20（26）	6.3（4.85）	江苏省农业委员会、江苏省海洋与渔业局、江苏省统计局
4. 农民人均纯收入	7	元	18000	7357	江苏省统计局、江苏省调查总队
二、农业科技进步（共17分）					
5. 农业科技进步贡献率	5	%	70	56	江苏省科技厅
6. 农村网络公共服务覆盖率	4	%	125	144	江苏省农业委员会、江苏省统计局
7. 农业机械总动力	5	万千瓦	5100	3630.9	江苏省农业委员会
8. 新型农业信息服务覆盖率	3	%	97	50	江苏省农业委员会

续表

指标名称	权重	单位	2020 年目标值	2008 年完成值	考核单位
三、农业产业化经营（共 21 分）					
9. 农户参加各类合作经济组织比重	5	%	80	28.4	江苏省农业委员会
10. 农业适度规模经营面积（畜牧规模养殖）比重	5	%	80（95）	32.1（60）	江苏省农业委员会
11. 农产品加工产值与农业总产值之比	5	倍	2	1	江苏省农业委员会、江苏省海洋与渔业局、江苏省统计局
12. 省级以上农业龙头企业销售（交易）总额	3	亿元	8000	1041.1	江苏省农业委员会
13. 农产品出口额	3	亿美元	60（年递增 10%）	19.8	江苏省农业委员会、江苏省商务厅、南京海关
四、农业物质装备（共 10 分）					
14. 高标准农田比重	5	%	60	35	江苏省农业委员会、江苏省水利厅、江苏省农业资源开发局
15. 农业综合机械化水平	5	%	85	62	江苏省农业机械管理局
五、农业生态环境（共 14 分）					
16. 有效灌溉率	5	%	90	80.13	江苏省农业委员会
17. 单位耕地面积施肥量	5	千克 / 亩	40	47.69	江苏省农业委员会、江苏省农业机械管理局
18. 林木覆盖率	4	%	23	18.1	江苏省林业局
六、农业支持保障（共 14 分）					
19. 财政对农业总投入的增长幅度与财政经常性收入增长幅度之比	6	倍	≥ 1	≥ 1	江苏省财政厅

续表

指标名称	权重	单位	2020 年目标值	2008 年完成值	考核单位
20. 农业贷款增长幅度与贷款总额增长幅度之比	4	倍	≥1	0.68	江苏省政府金融工作办公室
21. 高效农业保费占农业保险保费总额比重	4	%	60	0.9	江苏省政府金融工作办公室
农业基本现代化综合分数	100	分			

参考资料：《江苏省农业基本现代化指标体系（试行）及指标说明》，《江苏统计年鉴》（2008~2019 年），《江苏省国民经济和社会发展统计公报》（2008~2019 年）。

三、农业基本现代化指标说明

（一）农业产出效益

1. 农林牧渔业增加值

农林牧渔业增加值是反映农林牧渔业生产规模、发展速度和水平的综合性指标，指各种经济类型的农林牧渔业生产单位和农户从事农林牧渔业生产经营活动所提供给社会最终产品的货币表现。2008 年全省农林牧渔业增加值为 2100 亿元，比 2007 年增长 4%。根据省政府确定的全省每年农业增加值增加 80 亿元以上的目标，确定农林牧渔业增加值年递增 3.7%（可比价），预计 2020 年将达到 3247 亿元。

2. 粮食亩产

粮食亩产是反映粮食生产水平的指标，指按当年粮食作物实际播种面积计算的粮食平均每亩产量。2008 年全省粮食总产达到 635 亿斤，亩产为 402 公斤。根据国家粮食发展规划和江苏省“两个率先”的要求，结合人口、耕地发展趋势、农业科技及粮食单产潜力等因素进行测算，确定粮食亩产年递增 1%，预计 2020 年达到 450 公斤左右。

3. 高效设施农业（渔业）面积比重

这是反映现代农业装备水平、土地产出率及农业效益的指标。列入本指标体系统计的高效设施农业指年亩纯收益达5000元以上的各类设施园艺（渔业）及高效农业等。2008年全省亩效益5000元以上的高效设施农业（渔业）面积占全省耕地面积的6.3%（4.85%）。综合考虑现代农业特征和江苏省高效设施农业（渔业）发展潜力，确定了2020年全省高效设施农业（渔业）面积比重达到20%（26%）左右的目标。

4. 农民人均纯收入

是综合反映农民生活收入水平的一项重要指标。2008年江苏省农村居民人均纯收入7357元，比2017年增长12.1%。根据省委十一届五次会议精神，确定2020年全省农民人均纯收入达到18000元左右。

（二）农业科技进步

1. 农业科技进步贡献率

这是反映农业科技进步对农业总产值增长率贡献份额的重要指标。2008年江苏省农业科技进步贡献率为56%，全国农业科技进步贡献率为51%。农业农村部提出，力争2020年全国农业科技进步率达到63%，结合现代农业发展要求和江苏省农业科技发展实际情况，确定了2020年江苏省农业科技进步贡献率达到70%左右的目标。

2. 农村网络公共服务覆盖率

这是反映整个农业互联网发展的重要指标。2012年江苏省农村网络公共服务覆盖率为57.2%，截至2019年江苏省农村网络公共服务覆盖率为123.3%，增长率为115.56%。

3. 农业机械总动力

这是反映农业科技进步的重要指标。农业机械总动力指主要用于农、林、牧、渔业的各种动力机械的动力总和。包括耕作机械、排灌机械、收获机械、农用运输机械、植物保护机械、牧业机械、林业机械、渔业机械和其他农业机械，按功率折成瓦计算。不包括专门用于乡、镇、村、组办工业、基本建设、非农业运输、科学试验和教学等非农业生产方面用的动力机械与作业机械。2019年江苏省农业机械总动力达5082万千瓦。

4. 新型农业信息服务覆盖率

这是反映农业信息化建设水平的重要指标。新型农业信息服务覆盖率是指通过省级农业网、为农服务网、优质农产品营销网、短信系统、视频系统、电视点播系统等“三网三系统”，市（县）电脑网站、“12316”三农服务热线、短信等“二电一信”服务方式，村（镇）“信息服务站点”等服务平台和载体，对农业市场竞争主体提供信息服务的覆盖范围。2008 年江苏省农业信息服务覆盖率达 50%，根据现代农业发展要求和江苏省实际情况，确定了 2020 年江苏省对农业市场竞争主体的新型农业信息服务覆盖率达 97% 左右的目标。

（三）农业产业化经营

1. 农户参加各类合作经济组织比重

这是反映农业组织化程度的重要指标。农民合作经济组织包括农民专业合作社、农地股份合作社、农村社区股份合作社、农民资金互助合作社及劳务合作社等。农户参加各类农民合作经济组织比重是指农民合作经济组织的农户成员数占总农户的比重。2008 年江苏省参加农民合作经济组织的农户为 421 万户，占全省总农户数的 28.4%。根据省委十一届五次全会精神，确定了 2020 年全省参加农民合作组织的农户比例达到 80% 左右的目标。

2. 农业适度规模经营面积比重

这是反映农业集约化、专业化水平的重要指标。农业适度规模经营面积比重是指农业适度规模经营面积占耕地总面积的比重。畜牧规模养殖比重是指畜禽规模养殖占畜禽养殖总量的比重。2008 年全省农业适度规模经营面积占耕地面积的 32.1%，畜牧规模养殖比重为 60%。根据省委十一届五次全会提出“到 2020 年全省基本实现农业适度规模经营”的目标，确定了 2020 年农业适度规模经营比重达到 80% 左右，畜牧规模养殖比重达到 95% 左右的目标。

3. 农产品加工产值与农业总产值之比

这是反映农业产业化经营水平的重要指标。发达国家的农产品加工产值大多为农业产值的 3 倍以上，2008 年江苏省农产品加工产值与农林牧渔总产值之比为 1∶1，全省农产品加工业产值达到 3579.1 亿元，比上年增长 21.8%。根据现代农业发展要求和江苏省农产品加工产业发展潜力，确定了 2020 年农产品加工产值与农业总产值之比达到 2∶1 左右的目标。

4. 省级以上农业龙头企业销售（交易）总额

这是反映农产品市场销售情况的重要指标。省级以上农业龙头企业销售（交易）总额是江苏省龙头农业企业的销售额。2012 年全省省级以上农业龙头企业销售（交易）总额为 4955.23 亿元，2019 年达到了 7896.7 亿元，增长 59.36%。

5. 农产品出口额

这一指标是反映现代农业国际竞争能力和外向型农业发展水平的重要指标。2008 年全省农产品出口 19.8 亿美元，同比增幅 20.8%。综合考虑近几年江苏省农产品出口情况，并对今后一段时期农产品出口的预期，确定了农产品出口额年递增 10% 左右，到 2020 年达到 60 亿美元的目标。

（四）农业物质装备

1. 高标准农田比重

这是反映农业基础设施建设水平的重要指标，指高标准农田占农田面积的比重。高标准农田的具体标准参照《江苏省高标准农田建设标准（试行）》。2008 年，江苏省高标准农田比重为 35%，按照平均每年新增 150 万亩的建设进度，结合现代农业发展要求，根据到 2020 年实现人均半亩高标准农田的目标，预计 2020 年高标准农田比重将达到 60% 左右。

2. 农业综合机械化水平

这是反映现代农业物质装备水平的指标，指粮油生产、畜禽养殖、水产养殖、蔬菜园艺等农业生产中农业机械装备量、机械化作业和管理服务水平。2008 年江苏省农业综合机械化水平为 62%，根据农业机械化阶段划分，结合江苏省实际情况，确定了 2020 年全省农业综合机械化水平达到 85% 左右的目标。

（五）农业生态环境

1. 有效灌溉率

有效灌溉率（%）= 有效灌溉面积（千公顷）/ 耕地总面积（千公顷），反映的是农业对水资源的利用状况，灌溉率的提高为产出提供了保障，农业的生产离不开灌溉，该指标是农田水利建设水平的重要体现。2008 年江苏省有效灌溉率为 80.13%，根据现代农业发展要求和江苏省实际情况，确定了 2020 年江苏省有效灌溉率达到 90% 左右的目标。

2. 单位耕地面积施肥量

这是反映农业生态功能建设和农业可持续发展的主要指标之一。单位耕地面积施肥量（千克 / 亩）= 化肥使用量（万吨）/ 耕地总面积（千公顷）× 10000/15，该指标表明对农业生产的物质费用投入。2008 年江苏省单位耕地面积施肥量为 47.69

千克 / 亩，根据现代农业发展要求和江苏省实际情况，确定了 2020 年江苏省单位耕地面积施肥量达到 40 千克 / 亩左右的目标。

3. 林木覆盖率

这是反映农村生态环境和绿化水平的指标。指以行政区域为单位，林木覆盖面积占土地面积（不包括大的水面）的百分比。林木覆盖面积包括郁闭度 0.2 以上的乔木林地面积和竹林地面积、灌木林地面积、农田林网以及村旁、路旁、水旁、宅旁林木的覆盖面积。2008 年江苏省林木覆盖率为 18.1%，结合江苏省实际情况，确定了 2020 年江苏省林木覆盖率达到 23% 左右的目标。

截至 2018 年，全省林地面积增至 156 万公顷，林木覆盖率提高到 23.2%，比 2002 年翻了一番。建成省级以上森林公园、风景名胜区、湿地公园等各类自然保护地 192 个，全省森林旅游综合收入超 400 亿元，成功打造了集第一、第二、第三产业化发展的多业态森林旅游发展体系。

（六）农业支持保障

1. 财政对农业总投入的增长幅度与财政经常性收入增长幅度之比

这项指标主要反映各级财政对农业的支持和保护力度。根据《预算法》和《农业法》中确保“两个高于”，即确保财政预算内支农资金当年预算安排数高于一般预算安排数的增长，确保当年财政支农资金增量要高于上年。近几年来，江苏省财政投入达到了这个比例。因此，设定这一指标目标值为大于等于 1。

2. 农业贷款增长幅度与贷款总额增长幅度之比

这是反映信贷资金对农业支持和保护度的指标。农业贷款为整个“三农”的口径。2008 年全省农业贷款增长幅度与贷款总额增长幅度之比为 0.68：1，考虑农业发展需要和涉农贷款发展趋势，确定了 2020 年全省农业贷款增长幅度与贷款总额增长幅度之比达到 1：1 以上的目标。

3. 高效农业保费占农业保险保费总额比重

这是体现高效农业发展保障与支持水平的指标。2008 年，江苏省小麦、水稻、棉花、油菜和玉米等主要农作物保险承保面为 84.7%，高效设施农业保费占农业保险总保费的比例为 0.9%。根据现代高效农业发展需要和江苏省实际情况，逐步将高效农业品种如蔬菜、花卉、果品、生猪及家禽等纳入保险范围，确定了 2020 年江苏省高效农业保费占农业保险保费总额比重达 60% 左右的目标。

第三节　2012~2019 年江苏省农业现代化评价分析

本节选取江苏省 2012~2019 年农业现代化发展水平的相关统计指标数据进行评价分析。其中，大部分原始数据来源于《江苏统计年鉴》(2012~2019 年)、Wind 数据库以及江苏省统计局网站上的各年份统计公报，具有一定的准确性和权威性。但由于所涉及的指标数据较多，部分指标的官方数据并未及时发布或是存在缺失的情况，所以为保持数据的完整性，本节对所缺失的数据以平均法、插值法等方式进行了补充。

本节拟对 2012~2019 年江苏省的农业现代化发展程度进行动态分析比较，以期得出江苏农业整体的发展趋势及其农业现代化发展水平，从侧面反映出国家宏观规划的结果。同时对农业现代化发展过程中的短板问题进行进一步阐述，从而得出江苏省农业现代化对农业金融的具体需求的结果。

一、数据的收集和标准化处理

本节原始数据主要来源于《江苏统计年鉴》(2012~2019 年) 以及江苏省统计局网站上的各年份统计公报。指标指数的计算主要借鉴了联合国人类发展指数（HDI）的测量方法，根据每个评价指标的上、下限阈值来计算单个指标指数（即无量纲化)，指数一般分布在 0~100，再根据每个指标的权重最终合成综合发展指数，进而对 2012~2019 年江苏省农业现代化发展水平做出评价分析。

（一）指标上、下限阈值的确定

在计算单个指标指数时，首先必须对每个指标进行无量纲化处理，而进行无量纲化处理的关键是确定各指标的上、下限阈值。指标的上、下限阈值主要是参考 2012~2019 年全国 31 个省（区、市）中相应指标的最大值和最小值，以及全面建设小康社会的标准值，部分比例指标还参考了世界中等收入国家的平均值。将第

i 个指标的实际值记为 X_i，权重为 W_i，下限阈值和上限阈值分别为 $X_{i\,min}$ 和 $X_{i\,max}$，无量纲化后的值为 Z_i。

（二）指标无量纲化

无量纲化，也叫数据的标准化，是通过数学变换来消除原始变量（指标）量纲影响的方法，一般运用极差法进行标准化。经过标准化之后，需要对标准化后的数据进行平移，通常将 $X_{i\,min}$ 和 $X_{i\,max}$ 调整为 $0.99X_{i\,min}$ 和 $1.01X_{i\,max}$，此时不需要对标准化之后的数据进行平移。

正指标无量纲化计算公式：

$$Z_i = \frac{X_i - 0.99X_{i\,min}}{1.01X_{i\,max} - 0.99X_{i\,min}}$$

负指标无量纲化计算公式：

$$Z_i = \frac{1.01X_{i\,max} - X_i}{1.01X_{i\,max} - 0.99X_{i\,min}}$$

二、指标权重的确定

权重值的确定直接影响综合评估的结果，权重值的变动可能引起被评估对象优劣顺序的改变。所以，能否合理地确定综合评估发展中各主要因素指标的权重，是影响综合评估能否成功的关键问题。借鉴《江苏省农业基本现代化指标体系（试行）》，并结合江苏省实际情况将农业现代化水平评价指标体系分为农业产出效益、农业科技进步、农业产业化经营、农业物质装备、农业生态环境、农业支持保障 6 个大类，共计 21 项指标。其中，农业产出效益 4 项、权重 24 分；农业科技进步 4 项、权重 17 分；农业产业化经营 5 项、权重 21 分；农业物质装备 2 项、权重 10 分；农业生态环境 3 项、权重 14 分；农业支持保障 3 项、权重 14 分。

三、分类指数和总指数的合成

（一）分类指数的合成方法

本体系由经济发展、民生改善、社会发展、生态建设和科技创新五个分类组成。

将某一类的所有指标无量纲化后的数值与其权重按公式计算就得到类指数。

$$I_i = \frac{\sum Z_j W_j}{\sum W_j}$$

（二）综合发展指数的合成方法

将综合发展评价指标体系中的 21 个指标无量纲化后的数值与其权重按公式计算就可以得到综合发展指数。

$$I = \frac{\sum_{i=1}^{21} Z_i W_i}{\sum_{i=1}^{21} W_i}$$

四、2012~2019 年江苏省农业现代化发展水平分析

在构建的评价体系基础上，可以从多个层面对江苏省农业现代化的发展情况进行量化测度，以确定江苏省农业现代化发展趋势与区域地位。因此，本节从“纵向”比较的角度出发，对 2012~2019 年江苏省农业现代化的总体发展指数进行计算，得出了江苏省农业现代化的发展趋势，从而刻画其脉络、反映其特征。选取全国 31 个省份的相关指标的最大值与最小值，从而更清晰地从“横向”上刻画出江苏省农业现代化水平所处的位置，总结出江苏的优势与不足。

（一）江苏省农业现代化总体发展指数

图 2–1 反映了经测算得出的 2012~2019 年江苏农业现代化综合指数，评价结果显示，在 2012~2019 年，江苏农业现代化综合指数得分除了 2016 年有所下降，其余年份均呈现增长的趋势。其中，2019 年江苏省农业现代化综合指数得分为 76.77，七年间共增长了 65.24%，体现出较快的增长态势。这说明对于江苏省而言，农业各方面发展在不断提升，也侧面反映出农村金融支持对江苏农业现代化的促进和推动程度不容忽视。

进一步研究发现，江苏农业现代化综合指数年增长率在 2013~2015 年有小幅度的波动，在 2015~2016 年呈现负增长的趋势，这主要是由于当年的财政支农金额出

现负增长，究其根本原因在于为避免重复征税，2016 年开始实行营业税改增值税政策，从而使当年营业税收入大大减少，从 2015 年的 2442.82 亿元减少到 2016 年的 1325.14 亿元，财政收入随之下降，以至于相关财政支出也相应减少。2017 年的得分急剧上升，年增长率为 20.75%，这主要是由于经历过 2016 年的波动，经济已经适应税费改革的原因。2017~2019 年呈现出先下降后趋于稳定的状态。这一结果表示，江苏省农业现代化水平速度不断加快，但在金融支持这一方面略显不足且欠缺稳定，因此需要继续加大农村金融投入，使农业现代化水平保持稳定增长。

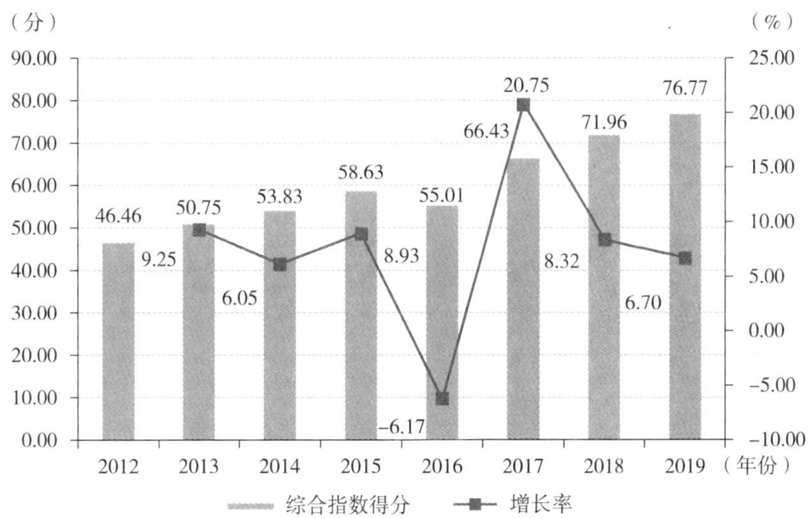

图 2–1 江苏省农业现代化综合指数得分（2012~2019 年）

从构成上看，自 2012 年以来，农业产出效益和农业产业化经营是推动江苏农业现代化综合指数得分逐步提升的关键因素。由图 2–2 可知，农业产出效益由 2012 年的 12.64 分上升至 2019 年 18.86 分，七年间增长率为 49.21%；农业产业化经营由 2012 年的 8.66 上升至 2019 年的 17.75，七年间累计涨幅为 104.97%。这说明江苏省农业产业化经营发展迅速、农业物质装备良好、生态环境有所改善，对江苏农业现代化发展贡献度提升。

农村科技的发展更是促进江苏农业现代化的一个重要因素。2012~2019 年，江苏农业科技进步率、农业物质装备水平等指标均呈现上升趋势。其中，农业综合机械化水平在 2019 年达到了 86%。科技兴农战略的实施，增强了江苏农业综合生产能力和综合竞争能力，实现了从传统农业到现代农业的历史性转变。

然而，农业生态环境在 2019 年得分中仅占 8.27 分，七年来的增长率为 23.99%，增长较为缓慢。这与江苏林木覆盖率低有关，截至 2019 年，江苏林木覆盖率仅达 23.5%。因此，要提高江苏林木覆盖面积的比重。

此外，江苏省农业支持保障方面仍需加强，2012~2019 年的农业支持保障指数增长率波动极大，甚至在 2016 年出现了负增长，降幅达 91.2%。这说明江苏省金融对农业的支持还明显不足，制度健全较为缓慢，仍需加大金融投入力度。比如小额信贷以及保险方面的创新支持。

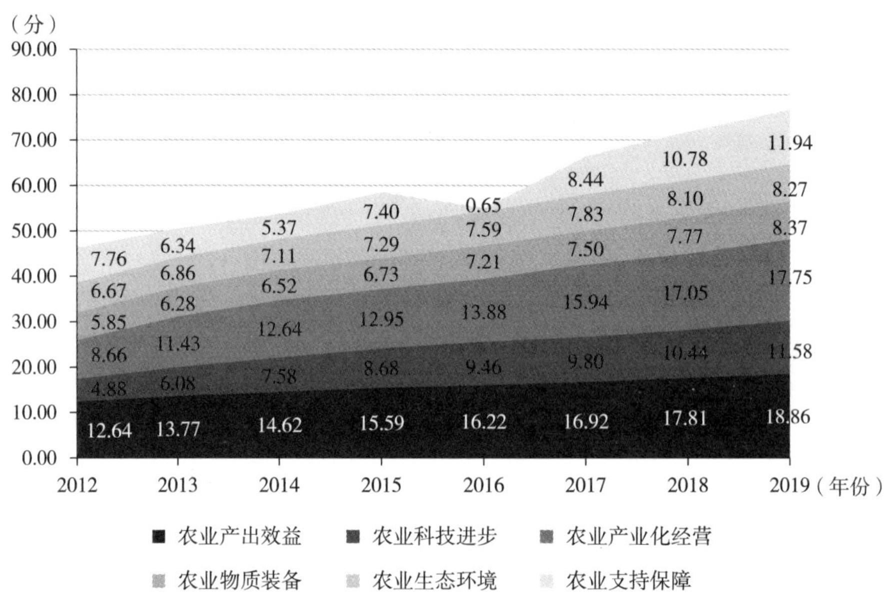

图 2-2 江苏省农业现代化发展综合指数得分构成变化（2012~2019 年）

（二）农业现代化分类指数结果

1. 农业产出效益指数

图 2-3 展示了 2012~2019 年江苏省农业现代化指数在农业产出效益方面的得分情况，可以看出，江苏省农业产出效益呈现稳定的增长状态。其中，2019 年江苏农业现代化农业产出效益指数得分为 78.58，相比于 2012 年上涨了 49.22%。这说

明江苏省在农业产出效益方面是有所提高的。进一步研究发现，农业产出效益指数的增长率存在小幅波动的情况，2013~2014 年增长率有所下降，2014~2015 年出现小幅上升，而后又出现下降，2016 年之后农业产出效益指数的增长率则呈现稳定上升的趋势，2013 年的增长率最高，为 8.93%。

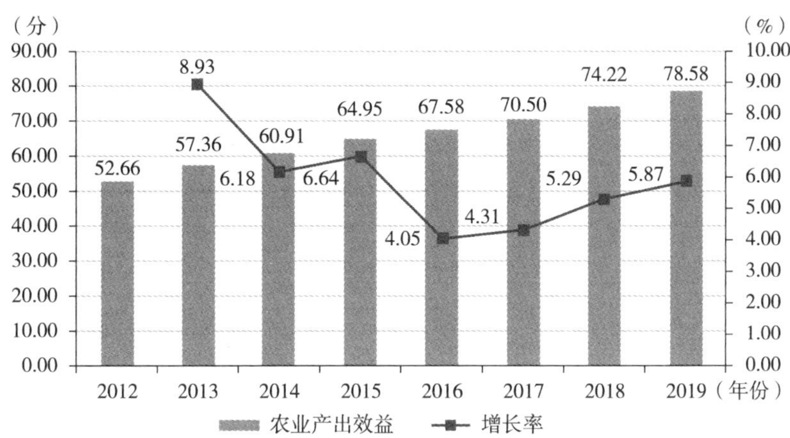

图 2-3 江苏省农业现代化在农业产出效益方面的得分（2012~2019 年）

随着农村经济的蓬勃发展，农产品供给实现了从长期短缺到极大丰富的历史性突破。2019 年，江苏省农、林、牧、渔业增加值为 4296.3 亿元，粮食亩产为 459.1 公斤。农业产出效益提高显著，主要是因为政府推行适度规模经营以及高效设施农业，使农产品产量增大，农民的生活水平也得以显著提高。

2. 农业科技进步指数

图 2-4 展示了 2012~2019 年江苏省农业现代化指数在农业科技进步方面的得分情况，在研究年份中，江苏省农业科技进步显著。其中，2019 年江苏农业现代化农业科技进步指数得分为 68.14，相比于 2012 年上涨了 137.59%。这说明在农业科技发展方面，江苏省的进步是显而易见的。进一步观察发现，农业科技进步指数的增长率先处于平稳状态，而后下降再逐步上升，2014 年的增长率最高，为 24.77%。综上得出，2012~2019 年江苏省农业现代化农业科技指数增长率虽有所下降，但总体仍呈现上涨趋势。

江苏农业现代化指数之所以在农业科技方面发展显著，主要是因为江苏省委、省政府始终把科技兴农作为振兴“三农”发展的重要手段，坚持依靠科技进步，提高土地产出率，提升农业科技含量。尤其自 2012 年起，政府开始强调利用科技创新推动现代农业发展，更促使 2013 年江苏农业科技进步的增长率达到最高，之后的农业科技进步也一直保持增长趋势。

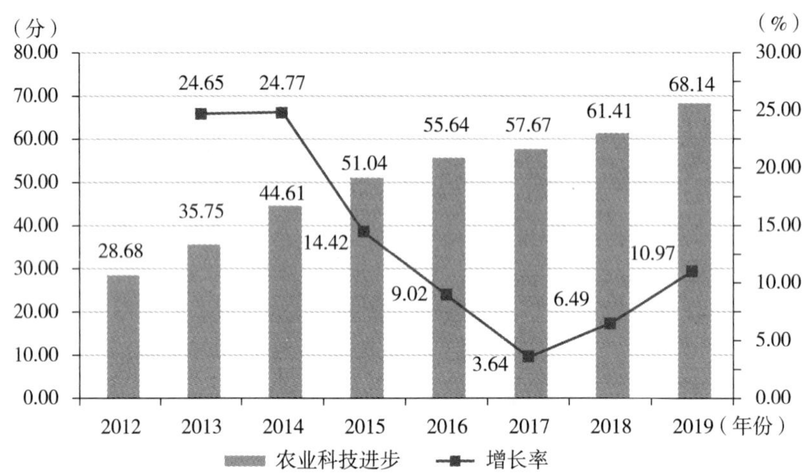

图 2-4　江苏省农业现代化指数在农业科技进步方面的得分（2012~2019 年）

3. 农业产业化经营指数

图 2-5 展示了 2012~2019 年江苏省农业现代化指数在农业产业化经营方面的得分情况，在研究年份中，江苏省农业产业化经营指数总体呈现上升的趋势。2019 年江苏农业现代化农业产业化经营指数得分为 84.51，相比于 2012 年上涨了 104.97%。这说明在农业产业化经营方面，江苏省的进步较为显著。进一步观察发现，农业产业化经营指数的增长率波动较大，在 2013~2015 年逐步下降，在 2015~2017 年呈现上升趋势，2017 年后增长率又出现下降。2013 年的增长率最高，为 31.98%。综上得出，2012~2019 年江苏省农业现代化农业产业化经营指数增长率虽波动较大，但总体仍呈现上升趋势。

江苏农业现代化指数之所以在农业产业化经营方面一直呈上升趋势，主要是因为科技兴农成效显著，并且政府积极发展开放型农业，加快推进农业走出国门，促进了农产品加工、出口贸易的发展。与此同时，推行适度规模经营，提高了土地生产能力。加之近几年农村电子商务发展迅速，也促进了传统农业转型升级。

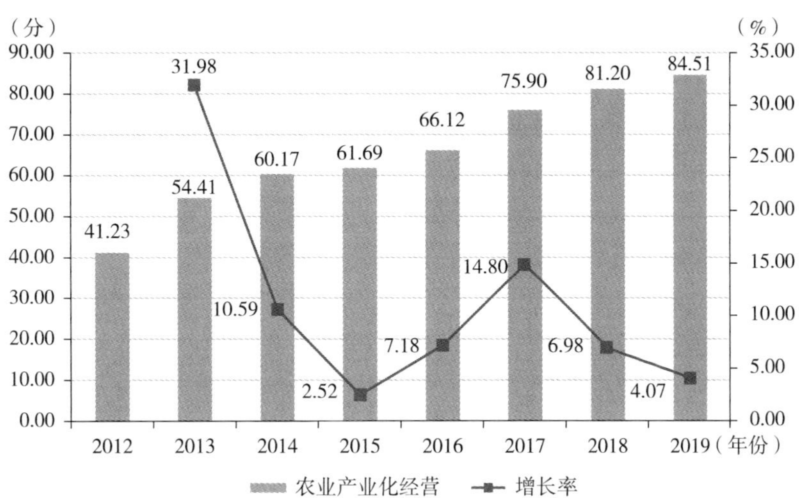

图 2-5　江苏省农业现代化指数在农业产业化经营方面的得分（2012~2019 年）

4. 农业物质装备指数

图 2-6 展示了 2012~2019 年江苏省农业现代化指数在农业物质装备方面的得分情况，在研究的年份区间中，江苏农业现代化物质装备得分一直保持增长，但趋势

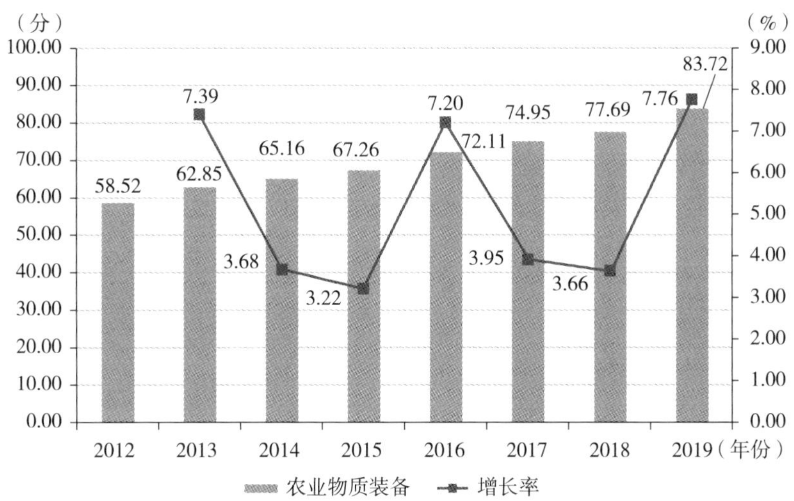

图 2-6　江苏省农业现代化指数在农业物质装备方面的得分（2012~2019 年）

较为缓慢。2019 年，江苏农业现代化物质装备指数得分为 83.72，比 2012 年上涨了 43.06%。进一步的观察发现，农业物质装备指数的增长率显示出“W”形，在 2013~2015 年逐步下降，但在 2015 年后开始上升，2016~2018 年又出现下降，2018 年后又再次出现增长，并表现出强劲的增长势头，到 2019 年增长率达到最高，为 7.76%。通过以上分析表明，农业物质装备虽然总体呈上升趋势，但上升趋势缓慢且过程曲折。

通过对二级指标的分析可以得出，江苏农业现代化农业物质装备指数在 2013 年增长幅度较大，主要与 2012 年强调科技创新推进现代农业发展有关。而 2013 年和 2014 年持续聚焦农业现代化，为“三农”发展指明方向，又为 2015~2016 年的农业现代化发展提供了新的增长点和突破点。

5. 农业生态环境指数

图 2-7 展示了 2012~2019 年江苏省农业现代化指数在农业生态环境方面的得分情况，在研究的年份中，江苏农业现代化农业生态环境指数总体呈上升趋势，增长率波动性较小。2019 年，江苏农业现代化农业生态环境指数得分为 59.05，只比 2012 年上涨了 23.95%，这说明在环境适应度方面，江苏省的发展较为迟缓。进一步的观察发现，农业生态环境指数的增长率一直处于平稳波动状态，在 2016 年达到最高点后下降，随后几年基本稳定在 3% 左右。

图 2-7 江苏省农业现代化指数在农业生态环境方面的得分（2012~2019 年）

江苏农业现代化指数之所以在农业生态环境方面的增长较为缓慢，主要是由于江苏的林木覆盖率较低导致的。截至2017年江苏省的耕地面积为4573.34千公顷，占全省土地面积的45%左右，未利用土地面积约占全省土地面积的20%，且主要为江河湖泊，因此用来造林的土地较少，制约了林木覆盖率的提升。

6. 农业支持保障指数

图2-8展示了2012~2019年江苏省农业现代化指数在农业支持保障方面的得分情况，在研究的年份中，江苏农业现代化农业支持保障指数中间起伏较大，两端较为平缓，增长幅度较小，有些年份甚至出现了负增长。2019年，江苏农业现代化农业支持保障指数得分为85.32，比2012年上涨了53.87%，这说明在金融对农业支持方面，还存在很大的进步空间。进一步的观察发现，农业生态环境指数的增长率呈现出两头平稳，中间为倒“V”形的特征。2016年金融支持最为薄弱，出现了较大幅度的负增长，主要是由于当年“营改增”政策的影响导致一般公共事务财政收入增加较少，从而支农财政资金也相应降低。相比之下2017年增长率看似较高，由负转正，达到了最高点，这也是由于2016年支农财政资金基数过低造成的。总而言之，江苏省金融对农业支持保障方面明显不足，还需要加大金融投入力度。

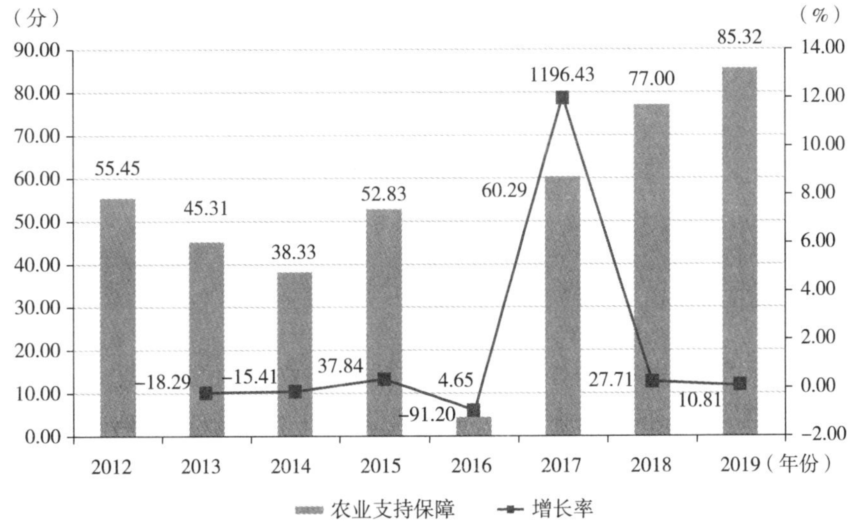

图2-8　江苏省农业现代化指数在农业支持保障方面的得分（2012~2019年）

江苏农业现代化指数之所以在农业支持保障方面的增长较为缓慢，主要是由于江苏省在涉农保险领域还有较大的进步空间，目前来看，高效农业保费比重最大值还没有超过 60%。除此之外在涉农贷款方面也存在不足，其主要原因是农村企业融资难，融资渠道较少导致的。鉴于此，我们应加大农业金融支持保障方面的投入，比如增加小额信贷、提供涉农保险以及引入基金等。

（三）江苏省农业现代化水平的空间格局

查阅 2019 年《江苏统计年鉴》，我们获取了 2019 年江苏省所辖 13 个市的相关指标数据，并对数据进行了标准化处理，根据指数化综合评价模型，使用江苏省指标权重，将指标权重与数据加权求和，得出各地区的农业现代化一级指标得分和综合得分，以综合得分为标准，对江苏省 13 个市的农业现代化水平进行排名（见表 2-2）。

表 2-2　2019 年江苏省 13 市农业现代化指标综合得分及排名

地区	农业产出效益	农业科技进步	农业产业化经营	农业物质装备	农业生态环境	农业支持保障	综合得分	排名
苏州	69.18	61.11	64.20	93.34	85.78	40.10	67.43	1
南京	52.60	55.60	44.70	90.03	83.02	63.29	60.95	2
盐城	47.49	85.31	49.31	34.74	48.75	89.19	59.10	3
扬州	45.74	49.50	46.62	74.50	42.28	44.61	48.38	4
南通	35.90	50.20	58.59	73.08	42.30	37.01	47.87	5
常州	59.49	46.28	34.86	49.27	55.98	39.32	47.74	6
泰州	37.42	31.50	45.71	78.73	40.21	61.36	46.03	7
徐州	57.25	49.14	35.87	17.74	27.71	73.39	45.56	8
无锡	48.80	28.26	50.15	59.75	81.23	4.350	45.00	9
镇江	50.10	37.43	30.73	43.36	47.08	60.02	44.17	10
宿迁	21.19	49.65	37.49	35.32	34.55	75.54	40.34	11
连云港	34.61	30.98	35.90	39.78	34.44	41.68	35.76	12
淮安	32.50	46.09	31.62	32.73	24.48	45.19	35.37	13

从上表农业现代化水平综合得分中，我们可以看出江苏省各市农业现代化水平差异显著，苏州市的农业现代化水平最高，南京次之，盐城第三，淮安的农业现代化水平最低。从一级指标得分中，我们可以看到，苏州市的农业产出效益、农业科

技进步、农业产业化经营、农业物质装备、农业生态环境均领先其他市，但苏州市的农业支持保障不高，这可能是由于苏州比较重视工业发展所导致的。南京市的农业现代化发展较为均衡，但是和苏州一样，南京市的农业支持保障得分相较于盐城偏低。盐城市的农业支持保障得分最高，可见盐城市为农业现代化发展提供了足够的金融支持。无锡市排名不靠前的主要原因是农业支持保障得分较低，这源于无锡市是轻工业主导的城市，工业是其发展的主要方向，对农业关注度不够。宿迁、连云港、淮安综合得分较低的主要原因是地处江苏北部，生产条件不完善，从而生产效率较低。由此可见，要想加快农业现代化进程，必须三大产业均衡发展，牢牢把握金融支持农业发展的契机。

根据农业现代化水平得分情况可以看出，江苏省农业现代化区域发展不平衡。我们对江苏省 13 个市进行分类：第一类包括苏州、南京、盐城，为高等农业现代化水平地区；第二类包括扬州、南通、常州、泰州、徐州、无锡、镇江，为中等农业现代化水平地区；第三类包括宿迁、连云港、淮安，为低等农业现代化水平地区。我们发现，苏南地区的农业现代化水平普遍高于苏中地区和苏北地区。这是因为苏南地处长三角核心区，农业经营产业化和规模化起步早，农业结构产业化发展迅速，省级现代农业产业园区和国家级农业产业化龙头企业数量众多，具有较强的带动效应。而苏北、苏中地区受历史背景、地理环境、区位资源等因素的影响，造成土地规模化程度不高、农业产业化程度较低、配套制度改革不协调、农业科技落后，这些都严重制约了苏北、苏中地区农业现代化的发展。除此之外，金融对农业现代化的支持影响较大，不容忽视，只有足够的资金投入，才能更好更快地发展农业现代化。

（四）江苏省农业现代化发展存在的问题

通过对江苏省农业产出效益、农业科技进步、农业产业化经营、农业物质装备、农业生态环境、农业支持保障这六个方面分类指数以及江苏省农业现代化综合指数的分析，得出的结果表明评价期内江苏省农业现代化水平不断提高，且具备较大的发展潜力，但仍然存在一些问题，具体如下：

1. 江苏省农业现代化水平参差不齐

在现代化的过程中，随着人口城市化率的不断提高，农业用地被不断吞噬，大量农业用地通过各种途径转变成了工业用地、城市用地。尤其在苏南地区，由于其经济发达，农业作为第一产业并不是他们真正意义上的“第一产业”；相反，在相对落后的苏北地区，由于其城镇化水平和速度远低于苏南地区，因此苏北地区的农业可以得到较快、较好的发展。

一方面，江苏地处我国自然条件优越、经济发达的长江三角洲地区，农业与农村经济发展水平较高。但另一方面，由于人口稠密、乡镇工业发达、城市交通等基础设施建设发展迅速，也出现了一系列的问题，突出表现在：一是人地矛盾。该地区耕地本来就少，而建设用地却日益增加。二是苏南地区农业自身缺乏活力。城镇化之后，农户和政府都对农业生产缺乏积极性。

2. 江苏省农业科技发展迅速，但科技投入仍需加强

农业科学技术是加快农业发展的重要技术手段，但是现阶段我国对于科技农业的概念和内涵还比较模糊，因此在这样一个大背景下，江苏省的相关政策制定部门和技术开发部门还没有真正把握科技农业的核心内容，在数字农业研究的组织和开展中还存在一系列问题：

首先，未把科技作为生产力的第一要素进行系统组织、设计和研究，研究力量和研究目标相对分散，数字化技术对农业进行系统表达、管理、控制、经营的革命性作用远远没有发挥出来。

其次，部分人员对科技农业的认知存在偏差，有些专家、学者强调把农业生物信息科学、农作物生长模拟等小尺度的研究作为科技化农业的研究核心，有些则测重把宏观的水、土、气等环境资源要素的遥感监测和可视化、数字化作为农业技术本身，而忽略了农业产品本身具有品种多样性、生产分散性、时空变异性、灾害突发性和突变性等特征，不足以把握数字农业的全局，不能真正发挥现代科学技术改造传统农业生产的独特优势。

最后，由于缺乏综合农学知识、计算机书籍、网络信息、农村规划数字分析系统、开发人才和学科带头人，因而不能准确地把握研究的全局和方向。

3. 江苏省农业标准化体系建设不足

近几年，江苏省的农业标准化发展处于高速度的发展水平，取得了长足的进步，但农业标准化体系建设还远远没有“到位”，虽然从国内来看，江苏的农业标准化建设已走在前列，但与欧美等发达国家相比仍然有较大差距，主要原因有：

（1）标准化农产品市场发育不足。标准化农产品消费群体是推动农产品标准化的关键动力。由于生产者和消费者对于农产品标准化管理的参与不足，特别是消费者对标准化农产品的认知度较低，导致标准化产品卖不动。目前，江苏省的县

级市及乡镇居民都不重视所消费的农产品是否符合农业标准的要求，即使在南京这样的发达城市里，关注农产品质量是否符合标准的人也寥寥无几，他们一般更在意产品的价格。虽然在很多大型商场都设有销售标准农产品的柜台，但由于价格较高，且消费者没有质量标准的意识，所以标准农产品的销售量一直处于较低水平。

（2）农业标准化体系不合理。根据现阶段江苏省实行的农业标准体系来看，一是多套不同等级但内容和形式相近的农业标准同时存在，并且在很多与人体健康相关的重要部分上往往会出现相互矛盾的现象，导致农业产品的相关者不知该遵循哪一套标准。部分市（县）农业标准规范与国家标准、行业标准和省级地方标准相比，要求明显偏低，存在一些标准相互抄袭的现象。二是现阶段由农业相关部门制定的众多农业标准中，只有很少一部分符合农业企业及相关经济组织生产的现实情况。三是市（县）级的农业标准体系还不完善，各市（县）农业地方标准规范不能实现资源共享，缺乏有效的技术手段支持，依然无法为农业标准化工作提供强有力的保障。

4. 农业科技人才不足

（1）农业人才总量不足，密度偏低。产业发展离不开各种资源，相应的也就离不开人力资源的支撑，而要想实现农业现代化，关键在于提升技术对农业的贡献力，因此更加需要这方面的人才。但是以我国目前的人才结构来看，农业方面的人才数量不多，农业现代化对人才需求的矛盾在加剧。有关数据表明，2019 年我国农业专业技术人员不到 130 万人，江苏省不足 15 万人，这样的农业科技人才数量绝对跟不上我国农业的现代化发展，这说明我国虽然农业贡献大，但在所有产业拥有的人才总量上看，农业人才偏少，这样的状况只会阻碍农业创新、影响农业增产，更无法保障农业现代化的发展。

（2）农业人才队伍结构不合理。人才队伍结构不合理，有以下表现：一是人才分布不均匀。主要体现在学科上，部分人比较传统，倾向于学习大众学科，但也有些人愿意去学习和农业有关的学科知识，比如说国际贸易中的农业知识等，但这部分人还是少数，在面对复杂的国际环境时，仍然缺乏相应的人才给予支持。还有的人尽管学了与农业经济有关的知识，但难以适应实际发展，当国家出现对实际问题的调整时，他们难以发挥作用。二是缺少高层次人才。很多与农业有关的人才不愿意去基层从事研究工作，更多的是希望在办公室工作，并且希望在城市里生活，不愿意到农业生产基地进行研究；还有部门人才出任领导后也忽视了对农业实际问题的探索，这些情况导致人才不能发挥实际作用。三是缺乏复合型人才。很多农业方面的管理人员不是学管理出身的，他们当中有些是专业技术做得好被提拔为管理人员，虽然会搞科研，但是真正又懂管理又会科学技术的人才很少，因此很多管理人员只能从后续的管理工作中慢慢提升自己，这在一定程度上大大降低了管理人才对农业经济发展的正面效应。

（3）农业人才团队人员波动性较强。农业人才和农业科技被包含在农业的广义定义范围内，由于农业产业相对于其他产业来说，政府给予的资金支持和政策优惠较少，农业人员所享受的社会福利水平也较低，所以很多农业方面的科技人才未从事与农业相关的工作，从而导致农业人才队伍具有很大的波动性。除此之外，因为发展农业的基础设施相对落后，缺乏开发农业项目的必要资金，加之农业科技人才的工资和福利待遇比较差，农业科技的基层部门没有经常性引进新的人才，故以上种种原因造成了农业科技人才队伍的波动性越来越强。

（4）农业人才的总体专业素质欠缺。虽然江苏省加大了对农业人才的培养力度，但是根据农业人才的统计数据显示，形势依然不容乐观。从事农业研究工作的人员有近一半是本科学历，专业水平较高的硕士和博士的占比不足8%。由此可见，大学本科生是我国现阶段农业研究工作的主体，严重缺乏具有较高知识和科研能力的硕士及博士人才。更值得注意的是，坚定的致力于地方性农业科研机构工作且专业能力达到一流水平的人才寥寥无几。江苏省拥有众多高校，但是涉农类院校与其他类高校相比，数量微乎其微。不仅如此，有许多本科为农业专业的学生，在考研升学时往往会选择跨专业报考，这也导致了本来数量就不多的农业专业学生流失至其他专业，进一步减少了农业科技人才的数量。

5. 江苏省农业支持保障不足

（1）农村金融市场不够完善，贷款缺乏有效抵押物。我国城乡金融结构呈现出比较鲜明的二元特征，长久以来，以工业化为特征的城市金融体系居于主导地位，而农村金融处于从属地位，这也直接导致农村金融远未发挥出合理有序调配农村资本的功能，继而很大程度上制约了农村金融体系效率的提升以及农村经济社会的转型与发展。

农村金融机构产品与服务的多元化程度不够、创新能力不足，金融产品单一化和同质化的现象普遍存在，农村金融产品仍以信贷为主。但相比城市金融体系，农业信贷的有效抵押物严重缺乏，不能很好地满足广大农民对金融产品及其业务多样性的要求。

（2）涉农保险业务内在发展动力不足，风险分担机制有待健全。由于某些农产品的生长周期较长，由此带来的风险和波动恰恰可以由保险机构来分散风险，以期获得收益的最大化。然而现实情况却是，虽然江苏省目前的涉农保险机构在全国处于领先水平，但是在江苏的覆盖面仍不足。主要原因如下：一是涉农保险利润不高。很多保险机构不愿意为农产品提供保险服务。二是涉农保险的产品种类不足。农户和企业多样化的需求仍有一部分得不到满足。三是涉农保险的交易成本较高。风险损失的界定难度大，这就使得农业保险不能充分发挥作用。四是农业保险宣传力度不够。多数农户和企业没有保险的意识且参与度不高。

（3）江苏省农村金融服务制度还不够完善。虽然江苏省近年来颁布出台了一系列促进农村金融以及农业现代化发展的政策措施，但是相关配套服务制度还有待落实，主要原因：一是已经颁布的政策措施多是站在宏观的角度制定的总体性和指导性制度，缺乏实际的信贷指导意义，有些措施的可操作性不强；二是农村地区的金融生态环境还不能适应农村金融的发展需要；三是农村金融的专业人才较为匮乏，使得农村金融机构中的很多金融资源不能流向农业而是流入了其他的经济领域。

第四节 江苏省农业现代化发展对农村金融的需求分析

农业现代化是一个国家和地区现代化的重要内容，江苏省提出的农业现代化工程就是要适时推进农业现代化建设、改善农业生产条件、优化农业产业结构、增强农业经营活力以及提升综合生产能力。农村金融体系的健康运行能够满足农村经济主体的正常金融需求，能够促进农村经济的持续发展和农民收入的稳定增长。

本节对目前江苏农业现代化发展现状进行分析，总结出实现江苏农业现代化所需的农村金融体系应包括农业小额信贷、农业保险、财政支农、股权融资以及农业产业引导基金等。

一、江苏省农村金融的需求主体

江苏省农村范围内存在多种金融需求主体，如农户、农业企业、农村基础设施建设、村级组织及乡镇政府等。由于后两种组织均起到引导农业生产、促进乡镇企业经营和增加农民收入的作用，因此，下文主要讨论农户、农业企业和农村基础设施建设这三个主体的金融满足和支持现状。

（一）农户

早期阶段，农户的家庭经营收入占主导，由于农业经营本身具有一定弱质性，农业基础建设周期长，资金需求量大；同时融资条件过于苛刻，缺乏相应抵押品，授信额度低，长期存在金融抑制，因此农户融资会有较大的不确定性。另外，农业生产要素禀赋、外部环境差异、用户受教育程度不同决定了农户金融需求呈现复杂性特征。

据此，可将农民分为三种类型，即生存压力型、追求收入型和经济发展型。生存压力型农户收入结构单一、生活水平较低，收入只能勉强维持基本的生存，因此无论是日常消费还是农业生产都需要大量的资金，但是，由于其缺乏担保且信贷额度较低，很难从正规金融机构获得全额信贷支持。追求收益型农户经济基础较好，获取资金主要用于扩大农业生产或满足更高消费需求，这部分农民通常可以从金融机构获得小额信贷，但仍然未能满足其大的资金需求。经济发展型农户往往有相对更高的教育水平，有能力从事规模化的农业生产或其他非农高效益产业，该阶段农户往往需要大量资金促进家庭整体收入增长或追求更高的社会地位，虽然相比其他农户拥有相对较多的资产，但是，仍然不能达到金融机构的抵押要求，其信贷资金的获取受到各种限制。

（二）农业企业

农业企业一般是由农民投资或举办的集体组织、合作社或个体企业，发展农业企业有利于盘活农业交易交换，丰富农业商品和劳务市场；引流农村地区闲置劳动力，提高工资性报酬，改善收入结构；推动农产品深精加工，提升产出总价值等。

由于规模不同，农业企业包含了中小型和龙头企业，农村中小企业数量较多但规模较小，多是由个人投资或乡镇集资创办，因此企业运营只能维持基本收益且收益具有不稳定性，该类企业经营风险相对较高，社会认可度低，其不是农村金融机构的首选客户群，金融机构也不愿意给其提供足够的信贷支持。龙头企业往往规模较大，依靠专业化和现代化的经营管理可以获得更高的收益和快速的发展。为了进一步扩大规模来增强竞争力，龙头企业同样面临较大的资金需求，但由于其具备更高的利润创造能力和信誉度，往往更容易获得金融机构的放款。

（三）农村基础设施建设

农业农村基础设施和公共服务是乡村振兴总体任务的强力支撑，是实现农业强、农村美、农民富的重要抓手，将贯穿农业农村现代化的全过程。长期以来，江苏省农业农村基础设施建设和公共服务对江苏省农村经济社会发展产生了巨大的直接效应和间接效应，是推动农业农村发展的动力引擎。与全面实现农业农村现代化要求相比，江苏省目前农村基础设施供给与现代农业发展需求还不完全匹配，公共服务供给与农民的美好生活需要还存在一定差距。江苏省需要继续把基础设施建设重点放在农村，持续加大投入力度，加快补齐农村基础设施短板，促进城乡基础设施互联互通，推动农村基础设施提档升级。继续把国家社会事业的发展重点放在农村，促进公共教育、医疗卫生、社会保障等公共服务向农村倾斜，初步建立健全全民覆盖、普惠共享、城乡统一的公共服务体系，推进城乡基本公共服务均等化。

目前，农业农村基础设施和公共服务的供给决策更多地体现着各级政府部门的意愿和能力，对农民需求的反映还不够充分，农村的人居环境、基础设施和公共服务与城市差距还比较大。今后，江苏省农业农村基础设施建设和公共服务要更加注重农民的主体需求、乡村产业发展的需求，提高农民参与决策的主动性、积极性，提升基础设施和公共服务供给的民主化、科学化。依法合规加大对农村基础设施建设的中长期信贷支持，重点支持苏北地区农民群众住房条件改善等农业农村重点领域和薄弱环节，让基础设施和公共服务的供给在农业农村现代化中发挥更大效用。

二、江苏省农村金融的产品与服务需求

综合前文农村金融的需求主体分析以及对江苏省农业现代化指标评级分析后，我们发现目前服务于农业现代化的农村金融需求主要有以下几个方面：

（一）农业小额信贷需求

所谓小额信贷，主要是为中低收入人群和小微型企业提供的，贷款金额一般为1000元以上20万元以下，主要用于解决一些小额、分散、短期、无抵押、无担保的资金需求的金融服务活动。江苏从2001年开始全面推广农村小额信用贷款，江苏农村信用社作为全国小额信贷的主要试验田，把“简化贷款手续”“支持农村发展建设服务”“想方设法地解决农民‘贷款难’问题”作为主要工作来抓，并且取得了明显成效。经过多年的努力，农村小额信用贷款走过了一个飞速发展的过程。截至2019年12月末，全省所有农村乡镇网点均开办了农户小额信用贷款业务，农业贷款达3325.64亿元，较年初增加517.47亿元，增长18.43%，超过各项贷款增速2.68个百分点。这对农业增效、农民增收致富和农村经济发展起到了积极的推动作用。江苏省逐步探索出了一种政府组织引导、民资踊跃参与、市场接纳认可的小额信贷模式，但其中仍存在一些问题需要进一步完善。

（二）农业保险需求

为了鼓励农业金融的发展，江苏省财政厅联合邮储银行和中国人民财产保险公司于2016年成立“农业保险贷”项目，为江苏各市的农业发展提供资金保障，同时也奠定了江苏农业保险在全国的领先地位，截至2016年底，江苏省农业保险险种已达52个，农业保险已为全省参保农户提供约3073.5亿元的风险保障，全省已支付农险总赔款101.18亿元，2262万户次农民从中受益，基本实现了对主要种植业、养殖业和高效设施农业保险的全覆盖。2019年全省主要种植业保险承保覆盖面超90%，高效设施农业保险保费占比达56.94%，省级财政对农业保险的保险费补贴为9亿元。江苏省在作为国家农业保险试点省份的十余年间，在省委、省政府及相关职能部门的协同工作下，江苏省各级农业保费补贴比例从2007年的60%提高到2019年的70%以上（据世界银行在65个国家的调查显示，发达国家农业保费补贴平均为44%），江苏省农业保险的发展在很大程度上促进了农业的发展，同时也促进了农业科技的发展。

农业保险制度设计的初衷是保障粮食及农业生产的稳定和基本安全，但随着农村各项事业的推进和农民对美好生活的更高向往，对保险保障的内生性需求比以往更显迫切，实现新时期农业现代化目标，迫切需要农业保险这一金融工具保驾护航。

1. 创新发展农业保险是现代农业政策实施组合拳和精准发力的需要

农业现代化的加快推进首先离不开政策的扶持。目前，江苏省对“三农”的各类资金直补总量不低，但面临财政负担重、可持续性难度大等困境。同等规模的直补资金如果以保险的方式来对接，则完全符合国际上公认的“绿箱”政策，同时可以发挥杠杆效应，体现更好的普惠性。在农业生产发生大灾害时，按照“谁受灾、谁获偿”的原则，用保险赔偿代替财政救助对受灾农户进行补偿，体现出救灾的及时性和精准性。加快推进农业现代化需要在更高层次上稳定“三农”的风险保障预期。

2. 创新发展农业保险是培育和壮大现代农业经营主体的需要

以农村合作社、农业龙头企业等为代表的新型农业经营主体在农业现代化进程中发挥着主力军的引领作用。全省新型农业经营主体占比已接近 50%，保费占比接近 60%，并且随着农村土地确权、流转的趋势性演变还将持续提升。相比于一般的小农户，新型农业经营主体已经不再像生计型或兼业型农户那般简单再生产，而是走市场化程度高的扩大再生产之路。这类主体经营规模大、潜在风险高，对保险保障水平和保障范围的需求也必然更高，尤其体现在日益凸显的农产品价格与收入波动上。

3. 创新发展农业保险是现代农业生产体系结构优化和保障升级的需要

农业现代化的重要标志是品种结构、产品结构、生产结构及产业结构的整体性提质和增效。在加快特色产业扩面的同时，要关注现代农业生产的全方位风险保障需求，既要应对农业生产内生的自然风险，还要应对与商品化密切相关的市场风险、质量风险及物流运输风险；不仅希望农业保险能在传统的保障领域展现特长，还希望其在提供增信、促进融资方面发挥独特作用；不仅要着眼于农业生产收益的保障，还应将保险的功效衍生到美丽乡村建设等领域。

农业保险在重点发展价格保险、收入保险以及地方特色农产品保险的同时，还需要加快建立金融机构服务乡村振兴的专门考核评价机制，让金融对乡村的供给有数量，更有质量。还可以进一步发挥省级信用再担保集团、省级农业信贷担保公司的作用，完善涉农贷款风险分担与补偿机制，对为涉农信贷提供担保的第三方机构，按其担保业务的余额给予一定的风险补偿。

（三）财政支农需求

财政支农投入不仅可以保发展、惠民生，更能促进农业现代化进程，主要体现在以下几个方面：一是财政支农投入可以促进农业科技水平和劳动力素质的提升；二是财政支农可以促进农业基础设施和农业机械化水平不断跃升；三是财政支农可以促进农业信息化服务推广；四是财政支农可以促进农业生态环境改善。

近年来，江苏省委、省政府及相关职能部门积极推动农业供给侧改革，全省13个市因地制宜，大力发展规模高效的养殖业、区域特色产业，建立现代农业产业园，健全农村电网设施，鼓励支持发展家庭农场、农民合作社等新型农村经营主体，带动农村整体实现脱贫攻坚目标。当前，尽管江苏现代农业发展已经具备了较好的基础和条件，但在财政支农投入促进农业发展中，仍然存在一些不足：

1. 财政支农投入结构亟须调整，促进农业现代化投入的重点领域还不够突出

江苏现代农业发展中存在的矛盾主要体现在农业生产与环境容量之间的矛盾、农业生产环境与农产品质量安全之间的矛盾以及农民素质与现代农业发展之间的矛盾。2018 年全年一般公共预算总支出 11658.2 亿元，比上年增长 9.8%，支出结构构成如表 2–3 所示。

表 2–3　2018 年江苏省一般公共预算支出结构

项目	金额（亿元）
总支出	11659.66
教育支出	2056.50
公共安全支出	826.60
卫生健康支出	845.32
社会保障和就业支出	1316.55
科学技术	507.31
城乡社区事务	1599.60
农林水事务	996.67
其他	3511.11

资料来源：《2018 年江苏省国民经济与社会发展统计公报》。

一般公共预算支出中，教育支出 2056.50 亿元，同比增长 3.9%；公共安全支出826.60 亿元，同比增长 15.3%；医疗卫生支出 845.5 亿元，同比增长 7.1%；社会保障和就业支出 1309 亿元，同比增长 25.5%；住房保障支出 430 亿元，同比增长

22.2%；农林水事务支出 996.67 亿元，同比增长 12.31%。由此可见，虽然农林水事务财政支出相比于其他支出的增长速度较快，但是比住房保障财政支出增速要低，这体现了政府对财政支农保有一定的重视程度，但也侧面反映了财政支农水平还有很大的提升空间。各项支出构成如图 2-9 所示。

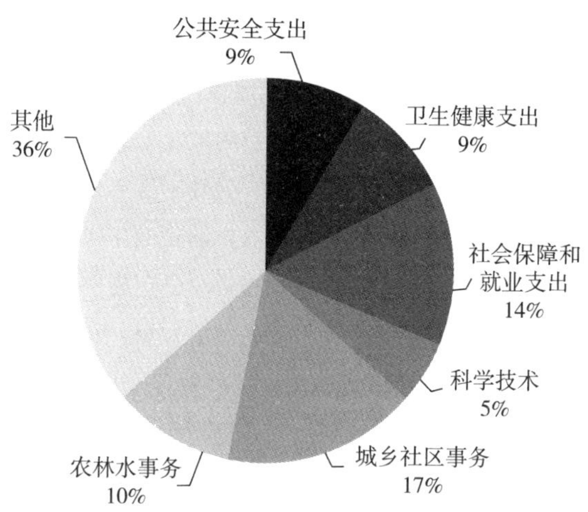

图 2-9　2018 年江苏省一般公共预算支出占比

现代农业发展资金的使用范围，主要包括以下方向：一是优势特色主导产业。主要用于支持高效种植业发展、标准化健康养殖、农产品加工能力提升和农村第一、第二、第三产业融合发展等方面。二是培育新型农业经营主体。主要用于支持农民合作社、家庭农场和农业企业高质量发展、农业生产社会化服务等方面。三是建设现代农业产业园区等平台载体。主要用于支持农业产业园区等平台载体的公共基础设施和公共服务能力建设等方面。四是农机具购置补贴。主要对从事农业生产的个人和农业生产经营组织在购置江苏省补贴机具品目内的农业机械时予以补贴。五是其他与现代农业发展相关的任务与项目。当前，江苏用于农业生态环境保护类和现代服务体系建设类的支农资金比例不太高，这对现代农业的快速发展形成了一定制约。此外，江苏现代农业发展也面临农户兼业化、劳动者素质不高、劳动者年龄偏大和现代农业人才缺乏等问题，因此用于强农惠农政策补贴类资金也需要稳步增加。

苏南、苏中和苏北地区财政支农资金来源构成上存在明显差异。苏南地区依托雄厚的地区经济和财政实力，对现代农业发展投入了大量资金，以昆山市为例，

2019 年的财政支农投入为 195086 万元，县级投入比例高达 75%。苏中和苏北地区，受地区财力限制，支农资金投入不足，但这些地区的农业现代化进程更需要支持和帮扶。

2. 财政支农效果有待改善，现代农业产业的布局不尽合理、规模集聚效应还不够显著

从江苏各类支农政策的实施效果来看，由于政策设计层面和执行层面两者存在偏差等因素，各类政策在实施中都不同程度地存在一些问题。补贴类支农政策中，种粮直补和良种补贴政策对农业生产条件较差的地区效果并不明显，且存在一些地方政府部门对种粮补贴的积极性不高的现象。另外，近年来农业生产资料价格的过快上涨抵消了种粮直补的作用，种粮直补对农户增收的作用有限。扶持农业产业化政策效果有限，农民专业合作社存在发展规模较小、运转资金不足、经营管理人才缺乏等问题。农业产业化龙头企业对农户带动作用有限，农户从中受益较小。此外，江苏农业的产业构架以及农产品供给结构与发展的要求在一定程度上存在不对称，生产与市场的矛盾还没有根本消除，利益联结机制尚需改善。

3. 财政支农投入机制设计仍需完善，促进农业现代化发展的机制还不健全

财政支农投入机制设计和绩效管理中的农业绩效评价体系还不够成熟。虽然发布了财政支农投入农业项目的绩效考评办法，但缺乏统一的操作程序和具体办法，考核过程存在形式主义，不能完全反映财政支农投入对农业现代化促进的实际效果。农业部门作为公共服务部门，提供的物品或服务多是以产生社会效益、可持续发展的公共物品或准公共物品为主，其中涉及公平、责任、素质等方面的目标则难以简单量化分析，为财政支农投入促进农业现代化发展的机制设计增加了难度。各级地方政府对于促进现代农业发展机制的认识有待进一步深化，组织化的推进机制有待建立完善，农业扶持和保护、土地流转和监管等方面的政策机制有待进一步探索研究。

（四）股权融资需求

随着企业生产规模的不断扩大，需要投入更多的资金以支持更大的需求，此时内源融资已经不足以满足企业的需求，便需要通过外源融资来满足。外源融资是指企业从其他经营主体获取资金用于自身的经营与扩展，包括股权融资和债务融资。

一般情况下，与债务融资相比，股权融资的成本较高，但与此同时，股权融资也在现金流约束和风险承担方面具有得天独厚的优势。

我国是农业大国，2018 年农业（农林牧渔）占国内生产总值（GDP）的比重为 7.2%，农村人口占总人口的 40.42%。农业本身具有投资周期长，受自然条件和市场波动影响较大的特点，股权融资可以更好地满足农业产业化经营中企业的永久性和风险性投资需求。但现阶段，由于受到运营模式和土地制度的限制，农业企业往往规模有限，农业生产的产业化程度较低，从而大大限制了农业企业的资本市场参与度。从上市公司来看，A 股中农业上市公司不足百家，占全部上市公司数量的比重不到 3%，市值比重不足 2%，场内市场服务的农业企业无论从数量上还是融资规模上都相对有限。

为提高江苏省农业企业的股权融资能力，江苏省农业农村厅、省地方金融监督管理局联合印发了《江苏股权交易中心开设“农业板”工作方案》，在深入调研江苏农业实际情况与需求的基础上，江苏股权交易中心建立了区域性股权市场“农业板”业务制度和审核标准。该板块是针对江苏省农业企业生产经营特点、资本市场服务需求，为省内农业企业打造的专属服务板块。该板块为挂牌农业企业提供展示宣传、投融资等综合金融服务；引导农业企业实施股份制改造，建立健全现代企业制度，提升经营管理水平，借力资本市场做大做强。截至 2019 年，在江苏股权交易中心“农业板”挂牌企业已超过 200 家。

（五）农业产业引导基金需求

引导基金是由政府设立并按市场化方式运作的政策性基金，面向广大创业投资企业，其宗旨在于充分放大政府财政资金的杠杆效应，增加创业投资资本供给，完善创业发展环境；有效引导创业投资资金流向新兴产业领域，培育壮大战略性新兴产业规模，推进全省经济结构调整和产业升级。

引导基金按照“政府引导、市场运作、科学决策、严格管理”的原则，资金专门投向江苏省境内的新能源、新材料、生物技术与新医药、节能环保、软件和服务外包、物联网和新一代信息技术等新兴产业。并且引导基金由省一级发起，按照效率优先、兼顾地域经济发展的原则，与现有的国家级引导资金和市（县）其他创业投资引导资金之间建立协调配合机制，科学合理地使用资金，提高资金的配置效率。

2016 年，泰州农业开发区农业投资基金成立，这是江苏省政府投资基金出资设立的第一支农业板块基金。该基金将立足泰州、面向全省，通过股权投资、债转股等多种形式为企业发展提供帮助，缓解相关优质农业项目资金短缺等难题。该基金成立总规模10亿元，以泰州农业开发区为发起人，首期出资1亿元，由江苏省政府投资基金等四名合伙人共同出资。

设立现代农业产业基金，符合江苏省委、省政府和泰州市委、市政府加快转变财政扶持方式的要求。放大政府投资基金的引导和撬动作用，吸引各类社会资本投资农业、农村领域，省级政府投资基金投资农业、农村项目的超额收益可以部分或全部让利给社会资本。通过加大专项资金整合力度，将原分散于涉农各部门的财政无偿专项资金进行整合，将资金“有偿化”为基金形式，投向农业企业，并获取一定的收益，具体做法：一是提高财政资金使用效率，通过发挥市场在资源配置中的作用，筛选出真正有潜力的本地优质农业企业进行扶持；二是发挥财政资金的杠杆作用，引导和撬动更多的金融资本和社会资本共同参与“三农”建设，扶持农业龙头企业的发展；三是增加财政资金“蓄水池”功能，通过有偿使用财政资金，基金规模会滚动发展变大，在本级政府财力有限、专项资金逐年削减的情况下，能够稳定地给农业企业的发展提供资金保障。

三、影响农业发展金融需求的因素分析

评价农村金融体系的有效性程度，要看其能否满足农村经济主体的有效金融需求，能否促进农村经济的持续发展和农民收入的稳定增长。影响江苏农业现代化发展金融需求的因素众多，主要包括：

（一）农业生产的收益和风险特征

贷款利率是信贷资金的融资成本，根据价格需求的一般规律，随着贷款利率的升高，贷款的有效需求将逐渐降低。金融市场的利率对农户的借贷需求具有调节作用，根据一般的市场机制，借贷利率与农户的借贷需求应具有负相关关系，即在其他条件不变的情况下，农户借贷需求随利率的上升而下降。

在贷款利率受到控制的情况下，风险和收益的考量会成为能否获得银行信贷支持的主要指标。农业生产面临较大的自然风险和市场风险，虽然新型农业经营主体提升了农业抵御风险的能力，但其经营管理与现代企业相比还存在较大差距，导致

农业产出和收益存在较大的不确定性。对种植业、养殖业以及种养兼业的比较发现，大田作物成本大、利润低；相对而言，养殖业的利润较高，可能比种植业更容易获得贷款；种养兼业由于经营风险相对较小，也比较容易获得贷款。

近两年来，江苏新型农业经营主体蓬勃发展，其在基础设施、设备、机械购置与租赁方面需求较大，因此对融资依赖性比较强，但由于小微农业企业缺乏合适的担保物和抵押品，金融机构往往会偏好于规模较大、相对成熟的农业龙头企业，而忽视了小微型农业经营主体的融资需求，削弱了金融机构对农村经济的支持作用。

（二）农企治理水平与信贷准入标准的适应程度

信用是金融体系运行的基础，而信用信息不对称已成为金融机构不愿过多涉足农业产业的重要原因。根据信贷配给理论，当面临对贷款的超额需求又无法分辨单个借款人风险时，为避免逆向选择，银行不会进一步提高利率，而是会在一个低于竞争性均衡利率但能使银行预期收益最大化的利率水平上，满足信息较对称的借款人的需求。

相较于其他领域，农业产业经营主体大多体量较小，运行不规范，治理缺陷广泛存在，信息不对称问题相对严重，因此上述信贷配给情况发生的可能性更高。此外，公共部门在协助银行甄别农业主体规范性上发挥的作用有限，存在信用信息体系建设推进缓慢，银、政、企、保信息共享平台缺失等问题；加之司法支持乏力，致使不少金融债权难以落实，影响了失信惩戒的效果，也制约了金融支农合力的形成。

由江苏省人民政府支持设立、江苏省财政厅监管的省级政策性农业信贷担保平台，其根本目的是解决原有商业金融体系中“融资难、融资贵”对农业适度经营主体发展造成制约的问题。该平台积极贯彻落实“乡村振兴战略”，助力农业现代化建设。其产品既可支持涉农小微企业、专业合作社，也可支持种养大户、家庭农场。单户贷款额度在 300 万元以内，贷款利率控制在年息 6.22% 以内，担保费率不超过 1%，这在很大程度上降低了贷款成本，有利于满足农民的金融需求。

（三）农业人口的收入水平

不同收入水平的人群对金融的需求是不一样的。通常情况下，低收入阶层的金融需求相对单一，主要围绕存款、取款、个人汇款等基本服务，进一步的则会涉及助学贷款、下岗职工贴息贷款、小额扶贫贷款等普惠性质的金融产品。中等收入阶层则会更多地涉足信用卡、住房按揭、汽车等大件耐用消费品按揭、投资理财等金融服务。高收入阶层在一般服务的基础上，会增加对高端理财、经营性融资、跨国结算、留学金融等产品和服务的需求。

当前，我国农业人口的整体收入相较城镇居民还存在较大差距，特别是依赖于农村和农业生产的人群，还占有相当大的比例。现阶段农业生产方式和农村经济体制，在一定程度上制约了农业人口收入的进一步提高，农村人口的金融需求整体处于较低水平。

结合江苏省具体情况，农户之所以更加偏好小额贷款，主要原因有：一是农民收入水平低且不稳定。这是由农业生产收益低、农产品附加值低、农业生产风险高等特点所决定的，这使农户很难满足大额资金借贷的资产抵押要求，只能选择抵押资产要求低的小额度贷款，从而无法形成规模经济效应。二是伴随着外出务工劳动力的增多，农户的工资性收入对农业生产性收入产生了替代作用，当农户需要资金时，就会选择外出务工，而不仅仅依靠较少的农业生产收入，这样就减少了对借贷资金的需求。

（四）农村金融生态环境

农村金融生态环境对农村经济的发展起着重要的作用，它是农村经济发展的外部条件。农村金融生态环境涵盖很多内容，包括农村经济环境、法制环境、政策环境、信用环境等。建立一个良好的农村金融生态环境对农村金融的健康发展、资源的合理配置、农村经济的协调发展都有着重要的意义。

当前，农村金融生态环境除了农业本身发展程度较弱的影响外，还存在法制环境欠佳，相关农村金融法律法规不完善；征信体系滞后，缺乏健全的信用登记制度和信息共享机制；诚信意识不强，缺失有效的失信惩罚机制；行政干预过多，导致金融活动的风险居高不下；农业经营主体对金融政策认知不足，致使农户对金融支持需求意识薄弱等方面的影响，大大阻碍了农村金融产品及服务的发展与创新。

目前，江苏省的农村信用信息在有效整合方面还有所欠缺，信息的部门化、碎片化制约了农村普惠金融的发展。从中国人民银行、银保监会到江苏省相关部门都纷纷出台了关于金融支持新型农业经营主体发展的相关政策，但新型农业经营主体对金融法律法规、金融信贷政策、优惠扶持政策等信息的认知程度偏低，影响了一些新型农业经营主体融资决策的合理性。

本章小结

本章主要从需求的角度分析了经济现代化最早的江苏农户与农业企业借贷存在的约束性因素。分析显示，农业企业欠发达地区的农村金融市场体系往往发展缓慢，农户融资与农村小企业融资约束性因素存在相似性，信息不对称、高交易成本、抵押担保缺乏是限制农户与农村小企业从正规金融市场获得贷款的主要原因。因此，在加强银行类金融机构发展的同时，也应该重视非银行、创新性金融机构在农村金融市场体系中的作用。

第三章

江苏省农村金融发展总体评价

江苏省已建立商业性金融机构、农村合作性金融机构、政策性金融机构以及新型农村金融机构相结合，多层次、广覆盖的农村金融组织体系。2012~2019年，江苏农村金融市场整体运行平稳，农村金融改革加速推进，村镇银行、小额贷款公司等新型农村金融机构覆盖面不断扩大，进一步提高了江苏农村金融服务水平。

江苏省农村金融近年来领先全国，但就江苏省内而言农村金融的发展仍存在可改进的地方。本章根据农村金融发展的指标评价体系，从规模总量、组织结构、中介效率和服务程度四个方面共13项指标对江苏省农村金融的发展趋势和结果进行了评价。分析显示，江苏省农村金融的发展整体呈现出比较显著的增长趋势，规模总量、中介效率和服务程度指标均推动了江苏省农村金融综合发展指数得分的提升，但在组织结构方面发展较为缓慢，江苏省内不同地区服务程度还存在明显差异。并在此基础上提出小额贷款业务发展不充分、农业保险管理体制和经营模式欠完善、财政支农专项资金的杠杆效果与资金使用效率不高以及资本市场在农业投融资体系中的作用有限这四个制约江苏农村金融发展的短板。

第一节　江苏省农村金融发展现状

2017年党的十九大报告将“乡村振兴战略”作为国家发展战略写入党章，这意味着对“三农”政策性金融的发展提出了更高的要求，也为被排斥在传统金融服务体系之外的农村地区的需求者提供了金融资源；更为提升金融服务覆盖率，改善农村普惠金融生态环境，推进更多的农村地区金融供需均衡发展提供了政策指引。

江苏省是我国经济发达地区之一，位于我国东部沿海地区，与其他大多数省份相比，经济发展速度快，且地理环境、行政管理环境与经济服务环境优越，为该地区农村经济发展与农村金融行业发展提供了有利的社会保障与便利的条件。近几年来，在农村金融改革步伐不断加快与改革力度不断加大的双重作用下，江苏省农村金融发生了巨大的变化，农村金融服务机构规模不断扩大、业务发展趋于多元，农村金融服务水平逐渐提高。但从内部来看，发展不平衡不充分的问题仍然存在。

一、江苏省农村金融规模总量

随着社会主义新农村建设和乡村振兴战略的持续推进，江苏省农业发展取得了长足进步，农村金融规模与质量也呈现逐年增长态势。据统计，截至 2019 年末，农村金融机构的存款额达 152837 亿元，较 2012 年增长了 77357 亿元；贷款额达 133330 亿元，较 2012 年增长了 78919 亿元。农村金融机构的资产相关率达 38.14%，农村金融深度为 17.77%。农村金融服务快速发展，2010 年实现乡镇银行网点全覆盖；2015 农村金融综合服务站高达 13088 家；2019 年江苏省农村地区银行网点数达到 3459 个。无形银行网点行政村实现全覆盖，并且推动了乡村地区移动支付和网上银行的迅速发展。

分区域来看，农村金融发展呈现一定的差异性：苏南地区呈现快速发展态势，2019 年苏南地区农村金融机构存款总额为 103637.00 亿元，较 2012 年增长了 50684.30 亿元，贷款额为 91901.00 亿元，较 2012 年的 40079.30 亿元增长了 51821.70 亿元，地区信贷总额占全省信贷总额的比重达 66.19%；苏中地区和苏北地区农村金融相关率指标均处于全省平均水平以下，苏中地区 2019 年农村金融机构存款额为 27479.00 亿元，贷款额为 21136.00 亿元；苏北地区 2019 年农村金融机构存款额为 26024.00 亿元，贷款额为 22103.00 亿元（见表 3–1）（其中苏南地区包括南京市、无锡市、常州市、苏州市和镇江市；苏中地区包括南通市、扬州市和泰州市；苏北地区包括徐州市、连云港市、淮安市、盐城市和宿迁市）。

表 3–1 苏南地区、苏中地区及苏北地区存贷款额

地区 / 年份	存款（亿元）			贷款（亿元）		
	苏南	苏中	苏北	苏南	苏中	苏北
2012	52952.70	10349.90	9775.60	40079.30	8021.00	5825.50
2013	59298.80	12054.10	11345.90	44824.70	9358.90	6812.10
2014	64632.40	13484.50	12736.30	49835.70	10742.80	7819.00
2015	74249.00	15242.40	14613.90	55821.30	12405.20	9483.70
2016	81568.40	17345.10	18021.80	64063.90	14061.50	11505.00
2017	85770.30	22930.40	21301.70	74892.90	16068.20	15913.00
2018	92711.27	24118.54	22888.16	78904.14	18226.24	18588.62
2019	103637.00	27479.00	26024.00	91901.00	21136.00	22103.00

二、农村金融组织结构

江苏省农村金融机构类型以银行为主，全省13个地级市金融网点数平均188个。金融业务类型多渠道发展，包含人身养老保险、小额信贷和股票等金融业务。除此之外，也发展了一些非正规农村金融机构，如民间借贷、小额贷款和农村互助资金等机构。

随着江苏省农村金融体制改革的深化，进一步拓宽了农村金融机构的信贷业务范围，提高了农村金融服务质量。从2012年开始，江苏省金融机构对农、林、牧、渔业的贷款金额迅速上升，从2012年的915亿元增长到2014年的1499.32亿元，但2014~2018年金融机构的涉农贷款并没有显著变化，基本维持在1500亿元左右。而到2019年涉农贷款上升为2611亿元，农村金融规模总体维持在了一个较高的水平，信贷结构体系较为完整，近两年呈现出上升趋势。

三、农村金融中介效率

江苏省农村金融机构建设规模近年来不断扩大，但机构和业务发展仍不平衡。农村金融机构的存贷比从2012年的0.72增长到2019年的0.87，存贷差呈现出先增后减的趋势，截至2019年仅为19507亿元。金融市场化率从2012年的-0.3增加到2019年的-0.14。农业资金配置效率从2012年的0.27增长到2019年的0.61，增长了125.93%。由此可见，农村金融机构对于农业的资金投入力度仍有待加强，政府应更加重视农业发展的金融支持问题。

四、农村金融服务程度

江苏省金融机构建设规模近几年有了较大的提升，金融业务种类也逐步丰富，但各地区的金融服务水平不尽相同，尤其是苏北地区农村金融机构发展相对苏南地区较为迟缓，金融机构与服务种类也较为单一。农村非正规金融机构也得到了较快的发展，但发展程度及服务能力与所在地区的经济水平密切相关。

第二节　农村金融发展的指标评价体系

2004 年以来，中央 9 个一号文件根据“三农”发展的阶段性特点，不断转变农村金融政策及制度的着重点，从增加涉农信贷投放到改善城乡“二元化”金融结构，着力推动金融支持“三农”发展。为了更全面系统地分析农村金融发展的特点，本节我们参照《江苏省农村金融发展报告》来建立评价指标体系，并对指标评价体系的设计原则、指标类型以及框架结构做了详细的介绍。

一、设计原则

农村金融发展的评价指标体系是一套易于操作的评价指标体系，是人们认识和科学测评农村区域金融发展水平、系统分析影响因素的重要工具，该体系一系列细化的指标全面地反映出农村金融发展的具体情况。通过分析相关指标，找出农村区域金融发展在时序和地区之间分布的特征和差异，从而得出采取有效金融创新等策略的重要依据，这对于优化和完善农村金融发展至关重要。评价指标体系的细分指标比较丰富，错选、漏选或多选都无益于实际操作。因此，应选取最重要、可度量且科学化的主导性指标作为农村区域金融发展的评价因子，注重评价体系的全面性原则、替代性原则、相互独立性原则、可行性原则和启发性原则。

第一，全面性原则。农村金融系统是一个复杂的动态系统，单一或少量的指标难以准确地反映其状况。要求指标体系覆盖面广，能综合反映农村金融发展的各个方面，同时考虑到各方面指标分布的合理性。我们选取的指标综合考虑了农村金融市场规模、农村金融市场结构、农村金融市场效率、农村金融可获得性等四个维度，一共细分为 13 项指标。

第二，替代性原则。指标本身数值大小没有意义，关键是它能够反映各区域的金融发展的相对水平。因此，重要的不是数值本身，而是这些数值序列所反映出来的变动趋势。有些要素很难直接获得数据，我们采用间接指标予以替代，如用获得金融机构服务的农户数反映金融服务的可获得性。

第三，相互独立性原则。分别从不同的角度去衡量农村金融发展，但是指标间的信息往往会重叠，因此选择具体指标时，既要兼顾指标的全面性原则，又要注意指标的相互独立性，即基础指标之间不存在解释与被解释的关系，从而增加评价的准确性和科学性。

第四，可行性原则。指标和评价方法要简单明确，指标的确定既要考虑数据资料的可获得性，也要得出其发展趋势。我们所选取的数据均能通过官方公布的渠道和调研的方式获得。在此基础上，建立便于操作的评价方法。

第五，启发性原则。以农村金融发展理论为基础，选入的指标能够科学合理地说明农村区域金融发展的问题。着力发挥其引导性功能，引导地方政府在农村金融发展过程中注重资源配置的最优性。

二、评价指标的类型

（1）从功能上划分，可分为描述性指标和分析性指标。描述性指标通常由原始统计变量构成，是农村区域金融发展的相关指标的直接结果，是构成分析指标的基础。分析性指标，往往是为了研究目的或某特定属性，对描述性指标进行处理和加工而派生出来的指标。

（2）从时序上划分，可分为先行指标和同步指标。先行指标是指金融发展周期中率先反应的指标，能对转折点、发展趋势进行预测，例如与农村金融改革事件密切相关的指标。同步指标是描述金融发展当前状态的指标，如存款额、贷款额等指标。

（3）从指标层次上划分，可分为微观指标和宏观指标。微观指标是反映单个金融机构运行状况的指标，如计算农村中小银行的市场集中度。宏观指标主要是反映某区域内金融整体运行状况的指标。

三、评价指标体系的框架结构

（一）框架结构

采用面向对象分析的思想，根据农村区域金融发展的内涵，农村金融发展是指不断演化、适应并服务于农村经济的银行中介各层面动态调整的结果，具体包括金融机构规模总量、组织结构、中介效率和服务覆盖面等层面。本节借鉴已有的指标，以科学合理的方法测度了农村区域金融发展的水平和程度，分析了农村区域金融发展中可能出现的问题，从农村金融视角建立起相应的指标评价体系（见表 3–2）。

表 3–2 农村金融指标评价体系

<table>
<tr><th>一级指标</th><th colspan="2">二级指标</th><th>指标注释</th><th>数据来源</th></tr>
<tr><td rowspan="3">规模总量</td><td colspan="2">X1 农村金融资产相关率</td><td>年末金融机构存贷款余额 / 地区生产总值</td><td>《江苏统计年鉴》和《2019 年江苏省国民经济和社会发展统计公报》</td></tr>
<tr><td colspan="2">X2 农村金融深度</td><td>年末金融机构贷款额 / 地区生产总值</td><td>《江苏统计年鉴》和《2019 年江苏省国民经济和社会发展统计公报》</td></tr>
<tr><td colspan="2">X3 私人贷款规模</td><td>私人贷款总额 / 地区生产总值</td><td>《江苏统计年鉴》</td></tr>
<tr><td rowspan="3">组织结构</td><td colspan="2">X4 农村金融市场集中度</td><td>赫芬达尔指数</td><td>Wind 数据库</td></tr>
<tr><td colspan="2">X5 农村中小银行存贷款市场份额</td><td>农村中小银行存贷款余额 / 农村金融机构存贷款余额</td><td>《江苏统计年鉴》和 Wind 数据库</td></tr>
<tr><td colspan="2">X6 农村中小银行营业网点市场份额</td><td>农村中小银行营业网点数 / 农村金融机构网点数</td><td>《江苏统计年鉴》和 Wind 数据库</td></tr>
<tr><td rowspan="5">中介效率</td><td rowspan="3">储蓄投资转化效率</td><td>X7 人均储蓄存款</td><td>年末金融机构存款余额 / 人口数</td><td>《江苏统计年鉴》</td></tr>
<tr><td>X8 存贷比</td><td>年末金融机构贷款余额 / 年末金融机构存款余额</td><td>《江苏统计年鉴》</td></tr>
<tr><td>X9 存贷差</td><td>年末金融机构存款余额 - 年末金融机构贷款余额</td><td>《江苏统计年鉴》</td></tr>
<tr><td rowspan="2">金融资本配置效率</td><td>X10 金融市场化率</td><td>1-(国有金融机构的存贷款余额 / 地区生产总值)</td><td>Wind 数据库和《江苏统计年鉴》</td></tr>
<tr><td>X11 农业资金配置效率</td><td>农业贷款年末余额 / 农业增加值</td><td>《江苏统计年鉴》</td></tr>
<tr><td rowspan="2">服务程度</td><td colspan="2">X12 银行网点覆盖面</td><td>银行网点数 / 人口数</td><td>Wind 数据库</td></tr>
<tr><td colspan="2">X13 农户的金融服务可获得性</td><td>获取金融服务的农户数 / 农村人口数</td><td>Wind 数据库</td></tr>
</table>

需要强调的是，农村区域金融发展指标体系自身还处于不断完善、进步和发展

中。随着社会经济条件的变化，往往会不断产生新的金融现象，这就要求农村区域金融指标体系能够适应发展，也需不断改善研究方法。因此，追求该指标体系全面完美的得出测度结果并不现实，也无益。我们只是将其作为考察和分析农村区域金融发展的有用工具，能够为政策制定者发现金融发展在地区之间的具体差异提供建议，这样不失为一种更为可取的出发点。

（二）指标释义

1. 规模总量指标

X1. 农村金融资产相关率。金融增长表现为金融资产相对于国民财富的扩展，以存贷款数据作为县域农村金融资产一个窄的衡量指标（见表 3–3）。

表 3–3　农村金融资产相关率指标

指标 年份	农村金融机构存款总额（亿元）	农村金融机构贷款总额（亿元）	农林牧渔业总产值（亿元）	农村金融资产相关率
2012	75480	54411	5781.50	22.47
2013	85603	61835	6124.25	24.07
2014	93734	69571	6402.75	25.51
2015	107872	78865	6980.37	26.75
2016	121105	91108	7178.96	29.56
2017	129942	102112	7161.21	32.40
2018	139718	115719	7192.46	35.51
2019	152837	133330	7503.15	38.14

X2. 农村金融深度。金融深度为金融机构的流动负债占 GDP 的比例。受限于数据可获得性，本书选取银行年末贷款余额衡量县域农村金融机构的流动负债（见表 3–4）。

表 3–4　农村金融深度指标

指标 年份	农村金融机构年末贷款余额（亿元）	农林牧渔业总产值（亿元）	农村金融深度
2012	54411	5781.50	9.41

续表

指标 年份	农村金融机构年末贷款余额（亿元）	农林牧渔业总产值（亿元）	农村金融深度
2013	61835	6124.25	10.10
2014	69571	6402.75	10.87
2015	78865	6980.37	11.30
2016	91108	7178.96	12.69
2017	102112	7161.21	14.26
2018	115719	7192.46	16.09
2019	133330	7503.15	17.77

X3. 私人贷款规模。在欠发达地区，银行贷款是私人部门融资的主要来源，也是推动经济增长的重要金融服务。因此，该指标不仅与经济增长的联系更加紧密，而且还集中了金融深度和金融效率的涵义（见表 3–5）。

表 3–5　农村私人贷款规模指标

指标 年份	私人贷款总额（亿元）	农林牧渔业总产值（亿元）	私人贷款规模
2012	18951	5781.50	3.28
2013	20187	6124.25	3.30
2014	21395	6402.75	3.34
2015	22954	6980.37	3.29
2016	24750	7178.96	3.45
2017	27247	7161.21	3.80
2018	27990	7192.46	3.89
2019	30876	7503.15	4.12

2. 组织结构指标

X4. 农村金融市场集中度：用赫芬达尔指数（HHI）衡量。

$$HHI_{i,j} = \sum_{j=1}^{n} \left(\frac{D_{j,i,t}}{\sum_{j=1}^{n} D_{j,i,t}} \right)^2$$

其中，$D_{j,i,t}$ 指 i 地区 j 银行 t 时期的存款额（贷款额）。某一银行完全垄断时，HHI=1，高度垄断的金融市场牺牲了市场竞争的效率；完全竞争的市场时，HHI=1/n，n 个银行平均分配农村金融市场份额。一般来说，竞争可以提高金融效率，金融效率的提高对地方经济发展有积极的促进作用。用 HHI 可以较好地衡量金融市场的竞争程度（见表 3–6）。

表 3–6　农村金融市场集中度指标

年份	赫芬达尔指数
2012	0.04
2013	0.04
2014	0.04
2015	0.03
2016	0.03
2017	0.03
2018	0.03
2019	0.03

X5. 农村中小银行存贷款市场份额。有事实表明，农村区域的一些中小型银行经营形式灵活、服务种类多样、积极开展金融创新，但各地发展不平衡。本书指的“农村中小银行”是在县域拥有审批权限、具有法人地位的银行，这里引申为农村合作银行（村镇银行）、农村商业银行。该指标反映了农村中小银行在农村金融市场上的竞争能力和进入壁垒，用于考察农村区域金融市场的竞争程度（见表 3–7）。

表 3–7　农村中小银行存贷款市场份额指标

指标 年份	农村中小银行存款余额（亿元）	农村金融机构存款余额（亿元）	农村中小银行存款市场份额	农村中小银行贷款余额（亿元）	农村金融机构贷款余额（亿元）	农村中小银行贷款市场份额
2012	9879	75480	0.13	7107	54411	0.13
2013	11501	85603	0.13	8250	61835	0.13
2014	13071	93734	0.14	9355	69571	0.13
2015	14991	107872	0.14	10499	78865	0.13

续表

年份 \ 指标	农村中小银行存款余额（亿元）	农村金融机构存款余额（亿元）	农村中小银行存款市场份额	农村中小银行贷款余额（亿元）	农村金融机构贷款余额（亿元）	农村中小银行贷款市场份额
2016	17104	121105	0.14	11695	91108	0.13
2017	19101	129942	0.15	12964	102112	0.13
2018	20982	139718	0.15	14853	115719	0.13
2019	23041	152837	0.15	16844	133330	0.13

X6. 农村中小银行营业网点市场份额。农村中小银行大多数地处于县乡一级，网点遍布城乡，该指标具有一定的代表性（见表 3–8）。

表 3–8 农村中小银行营业网点市场份额指标

年份 \ 指标	农村中小银行营业网点数	农村金融机构营业网点数	农村中小银行营业网点市场份额
2012	3032	3175	0.9550
2013	3078	3256	0.9453
2014	3169	3393	0.9340
2015	3241	3503	0.9252
2016	3288	3573	0.9202
2017	3331	4261	0.7817
2018	3356	3511	0.9559
2019	3387	3698	0.9159

3. 中介效率指标

金融中介的效率表现在储蓄投资的转化效率和资本配置效率两个方面。储蓄投资的转化效率是金融的重要方面，资本的形成对经济发展的积极影响一直是经济学家讨论的重点。资本配置效率是衡量金融市场运行效率的重要指标之一，许多经济学家在模型中说明了金融中介识别风险的信息作用，并将其与资本生产率的提高联系起来。资本配置效率的提高意味着资本流入高收益率的产业、流出低收益率的产业。

X7. 人均储蓄存款。动员和运用储蓄是金融中介最基本、最重要的功能，由于农村单一的投资渠道、勤俭节约的历史文化以及国家信誉对存款安全的隐性担保，中国农村金融市场上的储蓄动员功能是极其成功的，可以从储蓄动员的角度来度量金融中介发挥的功能（见表 3-9）。

表 3-9　人均储蓄存款指标

年份	人均储蓄存款（万元）
2012	10.26
2013	11.87
2014	13.21
2015	15.19
2016	17.00
2017	18.37
2018	21.00
2019	25.13

X8. 存贷比。该指标反映了间接融资转化效率,体现出区域的资金转化能力（见表 3-10）。

表 3-10　存贷比指标

指标 年份	农村金融机构存款总额（亿元）	农村金融机构贷款总额（亿元）	存贷比
2012	75480	54411	0.72
2013	85603	61835	0.72
2014	93734	69571	0.74
2015	107872	78865	0.73
2016	121105	91108	0.75
2017	129942	102112	0.79
2018	139718	115719	0.83
2019	152837	133330	0.87

X9. 存贷差。反映一个地区使用外来银行贷款或向外输出银行贷款的绝对数额（见表 3-11）。

表 3-11　存贷差指标

指标 年份	农村金融机构存款总额（亿元）	农村金融机构贷款总额（亿元）	存贷差
2012	75480	54411	21069
2013	85603	61835	23768
2014	93734	69571	24163
2015	107872	78865	29007
2016	121105	91108	29997
2017	129942	102112	27830
2018	139718	115719	23999
2019	152837	133330	19507

X10. 金融市场化率。非国有金融机构的资产指的是除工农中建交五大行以外的各类股份制商业银行和农村商业银行的资产。金融市场化率反映非国有金融机构参与市场的程度。既反映了各地区金融竞争程度，又体现了其金融效率（见表 3-12）。

表 3-12　金融市场化率指标

指标 年份	地区生产总值（GDP）（亿元）	国有金融机构的存贷款余额（亿元）	金融市场化率
2012	54058.2	70288	-0.30
2013	59162.0	76522	-0.29
2014	65088.3	79193	-0.22
2015	70116.4	83792	-0.20
2016	76086.2	91699	-0.21
2017	85900.9	97802	-0.14
2018	92595.4	104616	-0.13
2019	99631.5	113925	-0.14

X11. 农业资金配置效率。指一个单位的农业增加值需要多少单位的信贷资金投入。从行业、部门层面评价信贷资金的配置效率，以用来反映农业贷款对县域经济的支持作用（见表 3–13）。

表 3–13 农业资金配置效率指标

指标 年份	农业贷款年末余额（亿元）	农业增加值（亿元）	农业资金配置效率
2012	915.00	3418.30	0.27
2013	1270.00	3646.10	0.35
2014	1499.32	3634.30	0.41
2015	1487.37	3988.00	0.37
2016	1482.30	4078.50	0.36
2017	1487.66	4076.70	0.36
2018	1674.20	4141.70	0.40
2019	2611.00	4296.30	0.61

4. 服务程度指标

X12. 银行网点覆盖面。该指标体现了农村金融机构在多大程度上服务了目标客户、满足目标客户的需求，反映了农村需求主体获取存款、贷款、汇兑结算等金融服务的方便性（见表 3–14）。

表 3–14 银行网点覆盖面指标

指标 年份	银行网点数	农村人口数（万人）	银行网点覆盖面（每万人）
2012	2696	2929.89	0.92
2013	2935	2849.48	1.03
2014	3046	2769.30	1.10
2015	3124	2670.47	1.17
2016	3279	2581.95	1.27
2017	3336	2508.35	1.33
2018	3450	2446.61	1.41
2019	3459	2321.75	1.49

X13. 农户的金融服务可获得性。农村长期的金融抑制使农户缺乏资金支持，农村金融市场的金融配给制度对农户而言更重要的是贷款的可获得性，而不是贷款的价格（见表 3-15）。

表 3-15 农户的金融服务可获得性指标

年份 \ 指标	农村人口数（万人）	获取金融服务农户数（万户）	农户的金融服务可获得性
2012	2929.89	194	0.07
2013	2849.48	196	0.07
2014	2769.30	201	0.07
2015	2670.47	204	0.08
2016	2581.95	210	0.08
2017	2508.35	217	0.09
2018	2446.61	232	0.09
2019	2321.75	254	0.11

第三节 2012~2019 年江苏省农村金融发展评价比较

本节的数据区间为 2012~2019 年，涉及 13 个指标，大部分原始数据主要来源于《江苏统计年鉴》（2012~2019 年）、Wind 数据库以及江苏省统计局网站上的各年份统计公报，具有一定的准确性和权威性。但由于所涉及的指标数据较多，部分指标的官方数据并未及时发布或存在缺失的情况。为此，在进行数据标准化处理之前，通过插值法、平均值法等方式，对所缺失的数据进行了填充，保持了数据的完整性。

通过对上一节所获得的指标数据进行标准化处理，并根据分类指数和总指数的合成方法得出所有指标的最终得分。从纵向比较的角度，用柱状图和趋势图的组合图来展示四大指标 2012~2019 年的变化趋势，并通过对所呈现出的数据结果进行分析，得出农村金融发展的变化情况。从横向比较的角度，对江苏省内苏南、苏中和苏北三大区域的金融发展进行了比较，分别得出三大区域的具体金融支持现状，力求更为全面具体地反映问题。

一、数据的收集和标准化处理

（一）指标上、下限阈值的确定

在计算单个指标指数时，首先必须对每个指标进行无量纲化处理，而进行无量纲化处理的关键是确定各指标的上、下限阈值。指标的上、下限阈值主要是参考 2020 年江苏省内相应指标的目标值以及 2012~2019 年全面建设小康社会标准值，对有些比例指标还参考了世界中等收入国家的平均值。将第 i 个指标的实际值记为 X_i，权重为 W_i，下限阈值和上限阈值分别为 $X_{i\,min}$ 和 $X_{i\,max}$，无量纲化后的值为 Z_i（见表 3–16）。

表 3–16　评价指标 2020 年目标值及最小值

二级指标	目标值	最小值
X1 金融资产相关率	40	20
X2 农村金融深度	19	9
X3 私人贷款规模	5	3
X4 农村金融市场集中度	0.04	0.02
X5 农村中小银行存贷款市场份额	0.145	0.125
X6 农村中小银行营业网点市场份额	0.1	0.0001
X7 人均储蓄存款	26	10
X8 存贷比	0.9	0.7
X9 存贷差	30000	19500
X10 金融市场化率	-0.1	-0.33
X11 农业资金配置效率	0.7	0.2
X12 银行网点覆盖面	1.5	0.9
X13 农户的金融服务可获得性	0.13	0.05

（二）指标无量纲化

无量纲化，也叫数据的标准化，是通过数学变换来消除原始变量（指标）量纲影响的方法。正指标无量纲化计算公式：

$$Z_i=\frac{X_i-X_{i\,min}}{X_{i\,max}-X_{i\,min}}\text{或 }Z_i=\frac{Ln(X_i)-Ln(X_{i\,min})}{Ln(X_{i\,max})-Ln(X_{i\,min})}$$

负指标无量纲化计算公式：

$$Z_i=\frac{X_{i\,max}-X_i}{X_{i\,max}-X_{i\,min}}\text{或 }Z_i=\frac{Ln(X_{i\,max})-Ln(X_i)}{Ln(X_{i\,max})-Ln(X_{i\,min})}$$

二、指标权重的确定

权重值的确定直接影响综合评估的结果，权重值的变动可能引起被评估对象优劣顺序的改变。所以，合理地确定综合评估发展各主要因素指标的权重，是进行综合评估能否成功的关键问题。本评价体系根据各指标对于农村金融发展的影响程度、重要性程度，结合专家打分法来确定各级指标的权重（见表 3-17）。

表 3-17 江苏省农村金融发展评价体系指标的权重分布

一级指标	一级指标权重（%）	二级指标	二级指标权重（%）
规模总量	20	X1 金融资产相关率	7
		X2 农村金融深度	7
		X3 私人贷款规模	6
组织结构	20	X4 农村金融市场集中度	8
		X5 农村中小银行存贷款市场份额	6
		X6 农村中小银行营业网点市场份额	6
中介效率	40	X7 人均储蓄存款	8
		X8 存贷比	8
		X9 存贷差	8
		X10 金融市场化率	8
		X11 农业资金配置效率	8
服务程度	20	X12 银行网点覆盖面	10
		X13 农户的金融服务可获得性	10

三、分类指数和总指数的合成

（一）分类指数的合成方法

本体系由规模总量、组织结构、中介效率和服务程度四个分类指标组成。将某一类指标中的所有指标无量纲化后的数值与其权重按公式计算就得到分类指数。

$$I_i = \frac{\sum Z_j W_j}{\sum W_j}$$

（二）综合发展指数的合成方法

将综合发展评价指标体系中的 13 个指标无量纲化后的数值与其权重按公式计算就得到综合发展指数。

$$I = \frac{\sum_{i=1}^{13} Z_i W_i}{\sum_{i=1}^{13} W_i}$$

四、农村金融发展变化趋势与结果分析

（一）综合评价指标

图 3-1 反映了经测算得出的 2012~2019 年江苏省农村金融综合评价指数，该评价结果显示，2012~2019 年，江苏省农村金融综合指数的得分逐年递增。2012 年的综合指数为 21.69，2019 年综合指数则增长为 70.00，在这 7 年间增长了两倍多，说明江苏省农村金融的发展整体呈现出一个较大的增长趋势。

进一步研究发现，江苏省农村金融指数虽然在绝对值上保持增长的趋势，但是年增长率却出现了小幅度的波动，2014 年增长率达到最高 29.6%，在其后的两年间增长率出现了下降的趋势，2016 年达到最低值 8.3%，这一结果显示在 2014~2016 年，虽然农村金融的发展速度有所增加，但增速较为缓慢。在 2017 年又出现大幅的增长，这主要是由于 2017 年党的十九大报告将“乡村振兴战略”写入党章，并进一步强调农村金融对农村农业发展的支持作用。

从构成上看，自 2012 年以来，规模总量、中介效率和服务程度指标均推动了江苏省农村金融综合发展指数得分的提升。由图 3-2 可知，规模总量指标由 2012

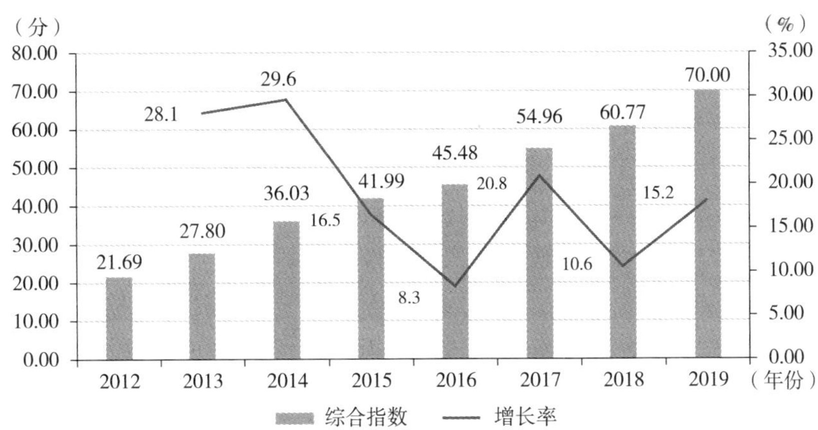

图 3-1 江苏省农村金融综合评价指数（2012~2019 年）

年的 1.99 上升至 2019 年的 15.85，七年间增长率为 695.58%；中介效率指标由 2012 年的 4.29 上升至 2019 年的 27.54，在 2012~2019 年的七年间增长率为 542.26%；服务程度指标由 2012 年的 2.83 上升至 2019 年的 17.33，七年间累计涨幅 511.64%；这说明江苏省农村金融结构优化程度较好，农村金融对于农业发展所提供的服务也更加完善。

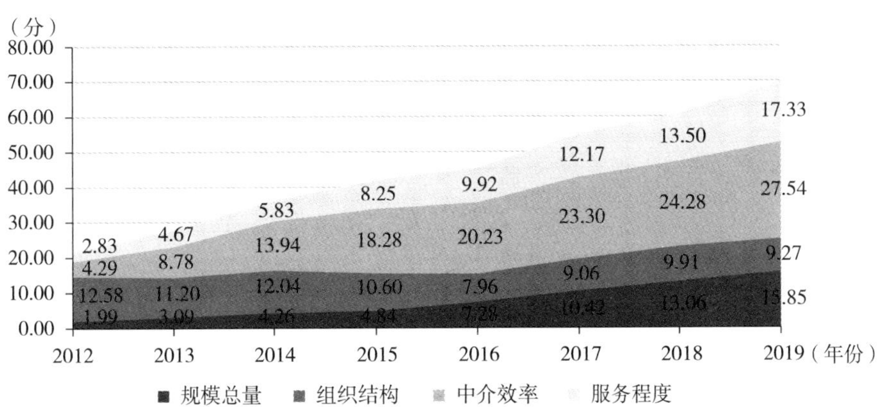

图 3-2 江苏省农村金融综合指数得分构成变化（2012~2019 年）

但是在一级指标中，也存在发展缓慢的情况。相对来说，组织结构指标的得分出现了下降的趋势，从 2012 年的 12.58 下降至 2019 年的 9.27，这主要是由于江苏省总体金融发展已经处于较高的水平，而农村金融的发展存在一定的滞后，因此，政府还需加大对于农村金融的投入力度，从而推动农业的发展。

（二）规模总量

图 3–3 反映了江苏省农村金融规模总量指标 2012~2019 年的变化趋势，评价结果显示江苏省总体的规模总量呈现出稳定的增长趋势。其中，2019 年规模总量得分为 79.24，较 2012 年的 9.96 上涨了 695.58%；从增长率来看，规模总量指数的最高增长幅度为 55.4%，最低为 13.7%，其他年份基本维持在 40% 左右，仅 2015 年涨幅下降明显。

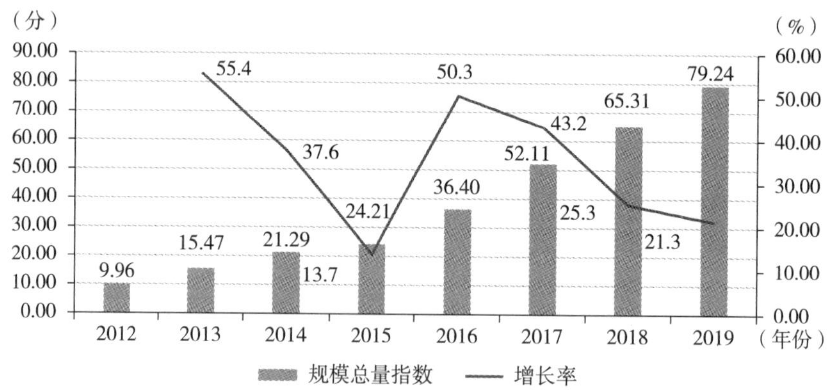

图 3–3　江苏省农村金融在规模总量方面的得分（2012~2019 年）

从二级指标来看，除了私人贷款规模的增长不是很大（增长幅度为 25.54%），其余指标的增长幅度均较为明显，其中，2015 年私人贷款规模出现了下降的趋势，这也是导致规模总量指数总体呈现快速增长但 2015 年出现了涨幅下降的主要原因。整体来说，无论是从储蓄还是贷款规模方面，江苏省农村地区呈现逐年上升的趋势。在动员储蓄方面，农村区域长期以来较为单一的投资渠道、不良的经济预期以及风险承受能力低决定了农户的投资选择有较强的银行偏好，随着农户生产多样化和收入多元化，家庭收入不断增加，银行储蓄在农户家庭存款中的比例呈持续上升。在信贷规模方面，自有资金难以满足个人或是企业在生产规模扩张过程中的资金需求，从而导致其对信贷资金需求的上升。

（三）组织结构

图 3–4 反映的是江苏省农村金融组织结构指标从 2012 年至 2019 年的得分变化趋势，评价结果显示组织结构指标总体呈现一个波动降的趋势，从 2012 年的最大值 62.91 下降至 2016 年的 39.78，在 2017 年又有所上升，其后三年变化幅度不是很大，基本维持在 46 分左右。进一步观察发现，组织结构指标的增长率呈现出"M"形特征，2013~2014 年呈上升趋势，2014~2016 年呈现下降的趋势，2016 年负增长率达到 25%，2017 年又开始上升，随后缓慢下降。

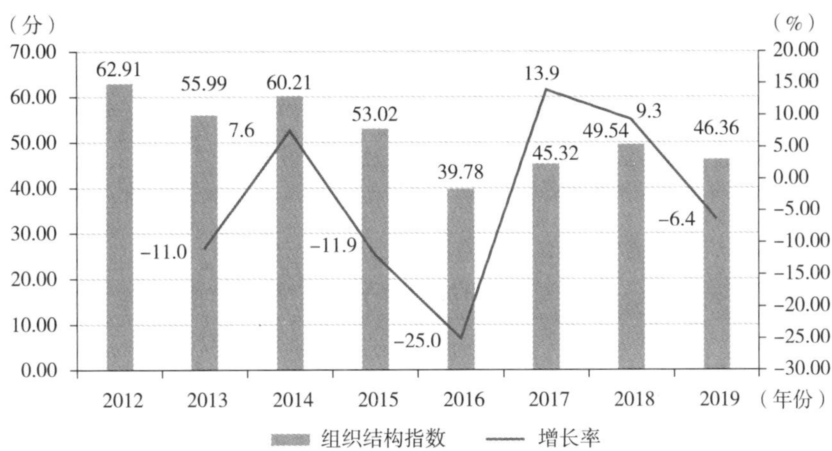

图 3–4　江苏省农村金融在组织结构方面的得分（2012~2019 年）

从二级指标来看，农村中小银行营业网点市场份额和赫芬达尔指数均呈现出了负增长的趋势，其中，农村中小银行营业网点市场份额增长率为 –99.67%，这也是导致江苏省农村金融组织结构呈现下降趋势的主要因素。由于政府加强了对于农村银行业的监管，农村商业银行逐步取代了一些中小银行，表现出了垄断趋势，导致中小银行的市场份额和存贷款占比下降。同时也说明了江苏省农村金融机构的组织形式多元化不足，金融机构主要以农业银行和农村商业银行为主，其他类型的金融机构较少，未来可以加大小额信贷和保险机构的金融支持。

（四）中介效率

图 3–5 反映的是江苏省农村金融中介效率指标 2012~2019 年的变化趋势，评

价结果显示中介效率指标总体呈现一个上升的趋势，从 2012 年的最小值 10.72 上升至 2019 年的 68.85，增长了 542.26%。从增长率来看，呈现下降的趋势，从 2013 年的 104.7% 逐步下降至 2018 年的 4.2%，在 2019 年又缓慢上升，这说明了近五年间中介效率指标得分虽然逐年递增但增长速度有所放缓。

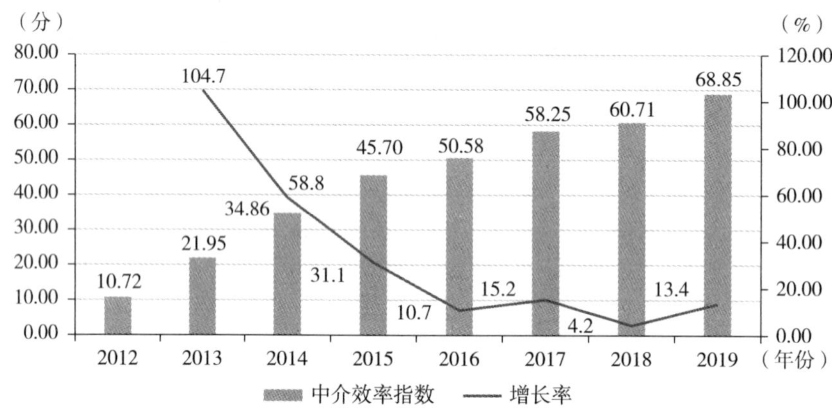

图 3-5 江苏省农村金融在中介效率方面的得分（2012~2019 年）

从二级指标来看，人均居民储蓄存款和农业资金配置效率均呈现出较快的增长趋势，增长率分别为 145.01% 和 127.04%，这一结果显示当前农村地区的金融发展水平有了稳步的提升，从而促进了农村居民的人均收入以及农业的发展。江苏省近年来加大了财政对于农业发展的资金投入，财政支农投入在保发展、惠民生方面发挥了巨大的推动作用。

（五）服务程度

图 3-6 反映的是江苏省农村金融服务程度指标从 2012~2019 年的变化趋势，从评价结果来看，服务程度指标总体呈现一个上升的趋势，从 2012 年的最小值 14.17 上升至 2019 年的 86.67，增长了 511.64%，年均增长率超过 10%。从增长率来看，呈现出波动式下降，2013 年增长率最高为 64.7%，到 2019 年已下降至 28.4%。

从二级指标来看，银行网点覆盖面和农户金融服务可获得性这两个指标的增长均在 60% 左右，其主要原因在于城镇化的发展导致了农村人口的逐年递减，而银行网点数和农户金融服务可获得性虽然每年增长幅度不是很大，但总体的增长趋势较为明显。金融深化伴随着市场环境变化、信用体系完善，农户和企业的信用意识逐渐增强，并且在“三农”产业政策倾斜的同时，农村金融机构自身业务不断壮大，农户和企业金融服务的可获得性不断提高，为农村经济主体的创业融资提供了资金支持。

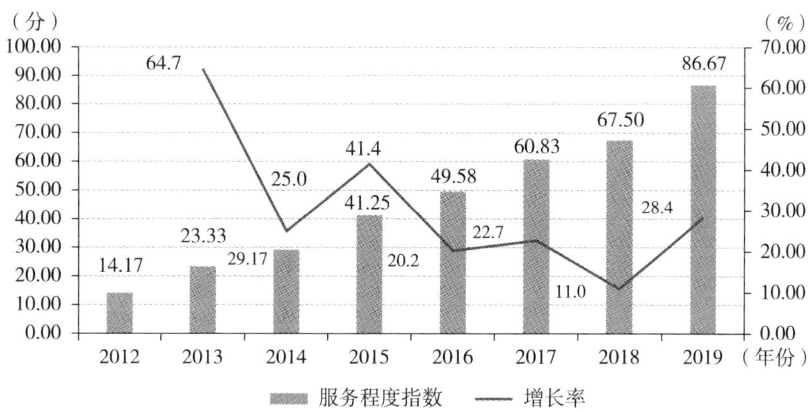

图 3-6　江苏省农村金融在服务程度方面的得分（2012~2019 年）

五、江苏三大区域农村金融发展比较

据《江苏统计年鉴（2019）》显示，2015~2019 年，金融机构对农业的贷款比例分别为 1.89%、1.63%、1.46%、1.45% 和 1.43%。从上述数据可以看出，近五年金融机构对农业的贷款比例基本维持在 2% 左右且基本看不出这一数据有急剧上升的趋势。上述数据也充分证明了江苏省农村金融发展并没有给农业现代化带来足够多的支持。

（一）苏南地区金融支持现状

苏南农村区域经济发展的主要特征是：农民依靠自己的力量发展乡镇企业；乡镇企业以集体经济为主；乡镇政府主导乡镇企业的发展。改革开放以来，苏南农业的发展要大大落后于农村工业化和农村城镇化的进程。随着非农产业的迅速发展，苏南农村产业结构发生了巨大的变化。与此同时，苏南的农业经济结构却在很长时期内仍然保持了以种植业为主、以粮食为主的传统农业特征。

苏南乡镇企业的迅速发展，在一定程度上增加了推动农业经济增长的资本要素。同时由于苏南城乡一体化趋势逐渐形成了以加工工业为主体的产业结构，并已逐步纳入了城市大企业协作体系，城市跟农村可以形成资金、技术互补。因此，苏南地区的农村金融具备了相当程度的城市化和工业化特征。

苏南地区的城镇化和城市化趋势决定了未来苏南农业的目标应定位为都市型农业、外向型农业，即把苏南农业建成为高科技、集约化、高效益、外向型、生态屏障型和观光型的多功能农业。苏南农业既要为城乡居民提供鲜、活、优、美的农产品及其加工品，又要为都市居民提供“绿地”和绿色屏障，造就良好的生态环境，扩大都市居民旅游、观光的空间，还要进一步探索城乡一体、城乡联动的农业发展、农村致富、农业增效、农民增收的途径。把苏南农业建成高科技、集约化、高效益、外向型的示范区和率先实现农业现代化的先行区。

（二）苏中地区金融支持现状

作为次发达的苏中区域，不论是地域概念，还是经济发展的程度都是处在经济发达的苏南和欠发达的苏北之间。苏中地区工业经济起步较早，纺织、机电、医药、汽车和建筑等传统产业具有明显优势，是支撑苏中经济增长的特色产业，也是提高区域竞争力的重要基础。由于土地、耕地面积数量充足，丰富的后备土地资源潜力巨大，对保持生态平衡，促进经济发展起着越来越重要的作用。在推进江苏省农业现代化发展的今天，苏中区域的金融支持力度也一直保持着平稳的趋势，基本上处于苏南与苏北之间，在金融支农的力度方面，苏中是较高于经济发达的苏南地区，同时略低于欠发达的苏北地区。

（三）苏北地区金融支持现状

近年来，江苏省内金融机构积极响应省委、省政府加快振兴苏北地区的战略号召，对苏北的经济发展实行倾斜政策，满足苏北农业地区的支农资金需求。指导苏北地区农村中小银行通过全力支持粮棉油基础农业、优质农产品生产、个体工商户的培育发展和劳动力培训及输出，来加快农村产业层次的提升、农业集约化经营和农民收入结构的调整。苏北的徐州、连云港、淮安、盐城、宿迁五个市的农村中小银行也积极行动，致力探索服务“三农”发展、支持社会主义新农村建设，努力为农民提供多方位、多形式的信贷服务，全力为农村经济发展提供优质的金融支持。

（四）三大区域比较情况

江苏省金融服务的深度和宽度都得到了快速提升。苏南区域2012年的存款余额和贷款余额与2019年相比，分别增加了95.72%和129.30%；苏中区域2012年的存款余额和贷款余额与2019年相比，分别增加了165.50%和163.51%；苏北区域2012年的存款余额和贷款余额与2019年相比，分别增加了166.21%和279.42%。由此可见，苏中和苏北的存贷款余额增长幅度均高于苏南区域，尤其是苏北区域的贷款余额增长幅度远远高于苏中、苏南区域，为农村乡镇企业和农业水利事务发展提供了资金融通，促进了农村经济的迅速发展。近几年，江苏省不断地加大扶贫贷款规模、降低融资成本。2014年扶贫贴息贷款余额合计22.43亿元，其中的83.64%投向了苏北地区。

2017年江苏省投放贷款共计120亿元，累计服务小微企业1.2万户。在深化“银税合作”中，为4000余户纳税小微企业授信39亿元；政府增信的“助保贷”服务小微企业180家，发放贷款5.5亿元；合作担保公司60余家，贷款余额22亿元。但从小微企业和农户均贷额及正规贷款获得率的具体情况来看：虽然江苏省一直作为经济发展和改革试点的排头兵，三大区域普惠金融的发展也取得了一些成效，但与整体的发展预期和目标还存在一定的距离。从地理位置分布来看，相比经济比较发达的苏南地区，普惠金融在苏北农村地区仍属于薄弱环节，金融基础弱、门槛高、覆盖率低及供需失衡等问题持续存在，因此，更加有必要督促政府主导普惠金融的发展。

六、农村金融与农业现代化综合指数分析

图3–7反映的是2012~2019年江苏省农村金融与农业现代化的综合评价指数，该评价结果显示，2012~2019年江苏省农村金融对农业现代化的支持力度不断上升，2012年的综合指数为34.18，2019年综合指数则增长为73.66，在这七年间增长率达到115.5%。江苏省农村金融对农业现代化的支持总体上呈现出显著的增长趋势。

进一步研究发现，江苏省农村金融与农业现代化综合指数虽然在绝对值上保持增长，但是年增长率出现了小幅波动，从2013年开始，增长率呈现出逐年下降的趋势，在2016年出现了负增长，其增长率为–0.17%。出现这种现象的主要原因在于，

自 2013 年“新常态”首次提出以来，中国经济开始进入一个经济结构不断优化升级，从要素驱动、投资驱动转向创新驱动的高效率、低成本、可持续的中高速增长阶段；2016 年中央农村工作会议中又强调以推进农业供给侧结构性改革为主线，同时去杠杆政策的实行对当年财政在农业方面的投入产生了一定的影响，从而导致农村金融对农业现代化的支持力度存在不足。随后增长率又有所回升，2019 年中国人民银行南京分行出台的《关于江苏金融服务乡村振兴的指导意见》中指出，要加大对现代农业产业的金融支持力度，推动产村融合、产城融合发展。综合来看，农村金融对农业现代化的支持程度越来越高，未来其融合程度也将越来越高。

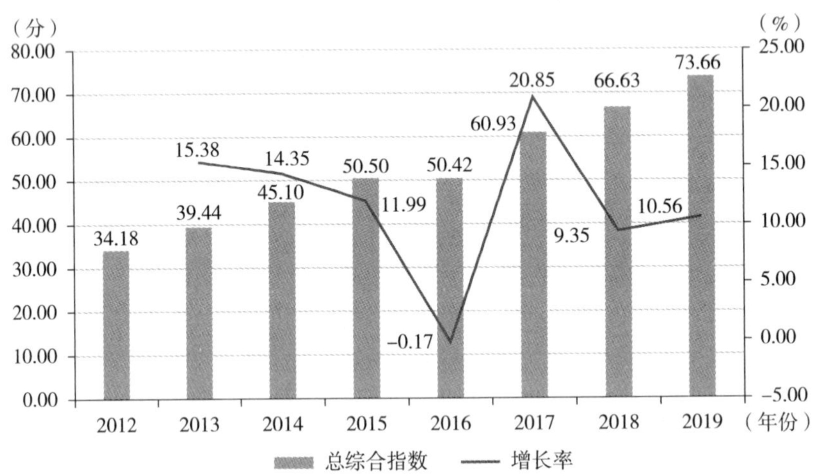

图 3-7　江苏省农村金融与农业现代化综合评价指数（2012~2019 年）

从具体构成上看，江苏省农村金融与农业现代化发展水平均不断加快，但在这过程中农业现代化对于农村金融的要求和依赖性也越来越高，农业科技的推广应用、农业产业化发展和农村基础设施建设等都需要金融服务的大力支持。图 3-8 显示出农村金融的发展仍然跟不上农业现代化的发展速度，其现有的体系难以向农民提供充足有效的金融服务，也难以为农业现代化提供有效的金融支持。

图 3-8　农村金融与农业现代化分类指数构成变化（2012~2019 年）

第四节　江苏省农村金融对农业现代化支持的短板分析

农村金融是农业现代化发展的核心，其关键作用在于加速农业生产要素的流动，连接资本供给与需求主体，促进农村资源的优化配置，最大化激活农业产出和农村居民生活水平的增长活力。近年来，农村金融和农业现代化发展进步较快，金融支农作用明显，但其中暴露的问题也很多。上一章节我们已对江苏农村金融支持农业现代化发展进行了分析，本节我们将分析江苏农村金融在对农业现代化的支持上存在的短板问题。

一、小额贷款业务发展仍不充分

小额贷款是农村金融发展的主要业务类型之一，其面向的对象是城乡中低收入群体，它符合大多数农民对金融业务的需求。银行等金融机构通过为贷款申请人办理一些风险小、利息小、规模小的贷款业务，为其提供一定资金，能够帮助农民缓解一时的经济窘境，小额贷款也是农村金融机构发展的重点项目之一。江苏省金融办于 2017 年下发了《关于促进小额贷款公司持续健康发展的指导意见》，明确了小额贷款公司持续健康发展的总体原则、主要任务和具体措施，从加大政策支持、放宽市场准入、改善监管服务等方面明确了小额贷款公司持续发展的内容，小额贷款业务也因此得到了一定的改进。但是目前，江苏省农村小额信贷业务发展得仍然不够充分与成熟，主要有以下几点原因：

首先，小额信贷业务主要是面向中低收入群体的信用贷，违约概率相对较高，加之现有的担保机制形式单一，导致农村金融机构面临较高的信用风险。其次，利率机制不够科学合理也是造成小额信贷业务发展不够充分的主要因素。由于政策原因，小额信贷利率相对其他业务偏低，但运行成本往往更高，从而降低了银行开展该类业务的动力，存在一定的恐贷、惜贷心理，制约了小额信贷业务的发展。最后，小额信贷机构的科技化水平和创新能力与大型金融机构存在较大差距，信贷业务手续相对繁琐、审批周期长，难以满足客户的时效性需求。

二、农业保险管理体制和经营模式有待进一步完善

农业保险自 2007 年开始在江苏起步，2008 年起在政府的主导下，在全省推行政府和保险经营机构的“联办共保”经营模式，由此大大推动了农业保险的创新与发展。十余年来，江苏农业保险的承保面不断扩大，并实现了“三个涵盖”，即保险险种涵盖了江苏省种植业和养殖业的主要品种；保险责任涵盖了较为频繁发生和易造成较大损失的灾害风险；参保对象涵盖了从事农业生产和农产品加工的各类主体。全省农业保险的覆盖网络已经形成，农业保障水平显著提升，农业保险的发展程度位居全国前列。

“联办共保”模式在加速农业保险发展的同时，在管理体制和机制上仍然存在不足：农业保险虽然属于政策性保险，但其运行机制本质上是一种商业行为。“联办共保”模式下农业保险发展的行政色彩明显，各级行政机构的激励约束机制较难理顺，更重要的是，政府主导模式难以发挥保险经营机构在业务发展、产品创新、市场挖掘方面的内在动力，难以形成金融市场机制与政府行政管理的良性互动，不利于农业保险市场的可持续发展。

因此，自 2019 年起，江苏省农业保险经营管理机制整体转变为市场模式，即政府指导下的保险公司独立承保，各级政府不再分担保费收入和赔付责任，保险公司成为农业保险的主体机构。在农业保险经营模式转变的过程中，仍需要不断探索和完善能够将发挥保险经营机构主动性与落实农业保险政策性功能相结合的管理与

评价机制，进一步理顺政府、保险企业和农户的三方关系，提高农业保险对农业现代化发展的保障与支持能力。

三、财政支农专项资金的杠杆效果与资金使用效率亟待提高

“十三五”时期，江苏省工业化、城镇化快速推进，农村土地、劳动力和资金三大要素向城市和非农领域转移的速度日益加快；由于农业比较效益低、农村产业发展条件差，金融和社会资本对农业的投资在短期内难有根本提升。从财政对农业总投入来看，虽然江苏省财政支农的增加量与江苏省一般公共预算收入之比基本维持在大于 1 的水平，但对农业的资本投入还显不足，农业生产经营条件的全面改善仍面临困难。

目前，财政支农撬动金融社会资本扶持农业发展作用有限。农业企业贷款保证保险和农业保险贷款覆盖范围有限，财政资金的杠杆作用不明显。因此，应积极探索“农担贷”“农保贷”“专项引导基金”等财政资金使用方式，发挥财政政策和资金的引导作用，逐步减少财政资金对竞争性领域的无偿投入，提高财政资金使用效率。

四、金融支农政策的精准性和农民知晓性不足

由于现行涉农贷款口径过于宽泛，导致涉农贷款规模和质量虚增。现行的《涉农贷款专项统计制度》是 2007 年 7 月由中国人民银行和银监会联合下发的，采用全口径涉农贷款统计概念，即只要是县级以下的贷款，无论发放给谁都属于涉农贷款，其实严格意义上很多贷款不属于“三农”范畴。此外，该制度还将注册地作为涉农贷款划分的主要依据，即一些非农企业在农村注册申请的贷款也纳入了涉农贷款统计中，从而放大了真实数据。

另外，大多数新型农业经营主体未建立现代企业制度，存在经营状况和财务状况识别困难的情况，导致融资难问题依然突出。并且调研发现，在面对资金困境时，农民还是习惯向亲戚朋友借款或者进行民间借贷，金融机构仍未成为农民融资的主要渠道。

新型农业经营主体一般规模较小，固定资产不多，大部分可用于抵押的都是农业临时设施，而涉农贷款笔数多、单笔金额小、回报率较低，商业性金融机构作为以营利为目的的市场主体，受经济效益和业绩考核导向的影响，从成本和风险考虑，对涉农贷款都比较谨慎。虽然近年来各级政府部门加大投入，建立了政策性农业信贷担保机构，与商业银行合作开发了弱抵押、弱担保、低利率的金融产品，但由于宣传力度不够，且银行金融产品种类繁多，很多新型农业经营主体并不了解相关政策。

五、资本市场在农业投融资体系中的作用有限

整体来看，因农业生产投入多、周期长、对自然环境依赖性高和市场需求弹性不足等特点，导致了农业生产具有弱质性。农业投资的比较效益远低于其他产业，生态及高科技等高效农业的企业化与品牌化发展程度有限，社会资本的投资动力不足。

2016 年，国家发展改革委与农业农村部联合出台了《关于推进农业领域政府和社会资本合作的指导意见》，鼓励并强化在农业领域实施政府与社会资本合作模式。2017 年，财政部与农业农村部共同发布了《关于深入推进农业领域政府和社会资本合作的实施意见》，进一步明确了包括农业绿色发展、高标准农田建设、现代农业产业园、田园综合体、农产品物流与交易平台及“互联网 +”现代农业等六大农业类政府和社会资本合作重点关注领域。但从实际运行情况来看，由于在投资结构、收益分配和风险分担机制上的现实约束，社会资本方的融资压力和经营风险较大，从而导致农业类政府和社会资本合作项目的入库个数偏少，项目类型也多局限于农村产业园、田园综合体等重工建设的细分领域，农田建设及农作物生产项目发展缓慢。

第四章

农村金融与农业现代化发展的国际经验借鉴

中国作为人口大国，“三农”问题一直备受重视，党的十九大报告和2018年中央一号文件都再次强调“三农”发展的重要性，党的十九大报告指出“坚持农业农村优先发展，建立健全城乡融合发展体制机制和政策，加快推进农业现代化，确保国家粮食安全，把中国人的饭碗牢牢端在自己手中”，虽然经过40余年的改革开放，我国经济建设获得了举世瞩目的成就，农业也在改革开放的进程中获得了长足的发展，但与世界农业现代化的发展进程相比，仍旧存在一定差距。农业现代化的发展离不开农村金融，日本、美国、法国、德国、印度和孟加拉等国的农村金融体制有许多值得学习的经验。我国可借鉴国外经验，通过制定专门的农村金融方面的法律、健全多层次的农村金融组织体系、加大政府支持力度、优化农村金融生态环境、加强农村金融产品创新和提高农村金融服务水平等措施来完善我国的农村金融体制。

农业现代化建设是一项系统、漫长、复杂的工程，想在短时间内获得理想的效果显然是不现实的。对于发达国家农业现代化经验，要基于实际情况进行借鉴，通过品牌富农、科技强农、产业兴农和机制扶农，构建符合实际的农业现代化发展路径，促进经济与社会的全面发展。虽然我国农村金融支持现代农业体系已初步形成，但由于农村现有的投融资体制安排以及市场主体动力机制不完善等原因，农村金融支持力度仍然不足，制约着农业现代化的发展。结合国外经验和教训，在农村金融支持下，要因地制宜地提高农业水平，推动农村产业融合发展，走出产出高效、产品安全、资源节约和环境友好的中国特色农业现代化道路。

第一节　发展农村金融的国际经验借鉴

一、国外农村金融体制概述

（一）日本的农村金融体制

1. 日本农村金融体制

日本的农村金融体制主要由合作金融和政策性金融组成，并且以具有民间合作性质的农村合作金融为主，政府主导型的政策性金融为补充。该金融体制的主要特点如下：

（1）三级体系的农村合作金融组织。农村合作金融组织不是一个独立的部门，是一个三级体系。日本的农村合作金融组织是农业协同组合系统中具有独立融资功能的信用事业部，相当于其子系统。除此之外，日本的农村合作金融组织包括三个自主经营、自负盈亏、独立核算的层次。首先是市町村一级的基层农业协同组合的信用组织，它是基层的组织，直接与农户发生信贷关系；其次是都、道、府、县一级的信用农业协同组合联合会，它是中间层次的组织，帮助会员即基层农业协同组合进行资金管理；最后是中央一级的农林中央金库，它是最高层次的组织，资金主要用于信用农业协同组合联合会，并对全国的系统内资金进行融通、协调和清算。

（2）政策性金融积极发挥支农作用。日本的农村政策性金融机构是农林渔业金融公库，它主要在农村合作金融组织和商业金融机构不能或不愿提供资金支持的周转时间长、风险较高的领域开展业务。农林渔业金融公库发放的贷款期限长，平均贷款期限为 20 年，且贷款利率低。

（3）开展金融业务按照行业分别办理。农村合作金融组织按照农协和渔协分别开展信用业务，且各行业分别划定了经营的范围，实行专业化运作，服务领域涵盖生产、文化教育、卫生保健、社会保障和丧葬服务。

（4）农村资金使用由“支农”转向“富农”。农村金融机构除了向成员发放低息贷款支持农业生产外，还将主要业务转为向系统外其他部门提供资金，以帮助农民开拓富余资金的出路。比如，基层农业协同组合的信用组织将部分资金转投于信用农业协同组合联合会，通过它向社会中其他组织提供金融服务。

（5）建立“三级制”的村民共济制度和对农村合作金融的存款保险制度。一方面，首先，在各个村镇设立以当地农民为会员的村一级农业共济组合，农民参加农业共济组合并非完全自愿，常常带有“强制性”；其次，在府（县）一级设立农业共济组合联合会。该府（县）内的农业共济组合是其成员，并向其分保。农业共济组合联合会则向其成员进行防灾防损等方面的指导；最后，设立国家级的农业共济组合再保险特别会计处，它主要经营农业保险的再保险，并采取超额赔款再保险的方式。另一方面，建立了对农村合作金融的存款保险制度。在该存款保险制度中，被保险者只限于农村合作金融组织的存款者。

2.“2+1”合作依托型的日本模式

在日本，农村金融服务体系既有政府办的政策性金融，又有强大的合作金融，但主要是以合作金融为依托的“2+1”模式，即由政策性金融机构、合作金融系统和农业保险机构组成的合作金融模式。该模式的主要特点是：

（1）政策性金融机构依托合作金融办理支农贷款。日本支持农业发展的政策性金融机构是农林渔业金融公库。该公库虽属政策性金融，但本身一般不直接办理贷款，而是委托具有合作性质的农协组织代办，并付给其一定的委托费。它建立的目的是在农林渔业者向农林中央金库和其他金融机构筹资发生困难时，给它们提供利率较低、偿还期较长的贷款资金。

（2）受惠于政府的合作金融系统又将惠农政策反馈于农村经济领域。日本支持农业发展的合作金融主要是农协系统。政府对农协系统的支持政策是向农协组织增拨财政资金，曾经一段时期，农业预算支出占国民经济总投资的20%以上，政府的支持无疑使日本合作金融迅速达到了强筋壮骨的目的。同样，受惠于政府的合作金融系统又将惠农信贷政策反馈到农村经济领域，其信贷业务有三个明显的特点：以会员为主要对象，不以营利为目的；不要担保；通过信贷杠杆贯彻国家的农业政策。

（3）政府对强制性与自愿性相结合的农业保险提供一定比例的保费补贴。日本现行的农业保险制度采用“三级制”村民共济制度，形成政府与农民共济组合相结合的、自上而下的农业保险组织体系。同时，政府对农业保险提供一定比例的保费补贴。日本农业保险的特点是强制性与自愿性相结合，凡关系国计民生和对农民收入影响较大的农作物及饲养动物都实行强制险。

（二）美国的农村金融体制

1. 美国农村金融体制

美国的农村金融体制以农村商业性金融为基础，以农村合作金融为主导，以农村政策性金融为辅，三者共同发展。该金融体制的主要特点如下：

（1）政府色彩浓厚。美国的农村政策性金融机构（包括商品信贷公司、农村电气化管理局、农民家计局、小企业管理局）以及农村合作金融机构（包括联邦中期信用银行、合作银行、联邦土地银行及土地银行合作社）都是由美国联邦政府出资组建。而且政府对农村金融机构实施了多项优惠政策，比如规定合作金融机构在经营过程中免交存款准备金、免交税，对商业银行的涉农贷款进行利差补贴等。

（2）金融机构分工合理明确，形成优势互补。商业银行主要经营生产性的短期贷款和一些期限不长的中期贷款，在中短期农贷方面始终保持着领先地位；农村合作金融机构则在长期贷款中具有明显的优势，尤其是专门向农场主提供长期不动产贷款的联邦土地银行；农村政策性金融机构主要办理具有社会公益性质的农业项目的投资。

（3）农村金融市场化融资程度高。美国金融市场非常发达，农村金融机构大部分资金来源于金融市场，比如通过在金融市场上出售有价证券等方法来筹集金融机构的信贷资金。

（4）农业保险体系层次分明。美国现行的农业保险体系主要包括联邦农作物保险公司、私营保险公司、农作物保险的代理人三个层次。联邦农作物保险公司主要负责制定全国性险种条款、控制风险以及向私营保险公司提供再保险支持；私营保险公司则按承诺遵循联邦农作物保险公司的规定以具体开展农业保险业务，并享受政府提供的保险费补贴；农作物保险的代理人主要负责销售保险单及具体业务的实施。

（5）信用担保体系健全。美国农村金融信用担保体系主要由三方面构成，全方位地为农村金融提供信用担保支持。一是由农场主的实物资产提供抵押；二是由政府建立的中小企业管理公司对农户和农业小企业提供担保；三是由资产管理公司对农业小企业提供担保。

（6）强有力的法律支持。美国有专门的农村金融方面的法案，比如《联邦农业信贷法案》《农业信用法案》《联邦农作物保险法》等，为农村金融的发展提供了强有力的支持。

2.“4+1”需求功能型的美国模式

美国是世界上农业最发达的国家，农村金融组织是从需求的角度来构建的。该模式由“4+1”即商业银行、农村信用合作系统、政府农贷机构、政策性农村金融和保险机构等组成。其主要特点是：

（1）按照农业需要的合理分工设计惠农金融服务体系。该体系主要由四大部分组成：一是商业银行。美国联邦储备银行规定，凡农业贷款占贷款总额的25%以上的商业银行，可以在税收方面享受优惠。二是农村信用合作系统。它主要包括联邦中期信贷银行、合作社银行、联邦土地银行，由农业信用管理局管理。三是政府农贷机构，包括农民家计局、商业信贷公司、农村电气化管理局三个机构。需要说明的是，农民家计局主要是对不能从商业银行借到低利率的青年农民提供适合农业生产周期的借款，这是一种“无追索权贷款”。四是政策性农村金融机构——小企业管理局，专门向不能从其他正常渠道获得充足资金的小企业提供融资帮助。

（2）政府为信用社提供持续的正向激励措施。美国以法律形式规定信用社可享受的优惠政策有：免征各种税赋、建立信用社存款保险、信用社不缴存款准备金、信用社可以参照市场利率自主决定存贷款利率。

（3）多层次的保险提供了比较完备的农作物保险业务。美国农业保险运行主要分为三个层次：第一层次为联邦农作物保险公司（风险管理局），主要负责全国性险种条款的制定，风险的控制，向私营保险公司提供再保险支持等；第二层次为有经营农险资格的私营保险公司，它们与风险管理局签订协议，并承诺执行风险管理局的各项规定；第三层次为农作物保险的代理人和查勘核损人员，美国农作物保险主要通过代理人销售，他们负责具体业务的实施。

（三）法国的农村金融体制

1. 法国农村金融体制

法国的农村金融体制以国家控制式合作金融为主导，拥有发达的农村合作金融。该金融体制的主要特点如下：

（1）农村合作金融体系不存在隶属关系。法国农村合作金融体系由三个层次（国家农业信贷银行、地区农业信贷互助银行、地方农业信贷互助银行）构成且各层次的合作金融机构都具有法人资格。国家农业信贷银行为最高层，除了审议政策、对地区农业信贷互助银行进行监管，还向企业发放贷款，并为另两个层次的信贷银行提供资金融通和清算服务；地区农业信贷互助银行为中间一层，其业务包括筹集资金和发放农业贷款等，还要向国家农业信贷银行缴存存款；地方农业信贷互助银行则为基层机构。

（2）基层农村合作金融机构业务范围日益扩大。法国的基层农村合作金融机构，最初的金融服务对象都仅限于社员，但后来业务经营区域不断扩大，从农村扩大到城市，提供的金融服务也日益多样化，业务范围涵盖银行、证券投资和保险等诸多领域，越来越具有全能银行的特征，农村金融也由“以农业支持农业”逐步发展为“以非农业支持农业”。

（3）注重农村金融服务的创新。法国的农村金融机构皆注重不断创新农村金融服务，这有效地促进了法国农产品加工业的发展。比如，批准就近的商业店铺设立银行服务点，提供“绿点”服务，逐渐代替传统的银行网点。

（4）政府扶持力度大。法国政府都通过对农村金融组织实行利息补贴、税收优惠等方式有效支持农业发展。比如，法国政府就从农业预算中拨付了大量贴息资金给农业信贷银行，补贴贷款利息差额。

（5）农村金融法律体系完善。法国有专门的、详尽的农村金融法律，并且将其有效地融合到其他相关的法律体系中，为农村金融的发展提供了完备的法律制度环境。

2.“4+1”国家控制型的法国模式

法国是欧洲农业最发达的国家。在农业的发展过程中，法国的“4+1”模式即由农业信贷银行、互助信贷联合银行、大众银行和法国土地信贷银行等农业信贷机构及法国的农业保险机构组成，它们共同为农业发展做出了贡献，其中，贡献最大的是法国农业信贷银行系统。该模式的主要特点是：

（1）法国农村金融体系属于典型的国家控制型金融模式。目前，法国农村金融形成了由法国农业信贷银行、互助信贷联合银行、大众银行和法国土地信贷银行组成的农村金融体系。该体系是在政府的主导下建立并运行的，同时还要受到政府的管理和控制。因此，它属于典型的国家控制型金融模式。

（2）最大的农村金融机构采取“上官下民”的组织体系来构建。法国最大的农村金融机构农业信贷银行系统是一个典型的半官半民性质的金融组织，由地方农业信贷互助银行、地区（省）农业信贷互助银行和中央农业信贷银行三个层次组成。该体系是在民间信用合作组织基础上由上而下逐步建立起来的。这种体制的优点是便于管理，将合作金融机构的业务与国家政策结合得很紧，甚至可以说是为政府政策服务的。其缺点是各级信贷互助银行独立性较小、受政府干预大、经营效益较差且国家财政补贴较大。

（3）政府对农业保险进行必要的干预并加大科研投入力度。法国农民为保障自己的经济安全，发起并设立了地方互助保险公司以应对火灾、冰雹及牲畜死亡等农业生产经营风险。政府则负责对商业保险所无法承保的巨灾风险（如农业自然灾害）进行必要的干预。1980 年以后，法国的大学和有关部门逐渐出现了专门从事农业风险科学研究的机构，并由政府投入巨资资助研究。

（四）德国的农村金融体制

1. 德国农村金融体制

德国是世界上建立农村金融制度最早的国家，也是世界合作金融组织的发源地。

德国的农村金融体制和法国一样是以国家控制式合作金融为主导，拥有发达的农村合作金融。德国合作银行组织体系完整、层次分明，主要有以下几个特点：

（1）层级关系分明，设计合理。德国农村金融体系蕴含了深厚的设计理念，其定位清晰、分工明确、协作配合、互不竞争。德国的农村合作金融体系是由三个层次的合作银行，即中央合作银行、区域性合作银行和地方合作银行构成。其中，中央合作银行为最高一层的机构，它由另两个层次的合作银行入股组成，并且主要向它们提供资金调剂、支付结算和其他金融服务；区域性合作银行为中间一层的机构，共 3 家，由地方合作银行入股组成；地方合作银行为基层机构，由地方的农民、城市居民、个体私营企业、合作社企业以及其他中小企业入股组成。各级合作银行均拥有独立的经营自主权，上级机构主要职责是为下级机构提供各种服务。

（2）市场化运作。各类金融机构，包括政策性银行和非政策性银行，都高度关注市场状况、遵守商业准则，确保利润稳定增长。对于政策性银行来说，即使目标不是利润最大化，但是良好的运营成果可以使其提供更加优惠的促进性贷款、不断强化资本基础，因而在运营过程中坚持了市场化的运营导向。

（3）依法治理。为了确保设计理念得以执行，整个体系稳定运行，德国以立法形式把农村金融构想固化下来，在农村金融机构成立之初就出台了相应的法律，如《储蓄银行法》《农业经济银行法》《复兴信贷银行法》《德国银行法》等，对金融机构的职能定位、运作模式予以明确规定，确保整个金融体系百年来都能按照设计时的初衷稳定运行、健康发展。

2.“4+1”国家控制型的德国模式

在德国农村，除了规模庞大的农村信用社外，还包括政策性金融、商业银行和私营借贷机构等，另外还有德国的农业保险，它们全方位地满足了农村经济发展的各类金融需求。该模式的主要特点是：

德国的农村金融以合作金融体系为主，政府对合作金融提供服务。一方面，通过构建贷款保险制度，设立贷款担保基金，防范个别金融机构的贷款风险，同时，构建存款保险制度，设立保证基金委员会，保护储户的利益不受损失。另一方面，构建了金融行业的自律组织，使合作金融更加规范化，并设立审计协会，对合作金融机构的业务活动进行监督。合作金融组织在德国农村金融体系中占有非常重要的地位。德国农村合作金融基础雄厚，是欧洲最大的合作银行体系。从国别结构来看，德国对合作金融干预最少，只在外部监管上依托中央银行和合作银行进行审计。

（五）墨西哥农村金融体制

1. 墨西哥农村金融体制

农业是墨西哥的主要产业部门之一，2008 年墨西哥农业人口 2063 万人，占总人口的 19%。墨西哥是拉丁美洲的农业大国，为保证本国粮食自给自足，墨西哥政府十分重视农村金融的发展，在政府的保护和支持下，墨西哥形成了自己特色的农村金融体系，为农业经济提供信贷的机构主要有国家农业银行、商业银行、保险公司、国家外贸银行、全国金融公司及农业保险机构等。

2.“5+1”分类对口型的墨西哥模式

墨西哥支持农村发展的金融机构比较齐全，包括国家农业银行、商业银行、保险公司、国家外贸银行、全国金融公司及农业保险机构（即“5+1”模式）。该模式的主要特点是：

（1）农户分类并安排对口金融服务。墨西哥根据农户的不同情况，分别由不同的金融机构提供资金，如现代化大农场的资金由商业银行、保险公司、国家外贸银行等金融机构提供；具有一定的生产潜力的中等农场或农产业的资金主要靠国家农业银行提供优惠贷款；那些生产落后、不能获得正常银行贷款的贫困地区或贫困农户主要靠政府通过专门的基金会提供的低息或无息贷款来发展生产、保障生活。

（2）政策保险与商业保险共存且国家提供一定政策优惠。墨西哥农业保险公司的最初资本金由财政部提供。国家财政还提供该公司费用的 25% 以示支持，并对整个农业保险给予政策性免税。墨西哥还有其他 4 家商业保险公司经营部分农业保险业务，该农险业务向国有农业保险公司分保，并可经墨西哥农业保险公司从政府获得 30% 的保费补贴。农业保险的推广实行自愿原则。但是，对一些种植业、养殖业保险采取强制措施。

（六）印度的农村金融体制

1. 印度农村金融体制

在印度，农村政策性金融、商业性金融和合作性金融多层次发展，较好地满足了印度农业和农村发展的金融需求。其特点为：

（1）各农村金融机构之间分工明确。首先，在农村政策性金融机构方面，国家农业和农村开发银行主要负责农业和农村地区经济活动、信贷领域的政策、计划和经营等，同时也是印度最高再融资机构。区域农村银行主要是向小农、无地农民和农村小手工业者等贫穷农民发放贷款。而印度工业信贷和投资公司主要业务是为固定资产投资提供中长期贷款、投资和租赁，为中小企业提供贷款。其次，在农村合作信贷机构方面，农村合作银行只为社员提供中短期贷款，包括初级农业信用社、中心合作银行和邦合作银行三级组织机构。土地开发合作银行专门提供长期贷款服务，包括初级土地开发银行和中心土地开发银行。而私人农贷组织主要是提供短期或中期贷款，该组织往往由农村中的富农、商人和职业放债人组成。最后是农业保险公司，其由政府出资设立，印度的各项农业保险业务均由印度农业保险公司办理。1999 年印度中央政府推出的世界上最大的农业保险项目“国家农业保险计划”就是由印度农业保险总公司执行的。

（2）农村金融发展中实行“领头银行”计划。按照该计划，每一地区必须由一个领头银行来负责该地区的发展开发工作，这家银行要对农业和棉花工业等国家规定的优先发展行业提供金融支持。

（3）推行“自助团体联系计划”。“自助团体联系计划”是 1992 年开始推行的，采用团体担保代替抵押，由银行贷款给农户贷款自助团体，再由其转贷给农户，并且银行还对农户自助团体进行技术培训，为其提供发展计划，有效地分散了信用风险。

（4）农村金融法律健全。印度出台了各种农村金融的相关法规，比如《印度储备银行法案》《农村信用合作社法》《地区农村银行法》《国家农业和农村发展银行法》等，为确保农村金融服务的覆盖面、提高金融服务水平等提供了有力的法律支持。

2.“6+1”领头银行型的印度模式

印度农村金融体系最大的特点就是具有鲜明的多层次性，各金融机构之间既分工明确，又相互合作。这一金融体系构成了“6+1”领头银行型模式，即印度储备银行、印度商业银行、农业信贷协会、地区农村银行、土地发展银行、国家农业农村开发银行、存款保险和信贷保险公司。该模式的主要特点是：

（1）确保了金融对农村地区的支持。在农村金融发展中，印度推行“领头银行”计划，就是在一个地区，必须有一家领头银行负责该地区的发展开发工作，该银行必须向国家规定的优先发展的行业（如农业）提供金融支持。

（2）确保了农村金融服务的覆盖面。印度政府在《印度储备银行法案》《银行国有化法案》《地区农村银行法案》等有关法律中，都对金融机构在农村地区设立机构网点提出了一定要求。如《银行国有化法案》明确规定，商业银行必须在农村设立一定数量的分支机构，将其放款的一定比例用于支持农业发展。印度储备银行规定，商业银行在城市开设1家分支机构，必须同时在边远地区开设2到3家分支机构。在今天的印度，平均每2万个农户就有1家农村金融机构为之服务。

（七）孟加拉国的农村金融体制

1. 孟加拉国农村金融体制

在孟加拉国的农村金融体制中，包含了正规金融、半正规金融和非正规金融。一方面，农村金融机构多层次。孟加拉国的农村金融机构包括国有银行及金融发展机构，如BKB、RKUB、Sonali、Janata和Aggrani等；乡村银行，比如格莱珉银行；微型金融非政府组织。另一方面，孟加拉国建立了成熟的小额信贷模式，即“格莱珉银行”模式。格莱珉银行的客户定位是贫困人口，对其发放小额信用贷款。该银行实行小组联保贷款制度，贷款分期偿还、贷款期限灵活，通过规定各借款小组信贷额度的大小由其信贷记录的优劣决定，从而建立有效的监督和激励机制。格莱珉银行还向借款小组的成员提供农业技术指导和物资支持，给予他们周到健全的服务。

2. 孟加拉国乡村银行模式

孟加拉国的农村金融体系为发展中国家树立了典范。首先，孟加拉国在储蓄、利率、贷款担保与贷款偿付要求等方面都有成功的信贷政策。其次，孟加拉国的信贷机制卓有成效，在共同责任贷款方面尤为突出。在贷款发放方面，发放贷款效率较高。在贷款回收方面，对及时偿付贷款的借贷者实行鼓励与奖励措施，并适当提高其贷款额度。该模式的主要特点是：

（1）信贷政策获得成功。无论在储蓄与利率方面，还是贷款偿付与贷款担保要求等方面孟加拉国的信贷政策都获得了成功。在储蓄方面，动员工作很成功。从创立开始，孟加拉国的农村金融机构一边开展信贷供给业务，一边逐渐开展储蓄业务，不依赖捐助资金与国家补贴，使经营的持续性得到了自我保障。在贷款利率方面，采取了合理灵活的政策，取得了良好的效果。随着金融市场自由化的提高，利率上限逐渐被取消，维护了客户的利益。在贷款回收方面，通过强制与激励措施，获得了较高的收益。具体做法：一是对贷款资金按比例进行储蓄，具有强制性，二是根据还贷情况进行激励性奖惩，孟加拉国乡村银行贷款的高回收率得到了保证。在担保要求方面，采取了合理的政策。改革了传统的需要严格担保条件的贷款政策，实施对信贷业务的担保依靠借贷者共同责任等方式，该项改革取得了很大成功。

（2）共同责任贷款信贷机制获得成功效果。一是高效率地发放贷款，这是孟加拉国农村金融机构获得成功的主要原因之一。它们收集贷款者的信息，把具有社会和经济同类性的成员合成小组，统一纳入到贷款业务之中。并规定如果全组的债务未能付清，任何组员都无法获得下一笔贷款，因此，组员之间能相互监督，共同还清贷款，从而极大地减少了搭便车的问题。为向低收入的农民提供低成本储蓄和信贷服务，孟加拉国的农村金融机构还创新了一种称之为“流动银行”的形式，为了吸收储蓄、回收贷款，其职员每天都要去不同的村庄访问，这样极大地降低了客户和银行之间的交易费用。实行员工奖励计划也是东南亚等国农村金融机构能够迅速发放贷款的重要原因，量化农村金融机构职员的业绩，与其奖金联系起来，并提供更多培训给业绩好的员工，极大地促进了职员的工作积极性。二是采取奖励政策回收贷款，这是孟加拉国农村金融机构获得成功的另一个主要原因。农村金融机构奖励按照计划偿付的客户，并将其贷款额度适当提高，这样就鼓励了借贷者及时偿付贷款。有些农村金融机构偿还方式灵活多变，甚至贷款的偿付方式可以根据客户的需要进行安排。某些农村金融机构为保证安全回收贷款，维护其金融纪律，建立了严格的贷款偿付期限结构。孟加拉国乡村银行对经验不足的客户实行一年的逐周定期偿付贷款，以此向他们介绍与推广这种信贷制度。该信贷制度考虑了各种非初级农业经营者的现金流动性特点，适应了孟加拉国乡村银行的目标客户，贷款损失与行政费用大大降低。

二、国外农村金融经验总结

从历史上看，中国在农村金融的目标都是以提供农村信贷和改革农村金融体制结构为主，但是结果往往偏离原先计划的政策目标。本文通过对日本、美国、法国、墨西哥和印度等国家的农村金融模式进行比较，总结出他们在农村金融制度建设中的经验。

1. 农村金融体制方面的国际经验

（1）美国：多层次、多机构的竞争性农村金融供给体制。美国的竞争性农村金融供给体制主要体现在提供农村金融服务的主体具有多层次和多样性的特点，多层次的金融服务供给由合作性金融、政策性金融、商业性金融以及农业保险构成，多样性是指每一层次的金融服务主体由不同且互相独立的金融机构组成，比如美国政策性金融机构有农民家计局、农村电气化管理局、商品信贷公司和小企业管理局，这些不同层次的金融机构之间提供具有竞争性但又各具优势的金融服务。

（2）日本：政策性金融与合作性金融互相补充的农村金融服务体制。日本分别于 1947 年和 1953 年成立了合作性金融组织农协系统及政策性金融机构农林渔业金融公库，其中，日本农协系统建立在独立于政府政策干预的基础之上，以农民之间的互助、自立、自愿为原则，不以营利为目的，对会员生产和生活中的资金需求提供贷款，并吸收会员的存款，通过存贷款调节会员之间的资金余缺；农林渔业金融公库则对农村基础设施建设提供资金，主要包括农村土地改造、农村灌溉设施改造等项目。

（3）法国：国家主导型农村金融发展体制。法国的农村金融体制在国家的主导和控制下建设和运行，由国家设立的政策性金融机构和合作性金融机构组成。法国的政策性金融体系主要包括农业信贷银行等二十多家金融机构，采取官办为主的方针，在政府的领导下提供农村金融服务，这些机构的特点是分工细致并不断创新，以此支持特定的服务对象并提供特定的服务。法国的合作性金融也受政府的扶助且由政府机构领导，这一特征与法国是由政府主导这一国情相适应。

2. 农村金融机制方面的国际经验

（1）美国：以市场为基础的农村金融竞争机制。美国的农村金融建立在市场竞争机制的基础上，根据市场规律引导农村金融发展，通过完善市场机制而间接的调控农村金融，比如：一是建立完善的法律体系对农村金融进行保护，包括《联邦农业信贷法》《中间信贷法》《农业信贷法》等；二是推进农业信息化建设为市场提供信息，解决信息不对称问题；三是投资开发生物技术，提高农业科技发展水平，并以此引导企业发展现代农业。

（2）日本：政府扶持下的农村金融合作机制。一方面，政府制定法律保障农村金融的发展，主要有《农业合作法》《农林渔业金融公库法》《农业协同组合法》等，鼓励城市工业向农村转移；另一方面，政府大力扶持农协的发展，比如规定农协的存款利率高于一般的金融机构，对农协发放的贷款给予贴息，为农协制定税收优惠政策等。

（3）韩国：政府动员和组织的农村金融发展机制。开展新村运动，对农村居住环境、工程建设、农村教育等方面进行投资，扩大内需，以此消化过剩产能，缩小城乡差距。主要措施包括：将贷款拨给新村运动完成较好的村；通过各种渠道筹集资金以支持农村；引导社会力量参与农村金融建设，如要求各界名流、企业管理者尽其所能支持新村运动。

3. 农村金融监管方面的国际经验

（1）德国：防范风险，提供服务。德国的农村金融以合作金融体系为主，政府对合作金融提供服务。通过构建贷款保险制度，设立贷款担保基金，防范个别金融机构的贷款风险，同时，构建存款保险制度，设立保证基金委员会，保护储户的利益不受损失。此外，还构建了金融行业的自律组织，使合作金融更加规范化，并设立审计协会，对合作金融机构的业务活动进行监督。

（2）美国：内部与外部监管的结合。行业自律协会是美国农村金融内部监管的主要机构，其目的是服务和支持农村合作金融机构的稳定和有序，解决组织内部的矛盾和分歧，协调与政府的关系等；外部监管主要针对的是农村金融合作机构的实际资产以及贷款，由农业信贷委员会和农业信贷局等机构组成。此外，美国的信用社存款保险基金为其会员提供存款保险服务。

（3）日本：为农村合作金融提供政策支持。日本政府对农村合作金融采取官办民营的管理模式，在其经营平稳后脱离依托关系，坚持合作金融的独立民营性质，但同时为合作金融组织提供必要的政策支持。此外，日本创立了比较完善的农业金融体系风险预防系统，主要包括存款保险制度、农业灾害赔偿保险制度、互助保险制度和农业信用担保制度，这些制度互相补充，提供全面的农村金融风险保障。

4. 土地金融制度方面的国际经验

发达国家支持本国农业经济发展的重要手段是将金融制度与农村土地制度相结合，进行农村土地金融制度创新。其中，最具代表性的是以土地信用为中心的德国模式、以金融市场为中心的美国模式和以政府信用为中心的日本模式。这些创新不但有力地促进了其国家的农业发展，还为其他国家的土地金融模式创新提供了很好的借鉴。

（1）德国土地金融制度。自基层民间组织向上产生的土地抵押信用合作制度是德国农村土地金融模式的特色。首先，一个地区内有借款需求的农民和地主组建成立土地合作社，联合向上发展形成合作银行。其次，农民或地主以自己的土地作为抵押品向合作社提出贷款申请，申请时要提供土地的详细信息。再次，合作社将这些土地进行整合，通过土地的规模化来提升土地的价值并作出保证进行担保，在政府授权后可以发行土地债券获得用于农业生产或投资的资金。最后，信用合作社以评估后的土地价格为标准核定借款额度并发放债券，农户可以委托合作社代为出售债券或自己出售。从整体上看，德国的土地金融模式是以债券发行为主要资金来源的，同时辅之以政府信用担保。

（2）美国土地金融制度。在借鉴德国经验的基础上，美国创造出独特的由联邦政府主导的向下发展的土地金融模式。这种模式以政府组建的联邦土地银行体系为主体，以农民组织的土地银行和信贷组织为基层协会，农业生产可以由政府全面干预。农场主需要借款时，可以通过联邦土地银行协会或者生产信贷协会获得资金。同时，《1987 年农业信用法》的出台，确立了联邦农业抵押贷款公司和金融复兴公司在农业债券上的担保地位，使得美国农业经营者的信贷系统更加稳定。随着这种模式的不断发展，金融资本逐渐代替政府出资成为土地金融的中坚力量，为推动美国农业的现代化进程发挥了极大的作用。

（3）日本土地金融制度。日本因人多地少、资源匮乏的特殊性，政府的支持和补贴政策对于农业持续健康发展十分必要。日本政府通过立法保证农业金融改革有法可依，同时为合作金融和制度金融提供资金支持，形成了以农协为代表，基层农业信用机构、中央农林部门和全国信用协会参与的具有稳定合作关系的系统。该系统由下而上进行参股，权责分明，在经济收入上独立管理、独立核算。农林渔业金融公库作为日本农业制度金融系统的重要一环，在相关法律、法规和条例规定下，通过采取财政部资金对民间金融进行利息补贴等一系列政策性扶持措施，向农林业基础性事业提供长期的贷款优惠政策，极大地提升了日本现代特色农业的竞争力。在日本政府的强力支持下，制度金融和合作金融成了日本土地金融模式的特色。

三、农村金融的国外经验借鉴

随着农村富余劳动力不断向城镇转移，农村地区的劳动生产率水平打开了上升空间，农村经济发展也开辟了增长空间，农村金融应当利用好这一机遇服务于农村实体经济发展，通过加快创新引领农村金融的发展。在创新发展的过程中应该注意吸收不同国家的发展经验，总结它们对发展我国现代农村金融制度建设的启示。

1. 建立发达健全的农村金融体系

国外经验表明，用于支持农业发展的农村金融体系至少包括三大部分：农村合作金融体系、农村政策性金融体系和农业保险体系。它们互为补充、互相促进，共同支持农业的发展。比如，美国建立了多元化的金融机构支持农业发展，这些金融机构在相互竞争中求生存，在分工中实现互补，共同促进美国农业的发展。美国互助合作性质的联邦土地银行、联邦中期信贷银行、合作社银行建立后，逐渐取代了商业金融和个人信贷在农业信贷中的地位。尤其是联邦土地银行在长期信贷中有明显的优势，但商业金融和个人信贷在短期农业信贷中仍占重要地位。政策性金融主要是联邦政府的农业信贷机构，如农民家计局、商品信贷公司等是推行政府农业政策，满足农业发展资金需求，促进农业发展的相关机构。再比如印度既有合作机构如合作银行、土地开发银行为农业的发展提供短中长期贷款，又有政府的机构如地区农业银行为农业发展提供资金，且印度的商业银行也涉足农业领域。

2. 选择相适应的金融运行模式并加强法律保障

我国应当根据农村经济的发展选择相适应的金融运行模式，比如美国市场经济发达，其农村金融需求主要通过金融市场满足；日本地少人多，主要靠政府支持农村合作金融的发展；除此之外，我国应利用和维护好市场竞争机制，加强法律保障。一方面，我国应根据“三农”发展的实际需求尽快制定专门的农村金融方面的法律法规，应涵盖政策性金融、合作性金融和农业保险等，为各种农村金融组织的规范运行营造良好的法制环境，规范我国农村金融的运作，并且在执行过程中不断完善和修订，形成健全有效的法律体系，以促进农村金融体制的完善。另一方面，农业政策性金融机构的运行也要得到相关法律法规的保障。市场经济是法治经济，任何经济活动都需要法律的保护和规范，支持农业发展的金融机构的运作也不例外。农业政策性金融有别于商业性金融机构，需要有专门的法律来规范其业务行为，并提供法律方面的支持和保障。发达国家在发展农村金融时都建立了与之相配套的法律制度，以此规范农村金融行为，维护农村金融主体的利益。如美国的农业信贷组织机构是分别根据《1916 年联邦农业信贷法》《1923 年中间信贷法》等成立的；日本的农业政策性金融机构农林渔业金融公库，是根据 1945 年的《农林渔业金融公库法》成立的；印度的地区农村银行是根据 1975 年颁布的建立地区农村银行的相关法令而成立的。这些法律在发展过程中不断完善，使农村金融机构的作用能够得到更加有效地发挥。

3. 提高金融监管的激励相容性

首先，在监管的理念方面，我国应该发挥金融监管对农村金融发展的促进作用，在金融监管中更多地引入市场化机制，使金融监管不再仅仅从监管目标出发设置监管措施，而是同时参照农村金融机构自身的经营目标，将金融机构的内部管理和市场约束纳入到监管的范畴，引导这两种力量来支持金融监管目标的实现，为农村金融发展提供支持和服务，而不是僵硬地发挥监督管理职能。其次，在政府提供服务时，应当处理好政府与市场的关系，完全依赖政府或市场都不能达到发展农村金融的目标，必须使政府与市场各司其职、互相补充。不应当对金融机构采取行政干预的时候，应当尊重金融机构的自主权，放手让其充分发展。最后，在体制创新方面，重视存款保险制度的功能，使其在农村金融的发展过程中发挥出防范风险的作用。

4. 完善土地金融制度

第一，《物权法》《担保法》中限制农村土地承包经营权抵押贷款行为的相关规定，削弱了对土地经营权流转的限制，只有让农户真正拥有完整的土地权利，才能增强土地的活力。同时，借鉴美国关于建立稳定信贷系统的相关措施，加快建立个人征信系统并加大对失信惩戒的处罚力度和执行效率。鉴于农村金融自身的弱势，法律也应当制定阶段性的保护措施，使尚处于探索中的土地证券、土地担保等融资行为尽快合法化。在适当的时候还应成立专门性的金融机构和保险机构并确立其合法担保地位，使其发挥类似于美国农业抵押贷款公司的作用，维持信用系统的稳定性。

第二，创新农业保险制度。由于农业生产受自然因素影响极大，而政府的灾害补偿往往杯水车薪，因而在现代农业生产中，保险制度往往发挥了兜底性的保护作用。德、美、日三国的金融模式虽然不同，但都建立了一定的风险补偿和分担机制。因此，可以设立一个类似于日本农协的部门，发挥整体规划的统领作用，同时由农户、村集体、商业资本和国家合作建立政策性农业保险基金，以弥补农业生产的弱质性。此外，还应借鉴国外农业再保险制度，探索并建立将国家政策性和市场商业性相结合的、适应我国国情的、服务三农的商业保险公司。

第三，建立土地信用合作社制度。可以借鉴德国土地合作社的经验，赋予现有农业合作社新的服务领域及工作范围。例如，农业合作社可以利用自身对本地区土地和农户较为熟悉的优势，开展土地信用服务，实现其土地信托机构的职能。农户中的青壮年劳动力在进入城镇工作后无暇耕种或年老之后子女不以农业生产作为生活来源的农户，可以将当年多余或闲置的土地存入土地信用合作社，由其进行整合利用。合作社签署协议且支付一定费用并对存入的土地进行详细登记，对应的涉农企业或是种植大户则可以向合作社租用土地。作为非营利的目标土地中介，土地信用合作社更能控制交易成本、维护农户权益。

第四，创新土地金融模式。发达国家以土地为金融产品设计出多种土地金融模式，如土地融资租赁和土地证券。土地融资租赁能够充分发挥土地的融资和杠杆信贷功能，同时可以通过“售后返租”的方式对农民存入合作社的土地进行整理利用，有利于发挥土地的规模经济效应，在申请贷款时也能够增加土地价值的竞争力。土地证券作为一些发达国家土地金融模式的基本形式，在我国尚未开始实践。由于我国农村土地的法律属性，其流转受限，将土地转化为证券的形式进行出售还需要开展试点逐步验证，要在充分论证和试点成功的基础上才能上升到法律层面，切不可盲目照搬。

第五，完善相关配套政策。农业发展离不开政府的宏观调控，土地金融作为农村金融的重要组成部分，其良性发展还需要政府政策的大力支持。首先，政府应该对农村土地特别是偏远地区的分散土地进行整理规划，通过财政补贴或行政干预有针对性地改善周边交通等基础设施，提高土地的使用价值，从而吸引投资，以便于农村土地金融的顺利开展。其次，可以通过买卖土地债券的方式来调节金融机构的资金，稳定农村金融市场秩序；要扶持建立统一的土地流转市场，以保障金融机构开展业务的积极性；要建立全国性地价评估机构，培养专业人才，制定统一的价值核定标准，为新的土地金融制度服务。最后，要结合各地区的现实问题，委托专业化人才进行土地金融创新，并向农业管理、金融等领域专家咨询建议，制定适宜本地发展的相关配套政策，支持农业土地金融的发展。

第二节　发展农业现代化的国际经验借鉴

我国农业正处于由传统农业向现代农业转型的关键时期，一些世界农业强国在农业产业化、市场化政策和机制等方面有其独到之处，这些经验值得我国有选择性、有针对性地加以借鉴。注重规模效应、品质保证、科技兴农和转化增值是世界农业强国的主要特点，将农业作为战略产业、重视产业链整合、注重跨行业统筹和树立国际化经营理念等是其主要经验。本节结合江苏发展现代化农业的实践，提出了坚持走品牌富农、科技强农、产业兴农、生态护农和机制扶农的道路，以期为发展我国现代化农业提供决策参考。

一、世界农业强国的农业现代化概况

当今世界上农业现代化强国包括日本、美国、澳大利亚、荷兰、以色列等，这些国家的农业总产值或者人均农业生产总值居世界前列，形成了以技术密集型为主要特征的现代农业发展模式。

日本人口密度大，人均耕地占有量小，农业发展面临较多障碍与限制。然而，在第二次世界大战后，日本农业迅速发展，现代化水平非常高，有多项农业指标领先于其他发达国家，日本的水稻、豆类、饲用玉米、蔬菜、水果和花卉等农产品的品质很高。日本的食品与水产品大量出口，食品与水产品上市公司的市值占据日本总制造业的 10%，成为出口创汇的主要部门。农协是日本地区十分突出的一种农业服务组织，农协本身并不是以营利为目的的服务型组织，其自身运营的资金主要是通过保险、信贷方面的业务获得，日本农协本身并非单纯的民间组织，而是具有半官半民性质的，为农业现代化发展提供服务支持的一种组织。

美国农业劳动生产率高，是世界上唯一的人均粮食年产量超过 1 吨的国家，也是世界上最大的粮食生产国和出口国。农业是美国在国际市场上最具竞争力的产业之一。美国农业生产主要依靠家庭农场，截至 2012 年，美国拥有 204 万个农场，每年创造的农业产值达 3000 多亿美元，其中 10% 的农业产值由 400 个大农场贡献，40% 农业产值由中等规模的 3.5 万个农场贡献，其余农业产值由 200 万个农场贡献。

澳大利亚的农业发展水平和生产效率非常高，属于世界先进水平，其人均农业生产总值排名第一。澳大利亚农业属于外向型经济，自 20 世纪 90 年代以来，澳大利亚农产品出口收入平均占农业总产值的比例为 60% 以上。

荷兰人均农业用地仅 2 亩，地少人多，但其农业坚持集约化、外向型发展道路。农产品出口率达 70%，居世界首位；出口额占全球市场的 9%，居世界前列；蔬菜、乳制品和猪肉出口名列世界前茅；花卉出口占世界市场的 60% 以上，是名副其实的“花卉王国”。

以色列耕地少，自然条件恶劣，农业从业人员仅占全国总就业人数的 4%，但依靠滴灌技术等高科技农业，取得了举世瞩目的农业奇迹，农产耕地品不仅能自给，水果、蔬菜和花卉还出口到欧美市场，被称为“欧洲的菜篮子”。

农业现代化的实现是由传统农业向现代农业转变的过程，是农业机械化、生产技术科学化、产业化、信息化、劳动者素质化和可持续化相统一的发展过程。世界农业强国在发展农业现代化具备注重规模效应、注重品质保证、注重科技兴农、注重转化增值的特点。

第一，注重规模效应。农业发达国家十分重视发挥规模效应，大力推进专业化生产，其专业化形式主要有三种：地区专业化、部门专业化、作业专业化。以美国为例，到 1969 年，美国经营一种产品为主的专业化农场已达到农场总数的 90% 以上。据专家计算，仅此一项就使美国农产品大约增产 40%，而成本降低 50%~80%。经过多年的区域发展、优势布局，美国农业已形成各种特色鲜明的产业带和产业链。自 19 世纪开始农业商品化进程至今，全美已形成牧草乳酪带、玉米带、棉花带、烟草和综合农业带、小麦带、山区放牧带、太平洋沿岸综合农业带、加州果蔬和灌溉农业带、亚热带作物区这 9 个专业化农业生产带。处于每一生产带的农场一般只生产一种或几种产品，甚至只从事某种产品的某一生产环节的工作。

第二，注重品质保证。农业发达国家大力发展品质农业，深入开展农产品质量认证和农业品牌创建，以精品、优质农产品赢得市场，实现了农业经济效益、生态效益、社会效益的有机统一。荷兰制定了严格的农产品质量标准，控制化肥和农药的使用，并大力发展有机农业。农产品在产销运各环节需经过严格的检验检疫，在保质期内未售出的农产品统一收回销毁。澳大利亚则通过立法干预农业生产，保证农产品质量安全，通过农业防治、物理防治、生物防治与化学防治相结合，共同构建环保型的病虫防治体系，保证农业产品品质的绿色、安全，从而获得了国际市场的高度认可。

第三，注重科技兴农。科技是第一生产力，世界农业强国在农业发展中都十分注重推动农业科技进步和创新，不断提高劳动生产率和资源利用率。美国的农业机械化水平世界领先，美国大型农场的耕作、整地、深施肥、收获等各种农业作业项目全部实行机械化。以色列的节水农业和节水设备处于全球领先水平，以色列大力推广普及压力灌溉技术，80% 的灌溉土地都在滴灌时使用水肥灌溉法，将灌溉与施肥同步进行，一次完成。2018 年，以色列又从滴灌技术中派生出埋藏式灌溉、喷洒式灌溉、散布式灌溉等其他灌溉方法。依托先进的节水技术、装备与措施，以色列在河谷地区形成了发达的农业，在沙漠中建起了片片绿洲。荷兰农业机械化和数字化水平居世界前列，荷兰温室占世界温室总面积的 1/4 以上，园艺作物的培养、移栽、切割和包装等全部由计算机自动控制，基本摆脱了自然气候的影响。

第四，注重转化增值。世界农业强国突破“就农业论农业”的局限性，尊重农业的产业特性，拓宽农业的发展领域，向产前和产后延伸，推动农产品加工增值转化，提高资源的利用率和产出率。以日本为例，日本农业产值构成中，基础农业仅占 18.5%，其余皆来自农产品加工、贸易与服务业，二次增值优势明显。日本农业或以各村为界或集合多村资源，形成“一村一品”“多村一品”或“一村多品”的农业发展模式。通过充分了解国内、国际市场的产品需求信息，并充分利用本地的资源和区位优势，结合现代化生产经营方式，发展特色鲜明、附加值高和市场影响力较大的品牌产品。

二、世界农业强国的农业现代化经验

（一）将农业作为战略产业

各农业强国将农业上升为国家战略，高度重视“三农”问题，将农业视为国民经济的基础和支柱，将农村视作农业产业园区，将农民视作从事农业生产经营的企业家。政府制定相应的法律与制度，创造各种条件解决好“三农”问题。

第一，以政策支持提高农业生产率。欧盟实施共同农业和农村发展政策，对农民购买生产资料、农村基础设施建设、农村社会化服务体系建设等给予补贴，形成了以价格和直接补贴为主的惠农机制。长期以来，日本、荷兰以及以色列等国政府通过税收、补贴、信贷等政策，鼓励将有限的土地资源发展为畜牧、园艺等特色农业。日本的农业支出占日本政府一般财政预算的 10% 。美国 2003 年通过了《新农业法》，明确了农业补贴的范围和方式，政府对农业的补贴比原法案增加近 80%。在政府政策支持下，美国农业生产从土地密集型转为技术密集型，大幅提高了农业生产率，截至 2012 年，美国农业生产率是我国的 100 倍以上。

第二，以政府引导确保农民收入稳定。以色列实行订单农业政策。为减少农民生产经营的风险，农民购买农业保险，政府承担 50% 的风险。以奶牛饲养为例，以色列奶农要服从生产配额，生产配额由以色列奶牛协会制定，而产品价格则由政府部门控制。根据以色列法律，奶牛场不允许生产和销售未经加工的牛奶，这种做法有助于在保持供应与需求平衡的同时，使本行业得以持续发展并获得合理的经济效益。荷兰农业企业可向政府递交贸易报告，农业部在 40 多个国家设立情报站，政府视情况就荷兰农产品出口遇到的问题向有关国家和组织递交议案或提起申诉。

第三，以现代农业理念带动农业发展。澳大利亚政府革新传统的农业生产观念，通过平衡林业、畜牧业和农耕用地之间的比例，适当扩大有利于环境保护、生态平衡的农业活动比重。农业主管部门积极拓展农业功能，挖掘文化元素，形成集休闲、娱乐、观光于一体的生态农业，不仅提升了农业附加值、增加了就业岗位，还大幅度提高了农民收入。

（二）重视产业链整合

各农业强国高度重视农业产业链的整合与分工协作，研发、生产、收购、加工、储运和销售等环节环环相扣，产业链的经营几乎囊括了所有大宗农产品。

第一，衔接紧密的产业链条。美国农产品生产、加工、运输、仓储和营销各环节紧密相连，产业化水平很高，实现了“从田间到餐桌”的产加销一体化。一方面，超市、连锁店等大型企业建立了自己的配送供货机构，直接到产地组织采购、加工。另一方面，农产品加工企业发达、规模大、加工水平高，成为家庭农场与市场销售的中间力量。为了提高农业的效益，美国基本上不直接销售初级产品，而是在经过对农产品精选、加工、包装后再销售，价值都提高了 1~10 倍。

第二，实力雄厚的研发平台。在高度发达的科研体系支持下，以色列大力发展先进的生物育种产业，农作物新品种的培育和生产十分活跃。一般来说，一个新品种的生命周期为 3~4 年，之后，它将被另一新上市的产品所取代。而一个新品种从开发到实现商品化平均要花费五年。所以，在一种产品上市之前，另一种更新的产品的研究开发工作就已经开始了。循序渐进、推陈出新，使以色列的农业育种技术一直处于世界领先地位。荷兰农业基础及应用研究机构专业齐全、布局合理，政府对农业科研给予充足的财政支持，每年仅拨给温室产业的科研经费就达 180 亿欧元，新技术、新工艺层出不穷，科技进步对农业增长的贡献率超过 80%。

第三，遍布全国的营销网络。日本有全国统一、遍布乡村的庞大农协组织体系。农协具有强大的社会化服务功能，集农业、农村、农民三类组织于一体，对会员的生产经营和产品销售等服务几乎无所不包。在分散的农户与大市场之间架起了桥梁，克服了家庭小规模经营的局限性，极大地提高了农业的运营效率。荷兰全国 2000 多家各类农业合作社根据市场行情为农民提供生产、加工、销售、保险和金融等一条龙服务，创造了全国 60% 的农业收入。

（三）注重跨行业统筹

农业与其他行业间实现了良性互动，促进了农业现代化发展。

第一，强大的农产品物流设施。美国拥有庞大、通畅、高效的农产品物流体系，交通运输设施十分完备，公路、铁路、水运四通八达，高速公路遍布城乡，公路能够直接通往乡村的每家每户；美国还拥有发达的农业信息网络，美国有 85% 的农民上网，农业电子商务占总电子商务的比率在各行业中位列第 5 位。芝加哥期货交易所是农产品各市场主体了解国际农产品市场行情、获取价格变化信息的直接窗口。

第二，发达的农业教育体系。荷兰农业教育体系发达，农业部对科学知识传播的投入占其全部预算的 40%。日本非常注重农业专门人才的培养，一方面，高薪聘用具有研发能力的高级人才开展农业科技研究；另一方面，采取少收学费或不收学费的办法鼓励高中毕业生报考农业大学，确保了农业经济发展所需的合格人才的供应。在 20 世纪 80 年代，日本就确保 40% 以上的农村适龄青年进入大学。同时注重对农民进行职业技能培训、科普教育培训等，已经形成了一套比较完善的制度。

第三，完备的农业金融体系。从 19 世纪 90 年代开始，澳大利亚各州相继建立了专门的农业金融机构。农业金融机构为本地区的农业发展输送了大量资金，不仅为农业领域提供了贷款，而且还开发了详细的专门针对农业发展的企业金融业务。同时，在代表劳工利益的工党和代表农场主利益的国家党的共同推动下，联邦政府也先后设立了三个专门的农业金融机构，以满足农业生产对金融服务的需求。

（四）树立国际化经营理念

树立国内、国外“两种资源”“两个市场”谋发展的外向型战略，拓展农业产业发展的空间。荷兰实施“大进大出”的外向型农业政策，通过大量进口农产品进行深加工后再对外出口，大幅度提高产品附加值。例如，荷兰大量进口饲料，出口畜牧产品，农业附加值的 50% 来自畜牧业；荷兰国内不产大豆，但豆油和豆饼均有净出口；“喜力”啤酒享誉全球，其生产原料却依靠进口。荷兰凭借自身优势打开国际市场的同时，又利用国际市场反向带动优势产业发展。近年来，荷兰在园艺等优势领域积极与非洲、亚洲等自然条件好、人工成本低的国家或地区合作开展种植外包，同时对外来品种进行研发改造，引进了大量的花卉优良花种，并提前储备了近千种新品种。荷兰的花卉插条和种苗已遍及世界所有花卉生产国家，本土则成为世界花卉的分拨中心。

三、发展农业现代化的国际经验借鉴

农业现代化建设是一项系统、漫长、复杂的工程，想在短时间内获得理想的效果显然是不现实的。对于发达国家农业现代化经验，要基于实际情况进行借鉴，构建符合我国实际的农业现代化发展路径。

（一）坚持走品牌富农之路

推进农业品牌化有利于促进农业生产标准化、经营产业化、产品市场化和服务社会化，加快农业增长方式由数量型、粗放型向质量型、效益型转变。提升我国农业现代化水平，应以有机、绿色农业为主导，大力推进农业产业结构调整，提高农业的核心竞争力。应大力实施有机、绿色农业品牌战略，扶持和培育优质有机、绿色农产品，通过制订和完善质量认证标准和产品评价标准，进一步培育、整合品牌，创评出一批品质好、规模大、效益高的有机、绿色农产品名牌，努力把有机、绿色食品品牌推向世界。着力扩大有机、绿色农业品牌影响力，从全球层面看待农产品加工的原料资源和市场资源，深入实施“走出去”战略，建设境内产品出口基地和境外农产品开发基地，加强对外农业合作战略升级，进一步提升农业融入大市场、大流通的开放度和竞争力。引导优势农产品、特色农产品向优势产区集中，突出抓好农产品产出能力建设，实现品质优良化、产量规模化、产地集约化。同时，完善农业标准体系、农业监测体系和农产品质量评价体系，构建农业生产资料、农副产品和农业生态环境监测网络，把农产品生产的产前环节、产中环节、产后环节纳入标准化管理轨道，逐步形成与国际接轨的现代化农业标准化体系。

（二）坚持走科技强农之路

克服农业行业弱势的根本出路在于技术进步与创新，农业现代化的实现归根结底要有现代农业科技来支撑。应根据各地自身资源禀赋确立适合的技术进步路线，为现代农业提供强大的智力支持和技术支撑。一是抓“源头”，着力提高农业科技原始创新能力，并引进、吸收再创新能力，建设完善国家级农产品创新中心和畜禽品种资源保护场；进一步创新农业育种技术，加强以分子育种为重点生物技术开发，大力发展国际先进的生物育种产业，重点培育具有我国优势的原创性品种，大力发展立体栽培、设施栽培技术，培育推广一批高产、优质、抗逆、适应机械化生产的突破性品种，建立“育繁推一体化机制”，构筑我国种源高地；研究借鉴国外成熟的物联网、信息技术、遥感技术、控制技术应用于农业生产经营，全面提升农业基础技术、农业应用技术和农业高新技术创新水平。二是抓“渠道”，加强基层农业技术服务推广体系建设，培育农村科技服务、咨询、转让等中介机构，支持农技人员通过技术入股、技术承包和开展统一服务等方式推广技术，鼓励引导企业、社会和农民积极投资于农业技术研究与推广事业，为科技成果转化推广创造条件。三是抓“终端”，着力提升农民素质，加强对农民以农业科普为主的继续教育，广泛运用互联网等现代媒体和远程教育手段，扩大农民科技培训的覆盖面，提升农民应用科技成果的能力和种养技术水平。

（三）坚持走产业兴农之路

以市场为导向，以资源优势为基础，按照产业的特性来发展，这是提升农业现代化水平的必由之路。应以农产品供应链的理念和模式来构建新型的现代农业产业体系，在时间上重新规划农产品和相关企业的供应流程，在空间上重新规划农产品生产、加工和营销的分布，在经营上将技术、服务、生产、加工、销售等资源统一成为一个整体，形成比较完整的农产品产业链条，实现“从田间到餐桌”的产业一体化经营格局，将产业链条进一步拉长、经营空间进一步扩大、利润增长点进一步多元、经营风险进一步缩小，充分利用经济乘数效应，在多层次、大范围上实现农业经营效益的提高。一是创新产业化经营机制，做强、做大龙头企业，进一步完善“公司 + 基地 + 农户”的生产组织模式，鼓励和引导龙头企业广泛吸收农民以资金、土地、劳动力等形式入股，与农户建立新型利益分配机制，逐步由契约、服务联结为主向资产、资本联结为主发展，形成更为紧密的利益联结机制。着力整合同行农业企业，通过联合、兼并、收购等方式，组建资产结构多元化的农业企业集团。二是培育壮大新型农业经营主体，引导农户组建各类合作经济组织，建立农业法人制度，鼓励家庭农场、农业合作社、股份合作社等专业经济组织发展，建立健全土地经营权流转市场，实行土地、资金、技术、劳动的联合。三是推进农业行业协会建设，依托优势产业和优势产品组建跨地区的农产品行业协会，发挥营销、信息、技术服务等功能，构建农业信息网络体系和信息传播渠道，及时传播农业先进技术和经验、农产品流通消费信息，实现小农户与大市场的有机对接。

（四）坚持走生态护农之路

发展现代化农业，应在实现高产量、高生产率、高经济效益的基础上，追求合理利用农业资源、保护生态环境与提高生态环境效益的和谐统一。一是加大耕地、水、野生动植物等资源保护力度，加强农业转基因生物安全管理，建立外来生物风险评估和监测预警体系。二是大力发展循环农业，促进农业农村节能减排，严控和防治化肥、农药、农膜、废水等点源、面源污染，推进农林废弃物循环利用。三是筑牢农业生态屏障，加快农田防护林和平原绿化工程建设，加强江河水源和重要湿地保护，大力发展集休闲、娱乐、观光于一体的生态友好型农业，维护生态平衡，保证农业的可持续发展。

（五）坚持走机制扶农之路

发展现代化农业，应进一步创新理顺现代农业管理、土地使用、投融资、城乡发展一体化等体制机制，着力构建以工促农、以城带乡、工农互惠、城乡一体的新型工农、城乡关系。建立良好的农业财富积累和投入稳定增长机制，鼓励实行土地、资本、技术、劳动联合，建立新型的现代化农业产业运行机制，明确参与现代化农业产业各利益主体的法律地位和财产权利，加快形成市场带动型、加工推动型以及服务引导型等多种形式的农产品产销新体系。积极探索市场化、多元化投资方式，通过引进工商企业、外资企业参与农业建设，从而走现代化的大农场、大企业经营模式。逐步构建集约化、专业化、组织化、社会化相结合的新型农业经营体系，加快形成社会化服务体系与农产品市场体系，努力为农民提供全方位、低成本、便利化的生产经营服务。大力提高市场配置资源的深度与广度，完善农产品市场供求和价格预警等机制，更大程度、更大范围地发挥市场对各类资源的配置作用。大力支持精准扶贫，强化财政支农和农村社会保障体系建设，建立财政收入增长与增加“三农”投入衔接机制。

第三节　金融支持农业现代化发展的国际经验借鉴

党的十八大以来，我国作出了一系列大力推进农业现代化的重大战略部署，其中深化农村金融体制改革是支持我国农业现代化的重要内容。当前，我国农业资金来源多元化的格局初步形成，但由于农村现有的投融资体制安排以及市场主体动力机制不完善等原因，农村金融供给难以满足农业金融需求，制约了我国农业现代化的发展。

本节借鉴美国、日本等发达国家农业现代化进程中的经验和教训，提出了在农村金融支持下，因地制宜地提高我国农业科技化、集约化、效率化、生态化水平，推动农村一二三产业融合发展，走出产出高效、产品安全、资源节约、环境友好的中国特色农业现代化道路的政策建议。

一、国外金融支持农业现代化发展概况

农业金融的资本募集和运用方式不同，金融体系也存在着差异。目前，主要有三大金融支持体系：复合金融、合作金融和商业金融体系，但这些金融体系类型不是单独存在于某一国家，而是会相互交叉或同时并存地出现在特定时期的农业金融制度中。复合型金融体系典型代表国家为美国和印度；合作型金融体系典型代表国家为日本、德国、法国和韩国；商业型金融体系典型代表国家为英国、荷兰和新西兰。借鉴并总结国外成功经验，有助于促进我国金融支持农业现代化发展的改革和完善。

（一）美国

美国是全球农业最为发达也是典型的人少地多的国家，具有完善的农村金融体系，多种金融手段支持着农业现代化发展，由农村政策金融体系、农村合作金融体系、农业科技资本市场、农村保险体系、农村商业金融体系五大金融子市场组成了复合金融型的金融体系，其中，政策性农村金融体系是实施农业政策的主要工具，提供市场金融机构不愿提供的贷款服务，其农村金融体系是“市场＋合作”的复合信用型模式，其存在以下五大支持：

第一，商业性金融支持。美国商业性金融机构的主要代表为农业信贷服务站和乡村银行，农场主是美国农业的经营主体，具备充足的抵押物，所以商业银行主要对农场主发放小额、短期的农业贷款，美国商业性金融机构属独立经营的私营机构，通常受美国联邦储备系统的监管和控制。

第二，合作性金融支持。美国农村合作金融机构是农村金融体系的主体，主要

由联邦土地银行、联邦中期信用银行和合作银行系统构成，这三家金融机构分别在美国的 12 个农业信贷区设立了分支机构，三者各自独立经营，权责明晰。联邦土地银行最具代表性，成立之初由政府投资，经过不断的改革发展，于 1988 年与中间信贷银行合并成农场信贷体系（FCS），为农场提供短、中、长期的信贷、担保、租赁等综合金融服务，受财政部下设的农业贷款管理局监管，政府退出后产权归农民借款人所有。截至 2015 年末，FCS 资产总额为 3050 亿美元，贷款余额为 2359 亿美元，约占美国农村金融市场份额的 40%，不良贷款率仅为 0.69%；联邦中期信用银行向下设的农业生产信用合作社批发资金，由农业生产信用合作社向农场主和涉农生产者发放信贷，主要发放动产抵押中短期农业贷款；农村合作银行除了在 12 个农业信贷区设立网点，还在华盛顿设立了中央合作银行，中央合作银行由区合作银行按股权所有，并为区合作银行提供资金支持，区合作银行由农村生产合作社所有，并为其提供信贷等服务。

第三，政策性金融支持。美国政策性金融机构由联邦政府主导创建，主要由农民家计局、农村电气化管理局、商品信贷公司和小企业管理局构成，前三个机构隶属于农业部，受农业部监管。农民家计局主要向农村贫困地区农户提供担保或给予无偿拨款；农村电气化管理局主要对农村电业合作社发放优惠利率贷款，该贷款利率低、期限长，用以改善农村电力供应的基础设施和环境；商品信贷公司主要通过补贴和贷款调控农业生产，减少生产波动以应对灾害和危机，从而稳定农民收入；小企业管理局是由国会拨款成立的政府贷款机构，专门为难以从商业银行获得信贷的农村小企业提供优惠信贷。另外，还有社区金融机构，其主要为社区的农村人口提供存贷款服务。

第四，农业保险支持。美国农业保险实行在政府扶持下的商业保险公司经营和代理模式。美国农业部风险管理局（RMA）与联邦农作物保险公司（FCIC）负责宏观调控，制定法律法规，并提供财政税收补贴和政策支持。美国政府对授权的商业保险公司经营的农业保险业务给予财政补贴、税收优惠及再保险的支持，以促进其业务的开展，政府对农业的保险补贴金额巨大，占到保费收入的一半以上。美国农作物保险内容主要有灾害保险、产量保险、收入保险、团体保险等种类，保险最高理赔率为 85%，美国联邦政府还对农户支付保费给予一定比例的补贴。

第五，农产品期货市场支持。成立于 19 世纪美国芝加哥的农产品期货市场，经过 160 多年的发展，已成为世界农产品期货市场的领头羊，现有 6 家期货交易所进行农产品和期货期权合约交易，共有 190 多个期货交易品种。与产业化对接的美国成熟的农产品期货交易市场，通过期货市场的价格发现作用，平缓了农产品价格变化造成的农业收入的不确定性，对农业生产起到引导和保护作用，与农村金融体系一道形成了完整的产业化金融服务链条。

总体而言，美国商业性融资占农村融资量的 65%，2012 年全美排名前 20 位的全国性大银行中有 15 家涉足农业信贷领域，有 5890 家中小商业银行、20 家保险公司开办农业、土地、农场按揭等贷款业务。农村合作金融占美国农村金融融资总量的 32%，联邦土地银行是其中的主要成员，主要向农场主提供长期不动产贷款，为美国农业的机械化、现代化进程做出了贡献。美国合作银行系统主要为合作社提供季节性经营贷款、弥补周转金不足的中期贷款。美国政策性金融体系占美国农村金融融资总量的 3%，主要提供商业银行和其他贷款机构不愿提供的贷款，如农民家计局为贫困地区和低收入的农民提供贷款和担保服务，农村电气化管理局为改善农村公共设施和环境提供贷款和担保服务。

美国农村金融支持体系呈现出多元化、多层次的独特优势，主要体现在以下几点：一是发达的风险投资体系，被誉为美国高新技术产业的“孵化器”。二是拥有全国性、区域性、社区性这 3 个层次完善的中小企业信用担保体系。三是灵活、宽松的债券发行市场，为科技创新型农业企业提供了一个便捷的融资平台。四是发达的科技金融资本市场，可以通过债券、票据等多种形式，为中小企业及科技型企业进行融资服务，并因此专门成立了纳斯达克市场（NASDAQ）、私募股票交易市场。

除了多元化的农村金融支持体系外，美国在金融支持现代农业上实施的较多政策措施也为农业现代化发展提供了有力的支撑，具体包括以下四个方面：

第一，基础设施条件建设方面：以国家投入为主的大型水利工程的建设，主要以建立信托基金、发行建设债券和股票、银行贷款等方式支持；农村基础设施建设和农田基本建设，资金由农场主和联邦政府或州政府共同负担，农民家计局则提供低息贷款；建设农村电网、购买发电设备等主要由农业电气化管理局对农村电业合作社和农场发放贷款等方式筹集资金。

第二，农业科技创新方面：美国十分重视对农业科技研发的投入，投入政策以法律为依据。从 1958 年以来，美国农业科研经费每年保持着约 8% 的增长率。美国联邦政府根据相关法令和条例对农业研究的 4 个主要方面进行拨款，农业部研究机构、农业研究局等占农业部资金投入的 51%；各州的农业研究机构、农业学院的重点项目占农业部资金投入的30%；国家研究计划和小型独立项目等竞争性项目占农业部资金投入的12%；特别项目拨款占农业部资金投入的7%。国家对企业科技创新提供多方面的金融服务，企业债券、风险投资和股权投资系统等直接融资占比达87.2%，这些支持措施都推动了美国农业现代化的原始创新发展。

第三，多元化的金融服务方面：首先，分阶段、分企业针对性地提供融资服务。企业处于起步阶段，规模小、资金少、收入少，一般提供中长期创业贷款；处于成长阶段，规模不断扩大，收入增加，则提供流动资金贷款；处于成熟期阶段，向企业主要提供现金管理和全球财务管理解决方案。其次，提供农业科技金融保险，为企业提供良好的融资环境，分散科技研发的风险，其中，最著名的农作物保险计划有联邦农作物保险计划和农作物雹灾保险方案。最后，建立完整的补贴政策体系。通过利差补贴、税收优惠等手段鼓励金融机构支持农业科技创新企业的融资、保险业务，丰富了农业科技经费的来源渠道。

第四，其他配套措施：注重农业现代化的教育培养、农业技术的推广应用，建立教育、科研、推广“三位一体”的农业金融体制。广泛开展农业教育，提高农民素质，提升农业人员的社会地位。通过金融支持、教育培训相辅相成，从而促进农业现代化进程。

（二）日本

日本农村金融支持体系以农村合作金融为主要模式展开，由基层农业协同（简称农协）、中层信用农业协同组合联合会、高层农林中央金库（简称农林公库）和全国信用联合会构成，这几层系统之间独立核算、自负盈亏，但下级系统要服从上级系统的管理，上级系统服务于下级系统，在组织资金困难时给予下级系统帮助。其中，农协系统不以营利为目的，贷款利率比一般银行要低，社员的贷款无需担保，贷款对象包括农民、农业机械生产等大型企业；而农林公库等农业政策性金融机构需要重点保障农业现代化贷款（用于扩大生产设施和购买农业现代化设备）、灾害贷款、农业改良贷款（低利息用于发展农业新技术）、农林渔业贷款（用于垦荒农用设备购置、主地改良、农田水利建设），农林公库并不吸收存款，多采取委托贷款、联合融资等方式，支持那些无法从其他机构得到贷款的项目；银行在企业融资中占主体地位，其和企业联系紧密，拥有企业的部分股份，主要对大型或风险较小的企业提供融资服务。为促进农业现代化发展，日本政府拨付了大部分的经费，建立了信用担保机构及相关运营的法律体系，实施了相关减税优惠政策。

农林渔业金融公库是日本负责农林渔业和食品产业的唯一政策性金融机构，农林渔业金融公库的资金来源主要是邮政储蓄资金，接受土地、渔船、林木等动产抵押。由于生产周期长、风险大，一般金融机构很难承担农林渔业者和食品产业事业者的长期低息贷款。

日本的农业属于典型的人多地少的小型现代化农业，并建立了与之相对应的合作金融和与政策性金融体系紧密配合的农村金融体系，其完备的农村信用担保体系以及发达的高端、生态农业金融支持体系，为日本现代农业提供了资金支持。

第一，完备的农村信用担保体系。日本建立了完备的信用担保体系，在满足农业资金融通需求的同时，有效地防范了农村金融信贷的可能发生的风险和潜在的经营损失。该体系包括两个部分：一是信用保证保险体系，日本对基层农协会员的存款实行强制保险，农协组织每年将所吸收存款总额的十分之一作为专项储备金，由农林中央金库统一运营管理，主要用于农协之间的相互援助。二是信用担保体系，由政府、农业信用基金协会和农林渔业中央金库共同成立农业信用基金，为借款人提供担保责任。为减轻代位偿还的风险，基金协会向全国农协保证中心缴纳保险费，由保证中心为基金协会的担保责任进行再保险。

第二，发达的高端、生态农业金融支持体系。二战后，日本在移植西方模式推进农业现代化的过程中，忽视了环境保护问题，导致农业生态环境不断恶化。在对农业现代化经验和教训反思的基础上，日本根据自身资源禀赋，推动农业与第二、第三产业融合发展，延伸农业产业链，增加农产品附加值，使农业生产者得以参与和分享农产品加工流通、休闲旅游等增值环节和新业态，走出了适合自身国情的高端化、生态化现代农业发展道路。在此过程中，农村金融提供了重要的资金支持。首先，通过增加农业结构调整贷款，日本政策性金融机构为农产品深加工、特色农业发展等提供了信贷支持。其次，发展融资租赁业，为日本农业机械化、栽培科学化提供了农机融资服务。最后，官民合作成立农业投资基金，引进农业绿色发展技术，有力推动了农业生态化发展。

（三）英国

高额补贴和商业银行农村信贷是英国金融支持农业现代化发展的最大特点。进入 21 世纪，英国对农业的补贴金额不断增长，到 2006 年补贴高达国民收入的

36%。除此之外，英国作为欧盟的成员国之一，享受着欧盟各种农业补贴，利用欧盟共同农业政策促进本国农业的发展，补贴的具体形式包括农业基础建设补贴、农产品津贴、价格补贴、耕地补贴以及农业货币补偿。英国农民成为保护型农业政策的极大受益群体。

英国的农村金融体系是商业银行、政府主导的金融机构和金融监管机构并立而行的体系，商业银行占据了英国金融机构 70% 的市场份额。农村金融模式独具特色，成为世界商业银行农村信贷的典型，其主要特征为：一是数量众多的小规模“私人银行”，提供大量的、规模较小的贷款。二是政府不介入农村金融事务和农村金融机构。三是农村乡村银行模式促进了英国农业的发展，其主要的金融机构有长期金融机构（农业抵押公司、清算银行、土地改良公司），主要为农村提供土地及农用资产抵押贷款；中短期金融机构（商业银行、农村信用社），由于商业银行的从业人员都是当地农村人，所以贷款人无需提供任何担保；合作金融监管，主要负责制定监管规则、进行风险控制。

（四）荷兰

为满足农业金融创新发展资金的需求，荷兰建立了普惠的农村金融体系，由结构完善的农业贷款机构与数量庞大的农业贷款担保基金、农业发展和改组基金构成。荷兰合作银行是农民合作金融制度的组织资源，成为荷兰农业融资的主渠道，提供了 90% 的农业贷款。同时荷兰合作银行也受到了政府的大力支持，荷兰国家财政减免其赋税、允许其混业经营、自行发放债券、赋予其监督职能等。荷兰合作银行体系也是国际上最为著名的农村合作银行体系之一。农业贷款担保基金是荷兰农业发展的重要融资工具之一，所担保的农业信贷金额达 5 亿欧元，占每年农业投资的 10%，该担保基金由荷兰农业部负责，政府每年给予 200 万欧元的财政补助。农业发展和改组基金主要用于提供贷款补贴、利息补贴、改善经营结构、现代化装备购置等，帮助荷兰农业增强市场竞争力。

（五）新西兰

新西兰支持农业现代化的金融体系与大多数国家的金融体系类似，也是由中央银行、商业银行、非银行储蓄机构、保险公司等构成。提供个人、企业、农村金融产品和服务的代表性银行有：新西兰国民银行、新西兰银行、ASB（Auckland

Savings Bank）银行、西太平洋银行。在农业保险方面，新西兰有着自己的特点：一是关系国计民生的种植业采取政府干预的方式进行强制性保险。二是农村保险体系比较健全。主要体现在险种齐全、保险产品设计合理、保险条款简便易行等方面。三是政府干预少。由于灾害天气遭受的损失由保险公司赔付，政府的救助逐渐减少，农业政策支持体系比较倾向于"小政府、大社会"的模式。

（六）德国

德国农业金融体系发展模式以合作金融为主导型，有着以下三方面的强大支持：一是享誉全球的全能型银行。包括合作银行、商业银行和储蓄银行三大类。二是农村信用合作体系。由基层的信用合作社和合作银行、中间层的区域合作银行、顶层的德意志合作银行构成，坚持自下而上逐级入股、自上而下全面服务的原则。三是德国政府建立政府担保与多层次风险分担的科技金融机制。由联邦州担保银行为小企业担保、联邦州政府和德国政府为大中型企业担保，实行低、中、高3级架构担保体系，进一步强化了对企业的金融支持。

二、金融支持农业现代化发展的国际经验

我国的农业现代化发展虽然已经有了长足的进步，但与国际农业现代化水平相比依然差距巨大。想要缩小差距，资金持续高效的投入是关键，这就要求农村金融支持体系要创新服务，不断加大对"三农"的支持力度，从国际金融支持农业现代化发展角度来看，不难发现健全农村金融体系是金融支持农业现代化的前提条件，农业保险政策是必要保障，政府大力支持是关键手段，完善金融法律制度是坚实后盾。

（一）健全农村金融体系是金融支持农业现代化的前提条件

完善的农村金融体系中各农村金融机构业务明晰、分工明确、相互竞争又互补合作。各金融机构专注于服务对象和业务领域，服务目标实现了从农场主、小企业及贫困农户的全覆盖，服务内容涉及整个农业产业链。而我国农村金融体系形式上貌似完善，但农村金融服务实则缺乏黏性，有一定的脱农倾向，商业性和政策性业务边界不清，合作性金融有名无实。农村信用社受政府干预，承担了许多政策性金

融业务，导致扶贫扶弱的金融服务效率低下，而农业发展银行的业务趋于商业化，其政策性业务边界日渐模糊。此外，农村保险业务发展缓慢，农户对政策性保险和商业性保险的认知严重不足。

（二）农业保险政策是金融支持农业现代化的必要保障

农业的脆弱性决定了农业发展需要外界保护与支持，传统农业保险将自然灾害、意外事故以及病虫草鼠害等灾害纳入了保险保障范围，很大程度上缓解了灾害对农业造成的影响，有力地推动了农业灾后恢复再生产。随着农业发展进程的不断推进，农业生产机械化、集约化水平越来越高，农产品附加值逐步提高，新型农业生产主体不断涌现，这对于农业保险也提出了新的要求，以保直接物化成本为主的农业保险逐步开始向保产量、保价格转变。要不断扩大保险覆盖地区、覆盖种类，充分发挥政府和保险机构的联动作用，提高保险效能。

在农业保险服务方面，美国通过政策性农业保险机构专门为农业提供各种保险服务，该机构直接隶属美国农业部，在果树种植和水产养殖等方面，其后一切原保险和再保险，如果属于农户自愿投保，政府将给予部分补贴。在法国，农业再保险制度非常完善，能够为农户提供各种保障。法国成立了农业保险互助协会，该协会是由农民自发组织，根据自愿参与的原则，提供农业保险，政府部门根据农户所交的保险费，进行补贴，补贴金额将近 50%~80%。这种协会的规模不大，承担风险的能力有限，所以法国为了弥补这种不足，成立了农业再保险公司，并在全国各地设立分公司，农业再保险业务能够覆盖到每一个角落。一旦遭遇巨大灾情，中央农业互助基金会同时对上述两个组织注入大量的资金，帮助农户找回损失。

（三）政府大力支持是金融支持农业现代化的关键手段

农业存在脆弱性、弱质性和高危性，受自然条件影响较大，这就需要政府给予更多的财政支持，需要金融机构提供较低利率和更宽松的金融服务政策。由于农业具有低收入、高风险的特点，金融机构不能将信贷投资于农业来进行营利，而商业金融机构属于企业，目标是利润最大化，所以不愿意为农业提供贷款。政府因此需要通过政策、法规、行政管理等手段去鼓励商业金融机构和私人信贷资金流向农业。国家政府采取利率补贴、免税和给予风险补偿等方法，调动了金融机构参与农业贷款的积极性。

美国政府在农业发展的不同时期，采用不同的扶持手段，使农村金融跟随农业发展而不断创新。为了鼓励商业银行发放涉农贷款，美国政府规定商业银行涉农贷款占贷款总额的 25% 可享受税收优惠和利率补贴。政府通过发行债券投资成立农村合作金融机构，并随着合作金融机构的逐渐壮大而逐步退出，让渡产权给农场主，成为真正意义上的合作制金融。对于农村的弱势群体，由农业部牵头成立政策性金融机构，政府通过财政拨款、借款及债券担保促其发展，并对其政策性业务亏损给予弥补。另外，美国保险业的政策性特征明显，政府对于保险的补贴占保险收入的一半以上，农业保险有强大的政府从生产、防灾到定损的卫星遥感等技术支撑，政府的这些保障措施对农村金融体系的稳定运行起着重要的作用，以至于次贷危机下，美国的农村金融体系受到的冲击较小。日本建立了完备的信用担保体系，大部分信贷体系都由政府担保，承担债务风险，在满足农业资金融通需求的同时，有效地防范了农村金融信贷的可能性风险和潜在的经营损失。孟加拉国政府大力鼓励民间金融机构参与农村金融活动，创立了“格莱珉”模式，确保了低收入群体、弱势群体得以享受民间金融机构的有效金融支持。

（四）完善金融法律制度是金融支持农业现代化的坚实后盾

法律保障在金融支持农业现代化中的重要地位不容忽视，发达国家的经验充分证明法律、法规是金融资源介入和支持农业科技的基础和保障，美国关于农业方面的法律就有 100 多部，涉及农村金融的法律、法规较完备，如《联邦农业抵押贷款法》和《农业信贷款法》确保了美国农业产业化所需要的大量信贷资金投入。1938 年《联邦农作物保险法》颁布并由此成立了联邦农作物保险公司，经过修正后允许私人参保，并给予保费补贴，极大激发了农业保险市场的活力。《农作物保险改革法案》规定农户、农业企业如果不参加政府农作物保险计划便无法获得政府其他计划的补贴，这形成了美国的强制保险制度。此外，日本的《农村金库法》《农林协同组合法》，英国的《金融服务和市场法》，德国的《农业中央银行法》《佃农信用法》，荷兰的《产业投资法》等，这些强大的法律保障后盾，刺激了农业领域的投资，确保了农村金融政策的稳定性与连续性，对农业现代化发展起到良好的保障和导向作用。

这些金融法律，一方面，有力地促进了农村金融对农业产业的信贷支持；另一方面，明确了农村金融有序发展的法制框架。而我国的农村金融立法严重滞后，缺乏相关法律对金融机构的制度约束，使得农村金融支持我国农业现代化缺乏法制依据。

三、国外金融支持农业现代化发展的借鉴

对于中国这样的人口大国，农业是我国经济社会可持续发展的根基，农业现代化是我国一切发展的重要保障，国外农业现代化的金融支持体系对于我国农村金融支持体系的完善和功能的有效发挥有着重要的启示作用，可借鉴国外金融支持体系的成功经验，针对目前金融支持农业现代化存在的实际问题，提出相关对策建议。

（一）我国农村金融支持农业现代化的总体原则

国外农村金融模式是依据自身国情发展起来的，美国资源禀赋优良，农村金融的支持方向着眼于在大面积耕地上获得可观的人均农业产值。日本资源较贫瘠，农村金融的支持方向为发展精致高端农业，在小面积耕地上取得较高的土地农业产值。

我国人均耕地面积低于世界平均水平，经营规模小、方式粗放化、生产效率低、专业化程度低、区域差异较大，这决定了我国农业现代化不可能简单复制国外模式，而是应当吸取国外农业现代化进程中的经验和教训，从学习西方的农业工业化模式转变到探索适合中国特色、适应生态文明的农业现代化上来，切实可行的道路应该是走自然资源节约、劳动和技术密集投入、精耕细作的传统技术和农业现代化技术相结合、高就业、低成本的技术路线。农村金融的支持方向应着眼于以提高土地生产率为主，结合提高劳动生产率并举的方式，探索出生产能力强、科技含量高、经济效益好、资源消耗低、环境污染少的中国特色农业现代化道路。

（二）农村金融支持农业现代化的国际经验借鉴

在分析江苏农村金融支持农业现代化的基础上，通过借鉴国际完善的农村金融支持体系，得出发展我国农村金融应更多地聚焦于完善我国农村金融支持体系中。推动农村金融支持农业现代化发展，完善农村金融支持体系，可采取增加农业发展的金融供给、推进农村金融创新以及加快农业保险实施与推广的步伐等措施。

1. 增加发展农业的金融供给

我国农业生产资源禀赋地区差异大，在具备规模化经营的北方地区，可借鉴美国经验，以商业化金融为主，发展注重环保、生态的机械化生产，推动现代农业适度规模化经营，引导涉农商业银行对农业产业化龙头企业、专业大户、家庭农场和农业专业合作社等新型经营主体增加信贷供给。在地形复杂、耕地破碎的南方地区，适于发展高端、生态的特色农业，应借鉴日本经验，鼓励农户规范发展资金互助和信用合作，用于自我扩大生产和开拓市场，并加快农民技能培训。在农业贷款、农业保险方面支持农业产业融合，培育发展附加值高的生态、高端、精致农业。

为鼓励商业金融机构发挥金融支农强农的作用，政府相关部门应制定针对性政策以提高商业金融机构在农业金融领域发挥作用的积极性。首先，国家应研究制定商业金融机构对于涉农金融贷款在税收方面的优惠政策，促进金融支农贯彻实践。其次，鼓励商业银行创新农业金融产品，创造出更多适合我国农业生产经营者需求的农业金融产品。再次，国家应整合社会资源，搭建农民信用审核管理体系，方便商业银行在授信中降低金融业务存在的风险。最后，国家应调整农业生产经营制度、农村基础设施建设开发的投融资模式，探索适合商业金融机构进入农业金融领域的经济管理制度。鼓励符合条件的农业生产经营组织在股权交易所、科创板和新三板等进行股权融资，扩大社会资本的杠杆作用，鼓励社会资金流入农业农村领域。在强化监管政策的背景下，城镇商业银行、村镇银行和中小额信贷公司参与农业金融对“三农”的支持，创造出城市资金与农村资金的有效沟通渠道，为农业发展和乡村建设提供了更多可靠优质的金融资源。

2. 推进农村金融创新

农村金融产品种类少且服务方式单一，不能满足农业发展的多样化需求，这要求我们丰富农业金融产品和服务种类。从美国、日本的情况看，推动农村第一、第二、第三产业融合是农业现代化的重要经验。应以农业为基本依托，重点支持农业生产、农产品加工、农产品销售、农产品餐饮、农业生态休闲以及其他服务业融合发展，最终实现农业产业链延伸、产业范围扩展和农民收入增加。

创新农村金融产品，需要政策金融和商业金融相互结合起来，探索信贷资金和信贷服务与保险服务的结合方式。还可以采取订单、存货质押和企业担保等新型的方式，为农产品供销和产销的全过程给予充足的信贷支持。第一，加大金融创新力度，先借鉴农村金融经验丰富的国家对金融产品的设计，学习先进的产品理念，在此基础上进行再创新；第二，以满足农村金融需求为出发点进行产品创新，梳理农民面临的融资问题，利用产品创新解决农民融资中的困难，比如抵押品不足、信用情况差等；第三，金融产品创新应当确保不发生系统性风险，创新的金融产品应当以规避风险作为一个基本原则，帮助农民降低经营风险，而不是制造新的风险点。

创新农村金融服务，是农村金融机构适应农业规模化生产和创新集约化经营服务的需要。如在抵押担保方式方面，研究并推广以林权、农村土地承包经营权和宅基地使用权这“三权”作为抵押的贷款方式；在推动农业融资租赁业发展方面，研究出台针对从事农业金融租赁企业的优惠政策，鼓励金融机构积极开展农业设备、基础设施的金融租赁业务。此外，可用风险分担的金融思维来破解农业周期长、风险大、抵押物少的矛盾。改善农村金融服务方式，也可以通过推行电子商务支付模式，提高金融对农业的服务效率，如使用手机银行、支付宝等快捷支付方式。涉农的金融机构要加大其对农业支持的覆盖面，广泛宣传非现金等支付手段，促进农业金融服务的多元化，满足多方面的金融需求。

此外，加快推进农村金融产品和服务创新，需要破解农业科技与金融结合的困境，农业科技金融供给不足的根本原因是产业融资风险高、可抵押资产较少，应积极推动政策性金融机构支持农业科技创新，对商业银行发放“三农”贷款尤其是农村科技贷款给予积极扶持。同时大力推进科技金融产品创新，利用商标权、专利权等知识产权质押手段，解决农业科技企业抵押担保难题。加快发展农业科技创新直接融资渠道，鼓励农业科技企业上市，发行债券融资。风险投资是科技金融体系中最活跃、最有效的力量，其专业、丰富的孵化经验能在农业高科技企业的生命周期各阶段提供高效的金融服务，应鼓励风投、私募基金投资科技创新领域，支持农业高科技企业发展。

同时，发展农业绿色金融也是推进农村金融创新的重要手段，借鉴国外经验，应以政策性金融为主支持农业生态环境治理和恢复项目，对利用新能源或从事循环、绿色和生态农业的企业或机构提供贷款扶持并实施优惠性的低利率。加大金融机构绿色信贷产品创新，支持涉农企业进行绿色清洁生产。加大对低碳项目开发的融资力度，建立多元化碳融资体系，解决低碳农业发展的资金需求。探索构建统一的农业碳金融交易平台，为碳排放提供标准化的交易服务。围绕农业碳交易品，探索创新碳证券、碳掉期、碳期货、碳基金等各类农业碳衍生品。

3. 健全农业保险体制

我国农业保险尚处于起步发展阶段，农业保险种类少，推广范围仅限于试点运营省市，且保障效果有待提升。从1982年开始办理农业保险，后经萎缩和停办，再到2004年重新开始办理农业保险，我国农业保险因农业经营环境差异大，农业生产经营制度处于变革期和农业经济实力较弱等原因，发展较为艰辛。我国因农业机械化和规模化程度较低，农村经济欠发达，农民收入较低等现状，农业水平与美国相比存在很大差距，加之生产经营制度的差异，因而我国不能盲目照搬美国农业保险的发展经验，但可借鉴其制度模式。

目前，农业保险多由大型商业保险公司的财产保险部门进行运营。我们可以成立农业保险专门的协调机构，一方面用于协调政府和商业保险之间的关系，另一方面负责制定农业保险的政策，并协调开发农业保险产品以适当增加每年的农业补贴，将增加部分和部分原补贴进行农业保险的投保试点，待市场认可农业保险以后再由商业保险公司运营。同时，需要在运营与推广中打造一支专业的农业保险理赔服务队伍，以解决保险在社会发展中的信任问题。总之，农业保险在发展与完善的过程中既要加紧研究和推广的步伐，也要根据农业的实际情况合理发展，不能盲目增加农民负担而影响农业经济的基础地位。

4. 优化农村金融生态

良好的金融生态可以促进农村经济结构的调整和经济增长方式的转变，并推动农业现代化发展，为农村建设奠定坚实基础。优化农村金融生态建设离不开较好的基础设施和市场运行环境。一方面，夯实农村金融基础设施。首先，要建立健全农户和中小农业企业的信用信息技术数据库，对广大农户征信状况实施及时、有效的记载和跟踪，同时采取统一口径、采用大数据等现代数据分析工具对农户和中小农业企业数据进行采集、评价和监测，为农村金融的健康有序发展夯实基础。其次，推动村级金融服务站等便民金融服务设施建设，完善现代支付手段在农村地区的推广。最后，加快农村抵押登记平台体系建设，为农村金融产品和服务创新提供保障。

另一方面，在金融市场运行过程中，存在着众多的资金供给者和需求者，而他们的融资利益是按照竞争原则来选择和实现的。运行较好的金融市场运行环境可以节约交易成本，并能更好地反映市场的资金流动过程，使资源得到最佳配置。当然，完善的金融市场运行环境需要以良好的信用为基础，建立完善的农村信用体系。首先，政府应出台法律法规，加强诚信激励和信用约束，净化农村信用环境。其次，加大金融机构间的信用信息平台建设，建立信用信息共享机制，利用大数据和信用评价模型对农村经济主体进行信用评价，配套信用激励和约束机制，促进农村信用环境的良性发展。最后，应重视农村金融立法，应尽快制定农村金融的相关法律法规，以法律形式明确不同金融机构的职能、宗旨和定位，规定其相关业务范围、法人治理结构、监管标准等，界定金融机构与政府、银行监管机构与中央银行的关系，促进各种类型的农村金融机构在良性竞争中相互合作、协调发展。

第五章

推动乡村振兴与农村金融发展政策汇编

党的十九大提出，实施乡村振兴战略，是针对新的社会矛盾、构建新的城乡关系、破解“三农”问题的治本方略，是对新时代“三农”工作的总体把握，同时也是金融系统推进农村金融服务工作的根本遵循。乡村振兴战略的目标在于实现农业农村现代化，农业农村现代化是实现国家治理体系和治理能力现代化的重要方面，而农业现代化的发展也离不开农村金融的支持。本章选取了自2018年1月到2020年7月，中共中央以及江苏省政府发布的推动乡村振兴、农业现代化和农村金融发展的相关政策进行整理汇编。

第一节　乡村振兴战略

乡村是具有自然、社会、经济特征的地域综合体，兼具生产、生活、生态、文化等多重功能，与城镇互促互进、共生共存，共同构成人类活动的主要空间。乡村兴则国家兴，乡村衰则国家衰。全面建成小康社会和全面建设社会主义现代化强国，最艰巨最繁重的任务在农村，最广泛最深厚的基础在农村，最大的潜力和后劲也在农村。实施乡村振兴战略，是解决新时代我国社会主要矛盾、实现“两个一百年”奋斗目标和中华民族伟大复兴中国梦的必然要求，具有重大现实意义和深远历史意义。为此，中共中央以及各省政府为推进乡村振兴战略发布了一系列政策，本节选取了自2018年1月到2020年7月，中央政府发布的有关乡村振兴的政策进行整理汇编。

中央政府颁布的政策

（一）《中共中央　国务院关于实施乡村振兴战略的意见》

中共中央、国务院于2018年1月2日印发了《中共中央 国务院关于实施乡村振兴战略的意见》（以下简称《意见》）。《意见》指出，实施乡村振兴战略，是党的十九大作出的重大决策部署，是决胜全面建成小康社会、全面建设社会主义现代化国家的重大历史任务，是新时代“三农”工作的总抓手。

党的十八大以来，在以习近平同志为核心的党中央坚强领导下，我们坚持把解决好“三农”问题作为全党工作重中之重，持续加大强农惠农富农政策力度，扎实推进农业现代化和新农村建设，全面深化农村改革，农业农村发展取得了历史性成就，为党和国家事业全面开创新局面提供了重要支撑。

《意见》强调，农业农村农民问题是关系国计民生的根本性问题。没有农业农村的现代化，就没有国家的现代化。当前，我国发展不平衡不充分问题在乡村最为突出，主要表现在：农产品阶段性供过于求和供给不足并存，农业供给质量亟待提高；农民适应生产力发展和市场竞争的能力不足，新型职业农民队伍建设亟须加强；农村基础设施和民生领域欠账较多，农村环境和生态问题比较突出，乡村发展整体水平亟待提升；国家支农体系相对薄弱，农村金融改革任务繁重，城乡之间要素合理流动机制亟待健全；农村基层党建存在薄弱环节，乡村治理体系和治理能力亟待强化。实施乡村振兴战略，是解决人民日益增长的美好生活需要和不平衡不充分的发展之间矛盾的必然要求，是实现"两个一百年"奋斗目标的必然要求，是实现全体人民共同富裕的必然要求。

《意见》要求，举全党全国全社会之力，以更大的决心、更明确的目标、更有力的举措，推动农业全面升级、农村全面进步、农民全面发展，谱写新时代乡村全面振兴新篇章。

到 2020 年，乡村振兴取得重要进展，制度框架和政策体系基本形成。农业综合生产能力稳步提升，农业供给体系质量明显提高，农村一二三产业融合发展水平进一步提升；农民增收渠道进一步拓宽，城乡居民生活水平差距持续缩小；现行标准下农村贫困人口实现脱贫，贫困县全部摘帽，解决区域性整体贫困；农村基础设施建设深入推进，农村人居环境明显改善，美丽宜居乡村建设扎实推进；城乡基本公共服务均等化水平进一步提高，城乡融合发展体制机制初步建立；农村对人才吸引力逐步增强；农村生态环境明显好转，农业生态服务能力进一步提高；以党组织为核心的农村基层组织建设进一步加强，乡村治理体系进一步完善；党的农村工作领导体制机制进一步健全；各地区各部门推进乡村振兴的思路举措得以确立。

到 2035 年，乡村振兴取得决定性进展，农业农村现代化基本实现。农业结构得到根本性改善，农民就业质量显著提高，相对贫困进一步缓解，共同富裕迈出坚实步伐；城乡基本公共服务均等化基本实现，城乡融合发展体制机制更加完善；乡风文明达到新高度，乡村治理体系更加完善；农村生态环境根本好转，美丽宜居乡村基本实现。到 2050 年，乡村全面振兴，农业强、农村美、农民富全面实现。

《意见》还全面阐述了新时代实施乡村振兴战略的重大意义；实施乡村振兴战

略的总体要求；并对提升农业发展质量，培育乡村发展新动能；推进乡村绿色发展，打造人与自然和谐共生发展新格局；繁荣兴盛农村文化，焕发乡风文明新气象；加强农村基层基础工作，构建乡村治理新体系；提高农村民生保障水平，塑造美丽乡村新风貌；打好精准脱贫攻坚战，增强贫困群众获得感；推进体制机制创新，强化乡村振兴制度性供给；汇聚全社会力量，强化乡村振兴人才支撑；开拓投融资渠道，强化乡村振兴投入保障；坚持和完善党对“三农”工作的领导等方面的工作提出了具体要求。

（二）《国务院关于促进乡村产业振兴的指导意见》

国务院于2019年6月28日印发了《关于促进乡村产业振兴的指导意见》（以下简称《意见》）。《意见》指出，要以习近平新时代中国特色社会主义思想为指导，全面贯彻党的十九大和十九届二中、三中全会精神，牢固树立新发展理念，落实高质量发展要求，坚持农业农村优先发展总方针，以实施乡村振兴战略为总抓手，以农业供给侧结构性改革为主线，围绕农村一二三产业融合发展，与脱贫攻坚有效衔接、与城镇化联动推进，聚焦重点产业，聚集资源要素，强化创新引领，突出集群成链，培育发展新动能，加快构建现代农业产业体系、生产体系和经营体系，推动形成城乡融合发展格局，为农业农村现代化奠定坚实基础。

《意见》明确，乡村产业根植于县域，以农业农村资源为依托，以农民为主体，以农村一二三产业融合发展为路径，地域特色鲜明、创新创业活跃、业态类型丰富、利益联结紧密，是提升农业、繁荣农村、富裕农民的产业。促进乡村产业振兴，要坚持因地制宜、突出特色，市场导向、政府支持，融合发展、联农带农，绿色引领、创新驱动等原则，把以农业农村资源为依托的二三产业尽量留在农村，把农业产业链的增值收益、就业岗位尽量留给农民。力争用5~10年时间，农村一二三产业融合发展增加值占县域生产总值的比重实现较大幅度提高，乡村产业振兴取得重要进展。

《意见》提出六个方面的任务举措。一是突出优势特色，培育壮大乡村产业。做强现代种养业，做精乡土特色产业，提升农产品加工流通业，优化乡村休闲旅游业，培育乡村新型服务业，发展乡村信息产业。二是科学合理布局，优化乡村产业空间结构。强化县域统筹，推进镇域产业聚集，促进镇村联动发展，支持贫困地区产业发展。三是促进产业融合发展，增强乡村产业聚合力。培育多元融合主体，形成“农业+”多业态发展态势，打造产业融合载体，构建利益联结机制。四是推进质量兴农绿色兴农，增强乡村产业持续增长力。健全绿色质量标准体系，大力推进标准化生产，培育提升农业品牌，强化资源保护利用。五是推动创新创业升级，增强乡村产业发展新动能。强化科技创新引领，促进农村创新创业。六是完善政策措施，优化乡村产业发展环境。健全财政投入机制，创新乡村金融服务，有序引导工商资本下乡，完善用地保障政策，健全人才保障机制。

（三）农业农村部《全国乡村产业发展规划（2020-2025年）》

农业农村部于2020年7月9日印发了《全国乡村产业发展规划（2020-2025年）》（以下简称《规划》）。《规划》提出，要发掘乡村功能价值，强化创新引领，突出集群成链，培育发展新动能，聚集资源要素，加快发展乡村产业，为农业农村现代化和乡村全面振兴奠定坚实基础。

《规划》提出了乡村产业发展目标：到2025年，乡村产业体系健全完备，乡村产业质量效益明显提升，乡村就业结构更加优化，农民增收渠道持续拓宽，乡村产业内生动力持续增强。农产品加工业营业收入达到32万亿元，农产品加工业与农业总产值比达到2.8∶1，主要农产品加工转化率达到80%。培育一批产值超百亿元、千亿元优势特色产业集群。乡村休闲旅游业年接待游客人数超过40亿人次，经营收入超过1.2万亿元。农林牧渔专业及辅助性活动产值、农产品网络销售额均达到1万亿元。返乡入乡创新创业人员超过1500万人。

《规划》明确，要坚持立农为农、市场导向、融合发展、绿色引领和创新驱动，引导资源要素更多向乡村汇聚，加快农业与现代产业要素跨界配置，把二三产业留在乡村，把就业创业机会和产业链增值收益更多留给农民。

《规划》明确了乡村产业发展的重点任务。一是提升农产品加工业。统筹发展农产品初加工、精深加工和综合利用加工，支持农产品加工向产地下沉，与销区对接，向园区集中，推进加工技术创新、加工装备创制。建设一批农产品加工园和技术集成基地。二是拓展乡村特色产业。以拓展二三产业为重点发展全产业链，建设“一村一品”示范村镇、农业产业强镇、现代农业产业园和优势特色产业集群，构建乡村产业“圈”状发展格局，培育知名品牌，深入推进产业扶贫。三是优化乡村休闲旅游业。聚焦重点区域，注重品质提升，突出特色化、差异化和多样化发展，打造精品工程，建设休闲农业重点县、美丽休闲乡村和休闲农业园区，推介乡村旅游精品景点线路，提升服务水平。四是发展乡村新型服务业。扩大生产性服务业领域，提高服务水平，丰富生活性服务业内容，创新服务方式，发展农村电子商务，培育主体、扩大应用、改善环境。五是推进农业产业化和农村产业融合发展。打造农业产业化升级版，壮大农业产业化龙头企业队伍、培育农业产业化联合体，推进农业产业融合发展，培育多元融合主体，发展多类型融合业态，建立健全融合机制。六是推进农村创新创业。培育返乡、入乡、在乡创业主体，建设农村创新创业典型县、农村创新创业园区、孵化实训基地等平台，强化创业指导，优化创业环境，培育乡村企业家队伍。

第二节　乡村振兴政策的国际经验与江苏省的实践

本节以日本、韩国和欧盟等国际典型地区推进乡村振兴的经验为切入点，研究分析国际农业农村创新发展案例、农业绿色发展与生态保护政策工具、乡村治理创新政策举措、农业农村人才培育等重要议题，总结经验做法，为我国乡村振兴战略的实施以及江苏省乡村振兴战略的布局提供借鉴。

一、农业农村支持政策调整转型的国际经验

（一）保护生态系统，发展绿色农业

欧盟的共同农业政策是实现绿色农业发展的优秀典范，其绿色直接支付、交叉遵守机制，农村发展方案更是其绿色发展的重要手段。20 世纪 90 年代中期以来，欧盟重新制定了更加公平、有效、可持续的“地平线 2020”计划，并且针对成员国农业农村的整体发展提出了农村发展支持框架，主要内容集中在“恢复和保护农林生态系统”。在农业生产种植阶段改变补贴形式，欧盟以服务型的“绿色直接补贴”为主，鼓励农民进行植树造林活动，扩大环境气候友好型农业生产地区范围，以发挥共同农业政策对改善环境和应对气候变化的积极作用；在资源管理使用上，强调减少杀虫剂和化肥的使用，避免土壤的污染侵蚀，逐步改善土壤环境，同时加

强可再生能源、副产品、废物和残余物的集中供应，提高农业能源利用效率；重点恢复、保护和加强生物多样性，减少农业温室气体和氨排放，注重农林系统的碳固存，进一步保证农林生态系统稳定循环。

韩国从 21 世纪以来，一直坚持以农业为生命产业的中心思想，通过实施绿箱政策补贴来保证耕地的合理利用；推进大米综合处理及其生产的专业化与系列化，使其品种同一，并开展共同作业，进行品牌营销，从而达到节约经费和提高品质的目的。比较突出的是韩国的亲环境农业发展政策，一方面，通过建立亲环境农产品认证和亲环境支付体系，对农业种植的种子、种养、水利、土壤环境、有机品种种植和农药施肥量均制定了严格的法律规范，这既为生产者提供了制度保障，也为消费者安全食用提供了便利，维护了农业生产市场的健康运转；另一方面，对于参与亲环境种植的农户进行收入补偿，颁发证书，提高政策收购价格，进而激励农民绿色生产，提高农民发展生态农业的积极性。

（二）重视农民培训，推进农业规模化经营，强化农业人才及金融支持

农业人口老龄化的日本非常重视对农业多功能经营模式及农业后继人的培养，通过举办“农业管理研讨会”，提高本地农民的管理技能，同时引进国外技术培训生和人才计划为农业生产储备高素质人才。强化地方的中间管理机构整修，鼓励地方自立培养人才和经营体。通过发展本土服务业和工业吸引人才就业，改善农村地区单一的就业结构并带动农业发展。美国对农场主提供有关农业生产和农业市场波动的系统性学习，帮助农场主运用先进的农业生产技术和各种科学手段参与现代化生产，提高农业生产率。

欧盟农村人口长期负增长，农村年轻群体流失严重，在欧盟共同农业政策中，一方面，支持减少农业就业人口促进农业实现规模经营。根据 1968 年发布的《CAP 改革备忘录》，即“曼斯霍尔特计划”，主要内容为减少农业就业人口，促进创办足够经济规模的农业生产单位。通过资金补贴以及创业援助，促进农民开展职业培训。鼓励老年农民提前退休，更新农业劳动力，帮助落后地区农民发展。另一方面，欧盟也加大了对小农户和青年农民的扶持力度，2007 年新一轮的欧盟农业政策突出了青年农民支持项目，允许直接补贴与支持跟小农户和青年农民“挂钩”。根据欧盟共同农业政策 2013 年改革计划，在实行“绿色直接支付”的补贴政策下，市场支持政策中的补贴资金以及农村发展政策中的创业援助青年农民支持项目，最多可

获得 25% 的直接支付（最长为 5 年）。各成员国在制定落实方案时，可以将各种补贴和项目资金分配给农场最初经营的土地，并降低对小农户申请资金补贴和各种政策的要求，简化政策实施程序，以便于小农户获得资金补贴，减少农场管理成本。具体到欧盟成员国，法国、德国长期重视农业培训和农业人才体系建设，如 20 世纪 60 年代，法国就建立了老年农民退出和青年农民培训机制，对自愿退出农场经营的农场主发放退休金或补助金；而德国 1969 年实施的《联邦职业教育法》，建立了独具特色的农业职业教育体系，保证了职业农民和农业技术人才的培养质量。

（三）推进农村产业融合发展，提升农业附加价值和综合竞争力

加强农业产业链发展，提升农业附加值和竞争力是世界各国农业支持政策转型过程的重要策略。比如日本实施“六次产业化”的战略，在发展第一产业农林水产业的同时结合第二产业和第三产业共同进行多元融合和链化发展，从而使从农人员获得较高的农业附加值，活化农业经济。通过产地销售和活化地域资源，不断缔造创新产业价值。具体包括：推进以地域社区进行环境管理以及引导资源循环型和谐发展的农业计划，重视农业农村的资源结构调整，在农业生产中应用尖端技术，建立地区自然循环经济结构框架；组织推广和营销日本农业产品品牌；通过饮食文化产业化吸引国内需求，加强地产地销，提高产品附加值；活用农林渔业成长产业化基金（A–FIVE），进行农商工、医服食联合；导入地理显示保护制度，开发新品种新技术；开展地域创意工艺活动计划、支持生产设施和山村特色地域资源的商品化，吸引本地区农民就业定居；推动城市农业的多种功能延伸，利用特色地区资源打造旅游产业，发展“农宿”商业体。

韩国的农业产业融合发展策略也有相近之处，其特色在于通过导入批发市场的电子拍卖制和运输预约制，构建批发市场间的信息网，改善运输及输送体系，支援流通设施的建设，扶持农民和出口企业的协约市场。美国则通过农村微型企业援助计划，支持农村企业发展；通过增加高附加值农产品市场开发的财政拨款，创建食品和农业科学研究的非营利基金组织。

（四）支持农村基础设施综合建设，改善乡村环境

发展乡村基础设施、完善农村公共服务、改善乡村环境是实现乡村持续发展的重要基础。为此世界都加大了在这一方面的投入。日本政府实施了日本农业振兴计

划，包括根据不同地区的情况实施农地耕地条件改善；扩大田埂清除及暗渠排水区域，实行农地集成发展；导入高收益农作物种子，实施化肥转换轮休体系；减轻农业者的农地集成维修费用；稳定农业水利基础设施，加速农地旱田化、泛用化和管道化；制定功能诊断、功能保全计划，设置应急泵、观测泵，落实防灾减灾事业。

巴西政府制定了一系列较为具体的“农村基础设施建设增长加速计划”来巩固农村基础建设；通过加快公共投资灌溉设施建设、农村整体供电网络搭建、生物燃料管道铺设以提高农村的造血能力；减少农业环境资源的过度使用，提高资源利用率；敦促各地区成立地方性的开发银行，提高各地的农业物品储存能力，并加快交通运输及灌溉网络的建设。

二、乡村振兴在江苏省的实践

2019 年，中共中央印发了《中国共产党农村工作条例》，这是中国共产党在历史上首次专门制定关于农村工作的党内法规。江苏结合实际省情，2020 年出炉了《关于贯彻〈中国共产党农村工作条例〉实施办法》(以下简称《实施办法》)，涉及 7 个方面 30 条重点内容，成为江苏省全面加强党对“三农”工作的领导、实施乡村振兴战略、推进率先基本实现农业农村现代化和乡村治理现代化的基本规范和重要依据。2020 年 6 月 3 日，江苏省政府召开新闻发布会，对《实施办法》进行解读，并介绍相关进展情况。

（一）结合省情实际，咬定目标不放松

江苏是传统的“鱼米之乡”，农业资源禀赋优势明显，“四化同步”发展条件较好，现代农业发展多项指标全国领先，是全国城乡居民收入差距较小的地区之一。多年来，江苏省通过不断的探索实践，形成了诸多行之有效的发展路径、重要经验和创新成果，《实施办法》进行了总结提炼并坚持长期推进。坚持推进工农城乡协调发展思路，针对江苏省城镇化率达到 70.6%，发展速度趋于平稳的实际，要求把城乡融合发展作为重要路径，加快形成工农互促、城乡互补、全面融合、共同繁荣的新型工农城乡关系。坚持抓好粮食等主要农产品生产保供的底线思维，要求实施藏粮于地、藏粮于技战略，加快构建现代农业产业体系、生产体系、经营体系。坚持深化改革鼓励创新的实践经验，发展壮大农村集体经济，总结推广两个文明建设

一起抓的“马庄经验”，推进农业绿色发展的“戴庄实践”，以及乡村公共空间治理的“邳州探索”等。

综合分析江苏省所处的发展阶段和‘三农’的发展水平，江苏有基础、有条件、有能力加快现代化进程。苏南地区要先行探索，率先示范；苏中地区要持续加力，敢于超越；苏北地区要发挥自身优势，加快发展步伐。以确保江苏省率先实现农业农村现代化和乡村治理现代化的目标。

“根据《实施办法》目标任务，集中精力、坚定不移推进农业农村现代化、推动城乡融合发展、支持乡村产业发展、深化农村改革创新和推进乡村治理现代化五方面工作。”省委农办主任、省农业农村厅厅长杨时云透露，2020 年，江苏省将严格按照党中央国务院和省委省政府的部署要求，确保全年粮食种植面积 8100 万亩，产量 741 亿斤以上；确保全年生猪存栏 1044 万头，出栏 1800 万头；确保“米袋子”“菜篮子”总体平稳，发挥农业基本盘、“三农”压舱石的作用。同时，要在 2020 年 10 月底，基本完成集体产权制度改革整省试点任务。

（二）打造培养“一懂两爱”的人才队伍

目前，江苏有农村党员 214 万人，他们是推动乡村振兴的骨干力量，但不容忽视其面临着老龄化、知识层次不高等一系列深层次问题。《实施办法》强调要着力培养造就一支懂农业、爱农村、爱农民的人才队伍。

在“三农”工作中，村党组织书记是扎根基层的“顶梁柱”、带动一方的“领头羊”、为党巡防的“守夜人”，也是在基层默默奉献的“老黄牛”。可有些村书记直言，最愁的是经济上没“想头”、政治上没“奔头”、退休后没“靠头”。“为了着力培养沾泥土、带露珠、接地气、有本领的优秀村书记，我们不断加强正向激励，千方百计为他们解忧，落实富有‘含金量’的‘政策包’。”省委组织部副部长、省委“两新”工委书记周为号说，其中包括稳步提高待遇，到 2021 年底，基本报酬不低于上年度所在县（市、区）农民人均可支配收入的 2.3 倍；择优选拔村书记进入乡镇领导班子或招聘进入事业单位；鼓励有条件的地方为村书记办理“五险一金”，探索建立年金制度，着力解决后顾之忧，多措并举造就一大批“扎根型”“永久牌”村书记。2019 年，江苏在全国省级层面率先出台“县乡共管”制度，2020 年，又选择 15 个县（市、区）开展村书记专职化管理试点，充分激发村书记干事创业活力，让村书记“腰杆挺起来、心神定下来”。

一直以来，江苏人才辈出，在广袤的农村大地，有着很多“土专家”“田秀才”。“我们坚持把人才振兴作为乡村振兴的关键所在，在全国率先开展乡土人才‘三带’行动，也就是带领技艺传承、带强产业发展、带动群众致富，助力脱贫攻坚、助推乡村振兴。”周为号告诉记者，现已累计遴选出省级乡土人才“三带”名人、“三带”能手、“三带”新秀4500多人，联动市县评选支持各类优秀乡土人才5万多人。今后，将进一步打好“乡愁牌、事业牌、待遇牌”，让乡土人才真正“香”起来，人才洼地真正“隆”起来，为乡村振兴提供有力支撑。

（三）建立“三农”财政投入稳定增长机制

中共中央和江苏省委、省政府历来高度重视财政支农投入，此次，江苏省《实施办法》通过党内法规的形式再次明确要建立“三农”财政投入稳定增长机制。“我们将坚持把农业、农村作为财政支出的优先保障领域，进一步拓宽资金筹集渠道，创新投融资机制，确保公共财政更大力度向‘三农’倾斜。”省财政厅副厅长倪国强说。

“十三五”以来，省财政预算安排“农林水”支出902.46亿元，年均增幅达到10%以上。同时，积极引导金融和社会资本投入乡村振兴，截至2019年底，全省法人银行普惠性涉农贷款余额3325.6亿元，比年初增长18.40%，高于各项贷款增速2.68个百分点；省农业信贷担保公司累计提供农业信贷担保113.98亿元，在保余额81.12亿元；省级农业融资风险补偿基金累计引导发放贷款222.36亿元；省政府投资基金发起设立8只股权类农业产业投资基金，重点投向现代种养殖业、农产品精深加工和农业科技型企业等，计划到2022年，基金规模达到100亿元。另外，合理运用政府和社会资本合作（PPP）模式，开展农业领域基础设施和公共服务项目建设运营，2018年至今，全省“三农”领域入库PPP项目28个，总投资368.37亿元。

江苏省现有8.9万个农村基层党组织，它们就像一张网，兜住了全省“三农”发展的基本盘。为了让党组织这张网“既能撒得下，还能收得住”，在群众中“说话有人听、办事有人跟”，江苏认真落实村级组织经费投入保障与正常增长机制，全省村级组织运转经费保障标准每村每年不低于38万元，每年投入3.8亿元实施村集体经济“18万+”扶持计划。近年来，拨付2.1亿元省管党费，援建了313个村党群服务中心。今后，省管党费还会继续向基层倾斜，推进村党群服务中心规范化建设。

第三节　农业现代化发展政策

推进国家治理体系和治理能力现代化是党的十八届三中全会首次提出并且经过十九大进一步确立、十九届四中全会逐步深化的全面深化改革的总目标之一。乡村振兴战略的目标在于实现农业农村现代化。农业农村现代化是实现国家治理体系和治理能力现代化的重要方面，没有农业农村的现代化，就没有国家治理的现代化。农业现代化是国家现代化的基础和支撑。为此，我国以及各省市政府为尽快实现农业现代化相继发布了相关政策。本节主要摘取了2018年12月至2020年7月，中央政府发布的有关农业现代化的政策。

一、中央政府关于农业现代化发展颁布的政策

中央高度重视农业、农村、农民问题，致力加快发展农业现代化进程，为国家现代化打好基础与支撑。为此，国家相继出台了为实现农业现代化发展的相关政策。以下摘取了2018年12月至2020年7月，中央政府颁布的五项关于农业现代化发展的政策。

（一）《中共中央　国务院关于抓好“三农”领域重点工作确保如期实现全面小康的意见》

党的十九大以来，党中央围绕打赢脱贫攻坚战、实现农业现代化作出了一系列重大部署，出台了一系列政策举措。农业农村改革发展的实践证明，党中央制定的方针政策是完全正确的，今后一个时期要继续贯彻执行。2020年1月2日中共中央、国务院发布了《关于抓好“三农”领域重点工作确保如期实现全面小康的意见》（以下简称《意见》）。

《意见》主要内容是坚持以习近平新时代中国特色社会主义思想为指导，全面贯彻党的十九大和十九届二中、三中、四中全会精神，贯彻落实中央经济工作会议精神，对标对表全面建成小康社会目标，强化举措、狠抓落实，集中力量完成打赢脱贫攻坚战和补上全面小康“三农”领域突出短板两大重点任务，持续抓好农业稳产保供

和农民增收，推进农业高质量发展，保持农村社会和谐稳定，提升农民群众获得感、幸福感、安全感，确保脱贫攻坚战圆满收官，确保农村同步全面建成小康社会。

（二）中共中央办公厅　国务院办公厅《关于促进小农户和现代农业发展有机衔接的意见》

党的十九大提出，实现小农户和现代农业发展有机衔接。为扶持小农户，提升小农户发展现代农业能力，加快推进农业农村现代化，夯实实施乡村振兴战略的基础，促进小农户和现代农业发展有机衔接。2019 年 2 月中共中央办公厅、国务院办公厅印发了《关于促进小农户和现代农业发展有机衔接的意见》，其主要内容体现在以下四个方面：

一是强调各级党委政府要高度重视小农户发展，按照服务小农户、提高小农户、富裕小农户的要求，在政策制定、工作部署、财力投放等各个方面加大工作力度，实现好、维护好、发展好小农户利益。

二是强调加快构建扶持小农户发展的政策体系，特别是要注重政策的公平性和普惠性，防止人为垒大户，排挤小农户。文件重点围绕提升小农户发展能力、提升小农户组织化程度、拓展小农户增收空间、健全面向小农户社会化服务体系，完善小农户扶持政策等，提出了一系列具体政策措施，这些政策措施具有很强的针对性和可操作性。

三是强调统筹兼顾扶持小农户和培育新型农业经营主体。发挥新型农业经营主体对小农户的带动作用，引导小农户开展多种形式的合作和联合。

四是强调农业生产经营规模一定要坚持宜大则大、宜小则小，不搞一刀切、不搞行政命令；保持足够历史耐心，确保我国农业现代化进程走得稳、走得顺、走得好。

（三）《中共中央　国务院关于坚持农业农村优先发展做好“三农”工作的若干意见》

2019 年 1 月 3 日，中共中央、国务院发布了《关于坚持农业农村优先发展做好“三农”工作的若干意见》。党中央认为，在经济下行压力加大、外部环境发生深刻变化的复杂形势下，做好“三农”工作具有特殊重要性。必须坚持把解决好“三农”问题作为全党工作重中之重不动摇，进一步统一思想、坚定信心、落实工作，巩固发展农业农村好形势，发挥“三农”压舱石作用，为有效应对各种风险挑战赢得主动，为确保经济持续健康发展和社会大局稳定、如期实现第一个百年奋斗目标奠定基础。

做好“三农”工作，要以习近平新时代中国特色社会主义思想为指导，全面贯彻党的十九大和十九届二中、三中全会以及中央经济工作会议精神，紧紧围绕统筹推进“五位一体”总体布局和协调推进“四个全面”战略布局，牢牢把握稳中求进工作总基调，落实高质量发展要求，坚持农业农村优先发展总方针，以实施乡村振兴战略为总抓手，对标全面建成小康社会“三农”工作必须完成的硬任务，适应国内外复杂形势变化对农村改革发展提出的新要求，抓重点、补短板、强基础，围绕“巩固、增强、提升、畅通”深化农业供给侧结构性改革，坚决打赢脱贫攻坚战，充分发挥农村基层党组织战斗堡垒作用，全面推进乡村振兴，确保顺利完成到2020年承诺的农村改革发展目标任务。

（四）《国务院关于加快推进农业机械化和农机装备产业转型升级的指导意见》

2018年12月29日国务院发布了《关于加快推进农业机械化和农机装备产业转型升级的指导意见》(以下简称《意见》)。《意见》作出了“我国农业生产已从主要依靠人力畜力转向主要依靠机械动力”的重大判断，明确了“没有农业机械化，就没有农业农村现代化”的重要定位，释放了全面推进农业机械化的重大信号，并明确建立“国家农业机械化发展协调推进机制”，对加快推进农业机械化，支撑乡村振兴意义重大。

《意见》提出，力争到2025年，农机装备品类基本齐全，产品质量可靠性达到国际先进水平。并且明确了六个方面的任务举措，《意见》强调，要建立由农业农村部、工业和信息化部牵头的国家农业机械化发展协调推进机制，各省级人民政府要结合实际制定实施意见，重点对公共服务等方面提供支持。要充分尊重农民意愿，从根本上依靠市场力量和农民的创造性，因地制宜有序推进。

二、江苏省及下辖地级市政府关于农业现代化发展颁布的政策

为贯彻落实中央关于农业现代化发展颁布的相关政策，各地方政府积极响应国

家的号召，高度重视本省的农业现代化发展。为此，各省政府相继出台了为实现农业现代化发展的相关政策。以下摘取了 2018 年 12 月至 2020 年 7 月，江苏省及下辖地级市政府颁布的关于农业现代化发展的政策。

（一）江苏省与农业农村部签署部省合作框架协议，共同推进江苏率先基本实现农业农村现代化

江苏坚持以习近平新时代中国特色社会主义思想为指导，深入贯彻习近平总书记对江苏工作的重要讲话指示精神，致力高水平全面建成小康社会，积极探索开启基本实现现代化建设新征程，加快建设“强富美高”新江苏。江苏省委、省政府一直高度重视“三农”工作，拿出真金白银深入实施乡村振兴战略，创造了许多成功的经验。农业农村部将以习近平新时代中国特色社会主义思想为指导，深入贯彻落实习近平总书记关于“三农”工作重要论述和对江苏工作的重要指示，充分发挥江苏农业农村经济基础好、农业综合生产能力强的优势，共同推进江苏农业全面升级、农村全面进步、农民全面发展和城乡融合走在前列，为全国梯次推进农业农村现代化创造经验、提振信心。

2019 年 11 月 19 日江苏省与农业农村部在南京签署部省合作框架协议，共同推进江苏率先基本实现农业农村现代化。根据部省合作框架协议，双方将围绕江苏率先基本实现农业农村现代化的目标，建立工作机制，细化建设方案，创新政策支持，共同推动现代农业产业体系建设、美丽宜居乡村建设、高水平小康社会建设、城乡融合发展，率先基本实现农业现代化、农村现代化、农民现代化和“四化同步”发展。

（二）江苏省人民政府《省政府关于加快推进农业机械化和农机装备产业转型升级的实施意见》

2019 年 7 月 21 日，江苏省政府印发了《省政府关于加快推进农业机械化和农机装备产业转型升级的实施意见》（以下简称《实施意见》）。农业机械化和农机装备是转变农业发展方式、提高农村生产力的重要基础，是实施乡村振兴战略的重要支撑。没有农业机械化，就没有农业农村现代化。为贯彻落实《国务院关于加快推进农业机械化和农机装备产业转型升级的指导意见》精神，加快推进江苏省农业机械化和农机装备产业转型升级，根据省政府领导批示要求，结合江苏省实际，省农业农村厅牵头起草了《实施意见》，并在 2019 年 7 月上旬召开的省政府常务会议上

审议通过。

《实施意见》提出八项主要任务：一是实施现代农机装备产业集群创新行动，推进农机装备技术创新和质量提升，加快培育行业骨干企业和自主品牌，打造具有国际竞争力的现代农机装备产业集群。二是实施农机装备关键技术协同攻关行动，提升高端农机关键技术和核心零部件自主可控发展水平。三是实施主要农作物生产全程机械化整体推进行动，构建高质高效农业机械化生产体系，县域内种植规模达1万亩以上的特色农产品，按照“一业一机”的要求，优选种植品种和农艺模式，优配作业机具，持续推进主要农作物生产全程机械化。四是实施特色产业农机化技术示范推广行动，聚焦江苏省8个千亿元级农业特色主导产业选择设施农业、畜牧养殖、水产养殖和农产品初加工等农业特色产业，示范推广新技术新装备集成。继续完善农机购置补贴政策。围绕主导特色产业，打造一批特色产业农机化技术示范园（场），引领全省特色农业生产全程全面机械化。五是实施农业机械化公共服务提质增效行动，深化农机管理“放管服”改革，提升农业机械化公共服务能力。六是实施新型农机服务组织共育共建行动，重点培育发展“全程机械化+”新型专业服务组织，促进小农户与现代农业发展有机衔接，培育建设一批区域性“全程机械化+综合农事服务中心”。七是实施农业“宜机化”作业条件提档升级行动，强化县域统筹规划，合理布局农机作业服务配套设施，提档升级农机通行和作业条件。八是实施农机人才培养培育行动，健全新型农业工程人才培养体系，注重农机实用型人才培养，加大校企共享型农机实用人才培训基地建设，打造一支懂农业、爱农村、爱农民的一线农机人才队伍。

（三）《苏州市率先基本实现农业农村现代化评价考核指标体系（2020–2022年）（试行）》

2020年5月28日，中国农业科学院、苏州市人民政府在京召开联合发布会，共同发布了《苏州市率先基本实现农业农村现代化评价考核指标体系（2020–2022年）（试行）》（以下简称《指标体系》）。这是我国发布的首个农业农村现代化评价考核体系。

《指标体系》框架设定为农业现代化、农村现代化、农民现代化、城乡融合4个领域，制定3级指标，区分市、县、镇3个行政层级，总体形成“四三三架构”。其中，市级评价指标体系由12个一级指标、27个二级指标、49个三级指标组成。

指标根据国际发达国家标准和国内先进城市地区标准，设定“农业农村全面现代化水平”目标值及相应权重，可测算出一个地区农业农村现代化程度的综合评分，其中 80~90 分（不含 90 分）为基本实现阶段。根据测算，苏州市 2019 年综合得分为 79.22 分，到 2022 年综合得分预估达到 89.95 分，可率先基本实现农业农村现代化。

中国农业科学院与苏州市人民政府共同发布《指标体系》是落实农业农村部与江苏省《部省合作框架协议》的重要举措，是苏州对农业农村现代化道路的积极探索，为苏州率先实现农业农村现代化指明了方向，也为全国基本实现农业农村现代化提供了有益借鉴。

（四）《苏州市探索率先基本实现农业农村现代化三年行动计划（2020–2022 年）》

2020 年 3 月，苏州市率先出台了《苏州市探索率先基本实现农业农村现代化三年行动计划（2020–2022 年）》（以下简称《三年行动计划》）。“到 2022 年，率先基本实现农业农村现代化”是党中央、国务院和江苏省委、省政府对苏州提出的要求，近日苏州市委、市政府召开农业农村现代化推进会，专门明确了苏州围绕三个重点推进农业现代化，分别是打牢农业根基、打造特色品牌、强化创新驱动。

苏州《三年行动计划》具体包括基本形成现代都市生态农业蓬勃发展、优质高效、利益共享的产业融合新格局；特色凸显、农民乐居、市民乐享的“苏式”乡村新风貌；家风良好、民风淳朴、乡村传统文化和都市现代文明交融共生的乡风文明新气象；党建引领、“三治”结合、充满活力、和谐有序的乡村治理新局面；农民收入持续增长、生活质量显著提升、美好愿望基本满足的生活富裕新态势。

《三年行动计划》还为现代化设立“硬指标”：城镇化水平达 80%，农业科技进步贡献率达 73%，村均集体可支配收入达 1000 万元以上，农村居民人均可支配收入达 4.25 万元以上，恩格尔系数保持在 24.5% 左右，城乡居民收入差距缩小到 1.95∶1 以内。目前，苏州市农业科技进步贡献率、高标准农田占比和机械化水平分别超过 70%、80%、90%。2019 年，苏州农村集体总资产达 3046 亿元，村均可支配性收入达 936 万元，农村居民人均可支配收入为 3.52 万元，城乡居民收入比缩小到 1.95∶1。

（五）南京市人民政府《关于决胜高水平全面小康高质量推进农业农村现代化建设的实施意见》

2020年3月10日南京市农村工作会议召开，下发了《关于决胜高水平全面小康高质量推进农业农村现代化建设的实施意见》（以下简称《实施意见》），研究部署2020年农业农村工作，明确了提高农民获得感幸福感、建设全域美丽宜居乡村、推动现代农业提质增效、提升新时代乡村“善治”水平、推进“三农”高质量发展五个方面的任务。

《实施意见》在全面贯彻落实中共中央、江苏省委“三农”决策部署的基础上，着眼南京“三农”工作实际，进一步巩固高水平小康建设成果，全面推进南京率先基本实现农业农村现代化。并从“增福祉、显特色、创品牌、促和谐、强保障”五个方面提出做好今年“三农”工作、确保如期实现高水平全面小康、高质量推进农业农村现代化建设的具体举措，并明确各项保障措施。

（六）南京市人民政府《市政府关于加快推进农业机械化和农机装备产业转型升级的实施意见》

为贯彻落实《国务院关于加快推进农业机械化和农机装备产业转型升级的指导意见》和《省政府关于加快推进农业机械化和农机装备产业转型升级的实施意见》精神，加快推进南京市农业机械化和农机装备产业转型升级，结合南京市实际，南京市政府于2019年12月25日印发了《市政府关于加快推进农业机械化和农机装备产业转型升级的实施意见》（以下简称《实施意见》）。

《实施意见》全面贯彻中共中央和江苏省委、省政府的要求，并紧密结合南京市实际，按照体现南京特点、体现问题导向、体现走在前列、体现可操作性的要求，提出重点任务（含目标要求）和保障措施，全面推进农机装备产业和农业机械化高质量发展，确保目标实现。《实施意见》瞄准乡村振兴对农业机械化的迫切需求，从以下几个方面进行突破：一是扶持培育发展南京市农机装备产业，加快农机装备产业聚集，鼓励支持农机装备制造企业对标国际先进水平开展关键技术攻关和高端装备赶超研发。二是进一步加大减肥节水、减药省种、促进农业废弃物资源化利用的高效新型农业装备的示范推广力度，注重绿色生态发展。三是推进油菜生产全程机械化，解决我市主要农作物生产全程机械化中的短板问题。四是结合我市农业产业特点，明确蔬菜园艺、水产、林果、健康畜禽等一批区域特色鲜明的产业生产机械化发展重点，打造一批“农艺技术先进、机具配置完整、机械化水平高”的农业机械化技术示范园区，推进农业机械化全面发展。五是持续改善农机作业基础条件，加强农机作业配套设施建设，解决“有机难用”的问题。六是创新农机推广服务体系建设，围绕粮食、蔬菜、茶叶、螃蟹等南京市年产值超 10 亿元级以上的优势主导产业，分类建立市级农机装备示范推广基地（平台、园区）；建设农机管理服务信息“一张网”，实现信息互联互通，推进农业机械化协同发展。七是实施各项扶持政策，合力发展农业机械化。八是突出农机安全管理责任体系延伸至镇、村（社）“最后一公里”，确保农机安全。

第四节　推动农村金融发展政策

党的十九大报告提出实施乡村振兴战略，加强农村基层基础工作，加快推进农业农村现代化。而农村金融的发展对促进农业生产、农村经济发展起到了重要的作用，是推动农业农村现代化的重要经济基础，也是农业现代化发展的重要保障。为此中央政府、各省市政府以及监管部门相继出台了一系列政策来推动农村金融的发展。本节主要摘取了 2018 年 1 月到 2020 年 7 月，政府及监管部门颁布的推动农村金融发展的相关政策。

一、国务院及国家监管部门有关支持农村金融发展的政策

为了建立更加完善的农村金融服务体系，深化供给侧结构性改革，优化金融产品，加强对小微企业、个体工商户和农户的普惠金融服务，同时加强监管政策引领。中共中央、国务院及中国人民银行、银保监会等监管部门相继出台了一系列支持农村金融发展的政策。

（一）《商业银行小微企业金融服务监管评价办法（试行）》

为进一步做好“六稳”工作，落实“六保”任务，更加有效地运用监管政策手段，引导和督促商业银行全面提升小微企业金融服务能力和水平，缓解小微企业融

资难、融资贵等问题，银保监会发布了《商业银行小微企业金融服务监管评价办法（试行）》（以下简称《评价办法》）。

新冠肺炎疫情暴发后，小微企业生产经营和融资面临极大冲击。党中央、国务院迅速部署制定了一系列金融扶持政策，政府工作报告提出“中小微企业贷款可获得性明显提高，综合融资成本明显降低”的目标。围绕这一目标，《评价办法》着眼于小微企业信贷供给“增量扩面”，提高首贷户、续贷、信用贷款数量，进一步健全完善敢贷、愿贷、能贷机制等要求，设置专门指标，发挥监管评价“指挥棒”作用，督促商业银行优化业务结构，完善内部激励约束机制，畅通政策传导渠道，确保疫情以来各项稳企惠企的金融支持政策落地见效。

《评价办法》共六章三十二条，以“正向激励为主，适当监管约束，明确差异化要求，合理体现区分度”为指导思想，坚持“定量评价与定性评价并行、总量增长与结构优化并重、激励与适当约束并举”的原则，规定了以下事项：一是明确评价内容，设置标准化指标。提出以信贷服务为主、覆盖小微企业金融服务工作全流程的评价指标，对商业银行小微企业信贷投放情况、体制机制建设情况、重点监管政策落实情况、产品及服务创新情况、监督检查情况五个方面进行综合评价。二是确定评价机制，规范评价组织方式及流程。按照法人为主、上下联动的原则建立监管评价组织机制，按年度实施评价。评价工作分为银行自评、监管信息收集、监管初评、监管复审、评价结果通报、档案归集等环节，各环节均有具体职责分工要求。三是加强评价结果运用，充分发挥激励引导作用。明确评价结果的运用方式，突出与相关政策措施的协同联动，强化监管评价对商业银行服务小微企业的导向作用。

出台《评价办法》，既是银保监会贯彻落实党中央、国务院决策部署的重要举措，也是建立精细化、系统化、长效化的小微企业金融服务监管机制的必要步骤。《评价办法》整合了近年来银保监会关于小微企业金融服务的一系列监管政策要求，形成“一张清单、差别权重”的多维度综合化评价指标体系。各级监管部门将引导商业银行主动对标《评价办法》，每年对小微企业金融服务情况进行“深度体检”，通过监管评价，引导和激励商业银行“补短板、强弱项”，深入贯彻落实党和国家关于深化金融供给侧结构性改革、更好服务实体经济的战略部署，持续提升服务小微企业的质效。

（二）《中国人民银行　银保监会　发展改革委　工业和信息化部　财政部　市场监管总局　证监会　外汇局关于进一步强化中小微企业金融服务的指导意见》

为帮助缓解小微企业融资难等问题，财税政策支持不断加码，目前已形成增值税减免等多项普惠金融税收优惠政策，这将进一步激发小微企业的活力。

2020 年 6 月 1 日，中国人民银行等八部门发布的《关于进一步强化中小微企业金融服务的指导意见》表示，更好落实财税政策优惠措施。加大小微企业金融服务税收优惠和奖补措施的宣传力度，力争做到应享尽享。加强普惠金融发展专项资金保障，做好财政支持小微企业金融服务综合改革试点。

为加强对小微企业、个体工商户和农户的普惠金融服务，2020 年 4 月 26 日，财政部、税务总局联合发布公告，将 2019 年 12 月 31 日到期的普惠金融税收优惠政策执行期限延长至 2023 年 12 月 31 日。这些延期的普惠金融税收优惠政策，包括对金融机构向小微企业、个体工商户、农户发放 100 万元及以下贷款的利息收入免征增值税；对向农户发放 10 万元及以下贷款的利息收入、为种养殖业提供保险业务的保费收入，按 90% 计入所得税税率应纳税所得额；对小贷公司 10 万元及以下农户贷款的利息收入免征增值税，并按 90% 计入企业所得税应纳税所得额，对其按年末贷款余额 1% 计提的贷款损失准备金，准予所得税税前扣除。

（三）《关于做好 2020 年银行业保险业服务“三农”领域重点工作的通知》

根据中央经济工作会议和中央农村工作会议精神，按照《中共中央　国务院关于抓好“三农”领域重点工作确保如期实现全面小康的意见》工作部署，银保监会发布了《关于做好 2020 年银行业保险业服务“三农”领域重点工作的通知》（以下简称《通知》）。

《通知》从明确 2020 年“三农”领域金融服务重点工作、优化“三农”金融产品和服务模式、推进金融扶贫工作、加强监管政策引领、推进基础金融服务基本全覆盖、推进农村普惠金融改革试验区建设和加强农村金融风险防控七个方面提出工作要求。

《通知》要求，银行保险机构要加强对标政策要求，支持“三农”领域补短板，保障重点农产品有效供给，促进各类农业经营主体发展，强化特殊群体金融服务，做好新冠肺炎疫情防控期间的涉农金融服务。对受疫情影响较大的涉农主体不得盲目抽贷、断贷、压贷，对到期还款困难的适当予以展期、续贷或调整还款付息计划，下调贷款利率，减免手续费及提高不良贷款容忍度等。发挥银行保险机构基层网点信息资源优势，为农业经营主体提供交易信息、创造交易机会，促进银企对接、企企合作，助力涉农主体渡过疫情灾害难关。

《通知》指出，要优化“三农”金融产品和服务模式，加大涉农信贷产品服务创新，依法合规拓宽涉农贷款抵质押物范围，畅通涉农贷款风险缓释渠道，推动涉农保险产品创新。

《通知》强调，要加强监管政策引领，营造“三农”金融发展良好环境：一是各银保监局要加强考核引导，合理提升资金外流严重县的存贷比。二是各银行机构要持续加大对“三农”重点领域的信贷支持，单列涉农和普惠型涉农信贷计划，在保持同口径涉农贷款和普惠型涉农贷款余额持续增长的基础上，完成差异化的普惠型涉农贷款增速考核目标。三是银行业保险业要努力实现精准扶贫贷款余额持续增长、深度贫困地区各项贷款平均增速高于所在省份贷款增速、扶贫专属农业保险产品持续增加、贫困户农业风险保障金额持续增长的考核要求。四是强化监管政策正向激励。对普惠型涉农贷款和精准扶贫贷款不良率高于自身各项贷款不良率年度目标3个百分点（含）以内的，可不作为监管评级和银行内部考核评价的扣分因素。各机构要做实涉农贷款和精准扶贫贷款尽职免责制度，营造信贷人员“敢贷、会贷、愿贷”的良好环境。

《通知》要求，要深入推进银行业保险业扶贫工作，增加深度贫困地区金融供给，努力提高脱贫质量防止返贫，统筹信贷支持和风险防控，开展典型经验总结推广和新闻宣传，研究脱贫攻坚期后的金融支持政策。

《通知》强调，要推进基础金融服务实现基本全覆盖，确保2020年底基本实现“基础金融服务不出村、综合金融服务不出镇”。学习借鉴河南省兰考县、四川省成都市等农村普惠金融改革试验区经验做法，稳妥扩大农村普惠金融改革试点。加大农村金融风险防控力度，严厉打击违法违规金融活动，促进农民金融素养不断提升。

（四）《关于推进村镇银行坚守定位　提升服务乡村振兴战略能力的通知》

为贯彻落实党的十九大提出实施乡村振兴战略、第五次全国金融工作会议要求中小银行回归本源、专注主业相关精神，推进村镇银行更好地坚守支农支小市场定位、专注信贷主业，切实增强服务乡村振兴战略能力，银保监会发布了《关于推进村镇银行坚守定位 提升服务乡村振兴战略能力的通知》(以下简称《通知》)。

村镇银行是我国县域地区重要的法人银行机构。自 2006 年启动培育试点工作以来，经过 13 年的培育发展，目前村镇银行已成为机构数量最多、单体规模最小、服务客户最基层、支农支小特色最突出的“微小银行”，在丰富金融机构体系、助力金融服务“三农”和小微企业等方面发挥了不可替代的积极作用。一是完善了我国多层次、广覆盖、有差异的金融组织体系，激活了农村金融市场。截至 2019 年 9 月末，全国已组建村镇银行 1633 家，中西部占比 65.7%，覆盖全国 31 个省份的 1296 个县(市、旗)，县域覆盖率 70.6%。二是专注信贷主业，贷款主要投向县域农户和小微企业。村镇银行调整后存贷比 75.9%，农户和小微企业贷款占比 90.5%，户均贷款余额 33.5 万元。三是整体经营稳健，风险水平总体可控。村镇银行资本充足率长期保持在 17% 以上，总体具备较强的风险抵御能力。四是主发起行在集约化管理和服务方面作用发挥明显，为单体村镇银行提供了有力支持。但是，在培育发展过程中，少数村镇银行受各种因素影响，在经营发展中出现了偏离支农支小市场定位的倾向。

银保监会聚焦村镇银行培育发展进程中出现的这些新形势、新情况、新问题，制定出台了《通知》。《通知》指出，支农支小是村镇银行的培育目标和市场定位。《通知》要求，村镇银行必须始终坚持扎根县域，专注信贷主业，有效提升金融服务乡村振兴的适配性和能力，建立完善符合自身特点的治理机制，扎实做好风险防控与处置。此外，《通知》还要求要积极有效推动主发起行履职，以及优化村镇银行培育发展等。

为确保上述监管政策要求能够在村镇银行有效落地，《通知》专门制定了监测和考核村镇银行坚守定位和服务乡村振兴战略能力的 4 项基础指标，同时要求属地监管部门结合辖区实际，对基础指标进行进一步细化和差异化。这对科学合理监测、考核和评价村镇银行支农支小金融服务情况将起到有力的支撑作用。

《通知》的出台，既是银保监会落实党中央、国务院关于深化金融供给侧结构性改革的一项具体举措，也是落实第五次全国金融工作会议关于推动金融机构回归本源、专注主业要求在村镇银行的细化落地，对推动村镇银行坚持正确的发展方向，提升金融服务乡村振兴的适配性和能力，具有十分重要的意义。一是有利于村镇银行更好地服务乡村振兴战略。通过督促村镇银行构建完善符合支农支小金融需求的特色经营模式，不断改进创新产品与服务方式，为农户、社区居民和小微企业提供差异化、特色化的金融服务。二是有利于构建多层次、广覆盖、有差异的金融机构体系。通过监测指标的定量评价和监管措施的硬性约束，对村镇银行的经营定位进行纠偏，确保村镇银行在服务三农、服务县域中落实好对小银行的定位要求。三是有利于村镇银行更好地防控金融风险。通过引导村镇银行树立合规、审慎、稳健的经营意识，始终坚持“小额、分散”的风险防控理念，建立完善适合自身特点的风险管理机制，把“做小、做散”，坚守定位作为防范风险的根本之策。

（五）《关于做好 2019 年银行业保险业服务乡村振兴和助力脱贫攻坚工作的通知》

根据中央经济工作会议和中央农村工作会议精神，按照党中央、国务院实施乡村振兴战略和打赢脱贫攻坚战等有关安排部署，银保监会发布了《关于做好 2019 年银行业保险业服务乡村振兴和助力脱贫攻坚工作的通知》（以下简称《通知》），推动解决当前“三农”和扶贫金融服务难点。

《通知》从优化金融服务供给机制、明确服务重点领域和薄弱环节、创新产品和服务模式、推动基础金融服务扩面提质、助力打赢脱贫攻坚战、净化乡村金融环境、强化差异化监管引领等方面提出工作要求。

明确普惠型涉农贷款和精准扶贫贷款增速、增量考核要求。根据 2019 年中央一号文件提出的普惠型涉农贷款增速目标，要求各银行业金融机构要保持同口径涉农贷款余额持续增长，完成普惠型涉农贷款差异化考核目标，实现普惠型涉农贷款增速总体高于各项贷款平均增速。同时，要实现精准扶贫贷款余额持续增长。深度贫困地区贷款增速力争高于所在省（区、市）贷款平均增速。

优化服务乡村振兴和脱贫攻坚金融供给机制。要求设立普惠金融事业部的大中型商业银行（设立“三农”事业部、扶贫事业部的银行除外）将普惠型涉农金融业务、扶贫金融业务纳入事业部制统一管理，在内部资金转移定价、考核激励政策等方面予以政策倾斜，形成专业化服务乡村振兴和助力脱贫攻坚的金融服务供给机制。

加强银保融合，推动基础金融服务扩面提质。一是加大银行保险机构乡村服务融合力度，在服务渠道等方面发挥合力，更加便捷有效地提供基础金融服务。二是简化在空白乡镇设立简易银行和保险网点审批程序，提高审批效率。三是科学合理推进基础金融服务覆盖，在不具备网点设立条件的乡镇，鼓励通过电子机具、流动服务站和便民服务点等方式实现服务覆盖。

充分发挥保险的风险保障作用。一是强化保险机构风险保障功能，推进保险服务乡村振兴专业化机制建设。二是实施保险服务乡村振兴差异化监管，加强涉农类保险产品管理，研究涉农类保险产品分层管理。

做好特殊群体金融服务，加大产品和服务创新。一是要做好各类现代农业主体金融服务，支持返乡农民工等农村新兴群体的创新创业。提升特殊群体金融服务水平，在风险可控前提下适当放宽老年人贷款年龄限制。二是加大金融产品和服务模式创新力度，拓宽抵质押物范围，扩大保险产品试点范围。

截至 2018 年末，全国银行业金融机构涉农贷款（不含票据融资）余额 33 万亿元，同比增长 5.6%；普惠型涉农贷款余额为 5.63 万亿元，同比增长 10.52%。全国银行业金融机构发放扶贫小额信贷余额 2488.9 亿元，支持建档立卡贫困户 641.01 万户；扶贫开发项目贷款余额 4429.13 亿元，较年初增加 336.8 亿元。全国银行业金融机构和保险机构乡镇机构覆盖率分别达到 96% 和 95%；全国行政村基础金融服务覆盖率为 97%。全国农业保险全年实现保费收入 572.65 亿元，为 1.95 亿户次农户提供风险保障 3.46 万亿元，承保粮食作物面积 11.12 亿亩。涉农小额贷款保证保险实现保费收入 4.1 亿元，赔付支出 8.3 亿元，帮助 20 万农户撬动“三农”融资贷款 138 亿元。农房保险为 1.4 亿多间农房，提供风险保障 3.6 万亿元。开发扶贫专属农业保险产品 147 个，涉及 22 个省区的 60 种农作物。

（六）《关于金融服务乡村振兴的指导意见》

《关于金融服务乡村振兴的指导意见》（以下简称《指导意见》）强调要以习近平新时代中国特色社会主义思想为指导，紧紧围绕党的十九大关于实施乡村振兴战略的总体部署，坚持以市场化运作为导向、以机构改革为动力、以政策扶持为引导、以防控风险为底线，聚焦重点领域，深化改革创新，建立完善金融服务乡村振兴的市场体系、组织体系、产品体系，促进农村金融资源回流。

《指导意见》对标实施乡村振兴战略的三个阶段性目标，明确了相应阶段内金融服务乡村振兴的目标。短期内，突出目标的科学性和可行性，到 2020 年，要确保金融精准扶贫力度不断加大、金融支农资源不断增加、农村金融服务持续改善、涉农金融机构公司治理和支农能力明显提升。中长期，突出目标的规划性和方向性，推动建立多层次、广覆盖、可持续、适度竞争、有序创新、风险可控的现代农村金融体系，最终实现城乡金融资源配置合理有序和城乡金融服务均等化。

《指导意见》指出，要坚持农村金融改革发展的正确方向，健全适合乡村振兴发展的金融服务组织体系，积极引导涉农金融机构回归本源；明确重点支持领域，切实加大金融资源向乡村振兴重点领域和薄弱环节的倾斜力度，增加农村金融供给；围绕农业农村抵质押物、金融机构内部信贷管理机制、新技术应用推广、“三农”绿色金融等，强化金融产品和服务方式创新，更好满足乡村振兴多样化融资需求；充分发挥股权、债券、期货、保险等金融市场功能，建立健全多渠道资金供给体系，拓宽乡村振兴融资来源；加强金融基础设施建设，营造良好的农村金融生态环境，增强农村地区金融资源承载力和农村居民金融服务获得感。

为确保各项政策措施有效落实落地，《指导意见》提出，要完善货币政策、财政支持、差异化监管等政策保障体系，提高金融机构服务乡村振兴的积极性和可持续性。金融机构也要切实加强组织领导，不折不扣抓好落实。同时，开展金融机构服务乡村振兴考核评估，从定性指标和定量指标两大方面对金融机构进行评估，定期通报评估结果，强化对金融机构的激励约束，有效提升政策实施效果。

（七）《关于推进农村商业银行坚守定位 强化治理 提升金融服务能力的意见》

为贯彻落实党的十九大重要改革举措要求、第五次全国金融工作会议及中央农村工作会议精神，推进农村商业银行更好地回归县域法人机构本源、专注支农支小信贷主业，不断增强金融服务能力，支持农业农村优先发展，促进解决小微企业融资难融资贵问题，银保监会发布了《关于推进农村商业银行坚守定位 强化治理 提升金融服务能力的意见》（以下简称《意见》）。

农村商业银行是我国县域地区重要的法人银行机构，截至 2018 年 9 月末，全国有农村商业银行 1436 家，资产负债规模均超过 23 万亿元，涉农贷款和小微企业贷款在各项贷款的占比长期保持在 60% 和 50% 左右，涉农贷款和小微企业贷款户均余额分别为 30 万元和 131 万元。农村商业银行以在银行业 10% 的资产占比规模，贡献了涉农贷款和小微企业贷款 22% 和 21% 的规模，成为支持“三农”和小微企业名副其实的金融主力军，在助力县域经济发展方面也发挥着不可替代的作用。但是在改革发展过程中，少部分农村商业银行出现了经营定位“离农脱小”的盲目扩张倾向。

银保监会聚焦农村商业银行改革发展进程中出现的这些新形势、新情况、新问题，重点针对县域及城区农村商业银行，制定出台了《意见》。《意见》要求，农村商业银行应准确把握自身在银行体系中的差异化定位，确立与所在地域经济总量和产业特点相适应的发展方向、战略定位和经营重点，完善适合小法人和支农支小定位的公司治理机制，专注服务本地、服务县域、服务社区，专注服务“三农”和小微企业，不断加大金融服务创新，切实做好融资成本管理，巩固好支农支小主力军的优势地位。

为了确保上述监管政策要求能够在农村商业银行体系有效落地，《意见》专门制定了监测和考核农村商业银行经营定位和金融服务能力的一套指标体系，主要包含了经营定位、金融供给、金融基础设施、金融服务机制 4 大类 15 项指标，对科学合理监测、考核和评价农村商业银行支农支小金融服务情况将起到有力的支撑作用。

《意见》的出台，既是银保监会落实党的十九大精神的一项具体改革举措，也是落实第五次全国金融工作会议关于推动金融机构回归本源、专注主业要求在农村商业银行的细化落地，对推动农村商业银行坚持正确的改革发展方向，更好满足实体经济结构性、多元化金融服务需求，具有十分重要的意义。一是有利于农村商业银行更好地改进支农支小金融服务。特别是在当前部分小微企业和民营企业经营遇到困难的形势下，农村商业银行作为主要的地方法人银行机构，能够通过扎根当地、潜心服务，更好地帮助企业纾难解困，推动实现金融与实体经济良性互动、共生共荣。二是有利于构建多层次、广覆盖、有差异的金融机构体系。通过监测指标的定量评价和监管措施的硬性约束，对农村商业银行的经营定位进行纠偏，确保农村商业银行落实好中小银行的定位要求。三是有利于农村商业银行更好地防控金融风险。通过对农村商业银行坚守定位、强化金融服务的要求，引导树立服务实体、“做小做散”是防范风险根本之策的理念，建立完善适合支农支小主业特点的风险管理机制，从根本上防范化解金融风险。

二、江苏省地方政府及监管部门有关支持农村金融发展的政策

为进一步贯彻推进普惠金融，更好地给小微企业、农户及低收入人群提供相关金融服务，促进金融行业健康可持续发展。江苏省各地方政府及监管部门相继出台

了一系列关于支持农村金融发展的政策。

（一）苏州市人民政府《关于进一步做好当前金融支持小微企业稳定发展的若干政策意见》

2020 年 4 月 30 日，苏州市人民政府办公室印发了《关于进一步做好当前金融支持小微企业稳定发展的若干政策意见》（以下简称《政策意见》）。

《政策意见》的制定，是在前期出台政策的基础上，坚决贯彻落实党中央“六稳六保”的工作要求，帮扶小微企业渡过当前的难关，保证生存和发展的能力。《政策意见》整合了苏州市已有的金融服务实体经济相关政策，并结合当前小微企业生存发展实际进行了优化完善。

《政策意见》的主要内容包含六个方面：一是实施“保就业”薪金云贷专项信贷计划。通过组织苏州全市银行设立 100 亿元规模的“保就业”薪金云贷专项信贷计划，专项支持因疫情影响造成企业现金流紧张、稳就业保就业存在一定困难的小微企业和个体工商户，信贷资金专项用于企业支付员工基本工资。二是扩大短期出口信用保险覆盖面。财政通过安排 3000 万元专项资金、全额补贴短期出口信用保险保费，支持企业投保中国信保短期出口信用保险，降低产品出口风险。三是提升企业“首贷”比例。将当年新增“首贷”企业作为苏州市政府对金融机构年度工作综合评价内容，鼓励银行业金融机构通过金融服务顾问走访和地方企业征信平台，多渠道挖掘潜在客户，增加“首贷”企业数量。四是加强“信保贷”支持力度。将《关于实施金融服务实体经济融资畅通工程的意见》中“信保贷”政策从原来的企业征信评分“600 分以下，600（含）~650 分，650（含）分以上”三档分类调整为“580 分以下，580（含）~650 分，650（含）分以上”三档分类，提高信保基金承担风险容忍率，降低企业融资综合成本。五是开展普惠金融优秀产品推介活动。各银行业金融机构遴选本行最受企业欢迎，具有价格优势、效率优势的产品，参加苏州市普惠金融优秀产品推介活动，向全市企业经营者宣传普惠金融知识，促成银企合作共赢。六是派驻行业协会专职金融顾问。对受疫情影响大的旅游业、餐饮业、外贸中小企业等行业协会商会，派驻为期 1 年的驻点专职金融顾问，听取、搜集、研究该领域金融服务需求，为成员企业提供金融业务咨询服务，为有融资需求的企业设计融资方案。

《政策意见》中“保就业”薪金云贷专项信贷计划、加强“信保贷”支持力度的政策期限自2020年5月1日至2020年12月31日。

（二）江苏省地方金融监督管理局《关于进一步推动江苏省法人银行保险机构开展普惠金融工作的通知》

为深入贯彻落实国务院印发的《推进普惠金融发展规划（2016–2020年）的要求》，为普惠金融业务筹集低成本资金，提高对民营、小微企业不良贷款容忍度，全面推广与货币政策工具挂钩的政策性业务，进一步推动江苏省普惠金融深入发展，江苏省地方金融监管局、江苏省财政厅、人民银行南京分行、江苏银保监局、江苏证监局五个部门联合下发了《关于进一步推动江苏省法人银行保险机构开展普惠金融工作的通知》（以下简称《通知》），为民营、小微企业建立“敢贷、愿贷、能贷”的长效机制。

《通知》中提出改革的重点是提升机构普惠金融水平。根据江苏省银保监局提供的数据，截至2019年底，江苏省法人银行不良贷款余额591.72亿元，不良贷款率为1.68%，呈现逐步降低态势。核心资本充足率为13.99%，也表现较好。截至2019年6月末，江苏省法人银行机构普惠型小微企业贷款余额5070.74亿元，较年初增长11.94%，高于各项贷款增幅2.59个百分点；普惠型小微企业贷款户数69.50万户，比年初增加6.56万户。法人银行机构上半年发放的普惠型小微企业贷款平均利率6.92%，较2018年下降24个基点。辖内大型银行、邮储银行和股份制银行普惠型小微企业贷款余额4416.23亿元，比年初增加908.2亿元，增幅25.89%，高于各项贷款增幅17.06个百分点。

《通知》提出采取“组合拳”措施支持银行筹集低成本资金。为拓宽法人银行机构资本、资金来源，还将继续“组合拳”措施。支持符合条件的法人银行机构通过资本市场发行股票、无固定期限资本债券、二级资本债券等方式充实资本。支持法人银行机构通过发行绿色金融债、小微金融债、“三农”金融债等各类专项金融债，为普惠金融业务筹集低成本资金。

《通知》中指出今后的发展方向是推进普惠金融“一网通”。“多走网路，少走马路”是江苏省金融部门的一大努力方向。为此持续推动中小微企业和各类金融机构注册、接入省综合金融服务平台，提升平台服务面和服务能力。积极推动各类政策性金融产品接入平台，全面推广“小微e贷”“小微e贴”等与货币政策工具挂钩的政策性业务，提高普惠金融政策的可获得性。此外，鼓励法人银行机构与辖内政府性融资担保机构开展“总对总”合作，细化业务准入和担保代偿条件，明确代偿追偿责任，强化担保贷款风险识别与防控。推动建立国家融资担保基金、银行机构、省级政府性再担保机构、合作融资担保机构按比例分担风险的“政银担”分险模式，其中，国家融资担保基金和银行机构承担的风险责任比例原则上均不低于20%，省级再担保机构承担的风险责任比例不低于国家融资担保基金承担比例且不高于30%。

（三）江苏省人民政府办公厅《省政府办公厅关于充分发挥融资担保体系作用大力支持小微企业和“三农”发展若干措施的通知》

为了促进江苏省融资担保行业健康可持续发展，2019 年 10 月，江苏省人民政府办公厅印发了《省政府办公厅关于充分发挥融资担保体系作用大力支持小微企业和“三农”发展若干措施的通知》（以下简称《若干措施》）。这是江苏省贯彻落实党中央、国务院大力发展普惠金融决策部署的重要举措，也是促进江苏省融资担保行业聚焦支小支农主业、实现健康可持续发展的具体抓手。

《若干措施》提出总体要求。明确了江苏省融资担保行业的发展定位，构建以省级再担保机构为龙头、各市县政府性融资担保机构全覆盖、社会资本积极参与的融资担保体系；确定了支小支农的主业导向，引导推动全行业以服务实体经济为宗旨，支持普惠金融发展，促进资金融通，着力缓解小微企业和“三农”融资难、融资贵问题。

完善融资担保体系，重点发展政府性融资担保再担保机构。一是建立健全江苏省政府性融资担保体系，2021 年底前，实现政府性融资担保机构市县全覆盖，并对政府性融资担保机构政策性业务占比和担保费率提出明确要求。二是充分发挥省级再担保机构作用，在自身转型发展基础上，加强与国家融资担保基金对接。三是坚持“两个毫不动摇”原则，推动各类融资担保机构协调发展，并在增资奖励、风险分担、保费补贴等财政支持方面实现普惠，一视同仁。

构建可持续政、银、担合作模式，提升担保服务质效。一是设立省级融资担保代偿补偿资金，每年不低于 3 亿元，并实行动态补偿。推动建立国家担保基金、合作银行、省再担保机构（包括省融资担保代偿补偿基金）、融资担保机构四方风险分担机制。二是完善银、担合作机制，推动融资担保机构分批接入省综合金融服务平台，规范银行业金融机构和融资担保、再担保机构的收费行为。

从资本金补充、保费补贴、税收优惠、抵押物登记、信用体系建设等方面为融资担保机构创造良好的发展环境。包括完善政府性融资担保机构资本金补充机制；加大对小微企业和“三农”业务的保费补贴力度；支持融资担保机构享受代偿损失核销和准备金企业所得税税前扣除等两项优惠政策；促进反担保物在法定登记部门登记；发挥信用约束、激励作用等内容。

建立优化相关配套制度，压实各级监管责任。一是优化绩效考核机制，调整完善政府性融资担保再担保机构绩效评价体系，降低或取消利润考核要求。二是建立银行业金融机构和国有融资担保再担保机构小微企业授信担保尽职免责制度，提高担保代偿损失的监管容忍度。三是压实政府性融资担保再担保机构的出资人职责和属地管理责任。四是各地财政部门会同地方金融监管局对政府性融资担保再担保机构落实国办文件要求情况进行督促检查。五是建立健全风险预警机制，守住风险底线。

《若干措施》坚持把刚性落实国家要求和体现江苏省实际相结合，把解决当前面临的突出问题与行业长远发展有机衔接，主要有以下几个特点：

一是明确区分政府性融资担保机构与国有融资担保机构。为充分兼顾融资担保行业发展的政策性与市场性，促进行业健康可持续发展，《若干措施》将政府性融资担保机构与国有融资担保机构区分开来，要求通过省、市、县（市）新设、指定或重组等方式，至少明确 1 家政府出资为主、以支小支农等政策性融资担保业务为主业、不以营利为目的的融资担保机构，作为政府性融资担保机构。对其他国有融资担保机构，不作政府性融资担保机构的硬性要求。这样划分，主要是考虑到江苏省国有融资担保机构占 70% 以上，若全部落实政府性融资担保机构的业务经营要求，融资担保行业的政策性与市场化双重属性将难以完全兼顾，小微企业和“三农”业务以外的其他企业融资需求也将难以满足，融资担保行业难以实现可持续发展。二是进一步明确了政府性融资担保体系建设标准。国办文件要求，各地要在三年内实现政府性融资担保业务市级全覆盖。《若干措施》在此基础上，考虑到江苏省作为经济强省、小微企业和“三农”融资需求旺盛的实际，进一步提出 2021 年底前政府性融资担保机构实现市、县（市）全覆盖的要求，并明确各级政府性融资担保机构的最低注册资本，其中设区市政府性融资担保机构注册资本不低于 5 亿元，有条件的力争达到 10 亿元；县级政府性融资担保机构注册资本不低于 3 亿元。三是进一步加大了财政扶持力度。融资担保行业具有准公共属性，高风险低收益，缺乏可持续的商业模式。《若干措施》通过保费补贴与风险补偿相结合，为融资担保机构的小微企业和“三农”等政策性业务提供前有补贴、后有补偿的政策扶持，旨在推动融资担保机构积极主动支小扶微助农，自觉降费让利。

（四）江苏省人民政府《省政府关于推进普惠金融发展的实施意见》

为深入贯彻落实《国务院关于印发推进普惠金融发展规划（2016–2020 年）的通知》（国发［2015］74 号）精神，结合江苏省经济社会发展实际，江苏省人民政府印发了《省政府关于推进普惠金融发展的实施意见》（苏政发［2018］6 号）（以下简称《实施意见》）。

《实施意见》提出，支持小额贷款公司发展，调整完善监管政策，坚持农村小额贷款公司“服务三农、小额分散”的经营宗旨，鼓励农村小额贷款公司开展“惠农贷”“小微贷”业务。规范农民资金互助社运行，按照“适度规模、封闭运作、支持三农”的基本要求，稳步推进农民资金互助社“转籍”工作，建立健全法人治理结构和内部管理制度，建立完善全省统一的业务系统和以县（市、区）为主体的监管系统。

《实施意见》指出，鼓励符合条件的小微企业发行私募债券、集合债券，探索发行小微企业集合信托，引导农业企业通过期货市场进行农产品的套期保值；鼓励各类资本设立农业产业投资基金、农业科技创业投资基金等股权投资基金，拓宽农业和涉农企业直接融资渠道；鼓励具有资质的各类金融机构积极利用互联网技术，为小微企业、农户和各类低收入人群提供小额存贷款业务；鼓励具有资质的各类金融机构、涉农电商探索开展“金融 + 互联网 + 农业”经营模式，提升农村互联网金融服务水平。

《实施意见》明确，设立主要服务于中小微企业的省级企业征信公司，进一步健全中小企业信用信息采集和应用机制；稳步推进小微信贷机构接入金融信用信息基础数据库，提高接入效率，降低接入成本；完善基于互联网技术的省级综合金融服务平台，服务中小微企业融资，按照“一个平台、三大支撑”的建设思路，有效整合金融产品、融资需求、信息中介、征信服务、扶持政策等资源，实现网络化、一站式、高效率融资对接；稳步推进金融机构接入省级综合金融服务平台，提高融资效率，降低融资成本；设立农村综合金融服务公司，积极发展小额信贷、信用担保、农业保险代理、涉农产业投资、农业农村人才培训等综合金融服务；支持符合条件的县（市、区）组建农村资产经营公司，以市场化方式运营管理，开展农村各类经营性资产资源价值评估、抵押物回购处置等业务。

《实施意见》强调，严厉打击各类非法金融活动，重点打击非法集资、非法证券交易、非法保险等涉众涉稳不法金融活动，完善非法集资举报奖励制度，探索建设非法集资监测预警平台；完善金融业综合统计分析和数据共享制度，强化非现场监管信息系统建设，逐步将各类新型金融市场主体纳入统计监测范围；切实加强金融监管，着力做好风险识别、监测、评估、预警和控制工作，完善金融突发事件应急处置预案，妥善处置普惠金融重点服务对象金融风险，坚决守住不发生区域性金融风险的底线；以金融创新业务为重点，针对投资理财、融资担保和网络借贷平台等重点行业和领域，深入宣传金融风险防范知识，树立“收益自享、风险自担”观念；督促金融机构重点加强信息披露和风险提示，引导金融消费者根据自身风险承受能力和金融产品风险特征理性投资消费；严厉打击恶意逃废金融债权的违法犯罪行为，切实保护金融企业合法权益。

《实施意见》提出，抓紧起草《江苏省地方金融条例》，明确各类普惠金融服务主体行为规范，依法保护各方权益，维护竞争公平有序、要素合理流动的金融市场环境；建立金融政法联动机制，完善金融执法体系，协调法院加快金融案件立案、审判、执行速度，推行金融案件审判程序繁简分流，加大简易程序适用力度。

第六章

江苏省农村金融支持农业现代化发展的路径

本章首先分析了江苏省农村金融支持农业现代化的薄弱环节；其次从农业产业化、科技化与规模化三个方面描绘了农业现代化建设的发展方向，并以解决农村金融支持农业现代化的薄弱环节为着力点，提出江苏省农村金融支持农业现代化的路径方案；最后以实现农村金融有效支持农业现代化的路径方案为目标，研究江苏省农村金融支持农业现代化发展所需要的政策支持，为推动江苏省农业现代化的发展提供政策建议。

第一节　江苏省农村金融支持农业现代化的薄弱环节

党的十九大提出实施乡村振兴战略，是针对新的社会矛盾、构建新的城乡关系、破解“三农”问题的治本方略，是对新时代“三农”工作的总体把握，同时也是金融系统推进农村金融服务工作的根本遵循。随着乡村振兴战略的逐步实施，江苏省农村金融得到一定发展，逐步形成包含大型国有金融、商业性金融、政策性金融、合作性金融、村镇银行以及互联网金融的农村金融供给格局，在助推乡村发展方面取得了一定的成就。但是，现有的农村金融体系并不能充分满足多元化、多层次的乡村振兴金融需求，江苏省农村金融支持农业现代化仍存在较多薄弱环节，主要表现在以下几个方面：

一、农业供应链发展不足，缺乏有效金融供给载体

农业产业实施有效的供应链整合是农业产业化进入快速发展、创新提高阶段的重要标志。从宏观上看，农产品的生产、加工、流通涵盖了第一、二、三产业，构成了一个完整的产业链条，实现了农工商的联动发展，我们称之为农业“产业链”。而对于微观企业而言，在其经营环节的上游—中游—下游的链条通常被称为“供应链”。如果把农业生产经营的组织过程看成一个整体，农业产业化就是一个完整的农产品供应链过程：农资（种子、饲料、农业机械等）供应者→农产品生产者（农民、农场或生产企业）→农产品加工者（分级、包装、储藏等）→农产品经销商（市场营销服务者）→农产品消费者。

农业企业通过对物流、资金流、信息流的控制，将供应者、生产者、分销者、零售者直到最终客户连成一个整体的功能链结构。通过对供应链系统功能的整合，降低库存总量，缩短流通时间，降低流通成本，加快对客户需求的反应速度，从而形成供应链整体的竞争优势。

供应链整合不仅对于农业产业化发展和竞争优势构建具有重要意义，同时，也因其三流融合特征，将大大提高集结于链上的各类企业与农户的融资能力。农业供应链将成为金融服务农村产业发展的重要载体。

二、农业科技资源有效配置不足，缺乏合理资金支持机制

江苏省农业科技经费投入主要依靠政府，而企业与金融机构尚未成为研发投入主体，导致无法通过市场和商业模式推动农业科技化的发展。同时，农业科技研发方面的专项经费及其他投入，相比于其他农业生产研究领域稍显不足，农业生产管理所用的设备及技术方法无法充分实现科技力量的转化，影响科技创新水平的提升。此外，农村金融机构与农民之间、龙头企业和上下游企业之间的合作关系比较松散，这使得各农业主体之间的资金拆借、担保等难以实现。农业科技技术管理人员、农业科技金融人员和农户的交流互动比较少，这些都不利于农业科技的宣传和普及、农业科技成果的推广。这也使社会机制在治理农业科技金融市场失灵上发挥不了其应有的作用。

三、金融业务模式单一，产品服务缺乏创新

农村金融机构业务单一，无法满足农业现代化发展的需要。江苏省农村金融机构所提供的金融产品较为基础化，与城市金融机构相比，农村金融服务产品创新性不足，种类较为单一。这种单一性主要体现在农村金融服务大多集中于存款、贷款和取款业务；债券、基金、期货等新型金融产品在农村金融领域的运用不足。除单一化外，现有的金融产品还存在着设计不合理的情况。如涉农贷款与农业生产匹配度不足、贷款申请手续和审批过程繁杂、农业保险设计不合理和理赔程序复杂等问题。农业现代化的发展需要日益多样化的金融服务支持，而现有的金融服务产品难以满足农业实现更高层次发展的金融需求。

四、金融供求矛盾突出，难以谋求规模效应

农村金融市场总体规模很大，但单个个体的需求规模却非常之小，具有典型的非规模经济特征。规模经济反映的是生产要素的集中程度同经济效益之间的关系。对照农村金融来说，金融机构偏好经营那些能够带来规模效益的大额贷款项目，而农户却只能提供基于小块土地上的小额信贷需求。基于家庭承包土地上的农户金融需求是小额和碎片化的，单笔金融业务产生的收益非常有限，而且此类贷款长期平均成本并不会因规模扩大而降低，有时成本反而还会增加，具有典型的非规模经济特征。农村领域这些小额的、碎片化的金融需求，无法通过价格谈判等交易手段满足，往往压抑成“无效需求”。农村金融市场供求双方在供求规模上存在不对等和不匹配，无法形成交集，难以真正地谋求规模经济效应。

五、区域金融发展不平衡，难以发挥协同效应

江苏省的苏南、苏中、苏北三大区域的金融发展程度存在差距，苏南农村无论在金融发展结构、金融资产规模和收益、农户家庭储蓄投资转化率方面都处于领先地位，而苏中和苏北地区远远落后于苏南。农村经济的发展很大程度上依赖于农村金融的发展情况，对于金融发展相对落后的苏中和苏北地区，资本投资显得尤其重要。然而，江苏省区域金融资源分配的不平衡，会加大经济落后地区经济和金融效率提升的难度。区域金融的非均衡发展最终导致区域资源分配不平衡，使得金融发展规模产生较大的地区差异。同时，区域金融发展的不平衡削弱了跨区域农村金融协同发展效应，使农村金融对农业现代化的支持力度存在差异，不利于农业现代化的稳定发展。

第二节　江苏省农村金融支持农业现代化发展的路径

本节从农业产业化、科技化与规模化三个方面描绘农业现代化建设的发展方向，阐述产业化、科技化与规模化对农业现代化发展的重要意义，并以此为依据研究农

村金融支持农业现代化的着力点，构建农村数字金融普惠生态圈，提出江苏省农村金融支持农业现代化的路径方案。

一、现代化农业的展望

农业现代化是用现代工业装备农业、用现代科学技术改造农业、用现代管理方法管理农业的过程。现代化农业与传统农业的区别主要集中于农业产业化、科技化和规模化的程度。

首先，农业产业化是农业现代化最重要的内容。现代农业是一个包含了生产、加工、存储、销售、服务等诸多过程的农业产业现代化体系，该体系应是以市场为导向，农户为基础，龙头企业或合作经济组织为依托，实现种养加、产供销、农工商一条龙综合经营，农业再生产过程的产前、产中、产后各环节联结为一个整体的农业供应链系统。其中，农业供应链是把生产直至最终产品的销售贯穿起来的一系列企业，通过各种基于核心企业的供应链关系，管理商业银行信贷业务流程，以满足跨区域的产业链供销稳定。农业产业化贯穿整个农业现代化建设过程，农业产业化的发展程度是影响农业现代化进程的重要因素。农业产业化的核心是农业供应链，农业供应链的建设将是实现农业产业化的关键，进而成为推动农业现代化发展的有力抓手。

农业科技化是农业现代化的动力源泉。现代化农业应当不断地把先进的科学技术广泛应用于农业的生产、加工、储备、销售、管理和服务中，从而提升产品质量、降低生产成本、提高管理效率和服务水平。农业科技化为农业现代化的发展提供了强有力的技术支持，同农业产业化一样贯穿农业现代化建设过程。农业科技化的发展与农业科技人才的培养和农业科技创新成果转化能力息息相关，专业人才与科技创新将是推动农业现代化发展的基础性力量。因此，现代化农业应当将人才引进与培养计划以及农业科技创新成果有效转化为推动农业现代化发展的重要任务。

农业规模化是实现农业现代化的重要手段。当前，农村普遍推行的是以家庭为单位的土地承包制，这种制度在改革开放初期有效地提高了劳动生产率。但随着人口迁移和土地流转而逐渐出现大面积荒地的现象，造成土地资源浪费、劳动力不足和农业生产效率低等问题。因此，现代化农业应当采取市场化的手段，建立集约化的农业生产合作组织，实现农业的规模化经营，从而促进农业现代化的发展。

现代化农业的产业化、科技化与规模化是相互影响、相互促进的关系。农业产业化强调的是依靠农业供应链将现代化农业主要参与者紧密串联；农业科技化强调的是依靠科技创新提升农业生产管理效率；农业规模化强调的是依靠建立集约化的农业生产合作组织，将现代化农业主要参与者高效整合。在现代化农业体系中，农业供应链的构建将刺激科技创新需求以及组织规模化经营需求；科技创新和组织规模化经营的发展也将促进农业供应链的协调高效运转。由此可见，现代化农业是农业产业化、科技化与规模化协同高效运作的产物，农业现代化的发展必须实现农业产业化、科技化与规模化的协同发展。

二、农村金融支持农业现代化的着力点

在农业现代化发展的过程中，农业科技的推广应用、农业产业化的发展和农业规模化的经营管理模式等都需要金融服务的大力支持，农村金融的发展对促进整个农业发展尤其是农业现代化的发展具有举足轻重的作用。农业现代化的发展依靠农业产业化、科技化和规模化的协同发展，因此，江苏省农村金融支持农业现代化发展的着力点应放在如何解决薄弱环节并构建与农业产业化、科技化和规模化发展需要相匹配的金融产品和金融服务上。

（一）农村金融支持农业产业化的着力点

农村金融应当着力服务于农业供应链的建设，打造能有效匹配农业供应链的金融模式。农业供应链金融能够将资金注入整个农业供应链，有效激活农业供应链的运作，对支持农业产业化的发展，推动农业现代化的进程发挥着重要作用。

第一，择优选择产业链。供应链金融对于我国商业银行来说还属于新兴业务，可采用稳步推进的原则，在江苏省内择优选择农产品产业链。一是选择基础条件较好的产业链群，同时选择生产经营稳定、与银行合作程度较高的产业链进行尝试，再扩大运营范围；二是不断优选供应链成员企业。金融机构要通过调阅产业链企业财务报表、查看过去的交易记录和电话访问调查等多种手段，帮助核心企业制度性地评估供应链成员企业。

第二，建立多元化金融服务体系。由于农业供应链中参与者众多，既有大型农企、中小型农业合作组织，也有个体农民，所以参与者对农村金融服务的需求不尽相同，应当根据农业供应链的发展特点，深耕农业产业链上下游，建立多元化的金

融服务体系以满足农业供应链上不同参与者的需求，如采用差异化金融产品定价模式，通过建立客户分层制度，提高风险定价水平，实施精细化、差异化定价，合理确定利率或费率水平。同时，针对江苏省农村金融业态发展不协调、农业供应链金融稳定性不足的问题，农村金融应当优化农村金融机构的资源配置、拓宽业务范围。通过积极开展农村保险业务，为农业产业提供保险保障，进而推动农村保险市场健康发展，促进农村金融服务体系的完善。

2019 年，江苏银行业、保险业聚焦重点领域和薄弱环节，锚定目标任务，以“百行进万企”融资对接、支持乡村振兴试点示范等系列活动为抓手，努力提升普惠金融工作质效。涉农贷款超过各项贷款增速。辖内法人银行机构普惠型涉农贷款余额 3325.64 亿元，较年初增加 517.47 亿元，增长 18.43%，超过各项贷款增速 2.68 个百分点。

（二）农村金融支持农业科技化的着力点

农村金融应当注重创新能力的培养，打造能有效匹配农产业科技发展需求的新型金融结构、金融产品和金融服务。农村金融是农业科技化发展的重要助力，打造与时俱进的农村金融体系对支持农业科技化的发展，推动农业现代化的进程发挥着重要作用。

第一，加大农村金融机构对农业科技的支持。农村商业金融机构需改变传统经营理念，将支持农业科技进步植入管理理念中，加大对农业技术科研的金融服务力度，逐步代替政府成为农业科技投入主导力量，从而达到依靠市场和商业模式推动农业科技化发展的效果。

第二，提高农村金融服务效率。农村金融机构应当与时俱进，抓住改革发展的有利机遇，在经营管理体制、金融服务思维和理念、金融工具与产品上不断创新，优化金融组织结构，提高金融服务效率，强化农村金融市场的创新精神和创新意识。

第三，构建农村金融信息管理体系。农村金融应当借助互联网、云计算、大数据、人工智能等信息技术手段，创新和整合业务渠道，构建农户、农业企业、家庭农场等各类农业产业化生产经营主体的信息数据库，减少信息不对称性造成的信贷难问题，提高金融服务的技术与数据应用能力，提升金融供给的配置效率和服务水平。

（三）农村金融支持农业规模化的着力点

中国农业未来的经营主体主要由专业农户、兼业农户及家庭农场组成。以土地流转形成的家庭农场，是主要的新型农业主体，将是我国商品化农业产品生产、农业现代化的主体。金融机构应大力支持土地流转形成的新型农业主体发展，积极探索支持农业规模化经营的新途径，不断提高金融机构服务农业规模化发展的能力和水平，从而有效推动农业现代化的发展。

第一，创新放贷方式，提升规模化服务水平。创新对农业经营主体的放贷方式，加大金融机构对农业经营主体的放贷力度。首先，农村金融机构应根据国家土地流转政策来进行业务创新，针对不同经营规模、不同类型家庭农场等农业经营主体的金融需求，提供多样化的融资方案，推动针对农业经营主体的规模化信贷产品设计开发。其次，金融机构应当充分结合农业规模化经营的发展特点，把握市场需求规模，适度扩大贷款额度，延长贷款期限、降低利率，有效满足农业经营主体农业规模化经营的资金需求。最后，金融机构应当健全机制，提高金融机构支持农业规模化经营的服务保障水平。在农村土地确权登记认证完成后，适时建立土地承包经营权的抵押价值认定和抵押登记制度。对认定资信优质的抵押贷款提供优先、快速、手续从简的信贷服务，为符合条件且在授信额度内的专业合作社、农户等开放“贷款绿色通道”，提高办理贷款的效率，保障资金运作效率，不断提升服务保障水平。

在创新放贷方式上，江苏已取得显著成绩。2019 年全年全省知识产权质押融资登记额 65.83 亿元，涉及企业 913 家，其中，专利质押登记 44.63 亿元，商标质押登记 21.2 亿元。无锡银保监分局在全国首创物联网动产质押融资业务的基础上，创新推出 2.0 产品版本——“感知制能”，服务领域从商品流通行业向制造业拓展，风险管控从贷后向贷前环节前移，6 家试点银行对接企业 1002 户，累计放款 182 亿元。苏州银保监分局推动市政府成立物联网金融创新协调推进小组，推动“物联网 + 动产融资”和“感知制能”同步落地，实现从“无”到“优”的发展，目前已有苏州银行等 9 家银行为 84 户民营企业授信 11 亿元。

第二，实施独立的核算机制和考核机制，简化金融供给的业务流程。农业将整体呈现出集约化、规模化的发展态势，出现大量以农业产业化龙头企业、农民合作社、专业大户、家庭农场为代表的新兴农业经营主体。因此，对新型农业经营主体的贷款业务应当实施独立的核算机制和考核机制，提升金融有效供给的效率。

第三，强化风险防控，发挥农业保险的保障作用。建立健全信贷和农业规模化经营的风险防控机制，通过设立农业规模化经营贷款风险补偿金，有效降低金融机构放贷风险，推动农村金融机构开展农业规模化经营的信贷业务。

三、农村数字普惠金融生态圈建设

党的十八大以来，党中央高度重视发展普惠金融，出台了一系列支持政策，实施了推进普惠金融发展的五年专项规划，普惠金融事业取得显著成绩。在全面实施乡村振兴战略的新时期，应充分发挥农村金融的支持作用，调动各类金融市场主体主动服务乡村振兴的积极性，构建农村数字普惠金融发展的良好生态圈，使农村数字普惠金融成为乡村振兴的助推器。

（一）充分发挥财政对农村数字普惠金融发展的基础引导作用

构建财政与政策性金融在实施乡村振兴战略中的互动融合机制，加大普惠金融业务开展的奖励和补贴力度。加快“数字乡村”建设，为数字普惠金融发展提供完善的硬件条件；协同金融机构及金融科技企业等主体，推进乡村信用体系建设，为数字普惠金融发展提供良好的软件环境。支持包括政府各部门在内的各相关主体建立涉农基础数据平台，在确保数据安全与隐私保护的前提下，促进基础数据共享，降低各类农村普惠金融供给主体的数据获取难度和成本。

（二）发挥商业性金融机构在农村数字普惠金融发展中的主力军作用

基于雄厚的资金实力、较完善的法人治理机构、丰富的管理经验和风控能力，无论是在城市还是农村，商业性金融机构始终都是金融资源的主要供给主体。当前，商业性金融机构应充分认识发展普惠金融的时代意义，主动进行经营战略调整。尤其是国有大型商业银行在坚持商业可持续的前提下，应主动承担发展普惠金融的社会责任和服务国家战略的时代使命，积极推进金融科技创新，借鉴同业先进技术和模式，到农村广泛拓展和深度挖掘“长尾市场”，主动服务农村地区的“长尾客户”，不断降低精准化、差异化的获客和授信成本，持续创新服务和产品，加快探索并推广普惠金融可持续发展的模式。

（三）发挥金融科技企业在农村数字普惠金融发展中的创新先导作用

各类金融科技企业是金融科技创新、投入和发展的先行军。一些金融科技企业借助宽松的监管环境，通过云计算、区块链、大数据及人工智能深度挖掘和电商、社交等平台搜索获取的巨量数据，突破了困扰普惠金融发展的障碍，实现了降低人工和交易成本的“双降”和工作效率与风控能力的“双升”，加速了我国数字普惠金融发展的进程。因此，在管控金融风险的同时，对金融科技企业到农村发展普惠金融应坚持包容审慎监管原则，大力支持金融科技企业开展业务及产品创新，并与具有网点和资金优势的农村信用社和邮储银行等金融机构进行优势互补、开展合作，共同拓展农村普惠金融市场。

（四）发挥政策性金融在农村数字普惠金融发展中的支撑开发作用

大力支持国家开发银行和中国农业发展银行与商业性金融机构合作，创新以支农转贷、批发贷款、金融债券等形式，支持农村数字普惠金融发展。此外，实体经济是金融发展的基础，离开乡村产业发展的普惠金融难以持续发展。政策性金融机构应面向农村地区提供融资融智服务，围绕当地特色产业、资源禀赋和发展条件等，不断加大长期信贷投放力度，发展产业链和供应链金融，促进农村产业振兴，为农村数字普惠金融的健康发展提供内生动力。

第三节　江苏省推动农业现代化发展的政策建议

当前，江苏省农业现代化发展的薄弱环节较多，农业产业化、科技化与规模化程度还有待提高。为此，本节从政府的角度出发，围绕如何提高江苏省农业产业化、科技化和规模化总体水平，完善财政支农政策与服务乡村振兴战略重点展开研究，为推动江苏省农业现代化发展提供可行的政策建议。

一、农业产业化政策建议

（一）健全农村征信体系

农村征信体系的不断完善，将使处于供应链各节点的企业更了解与其合作企业的经营状况，通过互联网和大数据等技术将融资模式中的参与主体信息实现连接，参与方从本地账户即可了解到交易的全部信息，对于打破信息壁垒、降低由信息不对称带来的信用风险发挥了重要作用。从宏观层面，国家需加快推动农业各主体的信用档案建设，并将其信用状况与产品质量相挂钩。从微观层面，涉农企业需要多维度搜集信息建立企业自己的数据库来降低风险。农村信用体系的不断完善，将进一步降低农村供应链金融融资模式运行过程中违约风险发生的可能。

（二）提高融资过程的互联网化程度

互联网化程度的提高可增加农村供应链金融模式运行过程中参与者的数量，同时可使众多环节更加规范化和自动化，大大提高交易的效率。互联网的延展性可扩张农业供应链金融模式运用的边界。

（三）建立多方协作机制

我国的农业供应链金融起步时间相对较晚，参与者包括涉农核心企业以及与其相关的上下游农户和农业企业，还包括银行在内的金融机构、政府和第三方机构，使其利益关系较为复杂。多方协作机制的形成可加强各参与主体之间的了解程度从而降低融资风险和融资成本。以金融机构为例，多方协作机制的形成可使金融机构充分了解供应链各节点主体，从而实现精准扶贫。同时，在多方协作机制下，将使农业供应链金融模式在运行过程中更加畅通，加深参与主体在信贷上的合作。

二、农业科技化的政策建议

（一）增强农业科技创新与成果转化能力

政府应紧密结合农作物新品种选育开发、农产品精深加工，推进落实一批重大科技项目，着力破解农业生产的重要技术，促进农业整体竞争力的提升，确保科技成果的有效转化与实际运用。

（二）实施积极的人才引进与培养战略

政府应以财政资金支持并组织农民职业技能培训，促进农民群众现代生产能力的不断增强，紧密结合农业农村重大工程项目，促进农民创业就业，引导农村专业合作组织的建设发展，大力推进农业服务体系的建设与完善。同时要着重支持农村贫困家庭学生的学习与就业，对其给予学习和就业补贴，让更多的优秀人才能够回到农村，支持农村的建设与发展。

（三）开展农民金融培训，提高农业经营主体素质

农业经营主体是农业生产发展的重要因素，农业经营主体的素质水平将对农业科技创新的健康发展产生至关重要的影响。农业经营主体了解现行金融政策、能够灵活运用金融工具才能更好地为农业科技化发展寻求资金支持。应加强对江苏省乡镇干部、农民等进行金融知识的教育培训和政策引导，通过金融培训使农民了解银行贷款基本业务、了解经济金融法律知识，增强农民的金融思想和意识，由此改善农村金融环境，为农业现代化发展打好基础。

（四）支持信息惠农工程建设

政府应主动依靠科技、气象以及粮食等涉农服务网站，构建农业信息服务统一平台，投入更多财政资金建立农业生产监测系统以及农业科技信息服务系统，为广大农民提供及时准确的农资信息、农情信息和农时信息，有效提升农村信息化水平，从而推动农业现代化的发展。

三、农业规模化的政策建议

（一）实行土地股份化经营

在农村土地承包期限内且不改变土地用途的前提下，允许农民以农村土地承包经营权出资入股，设立农民专业合作社、有限责任公司或独资、合伙等企业。这种经营模式是鼓励农民通过土地承包经营权入股或现金出资等方式成立实体性公司，形成“公司（龙头企业）+公司（农民公司）”的农业产业化经营组织新形式，从而实现土地集约、规模经营，提高农民组织化程度，加快发展现代农业。

（二）实行土地租赁经营

种植业生产大户或农产品加工企业与农户直接形成土地租赁协议；生产大户或企业向农户一次性付清全部租赁费。收清租赁费后，生产大户或企业只能用此地进行种植业，不得改变。租赁期内，由生产大户或企业按照“独立经营、自负盈亏”的原则开展生产经营活动。这一土地创新经营模式的出现不仅在利益层面上使农户与租赁者实现了双赢，还提高了农业的机械化水平，真正实现了土地的规模化经营，促进了农业现代化的发展。

（三）统筹城乡区域一体化发展

与全国类似，江苏省的金融资源分配主要倾向于城市，城乡金融资源分配严重失衡。而这种城乡金融的失衡发展，也进一步制约了江苏省农村金融支持农业现代化的作用。要统筹城乡一体化发展，就需要政府对农村金融各方面给予具有针对性、偏向性的政策支持。

四、农业现代化的财政支持政策

（一）建立农业投入稳定增长机制

调整和优化财政支农支出结构，尽快转变财政资金的投入模式，借助于政府和社会资本的有效合作、政府购买服务、担保贴息、民办公助以及风险补偿等相关政策，促进金融与社会资本逐渐流向农村，充分发挥出财政资金的引导作用。同时要积极清理与规范涉农转移支付资金，针对“小、散、乱”和效果欠显著的涉农资金必须要大力整治。针对目标接近、投入方向相似的涉农资金进行整合。针对地方拥有管理信息优势的涉农支出，将其纳入一般性转移支付切块下达，交给地方进行统筹支配，确保监督管理责任贯彻落实。另外，还应当构建完善的监管机制，避免出现挤占、挪用、截留、冒领涉农资金的情况，真正提升涉农资金的投入效率。对中央和地方政府的支农事权予以科学划分，明确相关职责，促进支农事权的规范化与法律化发展。

（二）进一步完善农业补贴政策

首先，要积极推进农业补贴试点工作，把当前实施的三项补贴统一合并为农业支持保护补贴，逐渐优化调整补贴方向，更加强调耕地保护与粮食安全。其次，建议保持和当前政策之间的衔接，对部分存量资金与新增补贴资金进行合理调整，让其向其他规模化的现代化农业经营主体倾斜，调控好支持力度。再次，要逐渐扩展财政支持农业支农资金的途径，凸显财政对农业现代化发展的支持重点，进一步提高对农业基础设施建设以及农业综合开发的投入，健全推动农业科技发展、强化新型农民培养的资金投入机制，加强对农业产业结构调整的资金支持，提升对农业投入品、农机器具购置的补贴力度。最后，应当制定更加便捷高效的补贴资金发放策略，支持有条件的地区自主探索农业补贴的新渠道。

（三）调整财政支农支出结构

充分发挥出财政政策在农业转型发展中的引导和杠杆作用，进一步增加农业生产经营中的现代化元素，构建更加全面的农业产业体系。首先，要持续增强农村水利基础设施资金投资，打牢农业现代化发展的基础，对各种农业生产补贴进行合理应用，推动粮油生产安全性的提升，促进特色农业建设发展。其次，应当对涉农管理部门进行合理整合，促进涉农事业单位体制改革，进一步降低涉农管理部门的经费支出。再次，要促进农村产权制度的改革与完善，借助于引导农村劳动、土地等因素的科学配置，培养现代农业经营主体，将农业微观经营管理事务真正交由市场，降低财政用于这方面的支出。最后，应当把涉农资金着重应用到农业机械化发展、农业科技研发、农业产业化发展中来，推进现代农业园区建设工作，支持农业合作社、农地入股以及家庭农场等各种创新经营模式的发展，实现现代农业的规模化、集约化与产业化经营。

五、围绕金融服务乡村振兴的政策建议

（一）强化政策协调，有效落实金融服务乡村振兴的各项措施

加大货币政策支持力度，发挥好差别化存款准备金工具的正向激励作用，引导金融机构加强对江苏乡村振兴的金融支持。加大再贷款、再贴现支持力度，根据乡村振兴金融需求合理确定再贷款的期限、额度和发放时间，提高资金使用效率。更好发挥财政支持撬动作用，推进农业信贷担保体系建设。完善差异化监管体系，适度提高涉农贷款不良容忍度。

（二）围绕金融支持乡村振兴目标，构建服务乡村振兴的金融组织体系

鼓励辖内开发银行、农发行坚守开发性、政策性银行职能定位，依法合规加大对农业农村基础设施建设的中长期信贷支持，重点支持苏北地区农民群众住房条件改善等农业农村重点领域和薄弱环节。鼓励国有商业银行分支行积极支持江苏乡村振兴战略中的重大工程、重大项目、优质客户。股份制商业银行和城市商业银行要结合自身职能定位和业务优势，重点围绕提升基础金融服务覆盖面、推动城乡资金融通等方面开展工作。农村中小金融机构要回归支农支小本位。

（三）明确金融重点支持领域，加大金融资源向重点领域和薄弱环节的倾斜力度

加强金融支持精准扶贫力度，全力打好脱贫攻坚战。重点做好全省建档立卡低收入人口、经济薄弱村、苏北所辖6个重点片区和黄桥、茅山革命老区的金融扶贫工作。

推动农村一二三产业融合发展，支持农村特色优势产业发展，服务农业产业化龙头企业和农业产业化联合体。

助力美丽乡村建设，支持农业与旅游、文化、健康养老等产业深度融合。加大对现代农业产业园、农业产业强镇等的金融支持力度，推动产村融合、产城融合发展。

（四）推动金融产品和服务方式创新，满足乡村振兴多样化的融资需求

积极拓宽农业农村抵质押物范围，推动厂房和大型农机具抵押、圈舍和活体畜禽抵押、动产质押等信贷业务，推动形成全方位、多元化的农村资产抵质押融资模式。实施农村金融服务“一网通”工程，以江苏省综合金融服务平台为抓手，“一张网”整合政策、产品、服务信息资源，让信息“多跑路”，让涉农企业“少跑腿”。大力支持绿色金融的发展，优先满足“三农”环境友好型项目的资金需求。

（五）建立健全多渠道资金供给体系，拓宽乡村振兴资金来源

发挥多层次资本市场功能作用支持乡村振兴。支持符合条件的涉农金融机构利用资本市场补足资本金，提高资本充足率，提高金融服务乡村振兴的可持续性。支持符合条件的涉农企业通过上市、发行债券等方式开展直接融资，拓宽现代农业等重点行业领域合理融资渠道。鼓励商业银行发行“三农”专项金融债券，募集资金用于支持符合条件的乡村振兴项目建设。继续扩大农业保险覆盖面，提高农机具等涉农保险参保率，积极开展高效设施农业险种和农产品收益类保障险种的创新，扩大农业大灾保险试点范围。

（六）加强金融基础设施建设，为乡村振兴营造良好的金融生态环境

大力提升农村地区支付结算服务水平，以农村地区实际需求为导向，围绕优化

布局、拓展功能等方面推进江苏省内银行卡助农取款服务点和农村金融综合服务站提质增效。加快推进农村征信体系建设，全面开展各类经济主体的基本信息、经营信息等非银信息采集和更新工作，加快建立覆盖农村经济主体的信用信息数据库。加强农村地区金融消费权益保护，增强农村金融消费者的风险意识和识别违法违规金融活动的能力。推进农村地区金融生态环境建设。严厉打击非法金融活动和恶意逃废债行为，营造诚实守信的良好氛围。

第七章

江苏省金融支持乡村振兴的“生动实践”

农业农村的现代化发展离不开金融服务的支持。与地方发展共成长、助力乡村振兴战略、促进城乡均衡融合一直是江苏金融业发展的重要任务。近年来，通过顶层设计、政策引领、多方汇能，全省金融系统各类机构在支持农业农村发展的过程中，积极探索、勇于承担，通过开展产品创新、机制创新与科技创新，实现了主体多元、产品多样、服务改善的良好态势，推动江苏“三农”金融服务不断迈上新的台阶，不断提高自身金融支农的可持续能力，为江苏省农业强、农村美、农民富提供了重要支撑，也为助力江苏省的农业现代化发展发挥了积极的作用。江南农商银行、张家港农商银行、紫金农商银行、泰兴农商银行、启东农商银行、沭阳农商银行、昆山农商银行、江苏溧水民丰村镇银行等立足区域、服务“三农”发展的优秀农村金融机构；人保财险江苏分公司、平安产险江苏分公司、中国工商银行江苏省分行、中国太保产险江苏分公司、光大银行南京分行、广发银行南京分行、江苏银行等大型机构在金融扶贫领域的突出表现；中国大地保险江苏公司、中国农业银行南京分行、苏州银行、东吴证券、太仓农商行、邮储银行江苏分行、恒丰银行南京分行、弘业期货等机构在农村金融产品创新领域的积极探索，都在不同地区、不同领域内一起贡献着江苏省农业现代化发展的金融力量。

第一节　兴农业——赋能“三农”特色产业发展

服务好乡村振兴战略是金融系统义不容辞的职责使命。近年来，在金融系统的共同努力下，江苏“三农”金融服务呈现主体多元、产品多样、服务改善的良好态势，为江苏省农业强、农村美、农民富提供了重要支撑。通过顶层设计、政策引领、多方汇能，江苏农村金融改革创新和服务正取得显著成效。

2018 年以来，中国人民银行南京分行等六部门联合出台了《关于江苏金融服务乡村振兴的指导意见》，聚焦重点领域、深化改革创新，建立完善金融服务乡村振兴的市场体系、组织体系、产品体系，有效满足了乡村振兴多样化、多层次的金融需求。

数据显示，江苏省“三农”信贷投入持续加大，2016 年至 2018 年，全省金融机构涉农贷款余额分别为 2.83 万亿元、3.11 万亿元、3.23 万亿元，三年平均增幅为 7.38%。2018 年，江苏省金融机构农户贷款余额达 6949.6 亿元。2019 年江苏省内法人银行机构普惠型涉农贷款余额 3325.64 亿元，较年初增加 517.47 亿元，增长 18.43%，超过各项贷款增速 2.68 个百分点。

江苏省规模最大的金融机构——江苏省农村信用社联合社（以下简称农信联社）因地制宜深入服务乡村振兴。江苏省农信联社引领农商行坚守“支农支小”战略定位，明确提出 2019 年至 2022 年支持服务乡村振兴信贷投放总量目标超过 6000 亿元，并针对乡村振兴五大方面内容共配套 20 项具体措施，致力于提升乡村地区金融服务的覆盖率、可得性和满意度。在江苏省农信联社的引领下，江苏省的农商行在全国率先实现了乡镇营业网点、金融便民服务“村村通”和涉农补贴发放“三个全覆盖”。

此外，江苏省各地农商行还在省农信联社的统筹引导下，进一步转变营销思路、拓展服务模式，积极投身于乡村振兴与现代农业产业化发展，推出了各具特色的创新金融服务和产品。其中，紫金农商银行针对近年来许多“新农人”回农村创业，通过承包土地，建立家庭农场和专业合作社，运用科学计划、智能管理等先进理念和技术发展现代农业及农村特色产业的趋势，打造了涵盖“金陵惠农贷”“省农担”“绿能贷”“扶贫贴息贷”等在内的一系列新型支农金融服务产品，从各个环节与层面提高支农金融服务的精细化水平。例如“省农担”业务主要由紫金农商银行与江苏省农业融资担保有限责任公司合作开发，致力于服务包括粮食生产、畜牧水产养殖、菜果茶等农林优势特色产业，农资农机、农技等农业社会化服务以及与农业生产直接相关的一二三产业融合发展项目，家庭休闲农业、观光农业等农村新业态项目，通过向相关的小微企业发放低息贷款，解决了创业期小微企业及农户缺少抵押物而造成的“融资贵”等问题，有效扩大了支持现代农业特色产业发展的覆盖面。

此外，昆山农商银行依托创新金融服务，助力当地特色养殖业产业化发展。该行沭阳支行积极与当地生猪饲养企业江苏国明农业开发有限公司对接，制定对口授信方案并配套该行的短期流动资金贷款，用于企业向工厂化养殖场转型，实现可持续化发展；同时该行还为该企业配套了无还本续贷的产品“周转贷”。该行还与农业产业化龙头企业龙洋水产开展信贷合作，截至 2020 年，贷款余额 3000 万元。新冠肺炎疫情期间为缓解该企业库存积压，主动为企业申请贷款利率下调，下调幅度达 40 个基点，大力支持农业企业渡过难关。

产业发展是乡村振兴的有机载体，发展高效现代农业、特色产业已成为缩短城乡差距、促进融合发展的基石。2019年，江苏银保监局在全国率先出台了《关于开展银行业保险业支持乡村振兴试点示范工作的意见》，引导银行保险机构对照乡村振兴和扶贫攻坚总要求，围绕江苏省委、省政府确定的现代农业提质增效、农民收入新增万元等乡村振兴十项重点工程，因地制宜加强产品和服务创新，对接试点乡镇金融需求，加强对“公司＋村＋农户”等农业扶贫新模式、“农村电商”和“乡村旅游”等乡村新业态、龙头企业和家庭农场、合作社等新型农业经营主体的金融支持。各类银行与保险机构积极探索产品与服务创新，通过科学的金融产品设计与风险控制措施，实现金融供给与农业产业发展需求的协调发展。截至2019年末，参与试点银行机构已对接项目、企业、农户等融资主体2.2万个，新增授信107.3亿元，新增贷款余额51.5亿元，保险服务覆盖主体数量8.6万个。

然而，在产业振兴的背后，家庭农场、合作社、龙头企业也面临着融资门槛高、抵押物不足等困难，一度制约其产业发展。为突破这一瓶颈，江苏金融业把支持乡村振兴的着力点放在解决产业经营主体的融资难、融资贵的问题上。经过多年的努力，效果已经显现。

这其中，江苏银行和江苏省农业农村厅签订了战略合作协议，围绕贯彻实施江苏省乡村振兴十项重点工程，以现代农业提质增效工程、农民收入新增万元工程、脱贫致富奔小康工程、农村改革创新工程为重点，在资源投入、产业扶持、项目带动、平台搭建、改革推进、对口帮扶、干部挂职、行业研究、信息共享、系统建设等方面开展合作。对优质稻麦、绿色蔬菜、特色水产、规模畜禽、现代种业、林木种苗和林下经济、休闲观光农业、农业电子商务江苏八大优势特色涉农产业给予重点扶持。未来5年，江苏银行将力争累计投放涉农贷款超1000亿元。

紫金农商银行为促进和支持南京市新型农业经营主体健康可持续发展，与南京市财政局、南京市农业农村局合作，创新推出“金陵惠农贷”产品，向南京市新型农业主体（龙头企业、家庭农场和专业合作社）发放用于满足其日常农业生产活动的低利息纯信用贷款，解决了其融资难、融资贵、缺少抵押物的问题。截至2020年，该产品已服务于南京市龙头企业、合作社及家庭农场共计3470户，累计发放贷款28亿元，与南京市新型农业主体合作率达50%，为农村产业升级、乡村兴旺，农民脱贫致富增收提供了有力的金融支撑。并于2016年获得“南京市金融创新一等奖”。

同时，该行积极对接现代农业项目，助力特色农业产业化升级。在该行的长期金融支持下，包括南京市浦口区十里茶场、江宁区禄口禽业（曹村）智能生态蛋鸡场项目、江宁区谷里工业园年产5000吨实验动物饲料添加剂项目、六合区南京温农生态农业有限公司种养加三产融合项目等在内的一大批农村特色产业项目已经逐步实现稳健运营发展。

2019年，江苏省生猪养殖业受到非洲猪瘟疫情的较大冲击，全年生猪养殖保险简单赔付率高达293.61%，生猪稳生产、保供应成为政府关注的重点民生工程。针对养殖户普遍面临的信心不足、技术不足、资金不足等问题，尤其是因缺乏合适的抵押物而导致资金短缺，阻碍养殖户复养扩产的难点，国家、省市政府及银保监局先后出台政策文件，支持开展生猪活体抵押融资试点。与此同时，在江苏银保监局的推动下，各地银保监分局联合市场监督管理局、农业农村局等部门，为办理生猪活体抵押开辟了绿色通道。2020年，人保财险江苏省分公司适时推出“险资直投+生猪活体抵押”融资项目，为江苏省生猪养殖户复养扩产提供资金支持。这是一款以生猪活体抵押作为增信方式的融资产品，有效地解决了养殖户申请融资时自身抵押品不足的痛点，盘活了农户资产，降低了融资门槛；融资额度从10万元至300万元不等；融资成本切实降低，月息仅为4.16‰。全国首笔“险资直投+生猪活体抵押”融资项目于2020年3月13日落地徐州，当地养殖大户孙梅生通过抵押18头能繁母猪向人保财险申请到了10万元融资款。

创新创业无疑是农村现代化的活力源。随着农业农村发展，农村地区新型经济主体和新型农民的主体也随之转变的情况，宿迁民丰农商银行为返乡创业人员、种养大户等创业群体量身定制“电商贷”“瓜蒌贷”“金土地”“村干助业贷”等经营类贷款，点燃了农村产业发展的创业激情与活力。宿迁市馨和园花卉苗木家庭农场负责人王科军表示，现在信用贷无需抵押，融资流程更快了，家庭农场的负担也越来越小了。中国人民银行宿迁市中心支行副行长徐威介绍称，中心支行引导金融机构围绕宿迁市园艺型花木、优质稻米、精深加工肉禽和生态河蟹等六大百亿元级产业建设加大金融支持力度，针对县域小微企业等经济实体抵押物不足的突出问题，通过整合工商、税务、法院等公共信息数据，打造“企业信用等级认证管理系统”。这些措施，有力地推动了当地产业金融融合发展。

在农村金融保险领域，中国大地保险江苏分公司依托中国再保险（集团股份有限公司）和中国大地保险总公司的数据积累与经验支持，持续开展保险产品“扩面、增品、提标”，推出面向新型农业经营主体的高保额、多层次复合保险产品，促进农业增收、农民致富。并针对特色农产品，提高保障程度，探索将土地租金成本和农民收入纳入农业保险保障范围。2019 年，在宿迁地区开办了桃价格指数保险，提供 955.16 万元的风险保障，有效防范和化解了桃农风险，实现农户有效增收。在扬州地区创新农机具保险项目，为 5000 多户新型农业主体等提供农业机械综合保险保障近 21 亿元，填补了现代农业发展中的风险保障空缺，使保险真正成为乡村发展的“保护伞”。

如今，沭阳花木声名远播、阳山水蜜桃鲜甜可口、阳澄湖大闸蟹肥美飘香……这些县域经济的著名品牌，已成为江苏新农村建设的亮丽名片。

第二节　惠农民——创新推动农村普惠金融

目前，在江苏省金融领域，通过大数据等现代科技手段的应用，线上产品的丰富完善，围绕乡村百姓衣食住行、医疗保健等多样场景的金融服务生态圈已基本形成。

扶贫小额信贷政策不断完善。实施对建档立卡贫困户“能贷则贷、应贷尽贷”、推进扶贫小额信贷无还本续贷、简化业务流程手续等多项政策要求，并在洪泽、金湖、大丰、东台、建湖 5 个县（市、区）新开办扶贫小额信贷业务。2019 年，发放扶贫小额信贷 28.51 亿元，惠及 9.32 万个建档立卡低收入农户，投放量与受益户数分别比上年增加 6.33 亿元和 1.01 万户。为支持经济薄弱村的产业扶贫，32 家农商行对全省经济薄弱村各类市场主体投放贷款余额为 46.8 亿元，比年初增加 10.1 亿元。重点片区、革命老区内 112 个乡镇上的 212 家农商行网点发放的各项贷款余额为 377.2 亿元，比年初增加 51.2 亿元。农业银行江苏省分行给 12 个重点帮扶县单独下达贷款计划，精准扶贫贷款余额 57.3 亿元。对生源地助学贷款采取应贷尽贷，国开行江苏省分行联合教育部门加大助学贷款政策宣介力度，落实家庭困难认定改为“承诺制”的工作要求，全年发放生源地助学贷款 6.15 亿元，惠及家庭经济困难学生 7.6 万人。到 2019 年末全省已累计发放贷款金额 71.22 亿元，惠及 111.25 万人次，其中，家庭经济困难学生 52 万人。同时，积极探索商业保险扶贫模式。

推动农业大灾保险在江苏省试点范围从 14 个县增加至 35 个县，实现 12 个脱贫奔小康工程重点县（区）全覆盖。通过多年探索，江苏省保险业已形成精准扶贫的泗洪县“扶贫 100”、宿迁大病补充保险和连云港“防贫保”等多种模式。人保财险江苏分公司通过扶贫医疗救助保险、家政扶贫保险等，2019 年累计赔付 3942.32 万元，惠及 7.09 万人次。

银行保险机构通过加大电子机具投放、建设助农取款站点及保险服务点等举措，不断推进基础金融服务向基层延伸，持续提升农村地区基础金融服务能力。2019 年末，实现全省 763 个乡镇银行保险网点全覆盖，1.44 万个行政村机构、电子机具全覆盖。例如建设银行江苏省分行已建成“裕农通普惠金融服务点”1.32 万个，覆盖 69.3% 的行政村，被农民称赞为“村口银行”。在提升农村地区基础金融服务的过程中，江苏省农村信用社联合社因地制宜深入服务乡村振兴，引领农商行坚守“支农支小”战略定位，致力于提升乡村地区金融服务的覆盖率、可得性和满意度。辖下 62 家农商行在省联社的引领下，率先实现了乡镇营业网点、金融便民服务“村村通”和涉农补贴发放“三个全覆盖”。与此同时，各农商行还通过大数据等现代科技手段的应用不断丰富和完善线上产品与服务，2020 年，江苏省农商行系统网络支付客户、手机银行客户、收单商户持续增长，电子银行交易替代率已突破 90%。江苏保险机构在全国首创农业保险营销服务部建设标准，设立“三农”保险服务站点近 2 万个。围绕乡村百姓衣食住行、医疗保健、娱乐学习等多样场景的金融服务生态圈在江苏已基本形成。

随着乡村振兴战略的深入推进，无论是产业提升、基础优化，还是环境整治、农民增收，都涌现出旺盛的金融需求。中老年人习惯于物理网点的踏实放心，而年轻人倾向于手机银行的足不出户、灵活快捷，如何平衡多元化需求？怎样实现把金融服务送到农户家门口的目标？江苏农村金融机构给出的答案是“打通线上线下渠道，借助科技力量，致力于让金融服务更普惠、更便民”。

作为最早投身普惠金融的城商行之一，江苏银行着力打造“融旺乡村”品牌体系，以经营和管理为两大重点，加快线上化、移动化、智慧化步伐，扎实推进涉农业务“智慧金融进化工程”，构建了线下与线上联动、表内与表外结合、授信与非授信融合的存贷汇一体化系列“三农”和扶贫金融产品。目前，江苏银行在移动端已率先在业内开发“随 e 融”和“随 e 贷”微信服务平台，将“融旺乡村”系列产品嵌入其中，让农企农户总能匹配一款符合自身需求和特点的产品，且只需用手机

“扫一扫”“拍一拍”，无需提交纸质材料即可完成申请用款，最终实现金融服务无缝融入农村生产生活。同时，该行也注重助小扶微，进一步下沉服务重心，助力乡村产业繁荣，服务省级以上农业龙头企业 220 余家，覆盖率超 1/4，累计服务专业大户、家庭农场、合作社等新型农业经营主体超过 2500 户。通过自主开发线上“惠农超市”，与邮政以及苏北农产品批发企业合作，助力优质农产品进城，践行消费扶贫理念。

在农村保险服务领域，江苏省内机构同样在加大普惠力度，2007 年政策性农业保险推广以来，中国大地保险江苏分公司大力推动农业保险发展，目前农险产品已经覆盖农、林、牧、渔各个领域，产品数量超过 200 款。业务涉及地区已包括宿迁、南通、苏州、镇江等地。2019 年，中国大地保险江苏分公司在宿迁，承保了小麦 25.37 万亩、水稻 24.13 万亩以及油菜、玉米、大豆、花生等数万亩，并承保了设施大棚、露地旱生蔬菜、能繁母猪、奶牛、池塘淡水鱼等高效农业保险，为 10 万余农户提供风险保障 4.82 亿元。

近年来，该公司通过创新服务网络，推行“三农”一站式服务，着力建立“因地制宜、布局合理、覆盖全面、高效规范”的农业保险基层服务体系，确保做到“机构到县区、网点到乡镇、网络到村居、服务到农户”。并利用线上化、数字化、智能化，为农户提供一站式的保险体验。承保方面，农户和农险人员无需见面，即可在线上“一键”完成投保。理赔方面，接到报案后，查勘人员可通过线上方式指导农户拍照、录像，自助完成标的确认、割耳、无害化处理、理赔资料收集等一系列查勘动作。对资料齐全、符合理赔条件的第一时间完成赔款支付。

弘业期货发挥自身优势，积极拓宽服务范围，创新服务产品，推出“保险 + 期货”扶贫项目，有效解决了农民的后顾之忧，做到了“为农户保量又报价”，让农民丰产又丰收、减产不减收。

此前在江苏，“乡乡有机构、村村有服务”的目标已经实现，农村金融服务物理上的“最后一公里”已有效打通，而与之相对的却是农村金融整体科技化水平不高的现状。科技手段成为破解农村金融服务成本高、信息不对称等问题的重要途径之一。为此，江苏省农村金融机构持续推进数字化、网络化、智能化等现代金融服务，将触角延伸到农民的手指上。

目前，移动支付、手机理财、在线融资已成为江苏省各地农民办理金融业务的新常态。江苏省农信联社指导辖内农商行通过开通官方网站、二维码、微信公众号等信息交流线上渠道，推广手机银行、微信绑卡支付等金融新功能，提供融资、结算、理财、投资等综合金融服务方案，让普惠金融服务渠道体系更加全面。

这其中，昆山农商银行坚持“支农支小”市场定位，以优质服务推动富民惠农，探索最适合小微企业和“三农”金融服务的组织体系，不断完善和创新金融指导员队伍管理模式，下沉服务重心，扩大服务范围。把握“美丽乡村”建设热点，为乡村居民建房提供方便快捷的金融服务。持续改进和完善自助银行、手机银行、电话银行等服务渠道，推进村级便民服务中心、银行卡助农服务点等渠道建设，推动金融服务向村一级延伸。

在保险服务领域，为保障实现脱贫的农民，在今后的生活生产中不会因为突发情况而返贫。2017 年，中国太保产险在业内首创推出“防贫保”产品，为农民筑起了阻断贫困的“截流闸”和“拦水坝”。截至 2020 年 3 月末，中国太保旗下中国太保产险已在全国 24 个省 210 个区县开办“防贫保”业务，累计提供保险保障 2.94 万亿元，“防贫保”惠及全国超过 8000 万人口。因“防贫保”项目的公益性和精准性，在江苏地区一经推出，便获得了各级政府和扶贫办的大力支持，在全省迅速铺开。

受江苏省扶贫办委托，中国太保产险江苏分公司积极参与到江苏省政府建立解决相对贫困长效机制工作中去，在全国模式的基础上，结合江苏本地实际情况，融入江苏元素，经过实地调研，形成了相对完善具有“江苏特色”的“防贫保”产品方案。江苏“防贫保”业务自开展以来，中国太保产险江苏分公司连续取得重大突破，特别是在 2020 年开始，防贫保保额取得突破性进展。其中，连云港 9152000 万元、徐州 9898815 万元、扬州 496000 万元、淮安 934781 万元、南通 354750 万元、镇江 91200 万元、南京 195000 万元、泰州 87340 万元、常州 89600 万元、苏州 5821753 万元，总计惠及 4942927 人次，为江苏扶贫防贫工作开启了新篇章。

同时，该公司通过增点扩面、全面赋能、服务升级等具体举措，使“防贫保”成为巩固脱贫攻坚成果、建立解决相对贫困长效机制的有益实践。作为国内首款商业防贫保险，2019 年 10 月 17 日，中国太保凭借在防贫领域先行先试所取得的显著成效，获得全国扶贫领域的最高奖项——“2019 年全国脱贫攻坚奖组织创新奖”，成为该奖项设立 4 年来唯一获奖的保险企业。2020 年初，“防贫保”又从来自全球

30多个国家共820个报送案例中脱颖而出，荣获第一届“全球减贫案例征集活动”最佳减贫案例，为全球减贫治理输出中国经验。2020年5月14日，江苏省政府扶贫办与中国太保产险江苏分公司在南京签署“为农村（城镇）相对贫困群体防贫减贫提供保险保障”战略合作协议，双方将加强市县层级的沟通交流，寻求更多的合作，共同助力江苏脱贫攻坚走在全国前列。

第三节　美乡村——改善诗意江苏人居环境

自2018年9月，江苏省委、省政府作出改善苏北农民住房条件的部署后，省内银行业针对支持苏北农房工作中面临的政策障碍，从实际出发，突出问题导向，主动担当作为，协同地方政府成功探索出统规代建、拆建分离、政府采购等多种支持改善苏北农民住房条件的有效模式和可行路径。截至2019年末，全省银行业共准入农民住房条件改善项目143个，金额574.6亿元，已对71个项目发放贷款167.7亿元。苏北五市农商行累计对4.18万农户购买集中居住农房提供消费贷款42.1亿元。在保险领域，为加大支持生猪产业高质量发展，省内保险业机构创新产品服务，为生猪产业发展提供信贷支持，人保财险江苏省公司积极开展生物活体抵押贷款的探索。保险机构将育肥猪、能繁母猪养殖保险保额分别从600元/头、1000元/头提高至800元/头、1500元/头，累计承保生猪1450.2万头。

近年来，在当地政府、银企的携手努力下，江苏省特色小镇争相涌现，汇集了具有成长潜力的特色优势产业，集聚成绿色宜游的新业态。青砖黛瓦的乌衣巷、蜿蜒流淌的古运河、小桥流水的秦淮人家，青山绿水充满了无穷诗意，每个江苏儿女心中都有对这片热土魂牵梦萦的记忆。建设美丽乡村，为留住人们心中那一抹乡愁提供了有机载体。

这其中，紫金农商银行积极开拓金融服务领域，助力休闲农业和乡村旅游振兴。南京市六合区竹镇是农业产业强镇示范建设镇，由该行提供金融支持服务的竹镇梅云康养项目总投资3亿元，以田园度假、休闲观光和亲子体验为主导，形成高端民宿、康养步道、大泉茶场、田园美食、3D农业展示中心等特色，规划建设成民俗娱乐区、高端民宿区、文创休闲区和农事体验区四大片区，最终打造成集休闲度假、娱乐康体养生、生态农业等多功能于一体的民宿村。

在新冠肺炎疫情期间，该行联合南京市农业农村局、南京市文化旅游局共同发布了《关于助力休闲农业和乡村旅游疫后复苏惠农贷款的通知》（宁文旅发［2020］25号）文件，获得申请名单共计53户，总融资需求40220万元，该行第一时间制定营销方案，在全行号召客户经理进行营销，授信对象主要为休闲农业和乡村旅游建设运营方，含乡村旅游区、美丽乡村、示范田园、民宿、农家乐、特色商户经营方，景区内各类文创类、农产品、特色商品销售的个人、个体工商户、法人客户。截至2020年4月末，已实现投放2户，金额600万元；已审批2户，金额5200万元；正在授信申报中5户，金额5420万元。

江苏银行长期为东海国际农业合作示范区农业旅游综合开发项目提供对口金融支持，项目位于江苏省连云港市东海县石湖乡及牛山街道，建有四季果园、火龙果种植采摘区、优质蓝莓种植区、晶都百核园智能生态区、花卉种植区以及桃林、智慧农业示范园等。项目运营后需要大量的劳动力，能够吸引周边的农民再就业，提高了农民收入。同时，项目还整合了土地资源，发展了休闲旅游业。流转后的土地用来建设生态景区，建成后将成为一处集健康饮食、养心养性、田园休闲为一体的综合性乡村旅游项目区。实施旅游资源保护性开放利用，充分改善当地生态环境，从而实现可持续发展。

当下，苏南、苏北乡村各地的人居环境改善与乡村生态观光产业都在金融助力下持续发展。在宿迁，春看衲田花海，夏有曲水风荷，秋赏红枫之恋，冬来梅村煮雪。由工商银行宿迁分行牵头组建5亿元银团贷款支持的三台山国家森林公园，一年四季景致各异。这片苏北地区最大的天然次生林已成为华东地区、淮海经济区新兴观光休闲旅游的新地标。

在无锡，太湖之滨的灵山拈花湾小镇，一草一木、一砖一瓦都在向远道而来的游客传递着闲适、恬静之美。现在这里已建成集旅游、度假、商务休闲于一体的禅意特色文化旅游目的地，吸引成千上万游客为之驻足停留，而在这背后，金融机构的优质服务成为重要支撑。

这两个旅游胜地是江苏生态保护走向纵深的一帧剪影。宜居环境不仅提升了农民的幸福指数，也为当地创造了经济、社会效益的“双赢”局面。无锡农商行结合当地丰富的旅游资源，出台了重点县区“三农”金融服务专项方案，为传统农业向生态农业、乡村旅游、农家乐、特色小镇方向转型助力。通过支持山水林田湖整体保护、系统修复、综合治理等项目，共向 17 家公司投放贷款余额近 10 亿元，让身边的绿水青山真正成为农民的“金山银山”。

第四节　强实体——培育乡村经济发展动能

在经济新常态下，转型发展是金融机构与江苏经济共同面临的新形势。江苏实体经济占经济总量比重超过 80%，民营经济则占据全省经济的“半壁江山”。截至 2019 年末，江苏辖内银行业保险业全面完成普惠金融各项目标，普惠小微企业贷款实现“两增两控”。全省银行机构普惠型小微企业贷款余额 1.06 万亿元，较年初增长 31.32 %，高于各项贷款增幅 16.7 个百分点；贷款户数 122.59 万，新增 22.34 万户；平均利率 5.9%，同比下降 70 个基点。涉农贷款超过各项贷款增速。辖内法人银行机构普惠型涉农贷款余额 3325.64 亿元，较年初增加 517.47 亿元，增长 18.43%，超过各项贷款增速 2.68 个百分点，极大地降低了小微企业的贷款成本。

为深入贯彻落实《中共中央　国务院关于落实发展新理念加快农业现代化实现全面小康目标的若干意见》中关于“鼓励和支持保险资金开展支农融资业务创新试点”的要求，2015 年经国务院特批，中国人保成为全国唯一一家开展支农支小融资业务试点的保险企业。人保“险资直投”通过保险资产管理产品募集集团内保险资金，面向涉农企业、农户提供直接融资支持。自 2017 年在江苏试点以来，公司与地方政府、政策性担保公司累计签署合作协议额度 21.4 亿元，为全省 89 家农企、农户提供直接融资支持 1.63 亿元，通过产业扶贫带动超过 1 万名贫困人口增收。

进一步实现民营企业减费增效，让信息“多跑路”、让民营企业“少跑腿”，是江苏金融业一以贯之的努力方向。江苏省农信联社为银企搭建媒介，对接需求，推动全省农商行接入江苏省综合金融服务平台，发布符合民营小微企业融资需求的各类金融产品，有效提升了中小微企业的融资效率。

南京晟泰沅农牧发展有限公司位于浦口区永宁镇高丽村，主要经营生猪养殖。该企业是浦口区政府大力扶持的农业企业，也是浦口区产业化龙头企业、市级农业产业化龙头企业、南京市万头生猪养殖基地，同时还是浦口区扶贫基金会特邀副会长单位。为扶持该企业发展，近 10 年来，紫金农商银行一直与其建立长效对接的金融合作服务，目前企业在该行贷款达 400 万元。

为支持苏北地区产业发展，繁荣地方经济，带动地方脱贫，江苏银行先后设立了普惠金融部、“三农”金融部和扶贫金融部，总分行党委成立扶贫工作领导小组，直接挂钩响水、沭阳、丰县等苏北 12 个重点县（区）。其中，向响水县美丽乡村建设有限公司提供独家授信 1 亿元，专项支持该公司建设标准化生态生猪养殖场，服务当地生猪生态养殖项目，支持地方产业发展，助力地方脱贫攻坚。响水县美丽乡村建设有限公司是以实施农村人居环境改造提升以及基础设施建设的国有企业，通过与温氏公司合作，采用“公司 + 基地 + 农户”的养殖发展模式，建成生猪养殖场后全部租赁给温氏公司，农户以家庭为单位承包栋舍饲养，由温氏按统一标准为农户提供仔猪、饲料、防疫等支持，后期按照协议约定的价格向农户收购商品猪。项目一期已建成的 28 个养殖基地年出栏生猪超 20 万头，带动 150 余名农户参与养殖，同时吸纳 37 个经济薄弱村入股，每村入股资金按年化 10% 的收益率结算，每村可获得约 20 万元的投资收益。利用养殖基地屋面资源建设分布式光伏扶贫电站，将发电收益和 2500 万元的租金用于贫困户托底脱贫和解决经济薄弱村集体经营性收入不达标问题，仅 2018 年就带动 300 多贫困户托底脱贫。该模式通过发展生猪产业和脱贫攻坚相结合，建立了产业扶贫联动新机制，得到了省领导批示肯定和农业农村部门的积极推广。

苏州市阳澄湖现代农业发展有限公司位于“中国阳澄湖清水大闸蟹之乡”的阳澄湖镇，是江苏省农业产业化重点龙头企业。2011 年，该公司在现代农业规模化发展初期，苏州银行主动上门对接，优化贷款审批流程，制订合适的还款计划，发放项目贷款 5000 万元，支持该公司进行基础设施开发和高产优质高效农业体系建设；2017 年，苏州银行综合授信中长期流动资金贷款 10000 万元。截至 2019 年末，该公司已逐步发展成为从种培植到养殖再到销售的“一条龙”经营模式的现代农业企业，社会效益惠及当地 6 个行政村。

在江苏，更多的民营小微企业享受到了减费让利的红利。截至 2019 年末，民营企业贷款余额占比上升。全省银行业民营企业贷款（含私人控股企业贷款和个人经营性贷款）余额 3.3 万亿元，较年初增加 3714.03 亿元，增长 12.69%；贷款余额占全省公司类贷款余额的比重为 43.15%，较年初上升 0.08 个百分点；贷款余额户数 214.05 万户，比年初增加 28.75 万户；贷款加权平均利率为 5.27%，同比下降 63

个基点。

紧跟时代步伐、勇于创新突破是传承于江苏金融业的特有基因。历经多年发展，金融业为江苏经济注入了奔腾不息的动力，也创造出了极为丰富而宝贵的“三农”金融服务模式。各类金融机构为破解江苏城乡之间、地域之间、农业农村内部发展不均衡而进行的深入探索和创新，必将为江苏经济高质量发展凝聚起更加磅礴的力量。

参考文献

1. CHAKRABORTY S.，LAHIRI A.. Costly Intermediation and the Poverty of Nations［J］. International Economic Review，2007，48（01）：155–183.
2. SAINT–PAUL G.. Technological Choice，Financial Markets and Economic Development［J］. European Economic Review，1992，36（04）：763–781.
3. 柏振忠. 农业科技创新的投入机制与金融支持问题研究［J］. 科技与经济，2009，22（06）：37–40.
4. 蔡玉胜 . 农村金融体系创新的国际经验与启示［J］. 国家行政学院学报，2009（01）：101–103.
5. 曹若霈 . 美国科技金融支持农业发展的经验借鉴［J］. 世界农业，2014（01）：79–82.
6. 陈婵 . 乡村振兴战略下温州市新型农村金融发展模式及风险防范研究［J］. 时代经贸，2019（15）：47–48.
7. 陈璐璐 . 农村土地证券化研究述评［J］. 广东土地科学，2016（02）：11–15.
8. 陈宇. 农业科技的金融支持研究［D］. 长沙：湖南农业大学，2014.
9. 程波，吴建国 . 美国农业合作社发展的结构、特征及对中国的启示［J］. 世界农业，2016（08）：26–32.
10. 程相镖，袁彦娟，夏云天 . 金融支持农业供给侧改革的实践与思考［N/OL］. 金融时报，2017–11–28［2020–12–08］. https：//www.financialnews.com.cn/qy/dfjr/201711/t20171128–128567.html.
11. 戴明晓，马小南. 农业科技创新视阈下对农业金融发展的研究[J]. 农业经济，2014（05）：109–110.
12. 邸翠玲. 河北省金融支持农业科技创新的现状及对策研究［D］. 长沙：中南林

业科技大学，2015.

13. 丁冬，郑风田，彭军，内海真一 . 国外新型农业经营主体发展经验及其对我国的启示 [J]. 现代管理学，2014（06）：22–25.
14. 丁士军，史俊宏 . 全球化中的大国农业——英国农业 [M]. 北京：中国农业出版社，2013：253–282.
15. 丁振辉 . 论农村金融与农业现代化 [J]. 金融经济，2013（08）：132–134.
16. 董梅生，杨德才 . 工业化、信息化、城镇化和农业现代化互动关系研究——基于 VAR 模型 [J]. 农业技术经济，2014（04）：14–24.
17. 董晓林，朱敏杰 . 农村金融供给侧改革与普惠金融体系建设 [J]. 南京农业大学学报：社会科学版，2016（06）：14–18.
18. 杜婷婷，杨全年.江苏省各区域农村金融发展差异分析[J].中国商界(下半月)，2008（07）：26–27.
19. 葛冰 . 农村金融支持农业产业化发展的路径选择——以温州为例 [C]. 中国教育发展战略学会教育教学创新专业委员会 .2019 全国教育教学创新与发展高端论坛论文集（卷八）. 中国教育发展战略学会教育教学创新专业委员会：中国教育发展战略学会教育教学创新专业委员会，2019：544–546.
20. 郭鸿鹏，马成林，杨印生 . 美国低碳农业实践之借鉴[J]. 环境保护，2011(21)：71–73.
21. 郭佳莲 . 农村金融支持乡村振兴战略的路径选择：基于全国 11 家省级农信的案例 [J]. 西南金融，2019（08）：54–62.
22. 郭炜姗，张敏 . 浙江省新型农业经营主体的金融支持研究 [J]. 北京农业职业学院学报，2017，31（09）：36–41.
23. 郭之茵 . 周口市金融机构支持农业规模化经营的思考 [J]. 洛阳理工学院学报：社会科学版，2015，30（04）：69–72.
24. 国家统计局社会科技和文化产业统计司，科学技术部创新发展司. 中国科技统计年鉴 [M]. 北京：中国统计出版社，2016.
25. 国务院发展研究中心“推进社会主义新农村建设”课题组 . 中国农村金融供给的主要特点与问题 [J]. 调查研究报告，2006（257）：1–18.
26. 何菁菁 . 农业产业化发展中的金融支持研究 [D]. 浙江大学，2010.
27. 何永林，曹均学. 小农户与现代农业的有机衔接是中国农业现代化道路的必然选择［J］. 湖北经济学院学报（人文社会科学版），2018，15（07）：22–25.
28. 贺聪，洪昊，葛声，等. 金融支持农业科技发展的国际经验借鉴［J］. 浙江金融，2012（03）：33–38.
29. 黄小莉 . 金融支持农业产业化的关系研究［D］. 四川农业大学，2013.
30. 黄乙芸 . 江苏省城镇化与农业现代化协调发展现状及对策研究［D］. 湘潭大学，2017.
31. 霍兵，李颖 .2006 年度诺贝尔和平奖得主尤努斯小额贷款经济思想及其实践［J］. 经济学动态，2007（01）：67–71.
32. 江美芳 . 农村的金融发展与经济增长［D］. 苏州大学，2011.
33. 靳淑平，王济民 . 规模农户信贷资金需求现状及影响因素分析［J］. 农业经济问题，2017，38（08）：52–58.
34. 康晓虹 . 国外农业科技金融经验借鉴及启示［J］. 科学管理研究，2015，33（4）：121–124+128.
35. 康芸，李晓鸣 . 试论农业现代化的内涵和政策选择［J］. 中国农村经济，2000（09）：9–14.
36. 郎秀云 . 家庭农场：国际经验与启示——以法国、日本发展家庭农场为例［J］. 毛泽东邓小平理论研究，2013（10）：36–41.
37. 雷德雨，张孝德. 美国、日本农村金融支持农业现代化的经验和启示［J］. 农村金融研究，2016（05）：50–54.
38. 黎红梅，汪邹霞. 金融支持农业科技创新的国际经验［J］. 世界农业，2016（01）：79–83.
39. 李浩 . 农村金融对江苏省农业现代化的影响［J］. 时代金融，2018（26）：102–104.
40. 李浩 . 农村金融对农业供给侧结构性改革的影响［D］. 齐鲁工业大学，2019.
41. 李华，蒲应 . 全球化中的大国农业——新西兰农业［M］. 北京：中国农业出版社，2013：228–265.
42. 李巧莎，杨伟坤，杨蕾. 农业科技创新的财政金融支持研究［J］. 科技管理研究，2014，34（13）：8–10+15.
43. 李伟，马永谈 . 财政支农支出对农业现代化的影响效应研究——基于动态面板数据的实证分析［J］. 西安财经学院学报，2014（03）：5–9.

44. 李伟，宋发友，刘德恒，等 . 供给侧改革视角下新型农业经营主体融资研究［J］. 福建金融，2016（04）：10-16.
45. 辽宁省农经考察团 . 对日本农协的调查报告［R］. 农业经济，2002（10）：1-3.
46. 刘慧 . 中等发达地区农村金融发展研究［D］. 南京农业大学，2008.
47. 刘美辰 . 科技型中小企业金融支持研究［D］. 北京：首都经济贸易大学，2014.
48. 刘民权 . 中国农村金融市场研究［M］. 北京：中国人民大学出版社，2006：102-127.
49. 刘明 . 现代农业产业基金建设的若干思考——以江苏省常州市为例［J］. 预算管理与会计，2018（03）：63-65.
50. 刘婷，杜海蓉 . 推动江苏家庭农场高质量发展［J］. 江苏农村经济，2019（03）：44-45.
51. 刘婷婷，周艳海，周淑芬 . 美国农村金融发展模式对我国的启示［J］. 改革与战略，2016（08）：151-154.
52. 刘武军，宋长江，张莉莹 . 供应链金融支持乡村产业高质量发展研究——以吐鲁番市为例［J］. 甘肃金融，2020（02）：42-45.
53. 刘雪莲，陈丽金. 农业供应链金融典型模式绩效评价比较研究［J］. 黑龙江金融，2019（12）：43-45.
54. 刘媛 . 江苏省农村产业融合的现状分析、发展思路与政策建议［J］. 江苏农业科学，2019，47（15）：19-22.
55. 刘子靖 . 江苏省农业现代化发展及对策研究［D］. 浙江海洋大学，2017.
56. 陆美娟 . 江苏省农业转型发展的金融支持研究［D］. 南京农业大学，2008.
57. 陆美娟 . 江苏省农业转型发展的金融支持研究［D］. 南京农业大学，2008.
58. 马成武，马驰 . 发展农村金融服务助力乡村振兴战略实施［J］. 吉林农业，2019（20）：22.
59. 马俊杰 . 促进农业现代化的问题研究［J］. 中国市场，2016（05）：91-93.
60. 马天禄 . 金融支持农业科技发展的制约因素［J］. 中国金融，2012（15）：38-39.
61. 马雯秋 . 美国发展家庭农场的经验及对我国的启示［J］. 农业与技术，2013（07）：173-175.
62. 孟祺 . 金融支持与全球科创中心建设：国际经验与启示［J］. 科学管理研究，2018，36（3）：106-109.

63. 莫媛 . 县域农村金融市场分割与金融发展［D］. 南京农业大学，2011.
64. 秦建军，刘华周 . 江苏财政支农投入促进农业现代化发展探讨［J］. 福建农业学报，2013，28（05）：499–503.
65. 秦社华 . 探究江苏省农村金融服务现状及发展对策［J］. 福建质量管理，2015（10）：134.
66. 申蕙. 金融支持现代农业发展研究：以贵州茶产业为例［D］. 昆明：昆明理工大学，2017.
67. 沈辉，赵银德 . 关于江苏省农业经济效益的思考［J］. 商业研究，2006（13）：186–188.
68. 舒尔茨 . 改造传统农业［M］. 梁小民，译 .2 版 . 北京：商务印书馆，2006.
69. 宋丹丹，高婕 . 金融支持乡村振兴战略的思考［J］. 纳税，2019，13（14）：171–173.
70. 宋桂林 . 试析美国农业信贷银行法律制度的中国意义［J］. 西南石油大学学报，2017（01）：67–73.
71. 宋龙杰 . 影响安徽农村金融服务需求的因素分析［J］. 现代经济信息，2020（05）：133.
72. 孙鸿志 . 美国现代化进程中的政策分析［J］. 山东社会科学，2008（02）：72–75.
73. 孙天琦，梁冰，李立君 . 日本农业政策金融——农林渔业金融公库的基本情况与改革动向［J］. 西部金融，2006（07）：11–14.
74. 孙文基 . 关于我国农业现代化财政支持的思考［J］. 农业经济问题，2013（09）：29–33.
75. 汤晓菲 . 农村金融体系研究［D］. 山西财经大学，2014.
76. 唐珂. 荷兰农业［M］. 北京：中国农业出版社，2015：71–81.
77. 唐珂 . 美国农业［M］. 北京：中国农业出版社，2015：267.
78. 特约评论员 . 强化龙头企业在产业兴旺中的引领作用［J］. 江苏农村经济，2019（05）：1.
79. 王琳 . 江苏省农业专业化发展现状及改进——以现代农业物质技术装备为例［J］. 现代企业，2020（01）：130–131.
80. 王录仓，武荣伟，梁炳伟，张钦，刘华军 . 中国农业现代化水平时空格局［J］.

干旱区资源与环境，2016（12）：1–7.
81. 王雅芹，王震．创新农村金融模式对“三农”发展的推动作用[J]. 改革与战略，2017（10）：144–146.
82. 王岩．供给侧视角下农业现代化实现困境与路径选择——以江苏省为例［J］. 山西农业大学学报：社会科学版，2018，17（09）：18–25.
83. 王樱诺. 吉林省农业科技金融发展问题研究［D］. 长春：吉林农业大学，2017.
84. 王智来，侯峥，郭峰．美国金融与现代农业考察报告[J]. 中国金融，2017(02)：98–101.
85. 吴代红．农业现代化进程中的农村金融发展[J]. 上海金融学院学报，2013(01)：64–73.
86. 吴天龙，刘同山，孔祥智．农民合作社与农业现代化——基于黑龙江仁发合作社个案研究［J］. 农业现代化研究，2015，36（03）：355–361.
87. 吴欣颀．江苏省农村金融服务市场发展现状分析［J］. 智库时代，2018（36）：44–45.
88. 肖干，徐鲲．农村金融发展对农业科技进步贡献率的影响——基于省级动态面板数据模型的实证研究［J］. 农业技术经济，2012（08）：87–95.
89. 徐宏．江苏省农业生态可持续发展评价[J]. 中国农业资源与区划，2019，40(08)：164–170.
90. 鄢小兵．从经济学的角度看美国低碳农业及对我国的启示[J]. 科技创业月刊，2011（17）：23–25.
91. 阎枭元．我国农村金融对农业现代化影响研究［D］. 辽宁大学，2013.
92. 杨柳，全晓艳，汪继红，等．四川农业科技成果转化与金融支持问题研究［J］. 中国农学通报，2016，32（26）：188–193.
93. 杨潇．湖南省农村金融支持农业科技进步实证研究［D］. 中南林业科技大学，2015.
94. 易丹丹. 科技金融助推现代农业发展研究：以贵州茶产业为例［D］. 长沙：长沙理工大学，2016.
95. 张会敏．浙江省农村金融发展与农村经济增长关系的实证研究［D］. 浙江财经大学，2017.

96. 张宁宁. “新常态”下农村金融制度创新：关键问题与路径选择［J］. 农业经济问题，2016（06）：69–74.

97. 张晓芳 . 江苏省农业产业化经营的优化路径选择［J］. 中国农业资源与区划，2016，37（10）：146–150.

98. 张孝德 . 农业工业化失灵与中国特色农业发展模式思考［J］. 国家行政学院学报，2011（05）：47–51.

99. 赵昌文 . 科技金融［M］. 南京：江苏人民出版社，2010：115.

100. 郑凌霄，刘宁宁 . 江苏省农业现代化的金融支持研究［J］. 农业经济，2015（11）：105–107.

101. 中国人民银行农村金融服务研究小组 . 中国农村金融发展报告［R］. 北京：中国农村金融发展报告，2008.

102. 中国人民银行农村金融服务研究小组 . 中国农村金融服务报告 2014［M］. 北京：中国金融出版社，2015：11–19.

103. 周月书 . 农村金融改革与发展现状分析——以江苏为例［J］. 团结，2013（05）：34–37.

104. 朱兆文 . 金融支持农业现代化实践［J］. 中国金融，2013（12）：69–70.

附录

附录一　农业现代化指标相关数据

表1　农业产出效益指标相关数据										
年份	农业产出效益									
	农林牧渔业增加值（亿元）	无量纲化	粮食亩产（kg）	无量纲化	高效设施农业面积比重（%）	无量纲化	农民人均纯收入（元）	无量纲化	农业产出效益	增长率（%）
2012	3418.30	0.77	421.33	0.59	13.9	0.58	12133	0.22	52.66	—
2013	3646.10	0.83	425.67	0.61	15.2	0.66	13521	0.26	57.36	8.93
2014	3634.30	0.82	432.87	0.63	16.5	0.74	14958	0.30	60.91	6.18
2015	3988.00	0.91	437.67	0.65	16.9	0.76	16257	0.34	64.95	6.64
2016	4078.50	0.93	425.33	0.61	18.1	0.83	17606	0.38	67.58	4.05
2017	4076.70	0.93	436.47	0.64	18.7	0.87	19158	0.42	70.50	4.31
2018	4141.70	0.94	445.60	0.67	19.6	0.92	20845	0.47	74.22	5.29
2019	4296.30	0.98	459.10	0.71	20.3	0.96	22675	0.52	78.58	5.87
Max	2019年广东4351.26	—	2019年上海544.67	—	2019年上海20.7	—	2019年广东39014	—	—	—
Min	2012年西藏80.41	—	2012年贵州235.62	—	2012年西藏4.2	—	2012年甘肃4495	—	—	—

表 2　农业科技进步指标相关数据

年份	农业科技进步									
	农业科技进步贡献率（%）	无量纲化	农村网络公共服务（%）	无量纲化	农业机械总动力（万千瓦）	无量纲化	新型农业信息服务覆盖率（%）	无量纲化	农业科技进步	增长率（%）
2012	53.50	0.25	57.20	0.29	4214.64	0.39	52.00	0.15	28.68	—
2013	57.00	0.41	66.70	0.35	4405.78	0.41	53.20	0.19	35.75	24.65
2014	61.60	0.62	74.30	0.40	4649.98	0.44	54.80	0.23	44.61	24.77
2015	65.00	0.77	75.80	0.41	4825.00	0.45	57.00	0.30	51.04	14.42
2016	66.20	0.83	83.70	0.46	4907.00	0.46	60.00	0.39	55.64	9.02
2017	67.00	0.86	87.70	0.49	4991.00	0.47	60.20	0.39	57.67	3.64
2018	68.00	0.91	95.00	0.54	5042.00	0.47	62.40	0.46	61.41	6.49
2019	69.10	0.96	123.30	0.72	5083.00	0.48	64.00	0.51	68.14	10.97
Max	2019 年上海 70.0	—	2019 年广东 164.7	—	2019 年广东 10415.2	—	2019 年上海 80.0	—	—	—
Min	2012 年西藏 48.1	—	2012 年西藏 12.0	—	2012 年贵州 112.7	—	2012 年西藏 47.3	—	—	—

表 3　农业产业化经营指标相关数据

年份	农业产业化经营											
	农户参加各类合作经济组织比重（%）	无量纲化	除涝面积（千公顷）	无量纲化	农产品加工产值与农业总产值之比	无量纲化	省级以上农业龙头企业销售（交易）总额（亿元）	无量纲化	农产品出口额（亿美元）	无量纲化	农业产业化经营	增长率（%）
2012	42.00	0.62	2812.00	0.35	1.44	0.60	4955.23	0.17	30.6	0.62	41.23	—
2013	50.00	0.63	2853.30	0.66	2.30	0.77	6352.72	0.17	31.5	0.63	54.41	31.98
2014	56.00	0.65	2962.00	0.72	2.47	0.85	6998.80	0.20	36.1	0.65	60.17	10.59
2015	60.00	0.66	3017.70	0.73	2.48	0.84	6927.40	0.19	33.7	0.66	61.69	2.52
2016	63.00	0.69	3125.60	0.78	2.64	0.93	7599.39	0.20	35.9	0.69	66.12	7.18
2017	65.00	0.88	4014.40	0.99	3.20	0.88	7222.60	0.21	38.3	0.88	75.90	14.80
2018	78.50	0.95	4315.50	0.92	3.00	0.91	7441.00	0.22	40.2	0.95	81.20	6.98
2019	80.00	0.99	4501.20	0.95	3.10	0.96	7896.70	0.23	41.4	0.99	84.51	4.07
Max	2019 年黑龙江 86.3	—	2019 年江苏 4501.2		2017 年江苏 320.0	—	2019 年广东 8100.0	—	2019 年广东 176.3	—	—	—
Min	2012 年西藏 22.0	—	2012 年西藏 12.5		2012 年甘肃 50.0	—	2012 年贵州 200.0	—	2012 年贵州 0.42	—	—	—

表 4　农业物质装备指标相关数据

年份	农业物质装备					
	高标准农田比重（%）	无量纲化	农业综合机械化水平（%）	无量纲化	农业物质装备	增长率（%）
2012	44.90	0.44	76.00	0.73	58.52	
2013	48.40	0.50	78.00	0.75	62.85	7.39
2014	50.30	0.54	79.03	0.77	65.16	3.68
2015	52.00	0.57	80.00	0.78	67.26	3.22
2016	56.00	0.64	82.12	0.81	72.11	7.20
2017	58.60	0.68	83.00	0.82	74.95	3.95
2018	61.00	0.73	84.00	0.83	77.69	3.66
2019	66.41	0.82	86.00	0.85	83.72	7.76
Max	2019 年 广东 75.7	—	2019 年 黑龙江 97.2	—	—	—
Min	2012 年 贵州 20.4	—	2012 年 贵州 16.0	—	—	—

表 5　农业生态环境指标相关数据

年份	农业生态环境							
	有效灌溉率（%）	无量纲化	每亩耕地化肥施用量（kg/亩）	无量纲化	林木覆盖率（%）	无量纲化	农业生态环境	增长率（%）
2012	80.79	0.74	48.03	0.27	21.6	0.40	47.64	—
2013	82.62	0.77	47.43	0.28	21.9	0.41	48.97	2.79
2014	85.05	0.80	47.00	0.28	22.2	0.43	50.76	3.65
2015	86.40	0.82	46.54	0.29	22.5	0.44	52.06	2.56
2016	88.69	0.85	45.46	0.31	22.8	0.45	54.20	4.12
2017	90.35	0.87	44.19	0.33	22.9	0.46	55.92	3.18
2018	91.38	0.88	42.53	0.36	23.2	0.47	57.85	3.46
2019	91.76	0.89	41.54	0.38	23.5	0.48	59.05	2.06
Max	2012 年 甘肃 24.1	—	2019 年 广东 62.6	—	2018 年 河北 35.0	—	—	—
Min	2019 年 上海 99.6	—	2012 年 西藏 7.5	—	2012 年 上海 12.6	—	—	—

表 6 农业支持保障指标相关数据

年份	农业支持保障							
	财政对农业总投入的增长幅度与财政经常性收入增长幅度之比	无量纲化	农业贷款增长幅度与贷款总额增长幅度之比	无量纲化	高效农业保费占农业保险保费总额比重（%）	无量纲化	农业支持保障	增长率（%）
2012	1.59	0.55	0.91	0.93	15.00	0.18	55.45	—
2013	1.25	0.43	0.67	0.62	22.94	0.32	45.31	-18.29
2014	0.35	0.11	0.52	0.42	46.71	0.75	38.33	-15.41
2015	1.10	0.38	0.59	0.51	48.12	0.78	52.83	37.84
2016	-1.98	-0.71	0.52	0.41	50.10	0.81	4.65	-91.20
2017	0.90	0.31	0.82	0.82	51.20	0.83	60.29	1196.43
2018	2.21	0.77	0.70	0.65	54.31	0.89	77.00	27.71
2019	2.12	0.74	0.92	0.95	56.94	0.93	85.32	10.81
Max	2012 年天津 0.03	—	2012 年西藏 0.21		2012 年甘肃 5.00	—	—	—
Min	2018 年西藏 2.84	—	2019 年广东 0.95		2019 年广东 60.00	—	—	—

表 7 江苏省 13 市 2019 年农业产出效益指标相关数据

地区	农林牧渔业增加值（亿元）	无量纲化	粮食亩产（kg）	无量纲化	高效设施农业面积比重（%）	无量纲化	农民人均纯收入（元）	无量纲化	得分
南京	289.82	0.30	481.00	0.72	22.00	0.50	27636	0.61	52.60
无锡	122.50	0.00	459.06	0.47	21.50	0.42	33574	0.98	48.80
徐州	682.80	0.99	439.00	0.24	25.00	0.96	19873	0.12	57.25
常州	157.00	0.06	484.90	0.77	23.70	0.76	30491	0.79	59.49
苏州	196.70	0.13	480.90	0.72	23.81	0.78	35152	1.08	69.18
南通	428.80	0.54	422.97	0.05	21.30	0.39	24303	0.40	35.90
连云港	362.70	0.42	483.06	0.75	20.90	0.32	18061	0.01	34.61
淮安	386.20	0.47	480.70	0.72	20.00	0.18	18567	0.04	32.50
盐城	619.90	0.88	483.15	0.75	19.33	0.08	22258	0.27	47.49
扬州	292.80	0.30	493.00	0.86	21.47	0.41	23333	0.34	45.74
镇江	140.20	0.03	478.59	0.69	23.60	0.74	26785	0.56	50.10
泰州	292.50	0.30	499.93	0.94	19.00	0.03	23116	0.33	37.42
宿迁	324.60	0.36	455.53	0.43	19.56	0.12	18121	0.02	21.19

表8 江苏省13市2019年农业科技进步指标相关数据

地区	农业科技进步贡献率（%）	无量纲化	持证农业劳动力占农业劳动力的比重（%）	无量纲化	农业机械总动力（万千瓦）	无量纲化	新型农业信息服务覆盖率（%）	无量纲化	得分
南京	73.00	0.96	35.00	0.77	231.62	0.21	63.20	0.18	55.60
无锡	63.80	0.43	28.50	0.43	96.33	0.00	64.00	0.32	28.26
徐州	61.20	0.28	23.00	0.14	736.85	0.99	65.00	0.49	49.14
常州	67.00	0.61	35.00	0.77	143.71	0.07	64.80	0.45	46.28
苏州	69.50	0.76	38.00	0.93	148.07	0.08	67.00	0.83	61.11
南通	68.60	0.70	28.00	0.40	413.93	0.49	64.00	0.32	50.20
连云港	59.50	0.18	20.48	0.01	616.02	0.80	62.80	0.11	30.98
淮安	64.20	0.45	22.60	0.12	634.92	0.83	64.00	0.32	46.09
盐城	72.00	0.90	33.00	0.67	703.79	0.94	67.30	0.88	85.31
扬州	70.00	0.78	30.00	0.51	278.31	0.28	64.20	0.35	49.50
镇江	69.10	0.73	25.19	0.26	149.50	0.08	64.60	0.42	37.43
泰州	64.30	0.45	26.00	0.30	284.02	0.29	63.00	0.14	31.50
宿迁	57.00	0.03	39.00	0.98	605.18	0.79	63.00	0.14	49.65

表 9　江苏省 13 市 2019 年农业产业化经营指标相关数据

地区	农户参加各类合作经济组织比重（%）	无量纲化	人均农作物播种面积（亩）	无量纲化	第一产业就业人数占比（%）	无量纲化	省级以上农业龙头企业销售（交易）总额（亿元）	无量纲化	农产品出口额（亿美元）	无量纲化
南京	79.80	0.70	0.55	0.13	0.09	0.22	1900.00	0.99	3.49	0.40
无锡	85.00	0.92	0.93	0.83	0.04	0.03	598.00	0.23	2.75	0.31
徐州	68.00	0.20	0.51	0.05	0.25	0.77	1105.79	0.52	2.67	0.30
常州	86.00	0.96	0.51	0.05	0.10	0.26	630.00	0.25	0.90	0.07
苏州	85.00	0.92	1.01	0.98	0.03	0.00	1504.00	0.76	4.74	0.57
南通	81.00	0.75	0.53	0.09	0.18	0.54	1600.00	0.81	8.04	0.99
连云港	64.00	0.03	0.49	0.01	0.31	0.99	286.00	0.04	6.28	0.76
淮安	69.00	0.24	0.61	0.24	0.27	0.85	212.00	0.00	0.35	0.00
盐城	75.00	0.50	0.87	0.72	0.22	0.68	360.60	0.09	1.98	0.21
扬州	85.00	0.92	0.73	0.46	0.15	0.41	336.00	0.07	0.83	0.06
镇江	83.00	0.84	0.54	0.10	0.11	0.29	361.00	0.09	0.52	0.02
泰州	84.00	0.88	0.54	0.10	0.20	0.61	349.47	0.08	4.04	0.48
宿迁	76.00	0.54	0.51	0.05	0.30	0.95	219.60	0.01	0.76	0.05

表 10　江苏省 13 市 2019 年农业物质装备指标相关数据

地区	高标准农田比重（%）	无量纲化	农业综合机械化水平（%）	无量纲化	得分
南京	77.00	0.92	89.50	0.88	90.03
无锡	64.00	0.24	91.00	0.95	59.75
徐州	65.45	0.32	73.05	0.04	17.74
常州	67.70	0.44	83.09	0.55	49.27
苏州	77.68	0.96	90.10	0.91	93.34
南通	72.00	0.66	88.00	0.80	73.08
连云港	61.31	0.10	86.00	0.70	39.93
淮安	60.00	0.03	84.80	0.64	33.43
盐城	61.50	0.11	84.00	0.60	35.32
扬州	74.00	0.77	86.50	0.72	74.50
镇江	70.40	0.58	78.00	0.29	43.36
泰州	76.10	0.88	86.00	0.70	78.73
宿迁	61.50	0.11	84.00	0.60	35.32

表 11　江苏省 13 市 2019 年农业生态环境指标相关数据

地区	有效灌溉率（%）	无量纲化	每亩耕地化肥施用量（kg/亩）	无量纲化	林木覆盖率（%）	无量纲化	得分
南京	94.18	0.56	19.01	1.00	31.30	0.96	83.02
无锡	99.00	0.92	22.21	0.92	27.70	0.53	81.23
徐州	87.70	0.07	61.73	0.01	30.51	0.87	27.71
常州	92.00	0.39	24.50	0.87	26.41	0.38	55.98
苏州	97.00	0.77	19.59	0.98	30.00	0.81	85.78
南通	92.80	0.45	31.72	0.70	23.49	0.03	42.30
连云港	91.00	0.32	56.93	0.12	28.70	0.65	34.44
淮安	90.73	0.30	48.38	0.32	23.92	0.08	24.48
盐城	93.00	0.47	39.07	0.53	27.00	0.45	48.75
扬州	96.11	0.71	42.49	0.46	23.44	0.03	42.28
镇江	91.22	0.33	27.92	0.79	25.24	0.24	47.08
泰州	91.65	0.37	33.96	0.65	24.33	0.13	40.21
宿迁	91.14	0.33	56.22	0.14	28.45	0.62	34.55

表 12 江苏省 13 市 2019 年农业支持保障指标相关数据

地区	财政对农业总投入的增长幅度与财政经常性收入增长幅度之比	无量纲化	农业贷款增长幅度与贷款总额增长幅度之比	无量纲化	高效农业保费占农业保险保费总额比重（%）	无量纲化	得分
南京	0.7105	0.3614	0.1453	0.70	70.00	0.98	63.29
无锡	−1.2527	−0.0023	0.0653	0.01	45.00	0.15	4.35
徐州	1.7158	0.5477	0.1768	0.97	64.00	0.78	73.39
常州	−0.0954	0.2121	0.1047	0.35	62.00	0.71	39.32
苏州	0.5846	0.3381	0.0936	0.25	60.00	0.65	40.10
南通	−0.9090	0.0614	0.1191	0.47	62.63	0.73	37.01
连云港	0.4170	0.3070	0.1787	0.98	40.87	0.01	41.68
淮安	0.1563	0.2587	0.1765	0.97	47.35	0.23	45.19
盐城	4.1160	0.9924	0.1679	0.89	62.89	0.74	89.19
扬州	0.4766	0.3181	0.1460	0.70	52.00	0.38	44.61
镇江	2.0794	0.6150	0.1339	0.60	58.00	0.58	60.02
泰州	1.6545	0.5363	0.1256	0.53	65.17	0.82	61.36
宿迁	2.7233	0.7343	0.1443	0.69	66.32	0.86	75.54

附录二　关于乡村振兴战略的政策文件

文件一：

全国乡村产业发展规划（2020–2025年）

产业兴旺是乡村振兴的重点，是解决农村一切问题的前提。乡村产业内涵丰富、类型多样，农产品加工业提升农业价值，乡村特色产业拓宽产业门类，休闲农业拓展农业功能，乡村新型服务业丰富业态类型，是提升农业、繁荣农村、富裕农民的产业。近年来，农村创新创业环境不断改善，新产业新业态大量涌现，乡村产业发展取得了积极成效。但存在产业链条较短、融合层次较浅、要素活力不足等问题，亟待加强引导、加快发展。根据《国务院关于促进乡村产业振兴的指导意见》要求，为加快发展以二三产业为重点的乡村产业，制定本规划。

规划期限2020–2025年。

第一章　规划背景

产业振兴是乡村振兴的首要任务。必须牢牢抓住机遇，顺势而为，乘势而上，加快发展乡村产业，促进乡村全面振兴。

第一节　重要意义

当前，我国即将全面建成小康社会，开启全面建设社会主义现代化国家新征程，发展乡村产业意义重大。

发展乡村产业是乡村全面振兴的重要根基。乡村振兴，产业兴旺是基础。要聚集更多资源要素，发掘更多功能价值，丰富更多业态类型，形成城乡要素顺畅流动、产业优势互补、市场有效对接格局，乡村振兴的基础才牢固。

发展乡村产业是巩固提升全面小康成果的重要支撑。全面建成小康社会后，在迈向基本实现社会主义现代化的新征程中，农村仍是重点和难点。发展乡村产业，让更多的农民就地就近就业，把产业链增值收益更多地留给农民，农村全面小康社会和脱贫攻坚成果的巩固才有基础、提升才有空间。

发展乡村产业是推进农业农村现代化的重要引擎。农业农村现代化不仅是技术装备提升和组织方式创新，更体现在构建完备的现代农业产业体系、生产体系、经营体系。发展乡村产业，将现代工业标准理念和服务业人本理念引入农业农村，推进农业规模化、标准化、集约化，纵向延长产业链条，横向拓展产业形态，助力农业强、农村美、农民富。

第二节　发展现状

党的十八大以来，农村创新创业环境不断改善，乡村产业快速发展，促进了农民就业增收和乡村繁荣发展。

农产品加工业持续发展。2019 年，农产品加工业营业收入超过 22 万亿元，规模以上农产品加工企业 8.1 万家，吸纳 3000 多万人就业。

乡村特色产业蓬勃发展。建设了一批产值超 10 亿元的特色产业镇（乡）和超 1 亿元的特色产业村。发掘了一批乡土特色工艺，创响了 10 万多个“乡字号”“土字号”乡土特色品牌。

乡村休闲旅游业快速发展。建设了一批休闲旅游精品景点，推介了一批休闲旅游精品线路。2019 年，休闲农业接待游客 32 亿人次，营业收入超过 8500 亿元。

乡村新型服务业加快发展。2019 年，农林牧渔专业及辅助性活动产值 6500 亿元，各类涉农电商超过 3 万家，农村网络销售额 1.7 万亿元，其中农产品网络销售额 4000 亿元。

农业产业化深入推进。2019 年，农业产业化龙头企业 9 万家（其中，国家重点龙头企业 1542 家），农民合作社 220 万家，家庭农场 87 万家，带动 1.25 亿农户进入大市场。

农村创新创业规模扩大。2019 年，各类返乡入乡创新创业人员累计超过 850 万人，创办农村产业融合项目的占到 80%，利用“互联网 +”创新创业的超过 50%。在乡创业人员超过 3100 万。

近年来，各地在促进乡村产业发展中积累了宝贵经验。注重布局优化，在县域内统筹资源和产业，探索形成县城、中心镇（乡）、中心村层级分工明显的格局。注重产业融合，发展二三产业，延伸产业链条，促进主体融合、业态融合和利益融合。

注重创新驱动，开发新技术，加快工艺改进和设施装备升级，提升生产效率。注重品牌引领，推进绿色兴农、品牌强农，培育农产品区域公用品牌和知名加工产品品牌，创响乡土特色品牌，提升品牌溢价。注重联农带农，建立多种形式的利益联结机制，让农民更多分享产业链增值收益。

第三节　机遇挑战

当前，乡村产业发展面临难得机遇。主要是：政策驱动力增强。坚持农业农村优先发展方针，加快实施乡村振兴战略，更多的资源要素向农村聚集，“新基建”改善农村信息网络等基础设施，城乡融合发展进程加快，乡村产业发展环境优化。市场驱动力增强。消费结构升级加快，城乡居民的消费需求呈现个性化、多样化、高品质化特点，休闲观光、健康养生消费渐成趋势，乡村产业发展的市场空间巨大。技术驱动力增强。世界新科技革命浪潮风起云涌，新一轮产业革命和技术革命方兴未艾，生物技术、人工智能在农业中广泛应用，5G、云计算、物联网、区块链等与农业交互联动，新产业新业态新模式不断涌现，引领乡村产业转型升级。

同时，乡村产业发展面临一些挑战。主要是：经济全球化的不确定性增大。新冠肺炎疫情对世界经济格局产生冲击，全球供应链调整重构，国际产业分工深度演化，对我国乡村产业链构建带来较大影响。资源要素瓶颈依然突出。资金、技术、人才向乡村流动仍有诸多障碍，资金稳定投入机制尚未建立，人才激励保障机制尚不完善，社会资本下乡动力不足。乡村网络、通讯、物流等设施薄弱。发展方式较为粗放。创新能力总体不强，外延扩张特征明显。目前，农产品加工业与农业总产值比为 2.3：1，远低于发达国家 3.5：1 的水平。农产品加工转化率为 67.5%，比发达国家低近 18 个百分点。产业链条延伸不充分。第一产业向后端延伸不够，第二产业向两端拓展不足，第三产业向高端开发滞后，利益联结机制不健全，小而散、小而低、小而弱问题突出，乡村产业转型升级任务艰巨。

第二章　总体要求

第一节　指导思想

以习近平新时代中国特色社会主义思想为指导，全面贯彻党的十九大和十九届二中、三中、四中全会精神，坚持农业农村优先发展，以实施乡村振兴战略为总抓手，以一二三产业融合发展为路径，发掘乡村功能价值，强化创新引领，突出集群成链，延长产业链，提升价值链，培育发展新动能，聚焦重点产业，聚集资源要素，大力发展乡村产业，为农业农村现代化和乡村全面振兴奠定坚实基础。

第二节　基本原则

——坚持立农为农。以农业农村资源为依托，发展优势明显、特色鲜明的乡村产业。把二三产业留在乡村，把就业创业机会和产业链增值收益更多留给农民。

——坚持市场导向。充分发挥市场在资源配置中的决定性作用，激活要素、激活市场、激活主体，以乡村企业为载体，引导资源要素更多地向乡村汇聚。

——坚持融合发展。发展全产业链模式，推进一产往后延、二产两头连、三产走高端，加快农业与现代产业要素跨界配置。

——坚持绿色引领。践行绿水青山就是金山银山理念，促进生产生活生态协调发展。健全质量标准体系，培育绿色优质品牌。

——坚持创新驱动。利用现代科技进步成果，改造提升乡村产业。创新机制和业态模式，增强乡村产业发展活力。

第三节　发展目标

到 2025 年，乡村产业体系健全完备，乡村产业质量效益明显提升，乡村就业结构更加优化，产业融合发展水平显著提高，农民增收渠道持续拓宽，乡村产业发展内生动力持续增强。

——农产品加工业持续壮大。农产品加工业营业收入达到 32 万亿元，农产品加工业与农业总产值比达到 2.8∶1，主要农产品加工转化率达到 80%。

——乡村特色产业深度拓展。培育一批产值超百亿元、千亿元优势特色产业集群，建设一批产值超十亿元农业产业镇（乡），创响一批“乡字号”“土字号”乡土品牌。

——乡村休闲旅游业优化升级。农业多种功能和乡村多重价值深度发掘，业态类型不断丰富，服务水平不断提升，年接待游客人数超过 40 亿人次，经营收入超过 1.2 万亿元。

——乡村新型服务业类型丰富。农林牧渔专业及辅助性活动产值达到 1 万亿元，农产品网络销售额达到 1 万亿元。

——农村创新创业更加活跃。返乡入乡创新创业人员超过 1500 万人。

指标	2019年	2025年	年均增长
农产品加工业营业收入（万亿元）	22	32	6.5%
农产品加工业与农业总产值比[1]	2.3 ∶ 1	2.8 ∶ 1	[0.5]
农产品加工转化率（%）	67.5	80	[12.5]
产值超100亿元乡村特色产业集群（个）	34	150	28%
休闲农业年接待旅游人次（亿人次）	32	40	3.8%
休闲农业年营业收入（亿元）	8500	12000	5.9%
农林牧渔专业及辅助性活动产值（亿元）	6500	10000	7.5%
农产品网络销售额（亿元）	4000	10000	16.5%
返乡入乡创新创业人员（万人）	850	1500	10%
返乡入乡创业带动就业人数（万人）	3400	6000	10%

注：[ ] 为累计增加数。

1 农产品加工业与农业总产值比 = 农产品加工业总产值 / 农业总产值，其中农产品加工业总产值以农产品加工业营业收入数据为基础计算。

第三章　提升农产品加工业

农产品加工业是国民经济的重要产业。农产品加工业从种养业延伸出来，是提升农产品附加值的关键，也是构建农业产业链的核心。进一步优化结构布局，培育壮大经营主体，提升质量效益和竞争力。

第一节　完善产业结构

统筹发展农产品初加工、精深加工和综合利用加工，推进农产品多元化开发、多层次利用、多环节增值。

拓展农产品初加工。鼓励和支持农民合作社、家庭农场和中小微企业等发展农产品产地初加工，减少产后损失，延长供应时间，提高质量效益。果蔬、奶类、畜禽及水产品等鲜活农产品，重点发展预冷、保鲜、冷冻、清洗、分级、分割、包装等仓储设施和商品化处理，实现减损增效。粮食等耐储农产品，重点发展烘干、储藏、脱壳、去杂、磨制等初加工，实现保值增值。食用类初级农产品，重点发展发酵、压榨、灌制、炸制、干制、腌制、熟制等初加工，满足市场多样化需求。棉麻丝、木竹藤棕草等非食用类农产品，重点发展整理、切割、粉碎、打磨、烘干、拉丝、编织等初加工，开发多种用途。

提升农产品精深加工。引导大型农业企业加快生物、工程、环保、信息等技术集成应用，促进农产品多次加工，实现多次增值。发展精细加工，推进新型非热加工、新型杀菌、高效分离、清洁生产、智能控制、形态识别、自动分选等技术升级，利用专用原料，配套专用设备，研制专用配方，开发类别多样、营养健康、方便快捷的系列化产品。推进深度开发，创新超临界萃取、超微粉碎、生物发酵、蛋白质改性等技术，提取营养因子、功能成分和活性物质，开发系列化的加工制品。

推进综合利用加工。鼓励大型农业企业和农产品加工园区推进加工副产物循环利用、全值利用、梯次利用，实现变废为宝、化害为利。采取先进的提取、分离与制备技术，推进稻壳米糠、麦麸、油料饼粕、果蔬皮渣、畜禽皮毛骨血、水产品皮骨内脏等副产物综合利用，开发新能源、新材料等新产品，提升增值空间。

第二节　优化空间布局

按照“粮头食尾”“农头工尾”要求，统筹产地、销区和园区布局，形成生产与加工、产品与市场、企业与农户协调发展的格局。

推进农产品加工向产地下沉。向优势区域聚集，引导大型农业企业重心下沉，在粮食生产功能区、重要农产品保护区、特色农产品优势区和水产品主产区，建设加工专用原料基地，布局加工产能，改变加工在城市、原料在乡村的状况。向中心镇（乡）和物流节点聚集，在农业产业强镇、商贸集镇和物流节点布局劳动密集型加工业，促进农产品就地增值，带动农民就近就业，促进产镇融合。向重点专业村聚集，依托工贸村、“一村一品”示范村发展小众类的农产品初加工，促进产村融合。

推进农产品加工与销区对接。丰富加工产品，在产区和大中城市郊区布局中央厨房、主食加工、休闲食品、方便食品、净菜加工和餐饮外卖等加工，满足城市多样化、便捷化需求。培育加工业态，发展“中央厨房＋冷链配送＋物流终端”“中央厨房＋快餐门店”“健康数据＋营养配餐＋私人订制”等新型加工业态。

推进农产品加工向园区集中。推进政策集成、要素集聚、企业集中、功能集合，发展“外地经济”模式，建设一批产加销贯通、贸工农一体、一二三产业融合发展的农产品加工园区，培育乡村产业“增长极”。提升农产品加工园，强化科技研发、融资担保、检验检测等服务，完善仓储物流、供能供热、废污处理等设施，促进农产品加工企业聚集发展。在农牧渔业大县（市），每县（市）建设一个农产品加工园。不具备建设农产品加工园条件的县（市），可采取合作方式在异地共同建设农产品加工园。建设国际农产品加工产业园，选择区位优势明显、产业基础好、带动作用强的地区，建设一批国际农产品加工产业园，对接国际市场，参与国际产业分工。

第三节　促进产业升级

技术创新是农产品加工业转型升级的关键。要加快技术创新，提升装备水平，促进农产品加工业提档升级。

推进加工技术创新。以农产品加工关键环节和瓶颈制约为重点，建设农产品加工与贮藏国家重点实验室、保鲜物流技术研究中心及优势农产品品质评价研究中心。组织科研院所、大专院校与企业联合开展技术攻关，研发一批集自动测量、精准控制、智能操作于一体的绿色储藏、动态保鲜、快速预冷、节能干燥等新型实用技术，以及实现品质调控、营养均衡、清洁生产等功能的先进加工技术。

推进加工装备创制。扶持一批农产品加工装备研发机构和生产创制企业，开展信息化、智能化、工程化加工装备研发，提高关键装备国产化水平。运用智能制造、生物合成、3D 打印等新技术，集成组装一批科技含量高、适用性广的加工工艺及配套装备，提升农产品加工层次水平。

专栏 1　农产品加工业提升行动

1. 建设农产品加工园。到 2025 年，每个农牧渔业大县（市）建设 1 个农产品加工园，建设 300 个产值超 100 亿元的农产品加工园。

2. 建设农产品加工技术集成基地。到 2025 年，建设 50 个集成度高、系统化强、能应用、可复制的农产品加工技术集成科研基地。

第四章　拓展乡村特色产业

乡村特色产业是乡村产业的重要组成部分，是地域特征鲜明、乡土气息浓厚的小众类、多样性的乡村产业，涵盖特色种养、特色食品、特色手工业和特色文化等，发展潜力巨大。

第一节　构建全产业链

以拓展二三产业为重点，延伸产业链条，开发特色化、多样化产品，提升乡村特色产业的附加值，促进农业多环节增效、农民多渠道增收。

以特色资源增强竞争力。根据消费结构升级的新变化，开发特殊地域、特殊品种等专属性特色产品，以特性和品质赢得市场。发展特色种养，根据种质资源、地理成分、物候特点等独特资源禀赋，在最适宜的地区培植最适宜的产业。开发特色食品，重点开发乡土卤制品、酱制品、豆制品、腊味、民族特色奶制品等传统食品。开发适宜特殊人群的功能性食品。传承特色技艺，改造提升蜡染、编织、剪纸、刺绣、陶艺等传统工艺。弘扬特色文化，发展乡村戏剧曲艺、杂技杂耍等文化产业。

以加工流通延伸产业链。做强产品加工，鼓励大型龙头企业建设标准化、清洁化、智能化加工厂，引导农户、家庭农场建设一批家庭工场、手工作坊、乡村车间，用标准化技术改造提升豆制品、民族特色奶制品、腊肉腊肠、火腿、剪纸、刺绣、蜡染、编织、制陶等乡土产品。做活商贸物流，鼓励地方在特色农产品优势区布局产地批发市场、物流配送中心、商品采购中心、大型特产超市，支持新型经营主体、农产品批发市场等建设产地仓储保鲜设施，发展网上商店、连锁门店。

以信息技术打造供应链。对接终端市场，以市场需求为导向，促进农户生产、企业加工、客户营销和终端消费连成一体、协同运作，增强供给侧对需求侧的适应性和灵活性。实施“互联网 +”农产品出村进城工程，完善适应农产品网络销售的供应链体系、运营服务体系和支撑保障体系。创新营销模式，健全绿色智能农产品供应链，培育农商直供、直播直销、会员制、个人定制等模式，推进农商互联、产销衔接，再造业务流程、降低交易成本。

以业态丰富提升价值链。提升品质价值，推进品种和技术创新，提升特色产品的内在品质和外在品相，以品质赢得市场、实现增值。提升生态价值，开发绿色生态、养生保健等新功能新价值，增强对消费者的吸附力。提升人文价值，更多融入科技、人文元素，发掘民俗风情、历史传说和民间戏剧等文化价值，赋予乡土特色产品文化标识。

第二节　推进聚集发展

集聚资源、集中力量，建设富有特色、规模适中、带动力强的特色产业集聚区。打造“一县一业”“多县一带”，在更大范围、更高层次上培育产业集群，形成“一村一品”微型经济圈、农业产业强镇小型经济圈、现代农业产业园中型经济圈、优势特色产业集群大型经济圈，构建乡村产业“圈”状发展格局。

建设“一村一品”示范村镇。依托资源优势，选择主导产业，建设一批“小而精、特而美”的“一村一品”示范村镇，形成一村带数村、多村连成片的发展格局。用 3–5 年的时间，培育一批产值超 1 亿元的特色产业专业村。

建设农业产业强镇。根据特色资源优势，聚焦 1–2 个主导产业，吸引资本聚镇、能人入镇、技术进镇，建设一批标准原料基地、集约加工转化、区域主导产业、紧密利益联结于一体的农业产业强镇。用3–5年的时间，培育一批产值超10亿元的农业产业强镇。

提升现代农业产业园。通过科技集成、主体集合、产业集群，统筹布局生产、加工、物流、研发、示范、服务等功能，延长产业链，提升价值链，促进产业格局由分散向集中、发展方式由粗放向集约、产业链条由单一向复合转变，发挥要素集聚和融合平台作用，支撑“一县一业”发展。用3–5年的时间，培育一批产值超100亿元的现代农业产业园。

建设优势特色产业集群。依托资源优势和产业基础，突出串珠成线、连块成带、集群成链，培育品种品质优良、规模体量较大、融合程度较深的区域性优势特色农业产业集群。用3–5年的时间，培育一批产值超1000亿元的骨干优势特色产业集群，培育一批产值超100亿元的优势特色产业集群。

第三节　培育知名品牌

按照“有标采标、无标创标、全程贯标”要求，以质量信誉为基础，创响一批乡村特色知名品牌，扩大市场影响力。

培育区域公用品牌。根据特定自然生态环境、历史人文因素，明确生产地域范围，强化品种品质管理，保护地理标志农产品，开发地域特色突出、功能属性独特的区域公用品牌。规范品牌授权管理，加大品牌营销推介，提高区域公用品牌影响力和带动力。

培育企业品牌。引导农业产业化龙头企业、农民合作社、家庭农场等新型经营主体将经营理念、企业文化和价值观念等注入品牌，实施农产品质量安全追溯管理，加强责任主体逆向溯源、产品流向正向追踪，推动部省农产品质量安全追溯平台对接、信息共享。

培育产品品牌。传承乡村文化根脉，挖掘一批以手工制作为主、技艺精湛、工艺独特的瓦匠、篾匠、铜匠、铁匠、剪纸工、绣娘、陶艺师、面点师等能工巧匠，创响一批“珍稀牌”“工艺牌”“文化牌”的乡土品牌。

第四节　深入推进产业扶贫

贫困地区发展特色产业是脱贫攻坚的根本出路。促进脱贫攻坚与乡村振兴有机衔接，发展特色产业，促进农民增收致富，巩固脱贫攻坚成果。

推进资源与企业对接。发掘贫困地区优势特色资源，引导资金、技术、人才、信息向贫困地区的特色优势区聚集，特别是要引导农业产业化龙头企业与贫困地区合作创建绿色优质农产品原料基地，布局加工产能，深度开发特色资源，带动农民共建链条、共享品牌，让农民在发展特色产业中稳定就业、持续增收。

推进产品与市场对接。引导贫困地区与产地批发市场、物流配送中心、商品采购中心、大型特产超市、电商平台对接，支持贫困地区组织特色产品参加各类展示展销会，扩大产品影响，让贫困地区的特色产品走出山区、进入城市、拓展市场。深入开展消费扶贫，拓展贫困地区产品流通和销售渠道。

专栏 2　乡村特色产业提升工程

1. 建设"一村一品"示范村镇。到 2025 年，新认定 1000 个全国"一村一品"示范村镇。

2. 建设农业产业强镇。到 2025 年，建设 1600 个农业产业强镇。

3. 建设现代农业产业园。到 2025 年，建设 300 个现代农业产业园。

4. 建设优势特色产业集群。到 2025 年，建设 150 个产值超 100 亿元、30 个产值超 1000 亿元的优势特色产业集群。

5. 培育乡村特色品牌。到 2025 年，培育 2000 个"乡字号""土字号"特色知名品牌，推介 1000 个全国乡村能工巧匠。

第五章　优化乡村休闲旅游业

乡村休闲旅游业是农业功能拓展、乡村价值发掘、业态类型创新的新产业，横跨一二三产业、兼容生产生活生态、融通工农城乡，发展前景广阔。

第一节　聚焦重点区域

依据自然风貌、人文环境、乡土文化等资源禀赋，建设特色鲜明、功能完备、内涵丰富的乡村休闲旅游重点区。

建设城市周边乡村休闲旅游区。依托都市农业生产生态资源和城郊区位优势，发展田园观光、农耕体验、文化休闲、科普教育、健康养生等业态，建设综合性休闲农业园区、农业主题公园、观光采摘园、垂钓园、乡村民宿和休闲农庄，满足城市居民消费需求。

建设自然风景区周边乡村休闲旅游区。依托秀美山川、湖泊河流、草原湿地等地区，在严格保护生态环境的前提下，统筹山水林田湖草系统，发展以农业生态游、农业景观游、特色农（牧、渔）业游为主的休闲农（牧、渔）园和农（牧、渔）家乐等，以及森林人家、健康氧吧、生态体验等业态，建设特色乡村休闲旅游功能区。

建设民俗民族风情乡村休闲旅游区。发掘深厚的民族文化底蕴、欢庆的民俗节日活动、多样的民族特色美食和绚丽的民族服饰，发展民族风情游、民俗体验游、村落风光游等业态，开发民族民俗特色产品。

建设传统农区乡村休闲旅游景点。依托稻田、花海、梯田、茶园、养殖池塘、湖泊水库等大水面、海洋牧场等田园渔场风光，发展景观农业、农事体验、观光采摘、特色动植物观赏、休闲垂钓等业态，开发“后备箱”“伴手礼”等旅游产品。

第二节　注重品质提升

乡村休闲旅游要坚持个性化、特色化发展方向，以农耕文化为魂、美丽田园为韵、生态农业为基、古朴村落为形、创新创意为径，开发形式多样、独具特色、个性突出的乡村休闲旅游业态和产品。

突出特色化。注重特色是乡村休闲旅游业保持持久吸引力的前提。开发特色资源，发掘农业多种功能和乡村多重价值，发展特色突出、主题鲜明的乡村休闲旅游项目。开发特色文化，发掘民族村落、古村古镇、乡土文化，发展具有历史特征、地域特点、民族特色的乡村休闲旅游项目。开发特色产品，发掘地方风味、民族特色、传统工艺等资源，创制独特、稀缺的乡村休闲旅游服务和产品。

突出差异化。乡村休闲旅游要保持持久竞争力，必须差异竞争、错位发展。把握定位差异，依据不同区位、不同资源和不同文化，发展具有城乡间、区域间、景区间主题差异的乡村休闲旅游项目。瞄准市场差异，依据各类消费群体的不同消费需求，细分目标市场，发展研学教育、田园养生、亲子体验、拓展训练等乡村休闲旅游项目。顺应老龄化社会的到来，发展民宿康养、游憩康养等乡村休闲旅游项目。彰显功能差异，依据消费者在吃住行、游购娱方面的不同需求，发展采摘园、垂钓园、农家宴、民俗村、风情街等乡村休闲旅游项目。

突出多样化。乡村休闲旅游要保持持久生命力，要走多轮驱动、多轨运行的发展之路。推进业态多样，统筹发展农家乐、休闲园区、生态园、乡村休闲旅游聚集村等业态，形成竞相发展、精彩纷呈的格局。推进模式多样，跨界配置乡村休闲旅游与文化教育、健康养生、信息技术等产业要素，发展共享农庄、康体养老、线上云游等模式。推进主体多样，引导农户、村集体经济组织、农业企业、文旅企业及社会资本等建设乡村休闲旅游项目。

第三节　打造精品工程

实施乡村休闲旅游精品工程，加强引导，加大投入，建设一批休闲旅游精品景点。

建设休闲农业重点县。以县域为单元，依托独特自然资源、文化资源，建设一批设施完备、业态丰富、功能完善，在区域、全国乃至世界有知名度和影响力的休闲农业重点县。

建设美丽休闲乡村。依托种养业、田园风光、绿水青山、村落建筑、乡土文化、民俗风情和人居环境等资源优势，建设一批天蓝、地绿、水净、安居、乐业的美丽休闲乡村，实现产村融合发展。鼓励有条件的地区依托美丽休闲乡村，建设健康养生养老基地。

建设休闲农业园区。根据休闲旅游消费升级的需要，促进休闲农业提档升级，建设一批功能齐全、布局合理、机制完善、带动力强的休闲农业精品园区，推介一批视觉美丽、体验美妙、内涵美好的乡村休闲旅游精品景点线路。引导有条件的休闲农业园建设中小学生实践教育基地。

第四节　提升服务水平

促进乡村休闲旅游高质量发展，要规范化管理、标准化服务，让消费者玩得开心、吃得放心、买得舒心。

健全标准体系。制修订乡村休闲旅游业标准，完善公共卫生安全、食品安全、服务规范等标准，促进管理服务水平提升。

完善配套设施。加强乡村休闲旅游点水、电、路、讯、网等设施建设，完善餐饮、住宿、休闲、体验、购物、停车、厕所等设施条件。开展垃圾污水等废弃物综合治理，实现资源节约、环境友好。

规范管理服务。引导和支持乡村休闲旅游经营主体加强从业人员培训，提高综合素质，规范服务流程，为消费者提供热情周到、贴心细致的服务。

专栏3　乡村休闲旅游精品工程

1. 建设休闲农业重点县。到2025年，建设300个休闲农业重点县，培育一批有知名度、有影响力的休闲农业“打卡地”。

2. 推介中国美丽休闲乡村。到2025年，推介1500个中国美丽休闲乡村。

3. 推介乡村休闲旅游精品景点线路。到2025年，推介1000个全国休闲农业精品景点线路。

第六章　发展乡村新型服务业

乡村新型服务业是适应农村生产生活方式变化应运而生的产业，业态类型丰富，经营方式灵活，发展空间广阔。

第一节　提升生产性服务业

扩大服务领域。适应农业生产规模化、标准化、机械化的趋势，支持供销、邮政、农民合作社及乡村企业等，开展农技推广、土地托管、代耕代种、烘干收储等农业生产性服务，以及市场信息、农资供应、农业废弃物资源化利用、农机作业及维修、农产品营销等服务。

提高服务水平。引导各类服务主体把服务网点延伸到乡村，鼓励新型农业经营主体在城镇设立鲜活农产品直销网点，推广农超、农社（区）、农企等产销对接模式。鼓励大型农产品加工流通企业开展托管服务、专项服务、连锁服务、个性化服务等综合配套服务。

第二节　拓展生活性服务业

丰富服务内容。改造提升餐饮住宿、商超零售、美容美发、洗浴、照相、电器维修、再生资源回收等乡村生活服务业，积极发展养老护幼、卫生保洁、文化演出、体育健身、法律咨询、信息中介、典礼司仪等乡村服务业。

创新服务方式。积极发展订制服务、体验服务、智慧服务、共享服务、绿色服务等新形态，探索“线上交易 + 线下服务”的新模式。鼓励各类服务主体建设运营覆盖娱乐、健康、教育、家政、体育等领域的在线服务平台，推动传统服务业升级改造，为乡村居民提供高效便捷服务。

第三节　发展农村电子商务

培育农村电子商务主体。引导电商、物流、商贸、金融、供销、邮政、快递等各类电子商务主体到乡村布局，构建农村购物网络平台。依托农家店、农村综合服务社、村邮站、快递网点、农产品购销代办站等发展农村电商末端网点。

扩大农村电子商务应用。在农业生产、加工、流通等环节，加快互联网技术应用与推广。在促进工业品、农业生产资料下乡的同时，拓展农产品、特色食品、民俗制品等产品的进城空间。

改善农村电子商务环境。实施“互联网 +”农产品出村进城工程，完善乡村信息网络基础设施，加快发展农产品冷链物流设施。建设农村电子商务公共服务中心，加强农村电子商务人才培养，营造良好市场环境。

第七章　推进农业产业化和农村产业融合发展

农业产业化是农业经营体制机制的创新，农村产业融合发展是农业与现代产业要素的交叉重组，引领农业和乡村产业转型升级。

第一节　打造农业产业化升级版

壮大农业产业化龙头企业队伍。实施新型农业经营主体培育工程，引导龙头企业采取兼并重组、股份合作、资产转让等形式，建立大型农业企业集团，打造知名企业品牌，提升龙头企业在乡村产业发展中的带动能力。指导地方培育龙头企业，形成国家、省、市、县级龙头企业梯队，打造乡村产业发展“新雁阵”。

培育农业产业化联合体。扶持一批龙头企业牵头、家庭农场和农民合作社跟进、广大小农户参与的农业产业化联合体，构建分工协作、优势互补、联系紧密的利益共同体，实现抱团发展。引导农业产业化联合体明确权利责任、建立治理结构、完善利益联结机制，促进持续稳定发展。有序推进土地经营权入股农业产业化经营。

第二节　推进农村产业融合发展

培育多元融合主体。支持发展县域范围内产业关联度高、辐射带动力强、参与主体多的融合模式，促进资源共享、链条共建、品牌共创，形成企业主体、农民参与、科研助力、金融支撑的产业发展格局。

发展多类型融合业态。引导各类经营主体以加工流通带动业态融合，发展中央厨房等业态。以功能拓展带动业态融合，推进农业与文化、旅游、教育、康养等产业融合，发展创意农业、功能农业等。以信息技术带动业态融合，促进农业与信息产业融合，发展数字农业、智慧农业等。

建立健全融合机制。引导新型农业经营主体与小农户建立多种类型的合作方式，促进利益融合。完善利益分配机制，推广“订单收购＋分红”“农民入股＋保底收益＋按股分红”等模式。

第八章　推进农村创新创业

农村创新创业是乡村产业振兴的重要动能。优化创业环境，激发创业热情，形成以创新带创业、以创业带就业、以就业促增收的格局。

第一节　培育创业主体

深入实施农村创新创业带头人培育行动，加大扶持，培育一批扎根乡村、服务农业、带动农民的创新创业群体。

培育返乡创业主体。以乡情感召、政策吸引、事业凝聚，引导有资金积累、技术专长和市场信息的返乡农民工在农村创新创业，培育一批充满激情的农村创新创业优秀带头人，引领乡村新兴产业发展。

培育入乡创业主体。优化乡村营商环境，强化政策扶持，构建农业全产业链，引导大中专毕业生、退役军人、科技人员和工商业主等入乡创业，应用新技术、开发新产品、开拓新市场，引入现代管理、经营理念和业态模式，丰富乡村产业发展类型。

培育在乡创业主体。加大乡村能人培训力度，提高发现机会、识别市场、整合资源、创造价值的能力。培育一批"田秀才""土专家""乡创客"等乡土人才，以及乡村工匠、文化能人、手工艺人等能工巧匠，领办家庭农场、农民合作社等，创办家庭工场、手工作坊、乡村车间等。

第二节　搭建创业平台

按照"政府搭建平台、平台聚集资源、资源服务创业"的要求，建设各类创新创业园区和孵化实训基地。

选树农村创新创业典型县。遴选政策环境良好、工作机制完善、服务体系健全、创业业态丰富的县（市），总结做法经验，推广典型案例，树立一批全国农村创新创业典型县。

建设农村创新创业园区。引导地方建设一批资源要素集聚、基础设施齐全、服务功能完善、创新创业成长快的农村创新创业园区，依托现代农业产业园、农产品加工园、高新技术园区、电商物流园等，建立"园中园"式农村创新创业园。力争用5年时间，覆盖全国农牧渔业大县（市）。

建设孵化实训基地。依托各类园区、大中型企业、知名村镇、大中专院校等平台和主体，建设一批集"生产+加工+科技+营销+品牌+体验"于一体、"预孵化+孵化器+加速器+稳定器"全产业链的农村创新创业孵化实训基地。

第三节　强化创业指导

建设农村创业导师队伍。建立专家创业导师队伍，重点从大专院校、科研院所等单位遴选一批理论造诣深厚、实践经验丰富的科研人才、政策专家、会计师、设计师、律师等，为农村创业人员提供创业项目、技术要点等指导服务。建立企业家创业导师队伍，重点从农业产业化龙头企业、新型农业经营主体中遴选一批有经营理念、市场眼光的乡村企业家，为农村创业人员提供政策运用、市场拓展等指导服务。

建立带头人创业导师队伍，重点从农村创新创业带头人中遴选一批经历丰富、成效显著的创业成功人士，为农村创业人员提供经验分享等指导服务。

健全指导服务机制。建立指导服务平台，依托农村创新创业园区、孵化实训基地和网络平台等，通过集中授课、案例教学、现场指导等方式，创立“平台 + 导师 + 学员”服务模式。开展点对点指导服务，根据农村创业导师和农村创业人员实际，开展“一带一”“师带徒”“一带多”等精准服务。创新指导服务方式，通过网络、视频等载体，为农村创业人员提供政策咨询、技术指导、市场营销、品牌培育等服务。农村创业导师为农村创业人员提供咨询服务，不替代农村创业人员创业决策，强化农村创业人员决策自主、风险自担意识。

第四节　优化创业环境

强化创业服务。支持地方依托县乡政府政务大厅设立农村创新创业服务窗口，发挥乡村产业服务指导机构和行业协会商会作用，培育市场化中介服务机构。建立“互联网 +”创新创业服务模式，为农村创新创业主体提供灵活便捷在线服务。

强化创业培训。依托普通高校、职业院校、优质培训机构、公共职业技能培训平台等开展创业能力提升培训，让有意愿的农村创新创业人员均能受到免费创业培训。推行“创业 + 技能”“创业 + 产业”的培训模式，开展互动教学、案例教学和现场观摩教学。发挥农村创新创业带头人作用，讲述励志故事，分享创业经验。

第五节　培育乡村企业家队伍

乡村企业家是乡村企业发展的核心，是乡村产业转型升级的关键。加强乡村企业家队伍建设的统筹规划，将乡村产业发展与乡村企业家培育同步谋划、同步推进。

壮大乡村企业家队伍。采取多种方式扶持一批大型农业企业集团，培育一批具有全球战略眼光、市场开拓精神、管理创新能力的行业领军乡村企业家。引导网络平台企业投资乡村，开发农业农村资源，丰富产业业态类型，培育一批引领乡村产业转型的现代乡村企业家。同时，发掘一批乡村能工巧匠，培育一批“小巨人”乡村企业家。

弘扬乡村企业家精神。弘扬爱国敬业精神，培养乡村企业家国家使命感和民族自豪感，引导乡村企业家把个人理想融入乡村振兴和民族复兴的伟大实践。弘扬敢为人先精神，培养乡村企业家识别市场、发现机会、敢闯敢干的特质，开发新产品，创造新需求，拓展新市场。弘扬坚韧执着精神，引导乡村企业家传承“走遍千山万水，说尽千言万语，历经千辛万苦”的品质，不畏艰难、吃苦耐劳、艰苦创业。弘扬立农为农精神，引导乡村企业家厚植乡土情怀、投身乡村振兴大潮，带领千千万万的小农户与千变万化的大市场有效对接。依据有关规定，对扎根乡村、服务农业、带动农民、贡献突出的优秀乡村企业家给予表彰。

专栏 4　农村创新创业带头人培育行动

1. 培育农村创新创业主体。到 2025 年，培育 100 万名农村创新创业带头人，带动 1500 万返乡入乡人员创业。 2. 遴选农村创新创业导师。到 2025 年，培育 10 万名农村创新创业导师。 3. 建设农村创新创业园区和孵化实训基地。到 2025 年，建设 2000 个农村创新创业园区和孵化实训基地。 4. 培育乡村企业家队伍。到 2025 年，着力造就一支懂经营、善管理，具有战略眼光和开拓精神的乡村企业家队伍，选树 1000 名全国优秀乡村企业家。

第九章　保障措施

第一节　加强统筹协调

落实五级书记抓乡村振兴的工作要求，有力推动乡村产业发展。建立农业农村部门牵头抓总、相关部门协调配合、社会力量积极支持、农民群众广泛参与的推进机制，加强统筹协调，确保各项措施落实到位。建立乡村产业评价指标体系，加强数据采集、市场调查、运行分析和信息发布，对规划实施情况进行跟踪监测，科学评估发展成效。

第二节　加强政策扶持

加快完善土地、资金、人才等要素支撑的政策措施，确保各项政策可落地、可操作、可见效。完善财政扶持政策，采取“以奖代补、先建后补”等方式，支持现代农业产业园、农业产业强镇、优势特色产业集群及农产品仓储保鲜冷链设施建设。鼓励地方发行专项债券用于乡村产业。强化金融扶持政策，引导县域金融机构将吸收的存款主要用于当地，建立“银税互动”“银信互动”贷款机制。充分发挥融资担保体系作用，强化担保融资增信功能，推动落实创业担保贷款贴息政策。完善乡村产业发展用地政策体系，明确用地类型和供地方式，实行分类管理。

第三节　强化科技支撑

建立以企业为主体、市场为导向、产学研相结合的技术创新体系，加强创新成果产业化，提升产业核心竞争力。引导大专院校、科研院所与乡村企业合作，开展联合技术攻关，研发一批具有先进性、专属性的技术和工艺，创制一批适用性广、经济性好的设施装备。支持科技人员以科技成果入股乡村企业，建立健全科研人员校企、院企共建双聘机制。指导县（市）成立乡村产业专家顾问团，为乡村产业发展提供智力支持。

第四节　营造良好氛围

挖掘乡村产业发展鲜活经验，总结推广一批发展模式、典型案例和先进人物。弘扬创业精神、工匠精神、企业家精神，激发崇尚创新、勇于创业的热情。充分运用传统媒体和新媒体，解读产业政策、宣传做法经验、推广典型模式，引导全社会共同关注、协力支持，营造良好发展氛围。

文件二：

国务院关于促进乡村产业振兴的指导意见

国发〔2019〕12号

各省、自治区、直辖市人民政府，国务院各部委、各直属机构：

产业兴旺是乡村振兴的重要基础，是解决农村一切问题的前提。乡村产业根植于县域，以农业农村资源为依托，以农民为主体，以农村一二三产业融合发展为路径，地域特色鲜明、创新创业活跃、业态类型丰富、利益联结紧密，是提升农业、繁荣农村、富裕农民的产业。近年来，我国农村创新创业环境不断改善，新产业新业态大量涌现，乡村产业发展取得了积极成效，但也存在产业门类不全、产业链条较短、要素活力不足和质量效益不高等问题，亟需加强引导和扶持。为促进乡村产业振兴，现提出如下意见。

一、总体要求

（一）指导思想。以习近平新时代中国特色社会主义思想为指导，全面贯彻党的十九大和十九届二中、三中全会精神，牢固树立新发展理念，落实高质量发展要求，坚持农业农村优先发展总方针，以实施乡村振兴战略为总抓手，以农业供给侧结构性改革为主线，围绕农村一二三产业融合发展，与脱贫攻坚有效衔接、与城镇化联动推进，充分挖掘乡村多种功能和价值，聚焦重点产业，聚集资源要素，强化创新引领，突出集群成链，延长产业链，提升价值链，培育发展新动能，加快构建现代农业产业体系、生产体系和经营体系，推动形成城乡融合发展格局，为农业农村现代化奠定坚实基础。

（二）基本原则。

因地制宜、突出特色。依托种养业、绿水青山、田园风光和乡土文化等，发展优势明显、特色鲜明的乡村产业，更好彰显地域特色、承载乡村价值、体现乡土气息。

市场导向、政府支持。充分发挥市场在资源配置中的决定性作用，激活要素、市场和各类经营主体。更好发挥政府作用，引导形成以农民为主体、企业带动和社会参与相结合的乡村产业发展格局。

融合发展、联农带农。加快全产业链、全价值链建设，健全利益联结机制，把以农业农村资源为依托的二三产业尽量留在农村，把农业产业链的增值收益、就业岗位尽量留给农民。

绿色引领、创新驱动。践行绿水青山就是金山银山理念，严守耕地和生态保护红线，节约资源，保护环境，促进农村生产生活生态协调发展。推动科技、业态和模式创新，提高乡村产业质量效益。

（三）目标任务。力争用5–10年时间，农村一二三产业融合发展增加值占县域生产总值的比重实现较大幅度提高，乡村产业振兴取得重要进展。乡村产业体系健全完备，农业供给侧结构性改革成效明显，绿色发展模式更加成熟，乡村就业结构更加优化，农民增收渠道持续拓宽，产业扶贫作用进一步凸显。

二、突出优势特色，培育壮大乡村产业

（四）做强现代种养业。创新产业组织方式，推动种养业向规模化、标准化、品牌化和绿色化方向发展，延伸拓展产业链，增加绿色优质产品供给，不断提高质量效益和竞争力。巩固提升粮食产能，全面落实永久基本农田特殊保护制度，加强高标准农田建设，加快划定粮食生产功能区和重要农产品生产保护区。加强生猪等畜禽产能建设，提升动物疫病防控能力，推进奶业振兴和渔业转型升级。发展经济林和林下经济。（农业农村部、国家发展改革委、自然资源部、国家林草局等负责）

（五）做精乡土特色产业。因地制宜发展小宗类、多样性特色种养，加强地方品种种质资源保护和开发。建设特色农产品优势区，推进特色农产品基地建设。支

持建设规范化乡村工厂、生产车间，发展特色食品、制造、手工业和绿色建筑建材等乡土产业。充分挖掘农村各类非物质文化遗产资源，保护传统工艺，促进乡村特色文化产业发展。（农业农村部、工业和信息化部、文化和旅游部、国家林草局等负责）

（六）提升农产品加工流通业。支持粮食主产区和特色农产品优势区发展农产品加工业，建设一批农产品精深加工基地和加工强县。鼓励农民合作社和家庭农场发展农产品初加工，建设一批专业村镇。统筹农产品产地、集散地、销地批发市场建设，加强农产品物流骨干网络和冷链物流体系建设。（农业农村部、国家发展改革委、工业和信息化部、商务部、国家粮食和储备局、国家邮政局等负责）

（七）优化乡村休闲旅游业。实施休闲农业和乡村旅游精品工程，建设一批设施完备、功能多样的休闲观光园区、乡村民宿、森林人家和康养基地，培育一批美丽休闲乡村、乡村旅游重点村，建设一批休闲农业示范县。（农业农村部、文化和旅游部、国家卫生健康委、国家林草局等负责）

（八）培育乡村新型服务业。支持供销、邮政、农业服务公司、农民合作社等开展农资供应、土地托管、代耕代种、统防统治、烘干收储等农业生产性服务业。改造农村传统小商业、小门店、小集市等，发展批发零售、养老托幼、环境卫生等农村生活性服务业。（农业农村部、国家发展改革委、财政部、商务部、国家邮政局、供销合作总社等负责）

（九）发展乡村信息产业。深入推进“互联网+”现代农业，加快重要农产品全产业链大数据建设，加强国家数字农业农村系统建设。全面推进信息进村入户，实施“互联网+”农产品出村进城工程。推动农村电子商务公共服务中心和快递物流园区发展。（农业农村部、中央网信办、工业和信息化部、商务部、国家邮政局等负责）

三、科学合理布局，优化乡村产业空间结构

（十）强化县域统筹。在县域内统筹考虑城乡产业发展，合理规划乡村产业布局，形成县城、中心镇（乡）、中心村层级分工明显、功能有机衔接的格局。推进城镇基础设施和基本公共服务向乡村延伸，实现城乡基础设施互联互通、公共服务普惠共享。完善县城综合服务功能，搭建技术研发、人才培训和产品营销等平台。（国家发展改革委、自然资源部、生态环境部、住房城乡建设部、农业农村部等负责）

（十一）推进镇域产业聚集。发挥镇（乡）上连县、下连村的纽带作用，支持有条件的地方建设以镇（乡）所在地为中心的产业集群。支持农产品加工流通企业

重心下沉，向有条件的镇（乡）和物流节点集中。引导特色小镇立足产业基础，加快要素聚集和业态创新，辐射和带动周边地区产业发展。（国家发展改革委、住房城乡建设部、农业农村部等负责）

（十二）促进镇村联动发展。引导农业企业与农民合作社、农户联合建设原料基地、加工车间等，实现加工在镇、基地在村、增收在户。支持镇（乡）发展劳动密集型产业，引导有条件的村建设农工贸专业村。（国家发展改革委、农业农村部、商务部等负责）

（十三）支持贫困地区产业发展。持续加大资金、技术、人才等要素投入，巩固和扩大产业扶贫成果。支持贫困地区特别是“三区三州”等深度贫困地区开发特色资源、发展特色产业，鼓励农业产业化龙头企业、农民合作社与贫困户建立多种形式的利益联结机制。引导大型加工流通、采购销售、投融资企业与贫困地区对接，开展招商引资，促进产品销售。鼓励农业产业化龙头企业与贫困地区合作创建绿色食品、有机农产品原料标准化生产基地，带动贫困户进入大市场。（农业农村部、国家发展改革委、财政部、商务部、国务院扶贫办等负责）

四、促进产业融合发展，增强乡村产业聚合力

（十四）培育多元融合主体。支持农业产业化龙头企业发展，引导其向粮食主产区和特色农产品优势区集聚。启动家庭农场培育计划，开展农民合作社规范提升行动。鼓励发展农业产业化龙头企业带动、农民合作社和家庭农场跟进、小农户参与的农业产业化联合体。支持发展县域范围内产业关联度高、辐射带动力强、多种主体参与的融合模式，实现优势互补、风险共担、利益共享。（农业农村部、国家发展改革委、财政部、国家林草局等负责）

（十五）发展多类型融合业态。跨界配置农业和现代产业要素，促进产业深度交叉融合，形成“农业+”多业态发展态势。推进规模种植与林牧渔融合，发展稻渔共生、林下种养等。推进农业与加工流通业融合，发展中央厨房、直供直销、会员农业等。推进农业与文化、旅游、教育、康养等产业融合，发展创意农业、功能农业等。推进农业与信息产业融合，发展数字农业、智慧农业等。（农业农村部、国家发展改革委、教育部、工业和信息化部、文化和旅游部、国家卫生健康委、国家林草局等负责）

（十六）打造产业融合载体。立足县域资源禀赋，突出主导产业，建设一批现代农业产业园和农业产业强镇，创建一批农村产业融合发展示范园，形成多主体参

与、多要素聚集、多业态发展格局。（农业农村部、国家发展改革委、财政部、国家林草局等负责）

（十七）构建利益联结机制。引导农业企业与小农户建立契约型、分红型、股权型等合作方式，把利益分配重点向产业链上游倾斜，促进农民持续增收。完善农业股份合作制企业利润分配机制，推广“订单收购 + 分红”、“农民入股 + 保底收益 + 按股分红”等模式。开展土地经营权入股从事农业产业化经营试点。（农业农村部、国家发展改革委等负责）

五、推进质量兴农绿色兴农，增强乡村产业持续增长力

（十八）健全绿色质量标准体系。实施国家质量兴农战略规划，制修订农业投入品、农产品加工业、农村新业态等方面的国家和行业标准，建立统一的绿色农产品市场准入标准。积极参与国际标准制修订，推进农产品认证结果互认。引导和鼓励农业企业获得国际通行的农产品认证，拓展国际市场。（农业农村部、市场监管总局等负责）

（十九）大力推进标准化生产。引导各类农业经营主体建设标准化生产基地，在国家农产品质量安全县整县推进全程标准化生产。加强化肥、农药、兽药及饲料质量安全管理，推进废旧地膜和包装废弃物等回收处理，推行水产健康养殖。加快建立农产品质量分级及产地准出、市场准入制度，实现从田间到餐桌的全产业链监管。（农业农村部、生态环境部、市场监管总局等负责）

（二十）培育提升农业品牌。实施农业品牌提升行动，建立农业品牌目录制度，加强农产品地理标志管理和农业品牌保护。鼓励地方培育品质优良、特色鲜明的区域公用品牌，引导企业与农户等共创企业品牌，培育一批“土字号”、“乡字号”产品品牌。（农业农村部、商务部、国家知识产权局等负责）

（二十一）强化资源保护利用。大力发展节地节能节水等资源节约型产业。建设农业绿色发展先行区。国家明令淘汰的落后产能、列入国家禁止类产业目录的、污染环境的项目，不得进入乡村。推进种养循环一体化，支持秸秆和畜禽粪污资源化利用。推进加工副产物综合利用。（国家发展改革委、工业和信息化部、自然资源部、生态环境部、水利部、农业农村部等负责）

六、推动创新创业升级，增强乡村产业发展新动能

（二十二）强化科技创新引领。大力培育乡村产业创新主体。建设国家农业高新技术产业示范区和国家农业科技园区。建立产学研用协同创新机制，联合攻克一

批农业领域关键技术。支持种业育繁推一体化，培育一批竞争力强的大型种业企业集团。建设一批农产品加工技术集成基地。创新公益性农技推广服务方式。（科技部、农业农村部等负责）

（二十三）促进农村创新创业。实施乡村就业创业促进行动，引导农民工、大中专毕业生、退役军人、科技人员等返乡入乡人员和“田秀才”、“土专家”、“乡创客”创新创业。创建农村创新创业和孵化实训基地，加强乡村工匠、文化能人、手工艺人和经营管理人才等创新创业主体培训，提高创业技能。（农业农村部、国家发展改革委、教育部、人力资源社会保障部、退役军人部、共青团中央、全国妇联等负责）

七、完善政策措施，优化乡村产业发展环境

（二十四）健全财政投入机制。加强一般公共预算投入保障，提高土地出让收入用于农业农村的比例，支持乡村产业振兴。新增耕地指标和城乡建设用地增减挂钩节余指标跨省域调剂收益，全部用于巩固脱贫攻坚成果和支持乡村振兴。鼓励有条件的地方按市场化方式设立乡村产业发展基金，重点用于乡村产业技术创新。鼓励地方按规定对吸纳贫困家庭劳动力、农村残疾人就业的农业企业给予相关补贴，落实相关税收优惠政策。（财政部、自然资源部、农业农村部、税务总局、国务院扶贫办等负责）

（二十五）创新乡村金融服务。引导县域金融机构将吸收的存款主要用于当地，重点支持乡村产业。支持小微企业融资优惠政策适用于乡村产业和农村创新创业。发挥全国农业信贷担保体系作用，鼓励地方通过实施担保费用补助、业务奖补等方式支持乡村产业贷款担保，拓宽担保物范围。允许权属清晰的农村承包土地经营权、农业设施、农机具等依法抵押贷款。加大乡村产业项目融资担保力度。支持地方政府发行一般债券用于支持乡村振兴领域的纯公益性项目建设。鼓励地方政府发行项目融资和收益自平衡的专项债券，支持符合条件、有一定收益的乡村公益性项目建设。规范地方政府举债融资行为，不得借乡村振兴之名违法违规变相举债。支持符合条件的农业企业上市融资。（人民银行、财政部、农业农村部、银保监会、证监会等负责）

（二十六）有序引导工商资本下乡。坚持互惠互利，优化营商环境，引导工商资本到乡村投资兴办农民参与度高、受益面广的乡村产业，支持发展适合规模化集约化经营的种养业。支持企业到贫困地区和其他经济欠发达地区吸纳农民就业、开

展职业培训和就业服务等。工商资本进入乡村，要依法依规开发利用农业农村资源，不得违规占用耕地从事非农产业，不能侵害农民财产权益。（农业农村部、国家发展改革委等负责）

（二十七）完善用地保障政策。耕地占补平衡以县域自行平衡为主，在安排土地利用年度计划时，加大对乡村产业发展用地的倾斜支持力度。探索针对乡村产业的省市县联动“点供”用地。推动制修订相关法律法规，完善配套制度，开展农村集体经营性建设用地入市改革，增加乡村产业用地供给。有序开展县域乡村闲置集体建设用地、闲置宅基地、村庄空闲地、厂矿废弃地、道路改线废弃地、农业生产与村庄建设复合用地及“四荒地”（荒山、荒沟、荒丘、荒滩）等土地综合整治，盘活建设用地重点用于乡村新产业新业态和返乡入乡创新创业。完善设施农业用地管理办法。（自然资源部、农业农村部、司法部、国家林草局等负责）

（二十八）健全人才保障机制。各类创业扶持政策向农业农村领域延伸覆盖，引导各类人才到乡村兴办产业。加大农民技能培训力度，支持职业学校扩大农村招生。深化农业系列职称制度改革，开展面向农技推广人员的评审。支持科技人员以科技成果入股农业企业，建立健全科研人员校企、院企共建双聘机制，实行股权分红等激励措施。实施乡村振兴青春建功行动。（科技部、教育部、人力资源社会保障部、农业农村部、退役军人部、共青团中央、全国妇联等负责）

八、强化组织保障，确保乡村产业振兴落地见效

（二十九）加强统筹协调。各地要落实五级书记抓乡村振兴的工作要求，把乡村产业振兴作为重要任务，摆上突出位置。建立农业农村部门牵头抓总、相关部门协同配合、社会力量积极支持、农民群众广泛参与的推进机制。（农业农村部牵头负责）

（三十）强化指导服务。深化“放管服”改革，发挥各类服务机构作用，为从事乡村产业的各类经营主体提供高效便捷服务。完善乡村产业监测体系，研究开展农村一二三产业融合发展情况统计。（农业农村部、国家统计局等负责）

（三十一）营造良好氛围。宣传推介乡村产业发展鲜活经验，推广一批农民合作社、家庭农场和农村创新创业典型案例。弘扬企业家精神和工匠精神，倡导诚信守法，营造崇尚创新、鼓励创业的良好环境。（农业农村部、广电总局等负责）

文件三：

中共中央　国务院关于实施乡村振兴战略的意见

实施乡村振兴战略，是党的十九大作出的重大决策部署，是决胜全面建成小康社会、全面建设社会主义现代化国家的重大历史任务，是新时代“三农”工作的总抓手。现就实施乡村振兴战略提出如下意见。

一、新时代实施乡村振兴战略的重大意义

党的十八大以来，在以习近平同志为核心的党中央坚强领导下，我们坚持把解决好“三农”问题作为全党工作重中之重，持续加大强农惠农富农政策力度，扎实推进农业现代化和新农村建设，全面深化农村改革，农业农村发展取得了历史性成就，为党和国家事业全面开创新局面提供了重要支撑。5 年来，粮食生产能力跨上新台阶，农业供给侧结构性改革迈出新步伐，农民收入持续增长，农村民生全面改善，脱贫攻坚战取得决定性进展，农村生态文明建设显著加强，农民获得感显著提升，农村社会稳定和谐。农业农村发展取得的重大成就和“三农”工作积累的丰富经验，为实施乡村振兴战略奠定了良好基础。

农业农村农民问题是关系国计民生的根本性问题。没有农业农村的现代化，就没有国家的现代化。当前，我国发展不平衡不充分问题在乡村最为突出，主要表现在：农产品阶段性供过于求和供给不足并存，农业供给质量亟待提高；农民适应生产力发展和市场竞争的能力不足，新型职业农民队伍建设亟需加强；农村基础设施和民生领域欠账较多，农村环境和生态问题比较突出，乡村发展整体水平亟待提升；国家支农体系相对薄弱，农村金融改革任务繁重，城乡之间要素合理流动机制亟待健全；农村基层党建存在薄弱环节，乡村治理体系和治理能力亟待强化。实施乡村振兴战略，是解决人民日益增长的美好生活需要和不平衡不充分的发展之间矛盾的必然要求，是实现“两个一百年”奋斗目标的必然要求，是实现全体人民共同富裕的必然要求。

在中国特色社会主义新时代，乡村是一个可以大有作为的广阔天地，迎来了难得的发展机遇。我们有党的领导的政治优势，有社会主义的制度优势，有亿万农民的创造精神，有强大的经济实力支撑，有历史悠久的农耕文明，有旺盛的市场需求，完全有条件有能力实施乡村振兴战略。必须立足国情农情，顺势而为，切实增强责任感使命感紧迫感，举全党全国全社会之力，以更大的决心、更明确的目标、更有力的举措，推动农业全面升级、农村全面进步、农民全面发展，谱写新时代乡村全面振兴新篇章。

二、实施乡村振兴战略的总体要求

（一）指导思想。全面贯彻党的十九大精神，以习近平新时代中国特色社会主义思想为指导，加强党对“三农”工作的领导，坚持稳中求进工作总基调，牢固树立新发展理念，落实高质量发展的要求，紧紧围绕统筹推进“五位一体”总体布局和协调推进“四个全面”战略布局，坚持把解决好“三农”问题作为全党工作重中之重，坚持农业农村优先发展，按照产业兴旺、生态宜居、乡风文明、治理有效、生活富裕的总要求，建立健全城乡融合发展体制机制和政策体系，统筹推进农村经济建设、政治建设、文化建设、社会建设、生态文明建设和党的建设，加快推进乡村治理体系和治理能力现代化，加快推进农业农村现代化，走中国特色社会主义乡村振兴道路，让农业成为有奔头的产业，让农民成为有吸引力的职业，让农村成为安居乐业的美丽家园。

（二）目标任务。按照党的十九大提出的决胜全面建成小康社会、分两个阶段实现第二个百年奋斗目标的战略安排，实施乡村振兴战略的目标任务是：

到 2020 年，乡村振兴取得重要进展，制度框架和政策体系基本形成。农业综合生产能力稳步提升，农业供给体系质量明显提高，农村一二三产业融合发展水平进一步提升；农民增收渠道进一步拓宽，城乡居民生活水平差距持续缩小；现行标准下农村贫困人口实现脱贫，贫困县全部摘帽，解决区域性整体贫困；农村基础设施建设深入推进，农村人居环境明显改善，美丽宜居乡村建设扎实推进；城乡基本公共服务均等化水平进一步提高，城乡融合发展体制机制初步建立；农村对人才吸引力逐步增强；农村生态环境明显好转，农业生态服务能力进一步提高；以党组织为核心的农村基层组织建设进一步加强，乡村治理体系进一步完善；党的农村工作领导体制机制进一步健全；各地区各部门推进乡村振兴的思路举措得以确立。

到 2035 年，乡村振兴取得决定性进展，农业农村现代化基本实现。农业结构得到根本性改善，农民就业质量显著提高，相对贫困进一步缓解，共同富裕迈出坚实步伐；城乡基本公共服务均等化基本实现，城乡融合发展体制机制更加完善；乡风文明达到新高度，乡村治理体系更加完善；农村生态环境根本好转，美丽宜居乡村基本实现。

到 2050 年，乡村全面振兴，农业强、农村美、农民富全面实现。

（三）基本原则

——坚持党管农村工作。毫不动摇地坚持和加强党对农村工作的领导，健全党管农村工作领导体制机制和党内法规，确保党在农村工作中始终总揽全局、协调各方，为乡村振兴提供坚强有力的政治保障。

——坚持农业农村优先发展。把实现乡村振兴作为全党的共同意志、共同行动，做到认识统一、步调一致，在干部配备上优先考虑，在要素配置上优先满足，在资金投入上优先保障，在公共服务上优先安排，加快补齐农业农村短板。

——坚持农民主体地位。充分尊重农民意愿，切实发挥农民在乡村振兴中的主体作用，调动亿万农民的积极性、主动性、创造性，把维护农民群众根本利益、促进农民共同富裕作为出发点和落脚点，促进农民持续增收，不断提升农民的获得感、幸福感、安全感。

——坚持乡村全面振兴。准确把握乡村振兴的科学内涵，挖掘乡村多种功能和价值，统筹谋划农村经济建设、政治建设、文化建设、社会建设、生态文明建设和党的建设，注重协同性、关联性，整体部署，协调推进。

——坚持城乡融合发展。坚决破除体制机制弊端，使市场在资源配置中起决定性作用，更好发挥政府作用，推动城乡要素自由流动、平等交换，推动新型工业化、信息化、城镇化、农业现代化同步发展，加快形成工农互促、城乡互补、全面融合、共同繁荣的新型工农城乡关系。

——坚持人与自然和谐共生。牢固树立和践行绿水青山就是金山银山的理念，落实节约优先、保护优先、自然恢复为主的方针，统筹山水林田湖草系统治理，严守生态保护红线，以绿色发展引领乡村振兴。

——坚持因地制宜、循序渐进。科学把握乡村的差异性和发展走势分化特征，做好顶层设计，注重规划先行、突出重点、分类施策、典型引路。既尽力而为，又量力而行，不搞层层加码，不搞一刀切，不搞形式主义，久久为功，扎实推进。

三、提升农业发展质量，培育乡村发展新动能

乡村振兴，产业兴旺是重点。必须坚持质量兴农、绿色兴农，以农业供给侧结构性改革为主线，加快构建现代农业产业体系、生产体系、经营体系，提高农业创新力、竞争力和全要素生产率，加快实现由农业大国向农业强国转变。

（一）夯实农业生产能力基础。深入实施藏粮于地、藏粮于技战略，严守耕地红线，确保国家粮食安全，把中国人的饭碗牢牢端在自己手中。全面落实永久基本

农田特殊保护制度，加快划定和建设粮食生产功能区、重要农产品生产保护区，完善支持政策。大规模推进农村土地整治和高标准农田建设，稳步提升耕地质量，强化监督考核和地方政府责任。加强农田水利建设，提高抗旱防洪除涝能力。实施国家农业节水行动，加快灌区续建配套与现代化改造，推进小型农田水利设施达标提质，建设一批重大高效节水灌溉工程。加快建设国家农业科技创新体系，加强面向全行业的科技创新基地建设。深化农业科技成果转化和推广应用改革。加快发展现代农作物、畜禽、水产、林木种业，提升自主创新能力。高标准建设国家南繁育种基地。推进我国农机装备产业转型升级，加强科研机构、设备制造企业联合攻关，进一步提高大宗农作物机械国产化水平，加快研发经济作物、养殖业、丘陵山区农林机械，发展高端农机装备制造。优化农业从业者结构，加快建设知识型、技能型、创新型农业经营者队伍。大力发展数字农业，实施智慧农业林业水利工程，推进物联网试验示范和遥感技术应用。

（二）实施质量兴农战略。制定和实施国家质量兴农战略规划，建立健全质量兴农评价体系、政策体系、工作体系和考核体系。深入推进农业绿色化、优质化、特色化、品牌化，调整优化农业生产力布局，推动农业由增产导向转向提质导向。推进特色农产品优势区创建，建设现代农业产业园、农业科技园。实施产业兴村强县行动，推行标准化生产，培育农产品品牌，保护地理标志农产品，打造一村一品、一县一业发展新格局。加快发展现代高效林业，实施兴林富民行动，推进森林生态标志产品建设工程。加强植物病虫害、动物疫病防控体系建设。优化养殖业空间布局，大力发展绿色生态健康养殖，做大做强民族奶业。统筹海洋渔业资源开发，科学布局近远海养殖和远洋渔业，建设现代化海洋牧场。建立产学研融合的农业科技创新联盟，加强农业绿色生态、提质增效技术研发应用。切实发挥农垦在质量兴农中的带动引领作用。实施食品安全战略，完善农产品质量和食品安全标准体系，加强农业投入品和农产品质量安全追溯体系建设，健全农产品质量和食品安全监管体制，重点提高基层监管能力。

（三）构建农村一二三产业融合发展体系。大力开发农业多种功能，延长产业链、提升价值链、完善利益链，通过保底分红、股份合作、利润返还等多种形式，让农民合理分享全产业链增值收益。实施农产品加工业提升行动，鼓励企业兼并重组，淘汰落后产能，支持主产区农产品就地加工转化增值。重点解决农产品销售中的突出问题，加强农产品产后分级、包装、营销，建设现代化农产品冷链仓储物流体系，打造农产品销售公共服务平台，支持供销、邮政及各类企业把服务网点延伸到乡村，健全农产品产销稳定衔接机制，大力建设具有广泛性的促进农村电子商务发展的基础设施，鼓励支持各类市场主体创新发展基于互联网的新型农业产业模式，深入实施电子商务进农村综合示范，加快推进农村流通现代化。实施休闲农业和乡村旅游精品工程，建设一批设施完备、功能多样的休闲观光园区、森林人家、康养基地、乡村民宿、特色小镇。对利用闲置农房发展民宿、养老等项目，研究出台消防、特种行业经营等领域便利市场准入、加强事中事后监管的管理办法。发展乡村共享经济、创意农业、特色文化产业。

（四）构建农业对外开放新格局。优化资源配置，着力节本增效，提高我国农产品国际竞争力。实施特色优势农产品出口提升行动，扩大高附加值农产品出口。建立健全我国农业贸易政策体系。深化与"一带一路"沿线国家和地区农产品贸易关系。积极支持农业走出去，培育具有国际竞争力的大粮商和农业企业集团。积极参与全球粮食安全治理和农业贸易规则制定，促进形成更加公平合理的农业国际贸易秩序。进一步加大农产品反走私综合治理力度。

（五）促进小农户和现代农业发展有机衔接。统筹兼顾培育新型农业经营主体和扶持小农户，采取有针对性的措施，把小农生产引入现代农业发展轨道。培育各类专业化市场化服务组织，推进农业生产全程社会化服务，帮助小农户节本增效。发展多样化的联合与合作，提升小农户组织化程度。注重发挥新型农业经营主体带动作用，打造区域公用品牌，开展农超对接、农社对接，帮助小农户对接市场。扶持小农户发展生态农业、设施农业、体验农业、定制农业，提高产品档次和附加值，拓展增收空间。改善小农户生产设施条件，提升小农户抗风险能力。研究制定扶持小农生产的政策意见。

四、推进乡村绿色发展，打造人与自然和谐共生发展新格局

乡村振兴，生态宜居是关键。良好生态环境是农村最大优势和宝贵财富。必须尊重自然、顺应自然、保护自然，推动乡村自然资本加快增值，实现百姓富、生态美的统一。

（一）统筹山水林田湖草系统治理。把山水林田湖草作为一个生命共同体，进行统一保护、统一修复。实施重要生态系统保护和修复工程。健全耕地草原森林河流湖泊休养生息制度，分类有序退出超载的边际产能。扩大耕地轮作休耕制度试点。科学划定江河湖海限捕、禁捕区域，健全水生生态保护修复制度。实行水资源消耗

总量和强度双控行动。开展河湖水系连通和农村河塘清淤整治，全面推行河长制、湖长制。加大农业水价综合改革工作力度。开展国土绿化行动，推进荒漠化、石漠化、水土流失综合治理。强化湿地保护和恢复，继续开展退耕还湿。完善天然林保护制度，把所有天然林都纳入保护范围。扩大退耕还林还草、退牧还草，建立成果巩固长效机制。继续实施三北防护林体系建设等林业重点工程，实施森林质量精准提升工程。继续实施草原生态保护补助奖励政策。实施生物多样性保护重大工程，有效防范外来生物入侵。

（二）加强农村突出环境问题综合治理。加强农业面源污染防治，开展农业绿色发展行动，实现投入品减量化、生产清洁化、废弃物资源化、产业模式生态化。推进有机肥替代化肥、畜禽粪污处理、农作物秸秆综合利用、废弃农膜回收、病虫害绿色防控。加强农村水环境治理和农村饮用水水源保护，实施农村生态清洁小流域建设。扩大华北地下水超采区综合治理范围。推进重金属污染耕地防控和修复，开展土壤污染治理与修复技术应用试点，加大东北黑土地保护力度。实施流域环境和近岸海域综合治理。严禁工业和城镇污染向农业农村转移。加强农村环境监管能力建设，落实县乡两级农村环境保护主体责任。

（三）建立市场化多元化生态补偿机制。落实农业功能区制度，加大重点生态功能区转移支付力度，完善生态保护成效与资金分配挂钩的激励约束机制。鼓励地方在重点生态区位推行商品林赎买制度。健全地区间、流域上下游之间横向生态保护补偿机制，探索建立生态产品购买、森林碳汇等市场化补偿制度。建立长江流域重点水域禁捕补偿制度。推行生态建设和保护以工代赈做法，提供更多生态公益岗位。

（四）增加农业生态产品和服务供给。正确处理开发与保护的关系，运用现代科技和管理手段，将乡村生态优势转化为发展生态经济的优势，提供更多更好的绿色生态产品和服务，促进生态和经济良性循环。加快发展森林草原旅游、河湖湿地观光、冰雪海上运动、野生动物驯养观赏等产业，积极开发观光农业、游憩休闲、健康养生、生态教育等服务。创建一批特色生态旅游示范村镇和精品线路，打造绿色生态环保的乡村生态旅游产业链。

五、繁荣兴盛农村文化，焕发乡风文明新气象

乡村振兴，乡风文明是保障。必须坚持物质文明和精神文明一起抓，提升农民精神风貌，培育文明乡风、良好家风、淳朴民风，不断提高乡村社会文明程度。

（一）加强农村思想道德建设。以社会主义核心价值观为引领，坚持教育引导、实践养成、制度保障三管齐下，采取符合农村特点的有效方式，深化中国特色社会主义和中国梦宣传教育，大力弘扬民族精神和时代精神。加强爱国主义、集体主义、社会主义教育，深化民族团结进步教育，加强农村思想文化阵地建设。深入实施公民道德建设工程，挖掘农村传统道德教育资源，推进社会公德、职业道德、家庭美德、个人品德建设。推进诚信建设，强化农民的社会责任意识、规则意识、集体意识、主人翁意识。

（二）传承发展提升农村优秀传统文化。立足乡村文明，吸取城市文明及外来文化优秀成果，在保护传承的基础上，创造性转化、创新性发展，不断赋予时代内涵、丰富表现形式。切实保护好优秀农耕文化遗产，推动优秀农耕文化遗产合理适度利用。深入挖掘农耕文化蕴含的优秀思想观念、人文精神、道德规范，充分发挥其在凝聚人心、教化群众、淳化民风中的重要作用。划定乡村建设的历史文化保护线，保护好文物古迹、传统村落、民族村寨、传统建筑、农业遗迹、灌溉工程遗产。支持农村地区优秀戏曲曲艺、少数民族文化、民间文化等传承发展。

（三）加强农村公共文化建设。按照有标准、有网络、有内容、有人才的要求，健全乡村公共文化服务体系。发挥县级公共文化机构辐射作用，推进基层综合性文化服务中心建设，实现乡村两级公共文化服务全覆盖，提升服务效能。深入推进文化惠民，公共文化资源要重点向乡村倾斜，提供更多更好的农村公共文化产品和服务。支持“三农”题材文艺创作生产，鼓励文艺工作者不断推出反映农民生产生活尤其是乡村振兴实践的优秀文艺作品，充分展示新时代农村农民的精神面貌。培育挖掘乡土文化本土人才，开展文化结对帮扶，引导社会各界人士投身乡村文化建设。活跃繁荣农村文化市场，丰富农村文化业态，加强农村文化市场监管。

（四）开展移风易俗行动。广泛开展文明村镇、星级文明户、文明家庭等群众性精神文明创建活动。遏制大操大办、厚葬薄养、人情攀比等陈规陋习。加强无神论宣传教育，丰富农民群众精神文化生活，抵制封建迷信活动。深化农村殡葬改革。加强农村科普工作，提高农民科学文化素养。

六、加强农村基层基础工作，构建乡村治理新体系

乡村振兴，治理有效是基础。必须把夯实基层基础作为固本之策，建立健全党委领导、政府负责、社会协同、公众参与、法治保障的现代乡村社会治理体制，坚持自治、法治、德治相结合，确保乡村社会充满活力、和谐有序。

（一）加强农村基层党组织建设。扎实推进抓党建促乡村振兴，突出政治功能，提升组织力，抓乡促村，把农村基层党组织建成坚强战斗堡垒。强化农村基层党组织领导核心地位，创新组织设置和活动方式，持续整顿软弱涣散村党组织，稳妥有序开展不合格党员处置工作，着力引导农村党员发挥先锋模范作用。建立选派第一书记工作长效机制，全面向贫困村、软弱涣散村和集体经济薄弱村党组织派出第一书记。实施农村带头人队伍整体优化提升行动，注重吸引高校毕业生、农民工、机关企事业单位优秀党员干部到村任职，选优配强村党组织书记。健全从优秀村党组织书记中选拔乡镇领导干部、考录乡镇机关公务员、招聘乡镇事业编制人员制度。加大在优秀青年农民中发展党员力度。建立农村党员定期培训制度。全面落实村级组织运转经费保障政策。推行村级小微权力清单制度，加大基层小微权力腐败惩处力度。严厉整治惠农补贴、集体资产管理、土地征收等领域侵害农民利益的不正之风和腐败问题。

（二）深化村民自治实践。坚持自治为基，加强农村群众性自治组织建设，健全和创新村党组织领导的充满活力的村民自治机制。推动村党组织书记通过选举担任村委会主任。发挥自治章程、村规民约的积极作用。全面建立健全村务监督委员会，推行村级事务阳光工程。依托村民会议、村民代表会议、村民议事会、村民理事会、村民监事会等，形成民事民议、民事民办、民事民管的多层次基层协商格局。积极发挥新乡贤作用。推动乡村治理重心下移，尽可能把资源、服务、管理下放到基层。继续开展以村民小组或自然村为基本单元的村民自治试点工作。加强农村社区治理创新。创新基层管理体制机制，整合优化公共服务和行政审批职责，打造“一门式办理”、“一站式服务”的综合服务平台。在村庄普遍建立网上服务站点，逐步形成完善的乡村便民服务体系。大力培育服务性、公益性、互助性农村社会组织，积极发展农村社会工作和志愿服务。集中清理上级对村级组织考核评比多、创建达标多、检查督查多等突出问题。维护村民委员会、农村集体经济组织、农村合作经济组织的特别法人地位和权利。

（三）建设法治乡村。坚持法治为本，树立依法治理理念，强化法律在维护农民权益、规范市场运行、农业支持保护、生态环境治理、化解农村社会矛盾等方面的权威地位。增强基层干部法治观念、法治为民意识，将政府涉农各项工作纳入法治化轨道。深入推进综合行政执法改革向基层延伸，创新监管方式，推动执法队伍整合、执法力量下沉，提高执法能力和水平。建立健全乡村调解、县市仲裁、司法保障的农村土地承包经营纠纷调处机制。加大农村普法力度，提高农民法治素养，引导广大农民增强尊法学法守法用法意识。健全农村公共法律服务体系，加强对农民的法律援助和司法救助。

（四）提升乡村德治水平。深入挖掘乡村熟人社会蕴含的道德规范，结合时代要求进行创新，强化道德教化作用，引导农民向上向善、孝老爱亲、重义守信、勤俭持家。建立道德激励约束机制，引导农民自我管理、自我教育、自我服务、自我提高，实现家庭和睦、邻里和谐、干群融洽。广泛开展好媳妇、好儿女、好公婆等评选表彰活动，开展寻找最美乡村教师、医生、村官、家庭等活动。深入宣传道德模范、身边好人的典型事迹，弘扬真善美，传播正能量。

（五）建设平安乡村。健全落实社会治安综合治理领导责任制，大力推进农村社会治安防控体系建设，推动社会治安防控力量下沉。深入开展扫黑除恶专项斗争，严厉打击农村黑恶势力、宗族恶势力，严厉打击黄赌毒盗拐骗等违法犯罪。依法加大对农村非法宗教活动和境外渗透活动打击力度，依法制止利用宗教干预农村公共事务，继续整治农村乱建庙宇、滥塑宗教造像。完善县乡村三级综治中心功能和运行机制。健全农村公共安全体系，持续开展农村安全隐患治理。加强农村警务、消防、安全生产工作，坚决遏制重特大安全事故。探索以网格化管理为抓手、以现代信息技术为支撑，实现基层服务和管理精细化精准化。推进农村“雪亮工程”建设。

七、提高农村民生保障水平，塑造美丽乡村新风貌

乡村振兴，生活富裕是根本。要坚持人人尽责、人人享有，按照抓重点、补短板、强弱项的要求，围绕农民群众最关心最直接最现实的利益问题，一件事情接着一件事情办，一年接着一年干，把乡村建设成为幸福美丽新家园。

（一）优先发展农村教育事业。高度重视发展农村义务教育，推动建立以城带乡、整体推进、城乡一体、均衡发展的义务教育发展机制。全面改善薄弱学校基本办学条件，加强寄宿制学校建设。实施农村义务教育学生营养改善计划。发展农村学前教育。推进农村普及高中阶段教育，支持教育基础薄弱县普通高中建设，加强职业教育，逐步分类推进中等职业教育免除学杂费。健全学生资助制度，使绝大多数农村新增劳动力接受高中阶段教育，更多接受高等教育。把农村需要的人群纳入特殊教育体系。以市县为单位，推动优质学校辐射农村薄弱学校常态化。统筹配置城乡师资，并向乡村倾斜，建好建强乡村教师队伍。

（二）促进农村劳动力转移就业和农民增收。健全覆盖城乡的公共就业服务体

系，大规模开展职业技能培训，促进农民工多渠道转移就业，提高就业质量。深化户籍制度改革，促进有条件、有意愿、在城镇有稳定就业和住所的农业转移人口在城镇有序落户，依法平等享受城镇公共服务。加强扶持引导服务，实施乡村就业创业促进行动，大力发展文化、科技、旅游、生态等乡村特色产业，振兴传统工艺。培育一批家庭工场、手工作坊、乡村车间，鼓励在乡村地区兴办环境友好型企业，实现乡村经济多元化，提供更多就业岗位。拓宽农民增收渠道，鼓励农民勤劳守法致富，增加农村低收入者收入，扩大农村中等收入群体，保持农村居民收入增速快于城镇居民。

（三）推动农村基础设施提档升级。继续把基础设施建设重点放在农村，加快农村公路、供水、供气、环保、电网、物流、信息、广播电视等基础设施建设，推动城乡基础设施互联互通。以示范县为载体全面推进“四好农村路”建设，加快实施通村组硬化路建设。加大成品油消费税转移支付资金用于农村公路养护力度。推进节水供水重大水利工程，实施农村饮水安全巩固提升工程。加快新一轮农村电网改造升级，制定农村通动力电规划，推进农村可再生能源开发利用。实施数字乡村战略，做好整体规划设计，加快农村地区宽带网络和第四代移动通信网络覆盖步伐，开发适应“三农”特点的信息技术、产品、应用和服务，推动远程医疗、远程教育等应用普及，弥合城乡数字鸿沟。提升气象为农服务能力。加强农村防灾减灾救灾能力建设。抓紧研究提出深化农村公共基础设施管护体制改革指导意见。

（四）加强农村社会保障体系建设。完善统一的城乡居民基本医疗保险制度和大病保险制度，做好农民重特大疾病救助工作。巩固城乡居民医保全国异地就医联网直接结算。完善城乡居民基本养老保险制度，建立城乡居民基本养老保险待遇确定和基础养老金标准正常调整机制。统筹城乡社会救助体系，完善最低生活保障制度，做好农村社会救助兜底工作。将进城落户农业转移人口全部纳入城镇住房保障体系。构建多层次农村养老保障体系，创新多元化照料服务模式。健全农村留守儿童和妇女、老年人以及困境儿童关爱服务体系。加强和改善农村残疾人服务。

（五）推进健康乡村建设。强化农村公共卫生服务，加强慢性病综合防控，大力推进农村地区精神卫生、职业病和重大传染病防治。完善基本公共卫生服务项目补助政策，加强基层医疗卫生服务体系建设，支持乡镇卫生院和村卫生室改善条件。加强乡村中医药服务。开展和规范家庭医生签约服务，加强妇幼、老人、残疾人等重点人群健康服务。倡导优生优育。深入开展乡村爱国卫生运动。

（六）持续改善农村人居环境。实施农村人居环境整治三年行动计划，以农村垃圾、污水治理和村容村貌提升为主攻方向，整合各种资源，强化各种举措，稳步有序推进农村人居环境突出问题治理。坚持不懈推进农村“厕所革命”，大力开展农村户用卫生厕所建设和改造，同步实施粪污治理，加快实现农村无害化卫生厕所全覆盖，努力补齐影响农民群众生活品质的短板。总结推广适用不同地区的农村污水治理模式，加强技术支撑和指导。深入推进农村环境综合整治。推进北方地区农村散煤替代，有条件的地方有序推进煤改气、煤改电和新能源利用。逐步建立农村低收入群体安全住房保障机制。强化新建农房规划管控，加强“空心村”服务管理和改造。保护保留乡村风貌，开展田园建筑示范，培养乡村传统建筑名匠。实施乡村绿化行动，全面保护古树名木。持续推进宜居宜业的美丽乡村建设。

八、打好精准脱贫攻坚战，增强贫困群众获得感

乡村振兴，摆脱贫困是前提。必须坚持精准扶贫、精准脱贫，把提高脱贫质量放在首位，既不降低扶贫标准，也不吊高胃口，采取更加有力的举措、更加集中的支持、更加精细的工作，坚决打好精准脱贫这场对全面建成小康社会具有决定性意义的攻坚战。

（一）瞄准贫困人口精准帮扶。对有劳动能力的贫困人口，强化产业和就业扶持，着力做好产销衔接、劳务对接，实现稳定脱贫。有序推进易地扶贫搬迁，让搬迁群众搬得出、稳得住、能致富。对完全或部分丧失劳动能力的特殊贫困人口，综合实施保障性扶贫政策，确保病有所医、残有所助、生活有兜底。做好农村最低生活保障工作的动态化精细化管理，把符合条件的贫困人口全部纳入保障范围。

（二）聚焦深度贫困地区集中发力。全面改善贫困地区生产生活条件，确保实现贫困地区基本公共服务主要指标接近全国平均水平。以解决突出制约问题为重点，以重大扶贫工程和到村到户帮扶为抓手，加大政策倾斜和扶贫资金整合力度，着力改善深度贫困地区发展条件，增强贫困农户发展能力，重点攻克深度贫困地区脱贫任务。新增脱贫攻坚资金项目主要投向深度贫困地区，增加金融投入对深度贫困地区的支持，新增建设用地指标优先保障深度贫困地区发展用地需要。

（三）激发贫困人口内生动力。把扶贫同扶志、扶智结合起来，把救急纾困和内生脱贫结合起来，提升贫困群众发展生产和务工经商的基本技能，实现可持续稳固脱贫。引导贫困群众克服等靠要思想，逐步消除精神贫困。要打破贫困均衡，促进形成自强自立、争先脱贫的精神风貌。改进帮扶方式方法，更多采用生产奖补、

劳务补助、以工代赈等机制，推动贫困群众通过自己的辛勤劳动脱贫致富。

（四）强化脱贫攻坚责任和监督。坚持中央统筹省负总责市县抓落实的工作机制，强化党政一把手负总责的责任制。强化县级党委作为全县脱贫攻坚总指挥部的关键作用，脱贫攻坚期内贫困县县级党政正职要保持稳定。开展扶贫领域腐败和作风问题专项治理，切实加强扶贫资金管理，对挪用和贪污扶贫款项的行为严惩不贷。将 2018 年作为脱贫攻坚作风建设年，集中力量解决突出作风问题。科学确定脱贫摘帽时间，对弄虚作假、搞数字脱贫的严肃查处。完善扶贫督查巡查、考核评估办法，除党中央、国务院统一部署外，各部门一律不准再组织其他检查考评。严格控制各地开展增加一线扶贫干部负担的各类检查考评，切实给基层减轻工作负担。关心爱护战斗在扶贫第一线的基层干部，制定激励政策，为他们工作生活排忧解难，保护和调动他们的工作积极性。做好实施乡村振兴战略与打好精准脱贫攻坚战的有机衔接。制定坚决打好精准脱贫攻坚战三年行动指导意见。研究提出持续减贫的意见。

九、推进体制机制创新，强化乡村振兴制度性供给

实施乡村振兴战略，必须把制度建设贯穿其中。要以完善产权制度和要素市场化配置为重点，激活主体、激活要素、激活市场，着力增强改革的系统性、整体性、协同性。

（一）巩固和完善农村基本经营制度。落实农村土地承包关系稳定并长久不变政策，衔接落实好第二轮土地承包到期后再延长 30 年的政策，让农民吃上长效“定心丸”。全面完成土地承包经营权确权登记颁证工作，实现承包土地信息联通共享。完善农村承包地“三权分置”制度，在依法保护集体土地所有权和农户承包权前提下，平等保护土地经营权。农村承包土地经营权可以依法向金融机构融资担保、入股从事农业产业化经营。实施新型农业经营主体培育工程，培育发展家庭农场、合作社、龙头企业、社会化服务组织和农业产业化联合体，发展多种形式适度规模经营。

（二）深化农村土地制度改革。系统总结农村土地征收、集体经营性建设用地入市、宅基地制度改革试点经验，逐步扩大试点，加快土地管理法修改，完善农村土地利用管理政策体系。扎实推进房地一体的农村集体建设用地和宅基地使用权确权登记颁证。完善农民闲置宅基地和闲置农房政策，探索宅基地所有权、资格权、使用权“三权分置”，落实宅基地集体所有权，保障宅基地农户资格权和农民房屋财产权，适度放活宅基地和农民房屋使用权，不得违规违法买卖宅基地，严格实行土地用途管制，严格禁止下乡利用农村宅基地建设别墅大院和私人会馆。在符合土

地利用总体规划前提下，允许县级政府通过村土地利用规划，调整优化村庄用地布局，有效利用农村零星分散的存量建设用地；预留部分规划建设用地指标用于单独选址的农业设施和休闲旅游设施等建设。对利用收储农村闲置建设用地发展农村新产业新业态的，给予新增建设用地指标奖励。进一步完善设施农用地政策。

（三）深入推进农村集体产权制度改革。全面开展农村集体资产清产核资、集体成员身份确认，加快推进集体经营性资产股份合作制改革。推动资源变资产、资金变股金、农民变股东，探索农村集体经济新的实现形式和运行机制。坚持农村集体产权制度改革正确方向，发挥村党组织对集体经济组织的领导核心作用，防止内部少数人控制和外部资本侵占集体资产。维护进城落户农民土地承包权、宅基地使用权、集体收益分配权，引导进城落户农民依法自愿有偿转让上述权益。研究制定农村集体经济组织法，充实农村集体产权权能。全面深化供销合作社综合改革，深入推进集体林权、水利设施产权等领域改革，做好农村综合改革、农村改革试验区等工作。

（四）完善农业支持保护制度。以提升农业质量效益和竞争力为目标，强化绿色生态导向，创新完善政策工具和手段，扩大“绿箱”政策的实施范围和规模，加快建立新型农业支持保护政策体系。深化农产品收储制度和价格形成机制改革，加快培育多元市场购销主体，改革完善中央储备粮管理体制。通过完善拍卖机制、定向销售、包干销售等，加快消化政策性粮食库存。落实和完善对农民直接补贴制度，提高补贴效能。健全粮食主产区利益补偿机制。探索开展稻谷、小麦、玉米三大粮食作物完全成本保险和收入保险试点，加快建立多层次农业保险体系。

十、汇聚全社会力量，强化乡村振兴人才支撑

实施乡村振兴战略，必须破解人才瓶颈制约。要把人力资本开发放在首要位置，畅通智力、技术、管理下乡通道，造就更多乡土人才，聚天下人才而用之。

（一）大力培育新型职业农民。全面建立职业农民制度，完善配套政策体系。实施新型职业农民培育工程。支持新型职业农民通过弹性学制参加中高等农业职业教育。创新培训机制，支持农民专业合作社、专业技术协会、龙头企业等主体承担培训。引导符合条件的新型职业农民参加城镇职工养老、医疗等社会保障制度。鼓励各地开展职业农民职称评定试点。

（二）加强农村专业人才队伍建设。建立县域专业人才统筹使用制度，提高农村专业人才服务保障能力。推动人才管理职能部门简政放权，保障和落实基层用人

主体自主权。推行乡村教师“县管校聘”。实施好边远贫困地区、边疆民族地区和革命老区人才支持计划，继续实施“三支一扶”、特岗教师计划等，组织实施高校毕业生基层成长计划。支持地方高等学校、职业院校综合利用教育培训资源，灵活设置专业（方向），创新人才培养模式，为乡村振兴培养专业化人才。扶持培养一批农业职业经理人、经纪人、乡村工匠、文化能人、非遗传承人等。

（三）发挥科技人才支撑作用。全面建立高等院校、科研院所等事业单位专业技术人员到乡村和企业挂职、兼职和离岗创新创业制度，保障其在职称评定、工资福利、社会保障等方面的权益。深入实施农业科研杰出人才计划和杰出青年农业科学家项目。健全种业等领域科研人员以知识产权明晰为基础、以知识价值为导向的分配政策。探索公益性和经营性农技推广融合发展机制，允许农技人员通过提供增值服务合理取酬。全面实施农技推广服务特聘计划。

（四）鼓励社会各界投身乡村建设。建立有效激励机制，以乡情乡愁为纽带，吸引支持企业家、党政干部、专家学者、医生教师、规划师、建筑师、律师、技能人才等，通过下乡担任志愿者、投资兴业、包村包项目、行医办学、捐资捐物、法律服务等方式服务乡村振兴事业。研究制定管理办法，允许符合要求的公职人员回乡任职。吸引更多人才投身现代农业，培养造就新农民。加快制定鼓励引导工商资本参与乡村振兴的指导意见，落实和完善融资贷款、配套设施建设补助、税费减免、用地等扶持政策，明确政策边界，保护好农民利益。发挥工会、共青团、妇联、科协、残联等群团组织的优势和力量，发挥各民主党派、工商联、无党派人士等积极作用，支持农村产业发展、生态环境保护、乡风文明建设、农村弱势群体关爱等。实施乡村振兴“巾帼行动”。加强对下乡组织和人员的管理服务，使之成为乡村振兴的建设性力量。

（五）创新乡村人才培育引进使用机制。建立自主培养与人才引进相结合，学历教育、技能培训、实践锻炼等多种方式并举的人力资源开发机制。建立城乡、区域、校地之间人才培养合作与交流机制。全面建立城市医生教师、科技文化人员等定期服务乡村机制。研究制定鼓励城市专业人才参与乡村振兴的政策。

十一、开拓投融资渠道，强化乡村振兴投入保障

实施乡村振兴战略，必须解决钱从哪里来的问题。要健全投入保障制度，创新投融资机制，加快形成财政优先保障、金融重点倾斜、社会积极参与的多元投入格局，确保投入力度不断增强、总量持续增加。

（一）确保财政投入持续增长。建立健全实施乡村振兴战略财政投入保障制度，公共财政更大力度向“三农”倾斜，确保财政投入与乡村振兴目标任务相适应。优化财政供给结构，推进行业内资金整合与行业间资金统筹相互衔接配合，增加地方自主统筹空间，加快建立涉农资金统筹整合长效机制。充分发挥财政资金的引导作用，撬动金融和社会资本更多投向乡村振兴。切实发挥全国农业信贷担保体系作用，通过财政担保费率补助和以奖代补等，加大对新型农业经营主体支持力度。加快设立国家融资担保基金，强化担保融资增信功能，引导更多金融资源支持乡村振兴。支持地方政府发行一般债券用于支持乡村振兴、脱贫攻坚领域的公益性项目。稳步推进地方政府专项债券管理改革，鼓励地方政府试点发行项目融资和收益自平衡的专项债券，支持符合条件、有一定收益的乡村公益性项目建设。规范地方政府举债融资行为，不得借乡村振兴之名违法违规变相举债。

（二）拓宽资金筹集渠道。调整完善土地出让收入使用范围，进一步提高农业农村投入比例。严格控制未利用地开垦，集中力量推进高标准农田建设。改进耕地占补平衡管理办法，建立高标准农田建设等新增耕地指标和城乡建设用地增减挂钩节余指标跨省域调剂机制，将所得收益通过支出预算全部用于巩固脱贫攻坚成果和支持实施乡村振兴战略。推广一事一议、以奖代补等方式，鼓励农民对直接受益的乡村基础设施建设投工投劳，让农民更多参与建设管护。

（三）提高金融服务水平。坚持农村金融改革发展的正确方向，健全适合农业农村特点的农村金融体系，推动农村金融机构回归本源，把更多金融资源配置到农村经济社会发展的重点领域和薄弱环节，更好满足乡村振兴多样化金融需求。要强化金融服务方式创新，防止脱实向虚倾向，严格管控风险，提高金融服务乡村振兴能力和水平。抓紧出台金融服务乡村振兴的指导意见。加大中国农业银行、中国邮政储蓄银行“三农”金融事业部对乡村振兴支持力度。明确国家开发银行、中国农业发展银行在乡村振兴中的职责定位，强化金融服务方式创新，加大对乡村振兴中长期信贷支持。推动农村信用社省联社改革，保持农村信用社县域法人地位和数量总体稳定，完善村镇银行准入条件，地方法人金融机构要服务好乡村振兴。普惠金融重点要放在乡村。推动出台非存款类放贷组织条例。制定金融机构服务乡村振兴考核评估办法。支持符合条件的涉农企业发行上市、新三板挂牌和融资、并购重组，深入推进农产品期货期权市场建设，稳步扩大“保险＋期货”试点，探索“订单农业＋保险＋期货（权）”试点。改进农村金融差异化监管体系，强化地方政府金融风险防范处置责任。

十二、坚持和完善党对“三农”工作的领导

实施乡村振兴战略是党和国家的重大决策部署，各级党委和政府要提高对实施乡村振兴战略重大意义的认识，真正把实施乡村振兴战略摆在优先位置，把党管农村工作的要求落到实处。

（一）完善党的农村工作领导体制机制。各级党委和政府要坚持工业农业一起抓、城市农村一起抓，把农业农村优先发展原则体现到各个方面。健全党委统一领导、政府负责、党委农村工作部门统筹协调的农村工作领导体制。建立实施乡村振兴战略领导责任制，实行中央统筹省负总责市县抓落实的工作机制。党政一把手是第一责任人，五级书记抓乡村振兴。县委书记要下大气力抓好“三农”工作，当好乡村振兴“一线总指挥”。各部门要按照职责，加强工作指导，强化资源要素支持和制度供给，做好协同配合，形成乡村振兴工作合力。切实加强各级党委农村工作部门建设，按照《中国共产党工作机关条例（试行）》有关规定，做好党的农村工作机构设置和人员配置工作，充分发挥决策参谋、统筹协调、政策指导、推动落实、督导检查等职能。各省（自治区、直辖市）党委和政府每年要向党中央、国务院报告推进实施乡村振兴战略进展情况。建立市县党政领导班子和领导干部推进乡村振兴战略的实绩考核制度，将考核结果作为选拔任用领导干部的重要依据。

（二）研究制定中国共产党农村工作条例。根据坚持党对一切工作的领导的要求和新时代“三农”工作新形势新任务新要求，研究制定中国共产党农村工作条例，把党领导农村工作的传统、要求、政策等以党内法规形式确定下来，明确加强对农村工作领导的指导思想、原则要求、工作范围和对象、主要任务、机构职责、队伍建设等，完善领导体制和工作机制，确保乡村振兴战略有效实施。

（三）加强“三农”工作队伍建设。把懂农业、爱农村、爱农民作为基本要求，加强“三农”工作干部队伍培养、配备、管理、使用。各级党委和政府主要领导干部要懂“三农”工作、会抓“三农”工作，分管领导要真正成为“三农”工作行家里手。制定并实施培训计划,全面提升“三农”干部队伍能力和水平。拓宽县级“三农”工作部门和乡镇干部来源渠道。把到农村一线工作锻炼作为培养干部的重要途径，注重提拔使用实绩优秀的干部，形成人才向农村基层一线流动的用人导向。

（四）强化乡村振兴规划引领。制定国家乡村振兴战略规划（2018–2022 年），分别明确至 2020 年全面建成小康社会和 2022 年召开党的二十大时的目标任务，细

化实化工作重点和政策措施，部署若干重大工程、重大计划、重大行动。各地区各部门要编制乡村振兴地方规划和专项规划或方案。加强各类规划的统筹管理和系统衔接，形成城乡融合、区域一体、多规合一的规划体系。根据发展现状和需要分类有序推进乡村振兴，对具备条件的村庄，要加快推进城镇基础设施和公共服务向农村延伸；对自然历史文化资源丰富的村庄，要统筹兼顾保护与发展；对生存条件恶劣、生态环境脆弱的村庄，要加大力度实施生态移民搬迁。

（五）强化乡村振兴法治保障。抓紧研究制定乡村振兴法的有关工作，把行之有效的乡村振兴政策法定化，充分发挥立法在乡村振兴中的保障和推动作用。及时修改和废止不适应的法律法规。推进粮食安全保障立法。各地可以从本地乡村发展实际需要出发，制定促进乡村振兴的地方性法规、地方政府规章。加强乡村统计工作和数据开发应用。

（六）营造乡村振兴良好氛围。凝聚全党全国全社会振兴乡村强大合力，宣传党的乡村振兴方针政策和各地丰富实践，振奋基层干部群众精神。建立乡村振兴专家决策咨询制度，组织智库加强理论研究。促进乡村振兴国际交流合作，讲好乡村振兴中国故事，为世界贡献中国智慧和中国方案。

让我们更加紧密地团结在以习近平同志为核心的党中央周围，高举中国特色社会主义伟大旗帜，以习近平新时代中国特色社会主义思想为指导，迎难而上、埋头苦干、开拓进取，为决胜全面建成小康社会、夺取新时代中国特色社会主义伟大胜利作出新的贡献！

文件四：

中共江苏省委关于贯彻《中国共产党农村工作条例》实施办法

为提高新时代党全面领导农村工作的能力和水平，根据《中国共产党农村工作条例》规定，结合江苏实际，制定本实施办法。

一、坚持和加强党对农村工作的全面领导

1. 党的农村工作必须高举中国特色社会主义伟大旗帜，坚持以马克思列宁主义、毛泽东思想、邓小平理论、“三个代表”重要思想、科学发展观、习近平新时代中国特色社会主义思想为指导，增强“四个意识”、坚定“四个自信”、做到“两个维护”，紧紧围绕统筹推进“五位一体”总体布局和协调推进“四个全面”战略布局，

坚持稳中求进工作总基调，贯彻新发展理念，落实高质量发展要求，以实施乡村振兴战略为总抓手，健全党领导农村工作组织体系、制度体系和工作机制，加快推进乡村治理体系和治理能力现代化，推动农业全面升级、农民全面发展、农村全面进步，率先实现农业农村现代化。

2.“三农”问题是关系国计民生的根本性问题。做好江苏各项工作，必须坚持把解决好“三农”问题作为重中之重，坚持口粮自给、略有盈余，坚持农业农村优先发展，坚持守正创新持续深化农村改革，坚持城乡融合发展，坚持发展壮大农村集体经济，走共同富裕道路。

3. 各级党委必须严格遵循党的农村工作基本原则，坚持党对农村工作的全面领导，坚持以人民为中心，坚持巩固和完善农村基本经营制度，坚持走中国特色社会主义乡村振兴道路，坚持教育引导农民听党话、感党恩、跟党走，坚持一切从实际出发，按照党中央和省委决策部署，把党管农村工作落到实处。

二、健全组织领导体制机制

4. 在中央统筹下，实行省负总责、市县乡抓落实的农村工作领导体制。省委对全省农村工作全面负责，定期研究全省农村工作，听取全省农村工作汇报，决策农村工作重大事项，每年召开农村工作会议，贯彻落实党中央“三农”工作决策部署，制定出台农村工作政策文件，抓好重点任务分工、重大项目实施、重要资源配置等工作。设区市党委应当把农村工作摆上重要议事日程，做好上下衔接、域内协调、督促检查，发挥好以市带县作用。县（市、区）党委应当结合实际，贯彻党中央以及上级党委关于农村工作的要求和决策部署，制定具体管用的措施，落实到乡（镇）村。乡（镇）党委和村党组织全面领导乡镇、村的各类组织和各项工作，充分发动群众、组织群众，负责落实好县级党委工作安排。

5. 县级以上党委设立农村工作领导小组，在同级党委及其常委会领导下开展工作，发挥农村工作牵头抓总、统筹协调、考核监督等作用。定期或不定期召开领导小组会议，分析农村经济社会形势，研究协调“三农”重大问题，督促落实中央和上级党委关于农村工作的决策部署。省、设区市党委农村工作领导小组组长，由同级党委专职副书记担任。县级党委农村工作领导小组组长由县委书记担任，县委书记应当把主要精力放在农村工作上，深入基层调查研究，加强统筹谋划，狠抓工作落实。各级党委农村工作领导小组成员由党委和政府有关负责人以及相关部门主要负责人组成。

6. 各级党委农村工作领导小组下设办公室，承担党委农村工作领导小组日常事务，落实党委农村工作领导小组部署，履行决策参谋、统筹协调、政策指导、推动落实、督导检查等职能。加强党委农村工作部门建设，保证人员配置，确保职能到位、正常运转。

7. 各级党委应当完善“三农”工作领导决策机制，注重发挥人大代表、政协委员、各类智库和专业研究机构作用，提高决策科学化水平。拟由党委政府出台的农村工作重大政策举措，须经同级党委农村工作领导小组研究形成意见后，报政府常务会议审议、党委常委会会议决策。

三、推进率先实现农业农村现代化

8. 贯彻习近平总书记关于“三农”工作的重要论述和对江苏工作的重要讲话精神，落实中央关于“三农”工作的决策部署，围绕“强富美高”新江苏建设，全面深化农村经济建设、政治建设、文化建设、社会建设、生态文明建设和党的建设，持续推进现代农业建设迈上新台阶，率先实现农业农村现代化。

9. 各级党委应当坚持规划先行，强化乡村规划对推进农业农村现代化的导向作用。乡村规划要突出乡村特色，保持乡村风貌，注重文化传承，加强各类规划统筹管理和系统衔接，形成城乡融合、区域一体、多规合一、全面覆盖的规划体系。严肃规划实施，科学有序推进乡村建设发展。

10. 各级党委应当注重实施藏粮于地、藏粮于技战略，高水平推进农田水利及高标准农田建设，发展现代种业，加快绿色高质高效技术模式集成应用推广。深入推进农业供给侧结构性改革，优化乡村产业结构和区域布局，培育壮大优势主导产业，持续推动农业生产优质化、绿色化、品牌化发展，加快构建现代农业产业体系、生产体系、经营体系。大力发展农业农村新产业新业态新模式，加快发展以农业和乡村资源开发利用为基础的乡村二三产业，推进农村一二三产业融合发展，构建具有江苏特点的现代乡村产业体系，提高农业区域综合能力，增加农民收入。

11. 各级党委应当牢固树立和践行绿水青山就是金山银山的发展理念，统筹山水林田湖草系统保护和修复，提升农村生态环境保护水平。因地制宜推进美丽宜居乡村建设，持续推进特色田园乡村、农民住房条件改善、人居环境整治、小流域生态治理等，全面改善农村生产生活条件，让农民群众过上与时代同步的美好生活。总结推广农业绿色发展的“戴庄实践”和乡村公共空间治理的“邳州探索”。

12. 各级党委应当把城乡融合发展作为推进农业农村现代化的重要路径，深化城乡经济社会发展联动改革，着力破除户籍、土地、资本、公共服务等制约，加快健全完善城乡融合发展的体制机制和政策体系。促进城乡基础设施互联互通、共建共享，城乡基本公共服务合理布局、均衡配置，城乡社会保障制度逐步并轨、标准统一。引导产业在城乡合理布局、要素在城乡自由流动，加快形成工农互促、城乡互补、全面融合、共同繁荣的新型工农城乡关系。

13. 各级党委应当持续提高农民组织化程度，培育壮大家庭农场、农民合作社、农业龙头企业等新型经营主体，健全农业全程社会化服务体系，发展多种形式的适度规模经营。加快培育新型职业农民，构建高素质职业农民队伍。

14. 各级党委应当持续推进农村集体经济发展壮大，巩固完善农村基本经营制度，积极发展新型农村集体经济，深化农民专业合作、土地股份合作、社区股份合作等，通过开展资源变资产、资金变股金、农民变股东等资产收益改革发展方式，多途径增强农村集体经济实力。积极扶持低收入村经济发展，巩固脱贫攻坚成果，建立贫困监测预警机制，健全解决相对贫困的长效机制。完善利益联结机制，推动小农户与现代农业发展有机衔接。

15. 各级党委应当注重发挥改革对农业农村的推动作用，把处理好农民与土地的关系作为主线，深化农村改革创新。坚持保持土地承包关系稳定并长久不变，统筹抓好农村承包地、农村宅基地、农村集体建设用地和农村集体产权制度、农业支持保护体系、农村金融制度等各项改革，健全符合社会主义市场经济要求的农村经济体制，调动广大农民的积极性、主动性、创造性，不断解放和发展农村社会生产力。扎实抓好农村改革试验区工作，拓展农村集体产权交易市场功能。总结各地各类改革试验试点经验，搞好改革集成，扩大改革效应。

四、推进乡村治理现代化

16. 各级党委应当加强农村党的建设。以提升组织力为重点，突出政治功能，把农村基层党组织建设成为宣传党的主张、贯彻党的决定、领导基层治理、团结动员群众、推动改革发展的坚强战斗堡垒，发挥党员先锋模范作用。牢固树立大抓基层的鲜明导向，健全基本组织，建强基本队伍，开展基本活动，落实基本制度，强化基本保障，村党组织书记应当通过法定程序担任村民委员会主任和集体经济组织、合作经济组织负责人，推进村“两委”班子成员交叉任职。健全村党组织领导下的议事决策机制、监督机制，建立健全村务监督委员会，村级重大事项决策实行“四议两公开”。各级党委特别是县级党委应当认真履行农村基层党建主体责任，坚持抓乡促村，对村党组织书记实行县乡共同管理。选优配强村党组织“带头人”，整顿软弱涣散村党组织，确保村级组织运转经费省定标准落实到位。推动全面从严治党向基层延伸，深入推进农村党风廉政建设，加强农村纪检监察工作，把落实农村政策情况作为巡视巡察重要内容，建立健全农村权力运行监督制度，持续整治侵害农民利益的不正之风和群众身边的腐败问题。加强村党群服务中心规范化建设，健全服务功能，提升服务水平。

17. 各级党委应当健全党组织领导下的自治、法治、德治相结合的乡村治理体系，推进乡村治理体系和治理能力现代化。完善基层民主制度，深化村民自治实践，强化自治章程、村规民约的约束作用，健全村党组织领导的充满活力的村民自治机制，丰富基层民主协商形式。建立健全党委领导、政府负责、民主协商、社会协同、公众参与、法治保障、科技支撑的现代乡村治理体制，提升乡村网格化社会治理水平，引导农民用法律保护自身合法权益。深入推进平安乡村建设，严厉打击农村黑恶势力、宗族恶势力，坚决取缔各类非法宗教传播活动，保障人民生命财产安全，巩固农村基层政权。充分发挥德治先导作用，努力探索建立以社会主义核心价值观为根本、以优秀传统文化和道德为基础、与中国特色社会主义乡村经济社会发展相适应的乡村现代道德体系和行为规范，加强农村思想政治工作，深化各类道德实践活动，大力弘扬时代新风，引领乡村文明进步。

18. 各级党委应当加强农村社会主义精神文明建设。以县域为整体，在县、乡（镇）、村全面推进新时代文明实践中心、所、站建设，推动习近平新时代中国特色社会主义思想在农村深入人心、落地生根。总结推广“马庄经验”，培育文明乡风、良好家风、淳朴民风，提升农民精神风貌。深化拓展文明村镇、文明家庭等群众性精神文明创建活动，提升农民群众文明素质和乡村社会文明程度。

五、壮大“三农”工作力量

19. 各级党委应当把懂农业、爱农村、爱农民作为基本要求，加强农村工作队伍建设。把是否熟悉和善于抓“三农”工作作为考察县（市、区）、乡镇党政领导班子的重要内容。加强“三农”工作队伍培养、配备、管理和使用，把到农村一线锻炼作为培养干部的重要途径。注重提拔使用实绩优秀的农村工作干部，切实保障干部基本福利待遇和工作条件。提高“三农”干部的群众工作本领，密切党同农民群众的血肉联系，坚决反对“四风”特别是形式主义、官僚主义。

20. 各级党委应当实行更加积极、开放、有效的人才政策，培强高素质农民、专业人才、乡土人才等农村人才队伍。实施高素质农民培育计划，推进农民从“身份农民”向“职业农民”转变。县（市、区）党委政府应当统筹调度、配备、选拔人才，完善基层专业技术人才评价使用机制，保障和提高人才待遇，推动城乡医生、教师、科技人才、文化人才双向流动。推动乡土人才带领技艺传承、带强产业发展、带动群众致富。

21. 各级党委应当发挥工会、共青团、妇联、科协、残联等群团组织的优势和力量，发挥各民主党派、工商联、无党派人士等积极作用，支持引导开展农村创新创业、农村社会工作和志愿服务。尊重农民主体地位，让农民群众全方位、全过程参与和监督。建立健全激励机制，吸引各类人才下乡担任志愿者、投资兴业、行医办学、创业创新等，积极投身乡村振兴。

六、完善政策保障措施

22. 各级党委应当推动落实财政优先保障要求，推动建立“三农”财政投入稳定增长机制，加大强农惠农富农政策力度，确保财政投入与乡村振兴目标任务相适应。加强涉农资金统筹整合，重点支持乡村产业发展、农房条件改善、农田水利建设等。推动农村金融体制改革创新，健全新型农村金融服务体系，建立县域银行业金融机构服务“三农”的激励约束机制，重点支持发展农村普惠金融。发挥政策性金融示范作用，加大对乡村振兴中长期信贷支持。加强全省农业信贷担保体系建设，扩大财政农业融资风险补偿基金规模。大力发展涉农保险服务，推进政策性农业保险增品、提标、扩面。积极发展乡村振兴相关投资基金，着力培育涉农上市公司，充分发挥资本市场支持乡村振兴作用。把市场导向和政策扶持结合起来，建立健全相关制度保障和政策体系，畅通资本流动配置的渠道，鼓励工商资本、社会资本、金融资本共同服务乡村振兴。加快推进农村信用体系建设。

23. 各级党委应当加强乡村振兴用地保障，根据乡村产业发展、美丽乡村建设、农村基础设施与公共服务需要，在规划布局、用地指标安排等方面统筹考虑。调整完善土地出让收入使用政策，提高农业农村投入比重。依法维护被征地农民合法权益。

24. 各级党委应当注重发挥科技创新的支撑作用，深入实施科教兴农战略，努力构建与农业农村现代化要求相适应的农业科技创新体系、现代农业教育体系和农业技术推广服务体系。围绕产业链布局创新链，推进农业重大品种创制、关键技术集成。巩固提升农业高等教育、职业教育水平，推进产教融合模式创新。加强农业技术推广服务机构建设，创新农技推广方式方法，提高为农服务效能。大力发展设施农业、功能农业、智慧农业，加大科技成果转化力度，提升农业物质技术装备水平，增强农业抵御自然灾害风险能力。

25. 各级党委应当注重推进“三农”领域法规规章“立改废释”，健全符合实际的地方性农业农村法规制度。各级政府要严格依法行政，推进农业综合行政执法改革，确保更加规范高效。

七、强化考核监督

26. 健全五级书记抓乡村振兴考核机制，上级党委政府应当对下级党委和政府主要负责人、农村基层党组织书记履行乡村振兴工作第一责任人职责情况开展督查考核，考核结果作为干部选拔任用、评先奖优、问责追责的重要参考。

27. 省委省政府每年向党中央、国务院报告乡村振兴战略实施情况，市县党委和政府每年向上级党委和政府报告乡村振兴战略实施情况。

28. 省级研究制定《市县党委政府乡村振兴工作实绩考核办法》，按年度加强工作实绩考核监督。研究制定省农业农村现代化水平监测评价办法和指标体系，加强发展状况评估引导。

29. 省级对市县党政领导班子和领导干部开展乡村振兴战略实绩考核，结果作为班子和有关领导干部综合考核评价的重要依据，作为财政资金分配、项目安排、评先奖优的重要参考。建立问责和约谈制度，对不履行或不正确履行职责、工作绩效差、农民群众不满意问题突出等，应当依照党内法规和法律法规予以约谈并问责，督促限期整改到位。

30. 各级党委应当按规定对在农村工作中作出突出贡献的集体和个人进行褒扬，省级对乡村振兴绩效显著的市县，在财政资金安排上给予奖励。各设区市、县（市、区）党委应当建立乡村振兴工作鼓励激励机制。

本实施办法由省委负责解释，具体解释工作由省委办公厅商省委农村工作领导小组办公室承担。

附录三　关于农业现代化发展的政策文件

文件一：

中共中央　国务院关于抓好“三农”领域重点工作确保如期实现全面小康的意见

党的十九大以来，党中央围绕打赢脱贫攻坚战、实施乡村振兴战略作出一系列重大部署，出台一系列政策举措。农业农村改革发展的实践证明，党中央制定的方针政策是完全正确的，今后一个时期要继续贯彻执行。

2020 年是全面建成小康社会目标实现之年，是全面打赢脱贫攻坚战收官之年。党中央认为，完成上述两大目标任务，脱贫攻坚最后堡垒必须攻克，全面小康“三农”领域突出短板必须补上。小康不小康，关键看老乡。脱贫攻坚质量怎么样、小康成色如何，很大程度上要看“三农”工作成效。全党务必深刻认识做好 2020 年“三农”工作的特殊重要性，毫不松懈，持续加力，坚决夺取第一个百年奋斗目标的全面胜利。

做好 2020 年“三农”工作总的要求是，坚持以习近平新时代中国特色社会主义思想为指导，全面贯彻党的十九大和十九届二中、三中、四中全会精神，贯彻落实中央经济工作会议精神，对标对表全面建成小康社会目标，强化举措、狠抓落实，集中力量完成打赢脱贫攻坚战和补上全面小康“三农”领域突出短板两大重点任务，持续抓好农业稳产保供和农民增收，推进农业高质量发展，保持农村社会和谐稳定，提升农民群众获得感、幸福感、安全感，确保脱贫攻坚战圆满收官，确保农村同步全面建成小康社会。

一、坚决打赢脱贫攻坚战

（一）全面完成脱贫任务。脱贫攻坚已经取得决定性成就，绝大多数贫困人口已经脱贫，现在到了攻城拔寨、全面收官的阶段。要坚持精准扶贫，以更加有力的举措、更加精细的工作，在普遍实现“两不愁”基础上，全面解决“三保障”和饮水安全问题，确保剩余贫困人口如期脱贫。进一步聚焦“三区三州”等深度贫困地区，瞄准突出问题和薄弱环节集中发力，狠抓政策落实。对深度贫困地区贫困人口多、贫困发生率高、脱贫难度大的县和行政村，要组织精锐力量强力帮扶、挂牌督战。对特殊贫困群体，要落实落细低保、医保、养老保险、特困人员救助供养、临时救助等综合社会保障政策，实现应保尽保。各级财政要继续增加专项扶贫资金，中央财政新增部分主要用于“三区三州”等深度贫困地区。优化城乡建设用地增减挂钩、扶贫小额信贷等支持政策。深入推进抓党建促脱贫攻坚。

（二）巩固脱贫成果防止返贫。各地要对已脱贫人口开展全面排查，认真查找漏洞缺项，一项一项整改清零，一户一户对账销号。总结推广各地经验做法，健全监测预警机制，加强对不稳定脱贫户、边缘户的动态监测，将返贫人口和新发生贫困人口及时纳入帮扶，为巩固脱贫成果提供制度保障。强化产业扶贫、就业扶贫，深入开展消费扶贫，加大易地扶贫搬迁后续扶持力度。扩大贫困地区退耕还林还草规模。深化扶志扶智，激发贫困人口内生动力。

（三）做好考核验收和宣传工作。严把贫困退出关，严格执行贫困退出标准和程序，坚决杜绝数字脱贫、虚假脱贫，确保脱贫成果经得起历史检验。加强常态化督导，及时发现问题、督促整改。开展脱贫攻坚普查。扎实做好脱贫攻坚宣传工作，全面展现新时代扶贫脱贫壮阔实践，全面宣传扶贫事业历史性成就，深刻揭示脱贫攻坚伟大成就背后的制度优势，向世界讲好中国减贫生动故事。

（四）保持脱贫攻坚政策总体稳定。坚持贫困县摘帽不摘责任、不摘政策、不摘帮扶、不摘监管。强化脱贫攻坚责任落实，继续执行对贫困县的主要扶持政策，进一步加大东西部扶贫协作、对口支援、定点扶贫、社会扶贫力度，稳定扶贫工作队伍，强化基层帮扶力量。持续开展扶贫领域腐败和作风问题专项治理。对已实现稳定脱贫的县，各省（自治区、直辖市）可以根据实际情况统筹安排专项扶贫资金，支持非贫困县、非贫困村贫困人口脱贫。

（五）研究接续推进减贫工作。脱贫攻坚任务完成后，我国贫困状况将发生重大变化，扶贫工作重心转向解决相对贫困，扶贫工作方式由集中作战调整为常态推进。要研究建立解决相对贫困的长效机制，推动减贫战略和工作体系平稳转型。加强解决相对贫困问题顶层设计，纳入实施乡村振兴战略统筹安排。抓紧研究制定脱贫攻坚与实施乡村振兴战略有机衔接的意见。

二、对标全面建成小康社会加快补上农村基础设施和公共服务短板

（六）加大农村公共基础设施建设力度。推动“四好农村路”示范创建提质扩面，启动省域、市域范围内示范创建。在完成具备条件的建制村通硬化路和通客车任务基础上，有序推进较大人口规模自然村（组）等通硬化路建设。支持村内道路建设和改造。加大成品油税费改革转移支付对农村公路养护的支持力度。加快农村公路条例立法进程。加强农村道路交通安全管理。完成“三区三州”和抵边村寨电网升级改造攻坚计划。基本实现行政村光纤网络和第四代移动通信网络普遍覆盖。落实农村公共基础设施管护责任，应由政府承担的管护费用纳入政府预算。做好村庄规划工作。

（七）提高农村供水保障水平。全面完成农村饮水安全巩固提升工程任务。统筹布局农村饮水基础设施建设，在人口相对集中的地区推进规模化供水工程建设。有条件的地区将城市管网向农村延伸，推进城乡供水一体化。中央财政加大支持力度，补助中西部地区、原中央苏区农村饮水安全工程维修养护。加强农村饮用水水源保护，做好水质监测。

（八）扎实搞好农村人居环境整治。分类推进农村厕所革命，东部地区、中西部城市近郊区等有基础有条件的地区要基本完成农村户用厕所无害化改造，其他地区实事求是确定目标任务。各地要选择适宜的技术和改厕模式，先搞试点，证明切实可行后再推开。全面推进农村生活垃圾治理，开展就地分类、源头减量试点。梯次推进农村生活污水治理，优先解决乡镇所在地和中心村生活污水问题。开展农村黑臭水体整治。支持农民群众开展村庄清洁和绿化行动，推进“美丽家园”建设。鼓励有条件的地方对农村人居环境公共设施维修养护进行补助。

（九）提高农村教育质量。加强乡镇寄宿制学校建设，统筹乡村小规模学校布局，改善办学条件，提高教学质量。加强乡村教师队伍建设，全面推行义务教育阶段教师“县管校聘”，有计划安排县城学校教师到乡村支教。落实中小学教师平均工资收入水平不低于或高于当地公务员平均工资收入水平政策，教师职称评聘向乡村学校教师倾斜，符合条件的乡村学校教师纳入当地政府住房保障体系。持续推进农村义务教育控辍保学专项行动，巩固义务教育普及成果。增加学位供给，有效解决农民工随迁子女上学问题。重视农村学前教育，多渠道增加普惠性学前教育资源供给。加强农村特殊教育。大力提升中西部地区乡村教师国家通用语言文字能力，加强贫困地区学前儿童普通话教育。扩大职业教育学校在农村招生规模，提高职业教育质量。

（十）加强农村基层医疗卫生服务。办好县级医院，推进标准化乡镇卫生院建设，改造提升村卫生室，消除医疗服务空白点。稳步推进紧密型县域医疗卫生共同体建设。加强乡村医生队伍建设，适当简化本科及以上学历医学毕业生或经住院医师规范化培训合格的全科医生招聘程序。对应聘到中西部地区和艰苦边远地区乡村工作的应届高校医学毕业生，给予大学期间学费补偿、国家助学贷款代偿。允许各地盘活用好基层卫生机构现有编制资源，乡镇卫生院可优先聘用符合条件的村医。加强基层疾病预防控制队伍建设，做好重大疾病和传染病防控。将农村适龄妇女宫颈癌和乳腺癌检查纳入基本公共卫生服务范围。

（十一）加强农村社会保障。适当提高城乡居民基本医疗保险财政补助和个人缴费标准。提高城乡居民基本医保、大病保险、医疗救助经办服务水平，地级市域范围内实现“一站式服务、一窗口办理、一单制结算”。加强农村低保对象动态精准管理，合理提高低保等社会救助水平。完善农村留守儿童和妇女、老年人关爱服务体系。发展农村互助式养老，多形式建设日间照料中心，改善失能老年人和重度残疾人护理服务。

（十二）改善乡村公共文化服务。推动基本公共文化服务向乡村延伸，扩大乡村文化惠民工程覆盖面。鼓励城市文艺团体和文艺工作者定期送文化下乡。实施乡村文化人才培养工程，支持乡土文艺团组发展，扶持农村非遗传承人、民间艺人收徒传艺，发展优秀戏曲曲艺、少数民族文化、民间文化。保护好历史文化名镇（村）、传统村落、民族村寨、传统建筑、农业文化遗产、古树名木等。以“庆丰收、迎小康”为主题办好中国农民丰收节。

（十三）治理农村生态环境突出问题。大力推进畜禽粪污资源化利用，基本完成大规模养殖场粪污治理设施建设。深入开展农药化肥减量行动，加强农膜污染治理，推进秸秆综合利用。在长江流域重点水域实行常年禁捕，做好渔民退捕工作。推广黑土地保护有效治理模式，推进侵蚀沟治理，启动实施东北黑土地保护性耕作行动计划。稳步推进农用地土壤污染管控和修复利用。继续实施华北地区地下水超采综合治理。启动农村水系综合整治试点。

三、保障重要农产品有效供给和促进农民持续增收

（十四）稳定粮食生产。确保粮食安全始终是治国理政的头等大事。粮食生产要稳字当头，稳政策、稳面积、稳产量。强化粮食安全省长责任制考核，各省（自治区、直辖市）2020 年粮食播种面积和产量要保持基本稳定。进一步完善农业补

贴政策。调整完善稻谷、小麦最低收购价政策，稳定农民基本收益。推进稻谷、小麦、玉米完全成本保险和收入保险试点。加大对大豆高产品种和玉米、大豆间作新农艺推广的支持力度。抓好草地贪夜蛾等重大病虫害防控，推广统防统治、代耕代种、土地托管等服务模式。加大对产粮大县的奖励力度，优先安排农产品加工用地指标。支持产粮大县开展高标准农田建设新增耕地指标跨省域调剂使用，调剂收益按规定用于建设高标准农田。深入实施优质粮食工程。以北方农牧交错带为重点扩大粮改饲规模，推广种养结合模式。完善新疆棉花目标价格政策。拓展多元化进口渠道，增加适应国内需求的农产品进口。扩大优势农产品出口。深入开展农产品反走私综合治理专项行动。

（十五）加快恢复生猪生产。生猪稳产保供是当前经济工作的一件大事，要采取综合性措施，确保2020年年底前生猪产能基本恢复到接近正常年份水平。落实“省负总责”，压实“菜篮子”市长负责制，强化县级抓落实责任，保障猪肉供给。坚持补栏增养和疫病防控相结合，推动生猪标准化规模养殖，加强对中小散养户的防疫服务，做好饲料生产保障工作。严格落实扶持生猪生产的各项政策举措，抓紧打通环评、用地、信贷等瓶颈。纠正随意扩大限养禁养区和搞“无猪市”、“无猪县”问题。严格执行非洲猪瘟疫情报告制度和防控措施，加快疫苗研发进程。加强动物防疫体系建设，落实防疫人员和经费保障，在生猪大县实施乡镇动物防疫特聘计划。引导生猪屠宰加工向养殖集中区转移，逐步减少活猪长距离调运，推进“运猪”向“运肉”转变。加强市场监测和调控，做好猪肉保供稳价工作，打击扰乱市场行为，及时启动社会救助和保障标准与物价上涨挂钩联动机制。支持奶业、禽类、牛羊等生产，引导优化肉类消费结构。推进水产绿色健康养殖，加强渔港建设和管理改革。

（十六）加强现代农业设施建设。提早谋划实施一批现代农业投资重大项目，支持项目及早落地，有效扩大农业投资。以粮食生产功能区和重要农产品生产保护区为重点加快推进高标准农田建设，修编建设规划，合理确定投资标准，完善工程建设、验收、监督检查机制，确保建一块成一块。如期完成大中型灌区续建配套与节水改造，提高防汛抗旱能力，加大农业节水力度。抓紧启动和开工一批重大水利工程和配套设施建设，加快开展南水北调后续工程前期工作，适时推进工程建设。启动农产品仓储保鲜冷链物流设施建设工程。加强农产品冷链物流统筹规划、分级布局和标准制定。安排中央预算内投资，支持建设一批骨干冷链物流基地。国家支持家庭农场、农民合作社、供销合作社、邮政快递企业、产业化龙头企业建设产地分拣包装、冷藏保鲜、仓储运输、初加工等设施，对其在农村建设的保鲜仓储设施用电实行农业生产用电价格。依托现有资源建设农业农村大数据中心，加快物联网、大数据、区块链、人工智能、第五代移动通信网络、智慧气象等现代信息技术在农业领域的应用。开展国家数字乡村试点。

（十七）发展富民乡村产业。支持各地立足资源优势打造各具特色的农业全产业链，建立健全农民分享产业链增值收益机制，形成有竞争力的产业集群，推动农村一二三产业融合发展。加快建设国家、省、市、县现代农业产业园，支持农村产业融合发展示范园建设，办好农村“双创”基地。重点培育家庭农场、农民合作社等新型农业经营主体，培育农业产业化联合体，通过订单农业、入股分红、托管服务等方式，将小农户融入农业产业链。继续调整优化农业结构，加强绿色食品、有机农产品、地理标志农产品认证和管理，打造地方知名农产品品牌，增加优质绿色农产品供给。有效开发农村市场，扩大电子商务进农村覆盖面，支持供销合作社、邮政快递企业等延伸乡村物流服务网络，加强村级电商服务站点建设，推动农产品进城、工业品下乡双向流通。强化全过程农产品质量安全和食品安全监管，建立健全追溯体系，确保人民群众“舌尖上的安全”。引导和鼓励工商资本下乡，切实保护好企业家合法权益。制定农业及相关产业统计分类并加强统计核算，全面准确反映农业生产、加工、物流、营销、服务等全产业链价值。

（十八）稳定农民工就业。落实涉企减税降费等支持政策，加大援企稳岗工作力度，放宽失业保险稳岗返还申领条件，提高农民工技能提升补贴标准。农民工失业后，可在常住地进行失业登记，享受均等化公共就业服务。出台并落实保障农民工工资支付条例。以政府投资项目和工程建设领域为重点，开展农民工工资支付情况排查整顿，执行拖欠农民工工资“黑名单”制度，落实根治欠薪各项举措。实施家政服务、养老护理、医院看护、餐饮烹饪、电子商务等技能培训，打造区域性劳务品牌。鼓励地方设立乡村保洁员、水管员、护路员、生态护林员等公益性岗位。开展新业态从业人员职业伤害保障试点。深入实施农村创新创业带头人培育行动，将符合条件的返乡创业农民工纳入一次性创业补贴范围。

四、加强农村基层治理

（十九）充分发挥党组织领导作用。农村基层党组织是党在农村全部工作和战斗力的基础。要认真落实《中国共产党农村基层组织工作条例》，组织群众发展乡村产业，增强集体经济实力，带领群众共同致富；动员群众参与乡村治理，增强主人翁意识，维护农村和谐稳定；教育引导群众革除陈规陋习，弘扬公序良俗，培育文明乡风；密切联系群众，提高服务群众能力，把群众紧密团结在党的周围，筑牢党在农村的执政基础。全面落实村党组织书记县级党委备案管理制度，建立村“两委”成员县级联审常态化机制，持续整顿软弱涣散村党组织，发挥党组织在农村各种组织中的领导作用。严格村党组织书记监督管理，建立健全党委组织部门牵头协调，民政、农业农村等部门共同参与、加强指导的村务监督机制，全面落实“四议两公开”。加大农村基层巡察工作力度。强化基层纪检监察组织与村务监督委员会的沟通协作、有效衔接，形成监督合力。加大在青年农民中发展党员力度。持续向贫困村、软弱涣散村、集体经济薄弱村派驻第一书记。加强村级组织运转经费保障。健全激励村干部干事创业机制。选优配强乡镇领导班子特别是乡镇党委书记。在乡村开展“听党话、感党恩、跟党走”宣讲活动。

（二十）健全乡村治理工作体系。坚持县乡村联动，推动社会治理和服务重心向基层下移，把更多资源下沉到乡镇和村，提高乡村治理效能。县级是“一线指挥部”,要加强统筹谋划,落实领导责任,强化大抓基层的工作导向,增强群众工作本领。建立县级领导干部和县直部门主要负责人包村制度。乡镇是为农服务中心，要加强管理服务，整合审批、服务、执法等方面力量，建立健全统一管理服务平台，实现一站式办理。充实农村人居环境整治、宅基地管理、集体资产管理、民生保障、社会服务等工作力量。行政村是基本治理单元，要强化自我管理、自我服务、自我教育、自我监督，健全基层民主制度，完善村规民约，推进村民自治制度化、规范化、程序化。扎实开展自治、法治、德治相结合的乡村治理体系建设试点示范，推广乡村治理创新性典型案例经验。注重发挥家庭家教家风在乡村治理中的重要作用。

（二十一）调处化解乡村矛盾纠纷。坚持和发展新时代“枫桥经验”，进一步加强人民调解工作，做到小事不出村、大事不出乡、矛盾不上交。畅通农民群众诉求表达渠道，及时妥善处理农民群众合理诉求。持续整治侵害农民利益行为，妥善化解土地承包、征地拆迁、农民工工资、环境污染等方面矛盾。推行领导干部特别是市县领导干部定期下基层接访制度，积极化解信访积案。组织开展“一村一法律顾问”等形式多样的法律服务。对直接关系农民切身利益、容易引发社会稳定风险的重大决策事项，要先进行风险评估。

（二十二）深入推进平安乡村建设。推动扫黑除恶专项斗争向纵深推进，严厉打击非法侵占农村集体资产、扶贫惠农资金和侵犯农村妇女儿童人身权利等违法犯罪行为，推进反腐败斗争和基层“拍蝇”，建立防范和整治“村霸”长效机制。依法管理农村宗教事务，制止非法宗教活动，防范邪教向农村渗透，防止封建迷信蔓延。加强农村社会治安工作，推行网格化管理和服务。开展农村假冒伪劣食品治理行动。打击制售假劣农资违法违规行为。加强农村防灾减灾能力建设。全面排查整治农村各类安全隐患。

五、强化农村补短板保障措施

（二十三）优先保障“三农”投入。加大中央和地方财政“三农”投入力度，中央预算内投资继续向农业农村倾斜，确保财政投入与补上全面小康“三农”领域突出短板相适应。地方政府要在一般债券支出中安排一定规模支持符合条件的易地扶贫搬迁和乡村振兴项目建设。各地应有序扩大用于支持乡村振兴的专项债券发行规模。中央和省级各部门要根据补短板的需要优化涉农资金使用结构。按照“取之于农、主要用之于农”要求，抓紧出台调整完善土地出让收入使用范围进一步提高农业农村投入比例的意见。调整完善农机购置补贴范围，赋予省级更大自主权。研究本轮草原生态保护补奖政策到期后的政策。强化对“三农”信贷的货币、财税、监管政策正向激励，给予低成本资金支持，提高风险容忍度，优化精准奖补措施。对机构法人在县域、业务在县域的金融机构，适度扩大支农支小再贷款额度。深化农村信用社改革，坚持县域法人地位。加强考核引导，合理提升资金外流严重县的存贷比。鼓励商业银行发行“三农”、小微企业等专项金融债券。落实农户小额贷款税收优惠政策。符合条件的家庭农场等新型农业经营主体可按规定享受现行小微企业相关贷款税收减免政策。合理设置农业贷款期限，使其与农业生产周期相匹配。发挥全国农业信贷担保体系作用，做大面向新型农业经营主体的担保业务。推动温室大棚、养殖圈舍、大型农机、土地经营权依法合规抵押融资。稳妥扩大农村普惠金融改革试点，鼓励地方政府开展县域农户、中小企业信用等级评价，加快构建线上线下相结合、“银保担”风险共担的普惠金融服务体系，推出更多免抵押、免担保、低利率、可持续的普惠金融产品。抓好农业保险保费补贴政策落实，督促保险机构及时足额理赔。优化“保险 + 期货”试点模式，继续推进农产品期货期权品种上市。

（二十四）破解乡村发展用地难题。坚守耕地和永久基本农田保护红线。完善乡村产业发展用地政策体系，明确用地类型和供地方式，实行分类管理。将农业种植养殖配建的保鲜冷藏、晾晒存贮、农机库房、分拣包装、废弃物处理、管理看护房等辅助设施用地纳入农用地管理，根据生产实际合理确定辅助设施用地规模上限。

农业设施用地可以使用耕地。强化农业设施用地监管，严禁以农业设施用地为名从事非农建设。开展乡村全域土地综合整治试点，优化农村生产、生活、生态空间布局。在符合国土空间规划前提下，通过村庄整治、土地整理等方式节余的农村集体建设用地优先用于发展乡村产业项目。新编县乡级国土空间规划应安排不少于10%的建设用地指标，重点保障乡村产业发展用地。省级制定土地利用年度计划时，应安排至少5%新增建设用地指标保障乡村重点产业和项目用地。农村集体建设用地可以通过入股、租用等方式直接用于发展乡村产业。按照“放管服”改革要求，对农村集体建设用地审批进行全面梳理，简化审批审核程序，下放审批权限。推进乡村建设审批“多审合一、多证合一”改革。抓紧出台支持农村一二三产业融合发展用地的政策意见。

（二十五）推动人才下乡。培养更多知农爱农、扎根乡村的人才，推动更多科技成果应用到田间地头。畅通各类人才下乡渠道，支持大学生、退役军人、企业家等到农村干事创业。整合利用农业广播学校、农业科研院所、涉农院校、农业龙头企业等各类资源，加快构建高素质农民教育培训体系。落实县域内人才统筹培养使用制度。有组织地动员城市科研人员、工程师、规划师、建筑师、教师、医生下乡服务。城市中小学教师、医生晋升高级职称前，原则上要有1年以上农村基层工作服务经历。优化涉农学科专业设置，探索对急需紧缺涉农专业实行“提前批次”录取。抓紧出台推进乡村人才振兴的意见。

（二十六）强化科技支撑作用。加强农业关键核心技术攻关，部署一批重大科技项目，抢占科技制高点。加强农业生物技术研发，大力实施种业自主创新工程，实施国家农业种质资源保护利用工程，推进南繁科研育种基地建设。加快大中型、智能化、复合型农业机械研发和应用，支持丘陵山区农田宜机化改造。深入实施科技特派员制度，进一步发展壮大科技特派员队伍。采取长期稳定的支持方式，加强现代农业产业技术体系建设，扩大对特色优势农产品覆盖范围，面向农业全产业链配置科技资源。加强农业产业科技创新中心建设。加强国家农业高新技术产业示范区、国家农业科技园区等创新平台基地建设。加快现代气象为农服务体系建设。

（二十七）抓好农村重点改革任务。完善农村基本经营制度，开展第二轮土地承包到期后再延长30年试点，在试点基础上研究制定延包的具体办法。鼓励发展多种形式适度规模经营，健全面向小农户的农业社会化服务体系。制定农村集体经营性建设用地入市配套制度。严格农村宅基地管理，加强对乡镇审批宅基地监管，防止土地占用失控。扎实推进宅基地使用权确权登记颁证。以探索宅基地所有权、资格权、使用权“三权分置”为重点，进一步深化农村宅基地制度改革试点。全面推开农村集体产权制度改革试点，有序开展集体成员身份确认、集体资产折股量化、股份合作制改革、集体经济组织登记赋码等工作。探索拓宽农村集体经济发展路径，强化集体资产管理。继续深化供销合作社综合改革，提高为农服务能力。加快推进农垦、国有林区林场、集体林权制度、草原承包经营制度、农业水价等改革。深化农业综合行政执法改革，完善执法体系，提高执法能力。

做好“三农”工作，关键在党。各级党委和政府要深入学习贯彻习近平总书记关于“三农”工作的重要论述，全面贯彻党的十九届四中全会精神，把制度建设和治理能力建设摆在“三农”工作更加突出位置，稳定农村基本政策，完善新时代“三农”工作制度框架和政策体系。认真落实《中国共产党农村工作条例》，加强党对“三农”工作的全面领导，坚持农业农村优先发展，强化五级书记抓乡村振兴责任，落实县委书记主要精力抓“三农”工作要求，加强党委农村工作机构建设，大力培养懂农业、爱农村、爱农民的“三农”工作队伍，提高农村干部待遇。坚持从农村实际出发，因地制宜，尊重农民意愿，尽力而为、量力而行，把当务之急的事一件一件解决好，力戒形式主义、官僚主义，防止政策执行简单化和“一刀切”。把党的十九大以来“三农”政策贯彻落实情况作为中央巡视重要内容。

让我们更加紧密地团结在以习近平同志为核心的党中央周围，坚定信心、锐意进取，埋头苦干、扎实工作，坚决打赢脱贫攻坚战，加快补上全面小康“三农”领域突出短板，为决胜全面建成小康社会、实现第一个百年奋斗目标作出应有的贡献！

文件二：

中共中央办公厅　国务院办公厅关于促进小农户和现代农业发展有机衔接的意见

党的十九大提出，实现小农户和现代农业发展有机衔接。为扶持小农户，提升小农户发展现代农业能力，加快推进农业农村现代化，夯实实施乡村振兴战略的基础，现就促进小农户和现代农业发展有机衔接提出如下意见。

一、重要意义

发展多种形式适度规模经营，培育新型农业经营主体，是增加农民收入、提高农业竞争力的有效途径，是建设现代农业的前进方向和必由之路。但也要看到，我国人多地少，各地农业资源禀赋条件差异很大，很多丘陵山区地块零散，不是短时间内能全面实行规模化经营，也不是所有地方都能实现集中连片规模经营。当前和今后很长一个时期，小农户家庭经营将是我国农业的主要经营方式。因此，必须正确处理好发展适度规模经营和扶持小农户的关系。既要把准发展适度规模经营是农业现代化必由之路的前进方向，发挥其在现代农业建设中的引领作用，也要认清小农户家庭经营很长一段时间内是我国农业基本经营形态的国情农情，在鼓励发展多种形式适度规模经营的同时，完善针对小农户的扶持政策，加强面向小农户的社会化服务，把小农户引入现代农业发展轨道。

（一）促进小农户和现代农业发展有机衔接是巩固完善农村基本经营制度的重大举措。小农户是家庭承包经营的基本单元。以家庭承包经营为基础、统分结合的双层经营体制，是我国农村的基本经营制度，需要长期坚持并不断完善。扶持小农户，在坚持家庭经营基础性地位的同时，促进小农户之间、小农户与新型农业经营主体之间开展合作与联合，有利于激发农村基本经营制度的内在活力，是夯实现代农业经营体系的根基。

（二）促进小农户和现代农业发展有机衔接是推进中国特色农业现代化的必然选择。小农户是我国农业生产的基本组织形式，对保障国家粮食安全和重要农产品有效供给具有重要作用。农业农村现代化离不开小农户的现代化。扶持小农户，引入现代生产要素改造小农户，提升农业经营集约化、标准化、绿色化水平，有利于小农户适应和容纳不同生产力水平，在农业现代化过程中不掉队。

（三）促进小农户和现代农业发展有机衔接是实施乡村振兴战略的客观要求。小农户是乡村发展和治理的基础，亿万农民群众是实施乡村振兴战略的主体。精耕细作的小农生产和稳定有序的乡村社会，构成了我国农村独特的生产生活方式。扶持小农户，更好发挥其在稳定农村就业、传承农耕文化、塑造乡村社会结构、保护农村生态环境等方面的重要作用，有利于发挥农业的多种功能，体现乡村的多重价值，为实施乡村振兴战略汇聚起雄厚的群众力量。

（四）促进小农户和现代农业发展有机衔接是巩固党的执政基础的现实需要。小农户是党的重要依靠力量和群众基础。党始终把维护农民群众根本利益、促进农民共同富裕作为出发点和落脚点。扶持小农户，提升小农户生产经营水平，拓宽小农户增收渠道，让党的农村政策的阳光雨露惠及广大小农户，有利于实现好、维护好、发展好广大农民根本利益，让广大农民群众的获得感、幸福感、安全感更加充实、更有保障、更可持续。

二、总体要求

（一）指导思想。以习近平新时代中国特色社会主义思想为指导，全面贯彻党的十九大和十九届二中、三中全会精神，坚持小农户家庭经营为基础与多种形式适度规模经营为引领相协调，坚持农业生产经营规模宜大则大、宜小则小，充分发挥小农户在乡村振兴中的作用，按照服务小农户、提高小农户、富裕小农户的要求，加快构建扶持小农户发展的政策体系，加强农业社会化服务，提高小农户生产经营能力，提升小农户组织化程度，改善小农户生产设施条件，拓宽小农户增收空间，维护小农户合法权益，促进传统小农户向现代小农户转变，让小农户共享改革发展成果，实现小农户与现代农业发展有机衔接，加快推进农业农村现代化。

（二）基本原则

——政府扶持、市场引导。充分发挥市场配置资源的决定性作用，更好发挥政府作用。引导小农户土地经营权有序流转，提高小农户经营效率。注重惠农政策的公平性和普惠性，防止人为垒大户，排挤小农户。

——统筹推进、协调发展。统筹兼顾培育新型农业经营主体和扶持小农户，发挥新型农业经营主体对小农户的带动作用，健全新型农业经营主体与小农户的利益联结机制，实现小农户家庭经营与合作经营、集体经营、企业经营等经营形式共同发展。

——因地制宜、分类施策。充分考虑各地资源禀赋、经济社会发展和农林牧渔产业差异，顺应小农户分化趋势，鼓励积极探索不同类型小农户发展的路径。不搞一刀切，不搞强迫命令，保持足够历史耐心，确保我国农业现代化进程走得稳、走得顺、走得好。

——尊重意愿、保护权益。保护小农户生产经营自主权，落实小农户土地承包权、宅基地使用权、集体收益分配权，激发小农户生产经营的积极性、主动性、创造性，使小农户成为发展现代农业的积极参与者和直接受益者。

三、提升小农户发展能力

（一）启动家庭农场培育计划。采取优先承租流转土地、提供贴息贷款、加强技术服务等方式，鼓励有长期稳定务农意愿的小农户稳步扩大规模，培育一批规模适度、生产集约、管理先进、效益明显的农户家庭农场。鼓励各地通过发放良技良艺良法应用补贴、支持农户家庭农场优先承担涉农建设项目等方式，引导农户家庭农场采用先进科技和生产力手段。指导农户家庭农场开展标准化生产，建立可追溯生产记录，加强记账管理，提升经营管理水平。完善名录管理、示范创建、职业培训等扶持政策，促进农户家庭农场健康发展。

（二）实施小农户能力提升工程。以提供补贴为杠杆，鼓励小农户接受新技术培训。支持各地采取农民夜校、田间学校等适合小农户的培训形式，开展种养技术、经营管理、农业面源污染治理、乡风文明、法律法规等方面的培训。新型职业农民培育工程和新型农业经营主体培育工程要将小农户作为重点培训对象，帮助小农户发展成为新型职业农民。涉农职业院校等教育培训机构要发挥专业优势，优先做好农村实用人才带头人示范培训。鼓励各地通过补贴学费等方式，引导各类社会组织向小农户提供技术培训。

（三）加强小农户科技装备应用。加快研发经济作物、养殖业、丘陵山区适用机具和设施装备，推广应用面向小农户的实用轻简型装备和技术。建立健全农业农村社会化服务体系，实施科技服务小农户行动，支持小农户运用优良品种、先进技术、物质装备等发展智慧农业、设施农业、循环农业等现代农业。引导农业科研机构、涉农高校、农业企业、科技特派员到农业生产一线建立农业试验示范基地，鼓励农业科研人员、农业技术推广人员通过下乡指导、技术培训、定向帮扶等方式，向小农户集成示范推广先进适用技术。

（四）改善小农户生产基础设施。鼓励各地通过以奖代补、先建后补等方式，支持村集体组织小农户开展农业基础设施建设和管护。支持各地重点建设小农户急需的通田到地末级灌溉渠道、通村组道路、机耕生产道路、村内道路、农业面源污染治理等设施，合理配置集中仓储、集中烘干、集中育秧等公用设施。加强农业防灾减灾救灾体系建设，提高小农户抗御灾害能力。

四、提高小农户组织化程度

（一）引导小农户开展合作与联合。支持小农户通过联户经营、联耕联种、组建合伙农场等方式联合开展生产，共同购置农机、农资，接受统耕统收、统防统治、统销统结等服务，降低生产经营成本。支持小农户在发展休闲农业、开展产品营销等过程中共享市场资源，实现互补互利。引导同一区域同一产业的小农户依法组建产业协会、联合会，共同对接市场，提升市场竞争能力。支持农村集体经济组织和合作经济组织利用土地资源、整合涉农项目资金、提供社会化服务等，引领带动小农户发展现代农业。

（二）创新合作社组织小农户机制。坚持农户成员在合作社中的主体地位，发挥农户成员在合作社中的民主管理、民主监督作用，提升合作社运行质量，让农户成员切实受益。鼓励小农户利用实物、土地经营权、林权等作价出资办社入社，盘活农户资源要素。财政补助资金形成的资产，可以量化到小农户，再作为入社或入股的股份。支持合作社根据小农户生产发展需要，加强农产品初加工、仓储物流、市场营销等关键环节建设，积极发展农户＋合作社、农户＋合作社＋工厂或公司等模式。健全盈余分配机制，可分配盈余按照成员与合作社的交易量（交易额）比例、成员所占出资份额统筹返还，并按规定完成优先支付权益，使小农户共享合作收益。扶持农民用水合作组织多元化创新发展。支持合作社依法自愿组建联合社，提升小农户合作层次和规模。

（三）发挥龙头企业对小农户带动作用。完善农业产业化带农惠农机制，支持龙头企业通过订单收购、保底分红、二次返利、股份合作、吸纳就业、村企对接等多种形式带动小农户共同发展。鼓励龙头企业通过公司＋农户、公司＋农民合作社＋农户等方式，延长产业链、保障供应链、完善利益链，将小农户纳入现代农业产业体系。鼓励小农户以土地经营权、林权等入股龙头企业并采取特殊保护，探索实行农民负盈不负亏的分配机制。鼓励和支持发展农业产业化联合体，通过统一生产、统一营销、信息互通、技术共享、品牌共创、融资担保等方式，与小农户形成稳定利益共同体。

五、拓展小农户增收空间

（一）支持小农户发展特色优质农产品。引导小农户拓宽经营思路，依靠产品品质和特色提高自身竞争力。各地要结合特色优势农产品区域布局，紧盯市场需求，深挖当地特色优势资源潜力，引导小农户发展地方优势特色产业，形成一村一品、一乡一特、一县一业。探索建立农业产业到户机制，制订“菜单式”产业项目清单，指导小农户自主选择。支持小农户发挥精耕细作优势，引入现代经营管理理念和先进适用技术装备，发展劳动密集化程度高、技术集约化程度高、生产设施化程度高的园艺、养殖等产业，实现小规模基础上的高产出高效益。引导小农户发展高品质农业、绿色生态农业，开展标准化生产、专业化经营，推进种养循环、农牧结合，生产高附加值农产品。实施小农户发展有机农业计划。

（二）带动小农户发展新产业新业态。大力拓展农业功能，推进农业与旅游、文化、生态等产业深度融合，让小农户分享二三产业增值收益。加强技术指导、创业孵化、产权交易等公共服务，完善配套设施，提高小农户发展新产业新业态能力。支持小农户发展康养农业、创意农业、休闲农业及农产品初加工、农村电商等，延伸产业链和价值链。开展电商服务小农户专项行动。支持小农户利用自然资源、文化遗产、闲置农房等发展观光旅游、餐饮民宿、养生养老等项目，拓展增收渠道。

（三）鼓励小农户创业就业。鼓励有条件的地方构建市场准入、资金支持、金融保险、用地用电、创业培训、产业扶持等相互协同的政策体系，支持小农户结合自身优势和特长在农村创业创新。健全就业服务体系，扩大农村劳动力转移就业渠道，鼓励农村劳动力就地就近就业，支持农村劳动力进入二三产业就业。支持小农户在家庭种养基础上，通过发展特色手工和乡村旅游等，实现家庭生产的多业经营、综合创收。

六、健全面向小农户的社会化服务体系

（一）发展农业生产性服务业。大力培育适应小农户需求的多元化多层次农业生产性服务组织，促进专项服务与综合服务相互补充、协调发展，积极拓展服务领域，重点发展小农户急需的农资供应、绿色生产技术、农业废弃物资源化利用、农机作业、农产品初加工等服务领域。搭建区域农业生产性服务综合平台。创新农业技术推广服务机制，促进公益性农技推广机构与经营性服务组织融合发展，为小农户提供多形式技术指导服务。探索通过政府购买服务等方式，为小农户提供生产公益性服务。鼓励和支持农垦企业、供销合作社组织实施农业社会化服务惠农工程，发挥自身组织优势，通过多种方式服务小农户。

（二）加快推进农业生产托管服务。创新农业生产服务方式，适应不同地区不同产业小农户的农业作业环节需求，发展单环节托管、多环节托管、关键环节综合托管和全程托管等多种托管模式。支持农村集体经济组织、供销合作社专业化服务组织、服务型农民合作社等服务主体，面向从事粮棉油糖等大宗农产品生产的小农户开展托管服务。鼓励各地因地制宜选择本地优先支持的托管作业环节，不断提升农业生产托管对小农户服务的覆盖率。加强农业生产托管的服务标准建设、服务价格指导、服务质量监测、服务合同监管，促进农业生产托管规范发展。实施小农户生产托管服务促进工程。

（三）推进面向小农户产销服务。推进农超对接、农批对接、农社对接，支持各地开展多种形式的农产品产销对接活动，拓展小农户营销渠道。实施供销、邮政服务带动小农户工程。完善农产品物流服务，支持建设面向小农户的农产品贮藏保鲜设施、田头市场、批发市场等，加快建设农产品冷链运输、物流网络体系，建立产销密切衔接、长期稳定的农产品流通渠道。打造一批竞争力较强、知名度较高的特色农业品牌和区域公用品牌，让小农户分享品牌增值收益。加大对贫困地区农产品产销对接扶持力度，扩大贫困地区特色农产品营销促销。

（四）实施互联网 + 小农户计划。加快农业大数据、物联网、移动互联网、人工智能等技术向小农户覆盖，提升小农户手机、互联网等应用技能，让小农户搭上信息化快车。推进信息进村入户工程，建设全国信息进村入户平台，为小农户提供便捷高效的信息服务。鼓励发展互联网云农场等模式，帮助小农户合理安排生产计划、优化配置生产要素。发展农村电子商务，鼓励小农户开展网络购销对接，促进农产品流通线上线下有机结合。深化电商扶贫频道建设，开展电商扶贫品牌推介活动，推动贫困地区农特产品与知名电商企业对接。支持培育一批面向小农户的信息综合服务企业和信息应用主体，为小农户提供定制化、专业化服务。

（五）提升小城镇服务小农户功能。实施以镇带村、以村促镇的镇村融合发展模式，将小农户生产逐步融入区域性产业链和生产网络。引导农产品加工等相关产业向小城镇、产业园区适度集中，强化规模经济效应，逐步形成带动小农户生产的现代农业产业集群。鼓励在小城镇建设返乡创业园、创业孵化基地等，为小农户创新创业提供多元化、高质量的空间载体。提升小城镇服务农资农技、农产品交易等功能，合理配置集贸市场、物流集散地、农村电商平台等设施。

七、完善小农户扶持政策

（一）稳定完善小农户土地政策。保持土地承包关系稳定并长久不变，衔接落实好第二轮土地承包到期后再延长三十年的政策。建立健全农村土地承包经营权登记制度，为小农户“确实权、颁铁证”。在有条件的村组，结合高标准农田建设等，引导小农户自愿通过村组内互换并地、土地承包权退出等方式，促进土地小块并大块，引导逐步形成一户一块田。落实农村承包地所有权、承包权、经营权“三权”分置办法，保护小农户土地承包权益，及时调处流转纠纷，依法稳妥规范推进农村承包土地经营权抵押贷款业务，鼓励小农户参与土地资源配置并分享土地规模经营收益。规范土地流转交易，建立集信息发布、租赁合同网签、土地整治、项目设计等功能于一体的综合性土地流转管理服务组织。

（二）强化小农户支持政策。对新型农业经营主体的评优创先、政策扶持、项目倾斜等，要与带动小农生产挂钩，把带动小农户数量和成效作为重要依据。充分发挥财政杠杆作用，鼓励各地采取贴息、奖补、风险补偿等方式，撬动社会资本投入农业农村，带动小农户发展现代农业。对于财政支农项目投入形成的资产，鼓励具备条件的地方折股量化给小农户特别是贫困农户，让小农户享受分红收益。

（三）健全针对小农户补贴机制。稳定现有对小农生产的普惠性补贴政策，创新补贴形式，提高补贴效率。完善粮食等重要农产品生产者补贴制度。鼓励各地对小农户参与生态保护实行补偿，支持小农户参与耕地草原森林河流湖泊休养生息等，对发展绿色生态循环农业、保护农业资源环境的小农户给予合理补偿。健全小农户生产技术装备补贴机制，按规定加大对丘陵山区小型农机具购置补贴力度。鼓励各地对小农户托管土地给予费用补贴。

（四）提升金融服务小农户水平。发展农村普惠金融，健全小农户信用信息征集和评价体系，探索完善无抵押、无担保的小农户小额信用贷款政策，不断提升小农户贷款覆盖面，切实加大对小农户生产发展的信贷支持。支持农村商业银行、农村合作银行、村镇银行等农村中小金融机构立足县域，加大服务小农户力度。支持农村合作金融规范发展，扶持农村资金互助组织，通过试点稳妥开展农民合作社内部信用合作。鼓励产业链金融、互联网金融在依法合规前提下为小农户提供金融服务。鼓励发展为小农户服务的小额贷款机构，开发专门的信贷产品。加大支农再贷款支持力度，引导金融机构增加小农户信贷投放。鼓励银行业金融机构在风险可控和商业可持续的前提下扩大农业农村贷款抵押物范围，提高小农户融资能力。

（五）拓宽小农户农业保险覆盖面。建立健全农业保险保障体系，从覆盖直接物化成本逐步实现覆盖完全成本。发展与小农户生产关系密切的农作物保险、主要畜产品保险、重要“菜篮子”品种保险和森林保险，推广农房、农机具、设施农业、渔业、制种等保险品种。推进价格保险、收入保险、天气指数保险试点。鼓励地方建立特色优势农产品保险制度。鼓励发展农业互助保险。建立第三方灾害损失评估、政府监督理赔机制，确保受灾农户及时足额得到赔付。加大针对小农户农业保险保费补贴力度。

八、保障措施

（一）加强组织领导。各级党委和政府既要注重培育新型农业经营主体，又要重视发挥好小农户在农业农村现代化中的作用，把贯彻落实扶持引导小农户政策和培育新型农业经营主体政策共同作为农村基层工作的重要方面，在政策制定、工作部署、财力投放等各个方面加大工作力度，齐头并进，确保各项政策落到实处。

（二）强化统筹协调。农业农村部门要发挥牵头组织作用，各地区各有关部门要加强协作配合，完善工作机制，形成工作合力。将推进扶持小农户发展与实施乡村振兴战略、打赢脱贫攻坚战统筹安排，推动各项工作做实做细。

（三）注重宣传指导。做好政策宣传，加强调查研究，及时掌握小农户发展的新情况新问题，系统总结小农户与现代农业发展有机衔接的新经验新做法新模式，营造促进小农户健康发展的良好氛围。

农业农村部门要会同有关部门，对本意见实施落实情况进行跟踪分析和评估，重要工作进展情况及时向党中央、国务院报告。

文件三：

中共中央　国务院关于坚持农业农村优先发展做好“三农”工作的若干意见

今明两年是全面建成小康社会的决胜期，“三农”领域有不少必须完成的硬任务。党中央认为，在经济下行压力加大、外部环境发生深刻变化的复杂形势下，做好“三农”工作具有特殊重要性。必须坚持把解决好“三农”问题作为全党工作重中之重不动摇，进一步统一思想、坚定信心、落实工作，巩固发展农业农村好形势，发挥“三农”压舱石作用，为有效应对各种风险挑战赢得主动，为确保经济持续健康发展和社会大局稳定、如期实现第一个百年奋斗目标奠定基础。

做好“三农”工作，要以习近平新时代中国特色社会主义思想为指导，全面贯彻党的十九大和十九届二中、三中全会以及中央经济工作会议精神，紧紧围绕统筹推进“五位一体”总体布局和协调推进“四个全面”战略布局，牢牢把握稳中求进工作总基调，落实高质量发展要求，坚持农业农村优先发展总方针，以实施乡村振兴战略为总抓手，对标全面建成小康社会“三农”工作必须完成的硬任务，适应国内外复杂形势变化对农村改革发展提出的新要求，抓重点、补短板、强基础，围绕“巩固、增强、提升、畅通”深化农业供给侧结构性改革，坚决打赢脱贫攻坚战，充分发挥农村基层党组织战斗堡垒作用，全面推进乡村振兴，确保顺利完成到 2020 年承诺的农村改革发展目标任务。

一、聚力精准施策，决战决胜脱贫攻坚

（一）不折不扣完成脱贫攻坚任务。咬定既定脱贫目标，落实已有政策部署，到 2020 年确保现行标准下农村贫困人口实现脱贫、贫困县全部摘帽、解决区域性整体贫困。坚持现行扶贫标准，全面排查解决影响“两不愁三保障”实现的突出问题，防止盲目拔高标准、吊高胃口，杜绝数字脱贫、虚假脱贫。加强脱贫监测。进一步压实脱贫攻坚责任，落实最严格的考核评估，精准问责问效。继续加强东西部扶贫协作和中央单位定点扶贫。深入推进抓党建促脱贫攻坚。组织开展常态化约谈，发现问题随时约谈。用好脱贫攻坚专项巡视成果，推动落实脱贫攻坚政治责任。

（二）主攻深度贫困地区。瞄准制约深度贫困地区精准脱贫的重点难点问题，列出清单，逐项明确责任，对账销号。重大工程建设项目继续向深度贫困地区倾斜，特色产业扶贫、易地扶贫搬迁、生态扶贫、金融扶贫、社会帮扶、干部人才等政策措施向深度贫困地区倾斜。各级财政优先加大“三区三州”脱贫攻坚资金投入。对“三区三州”外贫困人口多、贫困发生率高、脱贫难度大的深度贫困地区，也要统筹资金项目，加大扶持力度。

（三）着力解决突出问题。注重发展长效扶贫产业，着力解决产销脱节、风险保障不足等问题，提高贫困人口参与度和直接受益水平。强化易地扶贫搬迁后续措施，着力解决重搬迁、轻后续帮扶问题，确保搬迁一户、稳定脱贫一户。加强贫困地区义务教育控辍保学，避免因贫失学辍学。落实基本医疗保险、大病保险、医疗救助等多重保障措施，筑牢乡村卫生服务网底，保障贫困人口基本医疗需求。扎实推进生态扶贫，促进扶贫开发与生态保护相协调。坚持扶贫与扶志扶智相结合，加强贫困地区职业教育和技能培训，加强开发式扶贫与保障性扶贫统筹衔接，着力解决“一兜了之”和部分贫困人口等靠要问题，增强贫困群众内生动力和自我发展能力。切实加强一线精准帮扶力量，选优配强驻村工作队伍。关心关爱扶贫干部，加大工作支持力度，帮助解决实际困难，解除后顾之忧。持续开展扶贫领域腐败和作风问题专项治理，严厉查处虚报冒领、贪占挪用和优亲厚友、吃拿卡要等问题。

（四）巩固和扩大脱贫攻坚成果。攻坚期内贫困县、贫困村、贫困人口退出后，相关扶贫政策保持稳定，减少和防止贫困人口返贫。研究解决收入水平略高于建档立卡贫困户的群众缺乏政策支持等新问题。坚持和推广脱贫攻坚中的好经验好做法好路子。做好脱贫攻坚与乡村振兴的衔接，对摘帽后的贫困县要通过实施乡村振兴战略巩固发展成果，接续推动经济社会发展和群众生活改善。总结脱贫攻坚的实践

创造和伟大精神。及早谋划脱贫攻坚目标任务 2020 年完成后的战略思路。

二、夯实农业基础，保障重要农产品有效供给

（一）稳定粮食产量。毫不放松抓好粮食生产，推动藏粮于地、藏粮于技落实落地，确保粮食播种面积稳定在 16.5 亿亩。稳定完善扶持粮食生产政策举措，挖掘品种、技术、减灾等稳产增产潜力，保障农民种粮基本收益。发挥粮食主产区优势，完善粮食主产区利益补偿机制，健全产粮大县奖补政策。压实主销区和产销平衡区稳定粮食生产责任。严守 18 亿亩耕地红线，全面落实永久基本农田特殊保护制度，确保永久基本农田保持在 15.46 亿亩以上。建设现代气象为农服务体系。强化粮食安全省长责任制考核。

（二）完成高标准农田建设任务。巩固和提高粮食生产能力，到 2020 年确保建成 8 亿亩高标准农田。修编全国高标准农田建设总体规划，统一规划布局、建设标准、组织实施、验收考核、上图入库。加强资金整合，创新投融资模式，建立多元筹资机制。实施区域化整体建设，推进田水林路电综合配套，同步发展高效节水灌溉。全面完成粮食生产功能区和重要农产品生产保护区划定任务，高标准农田建设项目优先向“两区”安排。恢复启动新疆优质棉生产基地建设，将糖料蔗“双高”基地建设范围覆盖到划定的所有保护区。进一步加强农田水利建设。推进大中型灌区续建配套节水改造与现代化建设。加大东北黑土地保护力度。加强华北地区地下水超采综合治理。推进重金属污染耕地治理修复和种植结构调整试点。

（三）调整优化农业结构。大力发展紧缺和绿色优质农产品生产，推进农业由增产导向转向提质导向。深入推进优质粮食工程。实施大豆振兴计划，多途径扩大种植面积。支持长江流域油菜生产，推进新品种新技术示范推广和全程机械化。积极发展木本油料。实施奶业振兴行动，加强优质奶源基地建设，升级改造中小奶牛养殖场，实施婴幼儿配方奶粉提升行动。合理调整粮经饲结构，发展青贮玉米、苜蓿等优质饲草料生产。合理确定内陆水域养殖规模，压减近海、湖库过密网箱养殖，推进海洋牧场建设，规范有序发展远洋渔业。降低江河湖泊和近海渔业捕捞强度，全面实施长江水生生物保护区禁捕。实施农产品质量安全保障工程，健全监管体系、监测体系、追溯体系。加大非洲猪瘟等动物疫情监测防控力度，严格落实防控举措，确保产业安全。

（四）加快突破农业关键核心技术。强化创新驱动发展，实施农业关键核心技术攻关行动，培育一批农业战略科技创新力量，推动生物种业、重型农机、智慧农

业、绿色投入品等领域自主创新。建设农业领域国家重点实验室等科技创新平台基地，打造产学研深度融合平台，加强国家现代农业产业技术体系、科技创新联盟、产业创新中心、高新技术产业示范区、科技园区等建设。强化企业技术创新主体地位，培育农业科技创新型企业，支持符合条件的企业牵头实施技术创新项目。继续组织实施水稻、小麦、玉米、大豆和畜禽良种联合攻关，加快选育和推广优质草种。支持薄弱环节适用农机研发，促进农机装备产业转型升级，加快推进农业机械化。加强农业领域知识产权创造与应用。加快先进实用技术集成创新与推广应用。建立健全农业科研成果产权制度，赋予科研人员科技成果所有权，完善人才评价和流动保障机制，落实兼职兼薪、成果权益分配政策。

（五）实施重要农产品保障战略。加强顶层设计和系统规划，立足国内保障粮食等重要农产品供给，统筹用好国际国内两个市场、两种资源，科学确定国内重要农产品保障水平，健全保障体系，提高国内安全保障能力。将稻谷、小麦作为必保品种，稳定玉米生产，确保谷物基本自给、口粮绝对安全。加快推进粮食安全保障立法进程。在提质增效基础上，巩固棉花、油料、糖料、天然橡胶生产能力。加快推进并支持农业走出去，加强“一带一路”农业国际合作，主动扩大国内紧缺农产品进口，拓展多元化进口渠道，培育一批跨国农业企业集团，提高农业对外合作水平。加大农产品反走私综合治理力度。

三、扎实推进乡村建设，加快补齐农村人居环境和公共服务短板

（一）抓好农村人居环境整治三年行动。深入学习推广浙江“千村示范、万村整治”工程经验，全面推开以农村垃圾污水治理、厕所革命和村容村貌提升为重点的农村人居环境整治，确保到2020年实现农村人居环境阶段性明显改善，村庄环境基本干净整洁有序，村民环境与健康意识普遍增强。鼓励各地立足实际、因地制宜，合理选择简便易行、长期管用的整治模式，集中攻克技术难题。建立地方为主、中央补助的政府投入机制。中央财政对农村厕所革命整村推进等给予补助，对农村人居环境整治先进县给予奖励。中央预算内投资安排专门资金支持农村人居环境整治。允许县级按规定统筹整合相关资金，集中用于农村人居环境整治。鼓励社会力量积极参与，将农村人居环境整治与发展乡村休闲旅游等有机结合。广泛开展村庄清洁行动。开展美丽宜居村庄和最美庭院创建活动。农村人居环境整治工作要同农村经济发展水平相适应、同当地文化和风土人情相协调，注重实效，防止做表面文章。

（二）实施村庄基础设施建设工程。推进农村饮水安全巩固提升工程，加强农

村饮用水水源地保护，加快解决农村“吃水难”和饮水不安全问题。全面推进“四好农村路”建设，加大“路长制”和示范县实施力度，实现具备条件的建制村全部通硬化路，有条件的地区向自然村延伸。加强村内道路建设。全面实施乡村电气化提升工程，加快完成新一轮农村电网改造。完善县乡村物流基础设施网络，支持产地建设农产品贮藏保鲜、分级包装等设施，鼓励企业在县乡和具备条件的村建立物流配送网点。加快推进宽带网络向村庄延伸，推进提速降费。继续推进农村危房改造。健全村庄基础设施建管长效机制，明确各方管护责任，鼓励地方将管护费用纳入财政预算。

（三）提升农村公共服务水平。全面提升农村教育、医疗卫生、社会保障、养老、文化体育等公共服务水平，加快推进城乡基本公共服务均等化。推动城乡义务教育一体化发展，深入实施农村义务教育学生营养改善计划。实施高中阶段教育普及攻坚计划，加强农村儿童健康改善和早期教育、学前教育。加快标准化村卫生室建设，实施全科医生特岗计划。建立健全统一的城乡居民基本医疗保险制度，同步整合城乡居民大病保险。完善城乡居民基本养老保险待遇确定和基础养老金正常调整机制。统筹城乡社会救助体系，完善最低生活保障制度、优抚安置制度。加快推进农村基层综合性文化服务中心建设。完善农村留守儿童和妇女、老年人关爱服务体系，支持多层次农村养老事业发展，加强和改善农村残疾人服务。推动建立城乡统筹的基本公共服务经费投入机制，完善农村基本公共服务标准。

（四）加强农村污染治理和生态环境保护。统筹推进山水林田湖草系统治理，推动农业农村绿色发展。加大农业面源污染治理力度，开展农业节肥节药行动，实现化肥农药使用量负增长。发展生态循环农业，推进畜禽粪污、秸秆、农膜等农业废弃物资源化利用，实现畜牧养殖大县粪污资源化利用整县治理全覆盖，下大力气治理白色污染。扩大轮作休耕制度试点。创建农业绿色发展先行区。实施乡村绿化美化行动，建设一批森林乡村，保护古树名木，开展湿地生态效益补偿和退耕还湿。全面保护天然林。加强“三北”地区退化防护林修复。扩大退耕还林还草，稳步实施退牧还草。实施新一轮草原生态保护补助奖励政策。落实河长制、湖长制，推进农村水环境治理，严格乡村河湖水域岸线等水生态空间管理。

（五）强化乡村规划引领。把加强规划管理作为乡村振兴的基础性工作，实现规划管理全覆盖。以县为单位抓紧编制或修编村庄布局规划，县级党委和政府要统筹推进乡村规划工作。按照先规划后建设的原则，通盘考虑土地利用、产业发展、居民点建设、人居环境整治、生态保护和历史文化传承，注重保持乡土风貌，编制多规合一的实用性村庄规划。加强农村建房许可管理。

四、发展壮大乡村产业，拓宽农民增收渠道

（一）加快发展乡村特色产业。因地制宜发展多样性特色农业，倡导“一村一品”、“一县一业”。积极发展果菜茶、食用菌、杂粮杂豆、薯类、中药材、特色养殖、林特花卉苗木等产业。支持建设一批特色农产品优势区。创新发展具有民族和地域特色的乡村手工业，大力挖掘农村能工巧匠，培育一批家庭工场、手工作坊、乡村车间。健全特色农产品质量标准体系，强化农产品地理标志和商标保护，创响一批“土字号”、“乡字号”特色产品品牌。

（二）大力发展现代农产品加工业。以“粮头食尾”、“农头工尾”为抓手，支持主产区依托县域形成农产品加工产业集群，尽可能把产业链留在县域，改变农村卖原料、城市搞加工的格局。支持发展适合家庭农场和农民合作社经营的农产品初加工，支持县域发展农产品精深加工，建成一批农产品专业村镇和加工强县。统筹农产品产地、集散地、销地批发市场建设，加强农产品物流骨干网络和冷链物流体系建设。培育农业产业化龙头企业和联合体，推进现代农业产业园、农村产业融合发展示范园、农业产业强镇建设。健全农村一二三产业融合发展利益联结机制，让农民更多分享产业增值收益。

（三）发展乡村新型服务业。支持供销、邮政、农业服务公司、农民合作社等开展农技推广、土地托管、代耕代种、统防统治、烘干收储等农业生产性服务。充分发挥乡村资源、生态和文化优势，发展适应城乡居民需要的休闲旅游、餐饮民宿、文化体验、健康养生、养老服务等产业。加强乡村旅游基础设施建设，改善卫生、交通、信息、邮政等公共服务设施。

（四）实施数字乡村战略。深入推进“互联网 + 农业”，扩大农业物联网示范应用。推进重要农产品全产业链大数据建设，加强国家数字农业农村系统建设。继续开展电子商务进农村综合示范，实施“互联网 +”农产品出村进城工程。全面推进信息进村入户，依托“互联网 +”推动公共服务向农村延伸。

（五）促进农村劳动力转移就业。落实更加积极的就业政策，加强就业服务和职业技能培训，促进农村劳动力多渠道转移就业和增收。发展壮大县域经济，引导产业有序梯度转移，支持适宜产业向小城镇集聚发展，扶持发展吸纳就业能力强的乡村企业，支持企业在乡村兴办生产车间、就业基地，增加农民就地就近就业岗位。

稳定农民工就业，保障工资及时足额发放。加快农业转移人口市民化，推进城镇基本公共服务常住人口全覆盖。

（六）支持乡村创新创业。鼓励外出农民工、高校毕业生、退伍军人、城市各类人才返乡下乡创新创业，支持建立多种形式的创业支撑服务平台，完善乡村创新创业支持服务体系。落实好减税降费政策，鼓励地方设立乡村就业创业引导基金，加快解决用地、信贷等困难。加强创新创业孵化平台建设，支持创建一批返乡创业园，支持发展小微企业。

五、全面深化农村改革，激发乡村发展活力

（一）巩固和完善农村基本经营制度。坚持家庭经营基础性地位，赋予双层经营体制新的内涵。突出抓好家庭农场和农民合作社两类新型农业经营主体，启动家庭农场培育计划，开展农民合作社规范提升行动，深入推进示范合作社建设，建立健全支持家庭农场、农民合作社发展的政策体系和管理制度。落实扶持小农户和现代农业发展有机衔接的政策，完善“农户＋合作社”、“农户＋公司”利益联结机制。加快培育各类社会化服务组织，为一家一户提供全程社会化服务。加快出台完善草原承包经营制度的意见。加快推进农业水价综合改革，健全节水激励机制。继续深化供销合作社综合改革，制定供销合作社条例。深化集体林权制度和国有林区林场改革。大力推进农垦垦区集团化、农场企业化改革。

（二）深化农村土地制度改革。保持农村土地承包关系稳定并长久不变，研究出台配套政策，指导各地明确第二轮土地承包到期后延包的具体办法，确保政策衔接平稳过渡。完善落实集体所有权、稳定农户承包权、放活土地经营权的法律法规和政策体系。在基本完成承包地确权登记颁证工作基础上，开展“回头看”，做好收尾工作，妥善化解遗留问题，将土地承包经营权证书发放至农户手中。健全土地流转规范管理制度，发展多种形式农业适度规模经营，允许承包土地的经营权担保融资。总结好农村土地制度三项改革试点经验，巩固改革成果。坚持农村土地集体所有、不搞私有化，坚持农地农用、防止非农化，坚持保障农民土地权益、不得以退出承包地和宅基地作为农民进城落户条件，进一步深化农村土地制度改革。在修改相关法律的基础上，完善配套制度，全面推开农村土地征收制度改革和农村集体经营性建设用地入市改革，加快建立城乡统一的建设用地市场。加快推进宅基地使用权确权登记颁证工作，力争 2020 年基本完成。稳慎推进农村宅基地制度改革，拓展改革试点，丰富试点内容，完善制度设计。抓紧制定加强农村宅基地管理指导

意见。研究起草农村宅基地使用条例。开展闲置宅基地复垦试点。允许在县域内开展全域乡村闲置校舍、厂房、废弃地等整治，盘活建设用地重点用于支持乡村新产业新业态和返乡下乡创业。严格农业设施用地管理,满足合理需求。巩固“大棚房”问题整治成果。按照“取之于农，主要用之于农”的要求，调整完善土地出让收入使用范围，提高农业农村投入比例，重点用于农村人居环境整治、村庄基础设施建设和高标准农田建设。扎实开展新增耕地指标和城乡建设用地增减挂钩节余指标跨省域调剂使用，调剂收益全部用于巩固脱贫攻坚成果和支持乡村振兴。加快修订土地管理法、物权法等法律法规。

（三）深入推进农村集体产权制度改革。按期完成全国农村集体资产清产核资，加快农村集体资产监督管理平台建设，建立健全集体资产各项管理制度。指导农村集体经济组织在民主协商的基础上，做好成员身份确认，注重保护外嫁女等特殊人群的合法权利，加快推进农村集体经营性资产股份合作制改革，继续扩大试点范围。总结推广资源变资产、资金变股金、农民变股东经验。完善农村集体产权权能，积极探索集体资产股权质押贷款办法。研究制定农村集体经济组织法。健全农村产权流转交易市场，推动农村各类产权流转交易公开规范运行。研究完善适合农村集体经济组织特点的税收优惠政策。

（四）完善农业支持保护制度。按照增加总量、优化存量、提高效能的原则，强化高质量绿色发展导向，加快构建新型农业补贴政策体系。按照适应世贸组织规则、保护农民利益、支持农业发展的原则，抓紧研究制定完善农业支持保护政策的意见，调整改进“黄箱”政策，扩大“绿箱”政策使用范围。按照更好发挥市场机制作用取向，完善稻谷和小麦最低收购价政策。完善玉米和大豆生产者补贴政策。健全农业信贷担保费率补助和以奖代补机制，研究制定担保机构业务考核的具体办法，加快做大担保规模。按照扩面增品提标的要求，完善农业保险政策。推进稻谷、小麦、玉米完全成本保险和收入保险试点。扩大农业大灾保险试点和“保险 + 期货”试点。探索对地方优势特色农产品保险实施以奖代补试点。打通金融服务“三农”各个环节，建立县域银行业金融机构服务“三农”的激励约束机制，实现普惠性涉农贷款增速总体高于各项贷款平均增速。推动农村商业银行、农村合作银行、农村信用社逐步回归本源，为本地“三农”服务。研究制定商业银行“三农”事业部绩效考核和激励的具体办法。用好差别化准备金率和差异化监管等政策，切实降低“三农”信贷担保服务门槛，鼓励银行业金融机构加大对乡村振兴和脱贫攻坚中长期信贷支持力度。支持重点领域特色农产品期货期权品种上市。

六、完善乡村治理机制，保持农村社会和谐稳定

（一）增强乡村治理能力。建立健全党组织领导的自治、法治、德治相结合的领导体制和工作机制，发挥群众参与治理主体作用。开展乡村治理体系建设试点和乡村治理示范村镇创建。加强自治组织规范化制度化建设，健全村级议事协商制度，推进村级事务公开，加强村级权力有效监督。指导农村普遍制定或修订村规民约。推进农村基层依法治理，建立健全公共法律服务体系。加强农业综合执法。

（二）加强农村精神文明建设。引导农民践行社会主义核心价值观，巩固党在农村的思想阵地。加强宣传教育，做好农民群众的思想工作，宣传党的路线方针和强农惠农富农政策，引导农民听党话、感党恩、跟党走。开展新时代文明实践中心建设试点，抓好县级融媒体中心建设。深化拓展群众性精神文明创建活动，推出一批农村精神文明建设示范县、文明村镇、最美家庭，挖掘和树立道德榜样典型，发挥示范引领作用。支持建设文化礼堂、文化广场等设施，培育特色文化村镇、村寨。持续推进农村移风易俗工作，引导和鼓励农村基层群众性自治组织采取约束性强的措施，对婚丧陋习、天价彩礼、孝道式微、老无所养等不良社会风气进行治理。

（三）持续推进平安乡村建设。深入推进扫黑除恶专项斗争，严厉打击农村黑恶势力，杜绝“村霸”等黑恶势力对基层政权的侵蚀。严厉打击敌对势力、邪教组织、非法宗教活动向农村地区的渗透。推进纪检监察工作向基层延伸，坚决查处发生在农民身边的不正之风和腐败问题。健全落实社会治安综合治理领导责任制。深化拓展网格化服务管理，整合配优基层一线平安建设力量，把更多资源、服务、管理放到农村社区。加强乡村交通、消防、公共卫生、食品药品安全、地质灾害等公共安全事件易发领域隐患排查和专项治理。加快建设信息化、智能化农村社会治安防控体系，继续推进农村“雪亮工程”建设。坚持发展新时代“枫桥经验”，完善农村矛盾纠纷排查调处化解机制，提高服务群众、维护稳定的能力和水平。

七、发挥农村党支部战斗堡垒作用，全面加强农村基层组织建设

（一）强化农村基层党组织领导作用。抓实建强农村基层党组织，以提升组织力为重点，突出政治功能，持续加强农村基层党组织体系建设。增加先进支部、提升中间支部、整顿后进支部，以县为单位对软弱涣散村党组织“一村一策”逐个整顿。对村“两委”换届进行一次“回头看”，坚决把受过刑事处罚、存在“村霸”和涉黑涉恶等问题的村“两委”班子成员清理出去。实施村党组织带头人整体优化

提升行动，配齐配强班子。全面落实村党组织书记县级党委备案管理制度。建立第一书记派驻长效工作机制，全面向贫困村、软弱涣散村和集体经济空壳村派出第一书记，并向乡村振兴任务重的村拓展。加大从高校毕业生、农民工、退伍军人、机关事业单位优秀党员中培养选拔村党组织书记力度。健全从优秀村党组织书记中选拔乡镇领导干部、考录乡镇公务员、招聘乡镇事业编制人员的常态化机制。落实村党组织 5 年任期规定，推动全国村“两委”换届与县乡换届同步进行。优化农村党员队伍结构，加大从青年农民、农村外出务工人员中发展党员力度。健全县级党委抓乡促村责任制，县乡党委要定期排查并及时解决基层组织建设突出问题。加强和改善村党组织对村级各类组织的领导，健全以党组织为领导的村级组织体系。全面推行村党组织书记通过法定程序担任村委会主任，推行村“两委”班子成员交叉任职，提高村委会成员和村民代表中党员的比例。加强党支部对村级集体经济组织的领导。全面落实“四议两公开”，健全村级重要事项、重大问题由村党组织研究讨论机制。

（二）发挥村级各类组织作用。理清村级各类组织功能定位，实现各类基层组织按需设置、按职履责、有人办事、有章理事。村民委员会要履行好基层群众性自治组织功能，增强村民自我管理、自我教育、自我服务能力。全面建立健全村务监督委员会，发挥在村务决策和公开、财产管理、工程项目建设、惠农政策措施落实等事项上的监督作用。强化集体经济组织服务功能，发挥在管理集体资产、合理开发集体资源、服务集体成员等方面的作用。发挥农村社会组织在服务农民、树立新风等方面的积极作用。

（三）强化村级组织服务功能。按照有利于村级组织建设、有利于服务群众的原则，将适合村级组织代办或承接的工作事项交由村级组织，并保障必要工作条件。规范村级组织协助政府工作事项，防止随意增加村级组织工作负担。统筹乡镇站所改革，强化乡镇为农服务体系建设，确保乡镇有队伍、有资源为农服务。

（四）完善村级组织运转经费保障机制。健全以财政投入为主的稳定的村级组织运转经费保障制度，全面落实村干部报酬待遇和村级组织办公经费，建立正常增长机制，保障村级公共服务运行维护等其他必要支出。把发展壮大村级集体经济作为发挥农村基层党组织领导作用的重要举措，加大政策扶持和统筹推进力度，因地制宜发展壮大村级集体经济，增强村级组织自我保障和服务农民能力。

八、加强党对“三农”工作的领导，落实农业农村优先发展总方针

（一）强化五级书记抓乡村振兴的制度保障。实行中央统筹、省负总责、市县乡抓落实的农村工作机制，制定落实五级书记抓乡村振兴责任的实施细则，严格督查考核。加强乡村振兴统计监测工作。2019年各省（自治区、直辖市）党委要结合本地实际，出台市县党政领导班子和领导干部推进乡村振兴战略的实绩考核意见，并加强考核结果应用。各地区各部门要抓紧梳理全面建成小康社会必须完成的硬任务，强化工作举措，确保2020年圆满完成各项任务。

（二）牢固树立农业农村优先发展政策导向。各级党委和政府必须把落实“四个优先”的要求作为做好“三农”工作的头等大事，扛在肩上、抓在手上，同政绩考核联系到一起，层层落实责任。优先考虑“三农”干部配备，把优秀干部充实到“三农”战线，把精锐力量充实到基层一线，注重选拔熟悉“三农”工作的干部充实地方各级党政班子。优先满足“三农”发展要素配置，坚决破除妨碍城乡要素自由流动、平等交换的体制机制壁垒，改变农村要素单向流出格局，推动资源要素向农村流动。优先保障“三农”资金投入，坚持把农业农村作为财政优先保障领域和金融优先服务领域，公共财政更大力度向“三农”倾斜，县域新增贷款主要用于支持乡村振兴。地方政府债券资金要安排一定比例用于支持农村人居环境整治、村庄基础设施建设等重点领域。优先安排农村公共服务，推进城乡基本公共服务标准统一、制度并轨，实现从形式上的普惠向实质上的公平转变。完善落实农业农村优先发展的顶层设计，抓紧研究出台指导意见和具体实施办法。

（三）培养懂农业、爱农村、爱农民的“三农”工作队伍。建立“三农”工作干部队伍培养、配备、管理、使用机制，落实关爱激励政策。引导教育“三农”干部大兴调查研究之风，倡导求真务实精神，密切与群众联系，加深对农民感情。坚决纠正脱贫攻坚和乡村振兴工作中的形式主义、官僚主义，清理规范各类检查评比、考核督导事项，切实解决基层疲于迎评迎检问题，让基层干部把精力集中到为群众办实事办好事上来。把乡村人才纳入各级人才培养计划予以重点支持。建立县域人才统筹使用制度和乡村人才定向委托培养制度，探索通过岗编适度分离、在岗学历教育、创新职称评定等多种方式，引导各类人才投身乡村振兴。对作出突出贡献的各类人才给予表彰和奖励。实施新型职业农民培育工程。大力发展面向乡村需求的职业教育，加强高等学校涉农专业建设。抓紧出台培养懂农业、爱农村、爱农民“三农”工作队伍的政策意见。

（四）发挥好农民主体作用。加强制度建设、政策激励、教育引导，把发动群众、组织群众、服务群众贯穿乡村振兴全过程，充分尊重农民意愿，弘扬自力更生、艰苦奋斗精神，激发和调动农民群众积极性主动性。发挥政府投资的带动作用，通过民办公助、筹资筹劳、以奖代补、以工代赈等形式，引导和支持村集体和农民自主组织实施或参与直接受益的村庄基础设施建设和农村人居环境整治。加强筹资筹劳使用监管，防止增加农民负担。出台村庄建设项目简易审批办法，规范和缩小招投标适用范围，让农民更多参与并从中获益。

当前，做好“三农”工作意义重大、任务艰巨、要求迫切，除上述8个方面工作之外，党中央、国务院部署的其他各项工作必须久久为功、狠抓落实、务求实效。

让我们紧密团结在以习近平同志为核心的党中央周围，全面贯彻落实习近平总书记关于做好“三农”工作的重要论述，锐意进取、攻坚克难、扎实工作，为决胜全面建成小康社会、推进乡村全面振兴作出新的贡献。

文件四：

国务院关于加快推进农业机械化和农机装备产业转型升级的指导意见

国发〔2018〕42号

各省、自治区、直辖市人民政府，国务院各部委、各直属机构：

农业机械化和农机装备是转变农业发展方式、提高农村生产力的重要基础，是实施乡村振兴战略的重要支撑。没有农业机械化，就没有农业农村现代化。近年来，我国农机制造水平稳步提升，农机装备总量持续增长，农机作业水平快速提高，农业生产已从主要依靠人力畜力转向主要依靠机械动力，进入了机械化为主导的新阶段。但受农机产品需求多样、机具作业环境复杂等因素影响，当前农业机械化和农机装备产业发展不平衡不充分的问题比较突出，特别是农机科技创新能力不强、部分农机装备有效供给不足、农机农艺结合不够紧密、农机作业基础设施建设滞后等问题亟待解决。为加快推进农业机械化和农机装备产业转型升级，现提出以下意见。

一、总体要求

（一）指导思想。以习近平新时代中国特色社会主义思想为指导，全面贯彻党的十九大和十九届二中、三中全会精神，认真落实党中央、国务院决策部署，紧紧围绕统筹推进“五位一体”总体布局和协调推进“四个全面”战略布局，牢固树立和贯彻落实新发展理念，适应供给侧结构性改革要求，以服务乡村振兴战略、满足亿万农民对机械化生产的需要为目标，以农机农艺融合、机械化信息化融合、农机服务模式与农业适度规模经营相适应、机械化生产与农田建设相适应为路径，以科技创新、机制创新、政策创新为动力，补短板、强弱项、促协调，推动农机装备产业向高质量发展转型，推动农业机械化向全程全面高质高效升级，走出一条中国特色农业机械化发展道路，为实现农业农村现代化提供有力支撑。

（二）发展目标。到 2020 年，农机装备产业科技创新能力持续提升，主要经济作物薄弱环节“无机可用”问题基本解决。全国农机总动力超过 10 亿千瓦，其中灌排机械动力达到 1.2 亿千瓦，农机具配置结构进一步优化，农机作业条件加快改善，农机社会化服务领域加快拓展，农机使用效率进一步提升。全国农作物耕种收综合机械化率达到 70%，小麦、水稻、玉米等主要粮食作物基本实现生产全程机械化，棉油糖、果菜茶等大宗经济作物全程机械化生产体系基本建立，设施农业、畜牧养殖、水产养殖和农产品初加工机械化取得明显进展。

到 2025 年，农机装备品类基本齐全，重点农机产品和关键零部件实现协同发展，产品质量可靠性达到国际先进水平，产品和技术供给基本满足需要，农机装备产业迈入高质量发展阶段。全国农机总动力稳定在 11 亿千瓦左右，其中灌排机械动力达到 1.3 亿千瓦，农机具配置结构趋于合理，农机作业条件显著改善，覆盖农业产前产中产后的农机社会化服务体系基本建立，农机使用效率显著提升，农业机械化进入全程全面高质高效发展时期。全国农作物耕种收综合机械化率达到 75%，粮棉油糖主产县（市、区）基本实现农业机械化，丘陵山区县（市、区）农作物耕种收综合机械化率达到 55%。薄弱环节机械化全面突破，其中马铃薯种植、收获机械化率均达到 45%，棉花收获机械化率达到 60%，花生种植、收获机械化率分别达到 65% 和 55%，油菜种植、收获机械化率分别达到 50% 和 65%，甘蔗收获机械化率达到 30%，设施农业、畜牧养殖、水产养殖和农产品初加工机械化率总体达到 50% 左右。

二、加快推动农机装备产业高质量发展

（三）完善农机装备创新体系。瞄准农业机械化需求，加快推进农机装备创新，研发适合国情、农民需要、先进适用的各类农机，既要发展适应多种形式适度规模经营的大中型农机，也要发展适应小农生产、丘陵山区作业的小型农机以及适应特色作物生产、特产养殖需要的高效专用农机。加强顶层设计与动态评估，建立健全部门协调联动、覆盖关联产业的协同创新机制，增强科研院所原始创新能力，完善以企业为主体、市场为导向的农机装备创新体系，研究部署新一代智能农业装备科研项目，支持产学研推用深度融合，推进农机装备创新中心、产业技术创新联盟建设，协同开展基础前沿、关键共性技术研究，促进种养加、粮经饲全程全面机械化创新发展。鼓励企业开展高端农机装备工程化验证，加强与新型农业经营主体对接，探索建立“企业 + 合作社 + 基地”的农机产品研发、生产、推广新模式，持续提升创新能力。孵化培育一批技术水平高、成长潜力大的农机高新技术企业，促进农机装备领域高新技术产业发展。（工业和信息化部、发展改革委、科技部、农业农村部等负责。列第一位者为牵头单位，下同）

（四）推进农机装备全产业链协同发展。支持农机装备产业链上下游企业加强协同，攻克基础材料、基础工艺、电子信息等“卡脖子”问题。引导零部件企业与整机企业构建成本共担、利益共享的新型合作机制，推进新型高效节能农用发动机、大马力用转向驱动桥和农机装备专用传感器等零部件研发，加快关键技术产业化。推动整机企业加强技术创新和内部管理，提升智能化制造水平和质量管控能力，探索开展个性化定制、网络精准营销、在线支持服务等新型商业模式。建立健全现代农机流通体系和售后服务网络，创新现代农机服务模式。（工业和信息化部、发展改革委、科技部、农业农村部、商务部等负责）

（五）优化农机装备产业结构布局。鼓励大型企业由单机制造为主向成套装备集成为主转变，支持中小企业向“专、精、特、新”方向发展，构建大中小企业协同发展的产业格局。根据我国农业生产布局和区域地势特点等，紧密结合农业产业发展需求，以优势农机装备企业为龙头带动区域特色产业集群建设，推动农机装备均衡协调发展。支持企业加强农机装备研发生产，优化资源配置，积极培育具有国际竞争力的农机装备生产企业集团。推动先进农机技术及产品“走出去”，鼓励优势企业参与对外援助和国际合作项目，提升国际化经营能力，服务“一带一路”建设。（工业和信息化部、发展改革委、农业农村部、商务部、国资委、国际发展合作署等负责）

（六）加强农机装备质量可靠性建设。加快精准农业、智能农机、绿色农机等标准制定，构建现代农机装备标准体系。加强农机装备产业计量测试技术研究，支撑农机装备产业技术创新。建立健全农机装备检验检测认证体系，支持农机装备产业重点地区建立检验检测认证公共服务平台，提升面向农机装备零部件和整机的安全性、环境适应性、设备可靠性以及可维修性等试验测试和鉴定能力。对涉及人身安全的产品依法实施强制性产品认证，大力推动农机装备产品自愿性认证，推进农机购置补贴机具资质采信农机产品认证结果。加强农机产品质量监管，强化企业质量主体责任，对重点产品实施行业规范管理。督促农机装备行业大力开展诚信自律行动和质量提升行动，强化知识产权保护，加大对质量违法和假冒品牌行为的打击和惩处力度，开展增品种、提品质、创品牌“三品”专项行动。（市场监管总局、工业和信息化部、发展改革委、农业农村部等负责）

三、着力推进主要农作物生产全程机械化

（七）加快补齐全程机械化生产短板。聚焦薄弱环节，加大试验示范和服务支持力度，着力提升双季稻地区的水稻机械化种植、长江中下游地区的油菜机械化种植收获以及马铃薯、花生、棉花、苜蓿主产区的机械化采收水平。加快高效植保、产地烘干、秸秆处理等环节与耕种收环节机械化集成配套，探索具有区域特点的主要农作物生产全程机械化解决方案。大力发展甘蔗生产全程机械化，打造特色农产品优势区样板。按规定对新型农业经营主体开展深耕深松、机播机收等生产服务给予补助，大力推进产前产中产后全程机械化。（农业农村部、发展改革委、财政部等负责）

（八）协同构建高效机械化生产体系。加快选育、推广适于机械化作业、轻简化栽培的品种。将适应机械化作为农作物品种审定、耕作制度变革、产后加工工艺改进、农田基本建设等工作的重要目标，促使良种、良法、良地、良机配套，为全程机械化作业、规模化生产创造条件。支持推进现代农业产业技术体系、科技创新联盟、协同创新中心等平台建设，充分发挥现代农业产业园、农业科技园区、返乡创业园的科技支撑引领作用，提高农业机械化科技创新能力，加强产学研推用联合攻关，推动品种栽培装备等多学科、产前产中产后各环节协同联动，加快主要农作物生产全程机械化技术集成与示范。实施主要农作物生产全程机械化推进行动，率先在粮食生产功能区、重要农产品生产保护区、特色农产品优势区、国家现代农业示范区创建一批整体推进示范县（场），引导有条件的省份、市县和垦区整建制率先基本实现主要农作物生产全程机械化。（农业农村部、发展改革委、科技部、工业和信息化部等负责）

四、大力推广先进适用农机装备与机械化技术

（九）加强绿色高效新机具新技术示范推广。围绕农业结构调整，加快果菜茶、牧草、现代种业、畜牧水产、设施农业和农产品初加工等产业的农机装备和技术发

展，推进农业生产全面机械化。加强薄弱环节农业机械化技术创新研究和农机装备的研发、推广与应用，攻克制约农业机械化全程全面高质高效发展的技术难题。稳定实施农机购置补贴政策，对购买国内外农机产品一视同仁，最大限度发挥政策效益，大力支持保护性耕作、秸秆还田离田、精量播种、精准施药、高效施肥、水肥一体化、节水灌溉、残膜回收利用、饲草料高效收获加工、病死畜禽无害化处理及畜禽粪污资源化利用等绿色高效机械装备和技术的示范推广。加大农机新产品补贴试点力度，支持大马力、高性能和特色、复式农机新装备示范推广。鼓励金融机构针对权属清晰的大型农机装备开展抵押贷款，鼓励有条件的地方探索对购买大型农机装备贷款进行贴息。积极推进农机报废更新，加快淘汰老旧农机装备，促进新机具新技术推广应用。积极发展农用航空，规范和促进植保无人机推广应用。（农业农村部、科技部、工业和信息化部、财政部、交通运输部、商务部、人民银行、银保监会、民航局等负责）

（十）推动智慧农业示范应用。促进物联网、大数据、移动互联网、智能控制、卫星定位等信息技术在农机装备和农机作业上的应用。编制高端农机装备技术路线图，引导智能高效农机装备加快发展。支持优势企业对接重点用户，形成研发生产与推广应用相互促进机制，实现智能化、绿色化、服务化转型。建设大田作物精准耕作、智慧养殖、园艺作物智能化生产等数字农业示范基地，推进智能农机与智慧农业、云农场建设等融合发展。推进“互联网 + 农机作业”，加快推广应用农机作业监测、维修诊断、远程调度等信息化服务平台，实现数据信息互联共享，提高农机作业质量与效率。（农业农村部、发展改革委、工业和信息化部、国资委等负责）

（十一）提高农业机械化技术推广能力。强化农业机械化技术推广机构的能力建设，加大新技术试验验证力度。推行政府购买服务，鼓励农机科研推广人员与农机生产企业、新型农业经营主体开展技术合作，支持农机生产企业、科研教学单位、农机服务组织等广泛参与技术推广。运用现代信息技术，创新“田间日”等体验式、参与式推广新方式，切实提升农业机械化技术推广效果。提高农机公益性试验鉴定能力，加快新型农机产品检测鉴定，充分发挥农机试验鉴定的评价推广作用。（农业农村部、工业和信息化部等负责）

五、积极发展农机社会化服务

（十二）发展农机社会化服务组织。培育壮大农机大户、农机专业户以及农机合作社、农机作业公司等新型农机服务组织，支持农机服务组织开展多种形式适度规模经营，鼓励家庭农场、农业企业等新型农业经营主体从事农机作业服务。落实农机服务金融支持政策，引导金融机构加大对农机企业和新型农机服务组织的信贷投放，灵活开发各类信贷产品和提供个性化融资方案；在合规审慎的前提下，按规定程序开展面向家庭农场、农机合作社、农业企业等新型农业经营主体的农机融资租赁业务和信贷担保服务。鼓励发展农机保险，加强业务指导，鼓励有条件的农机大省选择重点农机品种，支持开展农机保险。农机融资租赁服务按规定适用增值税优惠政策，允许租赁农机等设备的实际使用人按规定享受农机购置补贴。农业机械耕作服务按规定适用增值税免征政策。（农业农村部、财政部、人民银行、税务总局、银保监会等负责）

（十三）推进农机服务机制创新。鼓励农机服务主体通过跨区作业、订单作业、农业生产托管等多种形式，开展高效便捷的农机作业服务，促进小农户与现代农业发展有机衔接。对于促进农业绿色发展的农机服务，积极推进按规定通过政府购买服务方式提供。鼓励农机服务主体与家庭农场、种植大户、普通农户及农业企业组建农业生产联合体，实现机具共享、互利共赢。支持农机服务主体及农村集体经济组织按规划建设集中育秧、农机具存放以及农产品产地储藏、烘干、分等分级等设施和区域农机维修中心。推动农机服务业态创新，建设一批“全程机械化＋综合农事”服务中心，为周边农户提供全程机械作业、农资统购、技术培训、信息咨询、农产品销售对接等“一站式”综合服务。继续落实有关规定，免收跨区作业的联合收割机、运输联合收割机和插秧机车辆的通行费。（农业农村部、发展改革委、财政部、自然资源部、交通运输部等负责）

六、持续改善农机作业基础条件

（十四）提高农机作业便利程度。加强高标准农田建设、农村土地综合整治等方面制度、标准、规范和实施细则的制修订，进一步明确田间道路、田块长度宽度与平整度等“宜机化”要求，加强建设监理和验收评价。统筹中央和地方各类相关资金及社会资本积极开展高标准农田建设，推动农田地块小并大、短并长、陡变平、弯变直和互联互通，切实改善农机通行和作业条件，提高农机适应性。重点支持丘陵山区开展农田“宜机化”改造，扩展大中型农机运用空间，加快补齐丘陵山区农业机械化基础条件薄弱的短板。（农业农村部、发展改革委、财政部、自然资源部、市场监管总局等负责）

（十五）改善农机作业配套设施条件。落实设施农用地、新型农业经营主体建设用地、农业生产用电等相关政策，支持农机合作社等农机服务组织生产条件建设。加强县级统筹规划，合理布局农机具存放和维修、农作物育秧育苗以及农产品产地烘干和初加工等农机作业服务配套设施。在年度建设用地指标中，优先安排农机合作社等新型农业经营主体用地，并按规定减免相关税费。有条件的地区可以将晒场、烘干、机具库棚等配套设施纳入高标准农田建设范围。鼓励有条件的地区建设区域农机安全应急救援中心，提高农机安全监理执法、快速救援、机具抢修和跨区作业实时监测调度等能力。（农业农村部、发展改革委、财政部、自然资源部、税务总局等负责）

七、切实加强农机人才培养

（十六）健全新型农业工程人才培养体系。加强农业工程学科建设，制定中国特色农业工程类专业认证标准。引导高校积极设置相关专业，培养创新型、应用型、复合型农业机械化人才。支持高等院校招收农业工程类专业学生，扩大硕士、博士研究生培养规模。加大卓越农林人才、卓越工程师教育培养计划对农机人才的支持力度，引导相关高校面向农业机械化、农机装备产业转型升级开展新工科研究与实践，构建产学合作协同育人项目实施体系。推动实施产教融合、校企合作，支持优势农机企业与学校共建共享工程创新基地、实践基地、实训基地。发挥好现代农业装备职业教育集团作用。鼓励农机人才国际交流合作，支持农机专业人才出国留学、联合培养，积极引进国际农机装备高端人才。（教育部、工业和信息化部、农业农村部等负责）

（十七）注重农机实用型人才培养。实施新型职业农民培育工程，加大对农机大户、农机合作社带头人的扶持力度。大力遴选和培养农机生产及使用一线“土专家”，弘扬工匠精神，充分发挥基层实用人才在推动技术进步和机械化生产中的重要作用。通过购买服务、项目支持等方式，支持农机生产企业、农机合作社培养农机操作、维修等实用技能型人才。加强基层农机推广人员岗位技能培养和知识更新，鼓励大中专毕业生、退伍军人、科技人员等返乡下乡创办领办新型农机服务组织，打造一支懂农业、爱农村、爱农民的一线农机人才队伍。（农业农村部、工业和信息化部等负责）

八、强化组织领导

（十八）健全组织实施机制。建立由农业农村部、工业和信息化部牵头的国家农业机械化发展协调推进机制，统筹协调农业机械化和农机装备产业发展工作，认真梳理和解决突出问题，审议有关政策、重大工程专项和重点工作安排，加强战略

谋划和工作指导，破除发展中的障碍。重大问题及时向国务院报告。（农业农村部、工业和信息化部牵头负责）

（十九）强化地方政府责任。各省级人民政府要认真研究实施乡村振兴战略对农机装备的需求，充分认识加快推进农业机械化和农机装备产业转型升级的重要性、紧迫性，将其作为推进农业农村现代化的重要内容，纳入本地区经济社会发展规划和议事日程，结合实际制定实施意见。深入贯彻落实《中华人民共和国农业机械化促进法》等法律法规，完善粮食安全省长责任制等政府目标考核中的农业机械化内容，建立协同推进机制，落实部门责任，加强经费保障，形成工作合力。（各省级人民政府负责）

（二十）促进政府与市场良性互动。充分尊重农民意愿，从根本上依靠市场力量和农民的创造性，及时发现和总结推广典型做法，因地制宜推进农业机械化发展。更好地发挥政府在推进农业机械化中的引导作用，重点在公共服务等方面提供支持，为市场创造更多发展空间。深入推进农机装备产业和农业机械化管理领域简政放权、放管结合、优化服务改革，推进政务信息公开，加强规划政策引导，优化鉴定推广服务，保障农机安全生产，切实调动各类市场主体的积极性、主动性和创造性。充分发挥行业协会在行业自律、信息交流、教育培训等方面的作用，服务引导行业转型升级。加强舆论引导，推介典型经验，宣传表彰先进，努力营造加快推进农业机械化和农机装备产业转型升级的良好氛围。（农业农村部、工业和信息化部等负责）

文件五：

江苏省人民政府关于加快推进农业机械化和农机装备产业转型升级的实施意见

苏政发〔2019〕46 号

各设区市人民政府，省各委办厅局，省各直属单位：

为贯彻落实《国务院关于加快推进农业机械化和农机装备产业转型升级的指导意见》（国发［2018］42 号）精神，加快推动江苏省农机装备产业向高质量发展转型，全面推进农业机械化向全程全面高质高效升级，现提出如下意见。

一、目标要求

农业机械化和农机装备是转变农业发展方式、提高农村生产力的重要基础，是实施乡村振兴战略的重要支撑。各地各有关部门要坚持以习近平新时代中国特色社会主义思想为指导，全面贯彻党的十九大精神，深入落实党中央、国务院决策部署，紧紧围绕乡村振兴走在前列，以农业生产需要为目标，以科技创新、机制创新、政策创新为动力，着力补短板、强弱项、促协调，推动农业机械化水平明显提升。要坚持改革创新，着力打造江苏特色农机装备产业，形成现代农业机械化率先发展新格局；要坚持规划引领，注重系统思维，面向全程全面机械化，提升江苏农业机械化高质高效发展水平；要坚持协同推进，强化产学研推用优势资源整合，形成同向同步同频的推进力，实现农业机械化发展需求与供给新平衡；要坚持融合发展，强化规划、标准、项目的衔接，实现农业机械化与“三农”融合发展，为实现农业农村现代化提供有力支撑。

到 2020 年，农机装备产业科技创新能力持续提升，农机具配置结构进一步优化，农机作业条件加快改善，农机社会化服务领域加快拓展，农机使用效率进一步提升。全省农机总动力超过 5100 万千瓦，农作物耕种收综合机械化率达到 75%，其中主要粮食作物耕种收综合机械化率达到 93%，设施农业、畜牧养殖、水产养殖、果茶和农产品初加工机械化取得明显进展。

到 2025 年，实现从农机大省向农机强省转变，高质量农机装备产业体系有效建立，农机具配套比更加合理，优势高端农机装备达到国际先进水平，迈入全程全面高质高效农业机械化发展时期。全省农机总动力稳定在 5500 万千瓦，农作物耕种收综合机械化率达到 85%，其中主要粮食作物耕种收综合机械化率达到 95%，设施农业、畜牧养殖、水产养殖、果茶和农产品初加工机械化率总体达到 60% 左右。

二、主要任务

（一）实施现代农机装备产业集群创新行动。充分发挥江苏省农机装备产业发展基础优势，大力推进农机装备技术创新和质量提升，加快培育行业骨干企业和自主品牌，打造具有国际竞争力的现代农机装备产业集群。以企业为主体、市场为导向，建立共建共享、深度融合的产学研推用技术创新体系。以大功率拖拉机、变量施肥播种机、植保无人机、畜禽水产智能化养殖装备等高端短板装备为重点，聚焦农机发展智能化、绿色化、高效化，鼓励支持农机制造企业对标国际先进水平开展关键技术攻关和高端装备赶超研发，组建一批高水平的省级技术创新中心和重点实验室等研发平台，形成一批高水平的农机装备制造产业创新战略联盟，力争创建国家级农机装备创新中心。坚持错位协同发展，进一步提升环太湖及长江沿线高端农机装备产业集聚发展水平，加速培育徐连大型农机装备和新型耕作机械、苏中小型智能农机和零部件、淮扬现代渔业机械等一批区域特色鲜明的“专、精、特、新”农机装备产业集群。支持农机装备企业加快发展智能制造，提升产品质量，打造一批在国内外有影响力的农机品牌。实施农机产品“引进来、走出去”战略，加快培育打造江苏国际农机展品牌，支持重点农机企业积极参加国内外农机产品展销展览活动，提升江苏省农机装备企业国际影响力和竞争力。（省工业和信息化厅、省发展改革委、省科技厅、省农业农村厅、省商务厅、省国资委等负责。列第一位者为牵头单位，下同）

（二）实施农机装备关键技术协同攻关行动。支持和鼓励企业牵头或参与国家级、省级重大科技项目实施，聚焦农机装备产业链的发展瓶颈及制约因素，组织产业链上下游企业开展协同攻关，围绕新型高效节能农用发动机、大马力用转向驱动桥、变速箱、电控液压元器件、湿式离合器、专用传感器等，突破一批核心零部件短板技术，提升高端农机关键技术和核心零部件自主可控发展水平。引导和推动零部件企业与整机制造企业、整机制造企业与用户单位构建“成本共担、利益共享”合作机制，形成主辅配合、研用结合、协同攻关的良好格局。加强技术转移和技术交易服务机构能力建设，完善技术成果信息发布、共享、对接和交易服务体系，推动农机装备创新成果加速转化应用。率先开展农机装备再制造技术研究和推广应用。（省工业和信息化厅、省发展改革委、省科技厅、省农业农村厅等负责）

（三）实施主要农作物生产全程机械化整体推进行动。构建高质高效农业机械化生产体系，持续推进主要农作物生产全程机械化。聚焦薄弱环节，加大试验示范和科技支撑力度，研究改进苏北沿海等地区套作玉米、青储玉米种植模式和农艺，配套解决机械化种植和收获方案，巩固提升水稻、小麦、玉米等主要粮食作物全程机械化水平，力争在全国率先建成粮食生产全程机械化整体推进示范省。着力提升花生、油菜、马铃薯、大豆、棉花等其他主要农作物机械化采收水平，支持有条件的市县整体率先实现主要农作物生产全程机械化。县域内种植规模达 1 万亩以上的特色农产品，按照“一业一机”的要求，优选种植品种和农艺模式，优配作业机具，将适宜机械化作为农作物品种审定、耕作制度变革、初加工配套、农田基本建设、园区标准化建设等工作的重要条件，促进良种、良法、良地、良机融合，实现全程

机械化作业和规模化生产。（省农业农村厅、省财政厅、省工业和信息化厅、省粮食和储备局等负责）

（四）实施特色产业农机化技术示范推广行动。强化绿色发展理念，统筹发展规划，制订畜牧业、渔业等特色产业机械化发展规划，强化规划的指导性和约束性。聚焦江苏省8个千亿元级农业特色产业中的主导产业，选择设施农业、畜牧养殖、水产养殖、果茶和农产品初加工等10个特色产业，集成示范推广新技术新装备，重点支持精量播种、精准施药、高效施肥、秸秆还田离田、水肥一体化、节水灌溉、绿色烘干、畜禽自动饲喂与粪污资源化利用、水产养殖水质调控和尾水处理等绿色高效机械装备和技术推广应用，集中打造一批特色产业全程机械化示范县。继续完善农机购置补贴政策，最大限度发挥政策效益，支持农机新产品补贴试点。加快物联网、大数据等信息技术在农机装备和农机作业上的应用，推广高端智能化农机装备。鼓励开展中外合作现代农机化示范性农场、智慧农场建设。围绕主导特色产业，聚焦特色农产品优势区、现代农业示范区、农业高新技术产业示范区、现代农业科技园和现代农业产业园等，打造一批农艺技术先进、机具配置完整、机械化水平高的特色产业农机化技术示范园（场），引领全省特色农业生产全程全面机械化。（省农业农村厅、省财政厅、省科技厅、省工业和信息化厅等负责）

（五）实施农业机械化公共服务提质增效行动。围绕服务“三农”，深化农机管理“放管服”改革，不断推动农业机械化公共服务提质增效。创新农业机械化技术推广体系，强化农机推广机构基础设施建设，支持并更好发挥省级现代农机科技示范园作用，全面提升农机技术试验和公益性检测鉴定能力。加强科研、教学、生产单位的优势互补与合作，加快农机化新技术新产品技术规范、标准和评价指标供给，加速农业科技成果转化和农机化新技术、新机具推广应用步伐，强化农机化行业发展监测工作。全面落实农机安全生产地方政府属地管理责任，健全镇村农机安全监管网络，深入开展“平安农机”创建活动，促进农机安全生产形势持续向好。落实农机报废更新政策，加快老旧高耗能机械更新步伐。推动农机智慧化服务建设，加快农机管理和作业服务信息化步伐，推进农机化信息系统与农机装备产业、种植业、养殖业等管理信息系统互联互通，构建左右相连、上下贯通的高效率农机化管理服务“一张网”。（省农业农村厅、省财政厅、省应急厅、省工业和信息化厅、省市场监管局等负责）

（六）实施新型农机服务组织共育共建行动。优化各级扶持政策，整合各方资源，支持建设管用结合、利益共享、运行高效的农机智慧化服务新平台，重点培育发展“全程机械化 +”新型专业服务组织。支持农机服务主体通过多种形式，开展高效便捷的农机社会化服务，促进小农户与现代农业发展有机衔接。落实好农业设施用地政策，由县级统筹规划、合理布局，优先安排“全程机械化 + 综合农事服务中心”、农机合作社等新型农业经营主体用地，支持区域等农机维修中心（点）建设，并按规定减免相关税费。支持金融机构创新农村金融产品、农机金融服务和农机保险。对农业机械耕作、植物保护等农业生产性服务按规定适用增值税免征政策。到2025 年，培育建设一批区域性“全程机械化 + 综合农事服务中心”，提高农业生产全产业链服务水平。（省农业农村厅、省财政厅、省自然资源厅、省地方金融监管局、省税务局等负责）

（七）实施农业“宜机化”作业条件提档升级行动。强化县域统筹规划，合理布局集中育秧育苗、农机具存放和维修以及农产品产地储藏、烘干、分等分级和初加工等农机作业服务配套设施。加强高标准农田、标准化果园（茶园、菜园）、畜牧养殖、水产养殖、农村土地综合整治等标准、规范和实施细则的制修订，明确田间道路、桥涵闸、田块长度宽度平整度及农业设施大棚等“宜机化”要求，严格建设监理和验收评价，提高农机作业便利程度。积极推进土地流转，在流转收益中支持机耕道路建设和维护，注重设计与建设农机下田坡道，实现农机通行和作业条件的提档升级。大力支持丘陵山区开展农田、果园“宜机化”改造，扩展大中型农机运用空间，提高农机作业适应性。（省农业农村厅、省自然资源厅等负责）

（八）实施农机人才培养培育行动。健全新型农业工程人才培养体系，注重农机实用型人才培养。鼓励有条件的高校设置农业工程学科和专业，培养创新型、应用型、复合型农业机械化人才。加大校企共享型农机实用人才培训基地建设，注重培养农机高技能专业人才，提高农机实用技术培训能力。完善人才培养机制，积极培养和引进高端人才。深化农机行业职称制度改革，加大对基层一线专业技术人才的倾斜力度。加强农机职业技能开发，完善农机行业职业技能获证奖补政策，大力培养一批农机生产使用“土专家”。鼓励大中专毕业生、退伍军人、科技人员等返乡下乡创办领办新型农机服务组织，打造一支懂农业、爱农村、爱农民的一线农机人才队伍。（省农业农村厅、省教育厅、省人力资源社会保障厅、省工业和信息化厅等负责）

三、保障措施

（一）加强组织领导。省级建立由省农业农村厅、省工业和信息化厅牵头的全省农业机械化发展协调推进机制，统筹协调农业机械化和农机装备产业发展工作，围绕政策设计、重大专项和重点工作安排，加强谋划指导和绩效评价，研究破解发展中的难题，重大问题及时向省政府报告。加快推动《江苏省农业机械管理条例》修订。（省农业农村厅、省工业和信息化厅等负责）

（二）强化责任落实。各地对辖区内推进农业机械化和农机装备产业转型升级负总责。要结合当地实际，制定务实管用的细化方案，出台相关配套政策，建立协调推进机制，层层压实责任，抓好工作落实。建立绩效考核评价制度，将其纳入政府绩效评价考核体系。发挥行业协会学会在行业自律、信息交流、教育培训等方面的作用，服务行业转型升级。（各设区市人民政府负责）

（三）注重典型引路。发挥政府在推进农业机械化发展中的引导作用，充分尊重农民意愿，调动各类市场主体的积极性、主动性和创造性，因地制宜推进农业机械化发展。加强对薄弱环节突破、全程全面、高质高效发展等典型经验总结推广，营造加快推进农业机械化和农机装备产业高质量发展的良好氛围。（省农业农村厅、省工业和信息化厅，各设区市人民政府负责）

文件六：

苏州市探索率先基本实现农业农村现代化三年行动计划（2020–2022年）

为深入学习贯彻习近平新时代中国特色社会主义思想，切实贯彻落实习近平总书记对“三农”工作和江苏工作的系列重要指示精神，落实落细《中国共产党农村工作条例》要求，按照中共中央、国务院《乡村振兴战略规划（2018–2022年）》和《江苏省乡村振兴战略实施规划（2018–2022年）》部署要求，围绕到2022年苏州率先基本实现农业农村现代化的目标任务，全面加快农业农村现代化进程，特制定三年行动计划。

一、总体要求

（一）指导思想

以习近平新时代中国特色社会主义思想为指导，深入贯彻落实习近平总书记关于“三农”工作重要论述和“强富美高”“五个迈上新台阶”等对江苏工作的重要指示要求，坚持农业农村优先发展，坚持“四化”同步，坚持目标导向、问题导向和结果导向，以实施乡村振兴战略为总抓手，落实高质量发展要求，加快推进农业现代化、农村现代化、农民现代化和城乡融合发展，探索东部沿海发达地区率先基本实现农业农村现代化的苏州实践。

（二）基本原则

——坚持优先发展。把落实“四个优先”的要求作为做好“三农”工作的头等大事，完善制度设计，细化配套政策，层层落实责任，在干部配备上优先考虑，在要素配置上优先满足，在资金投入上优先保障，在公共服务上优先安排。

——坚持规划引领。深入对接苏州市国土空间总体规划（2035）和“十四五”规划编制工作，高标准编制“多规合一”村庄规划，充分发挥规划的战略引领和刚性约束作用，推进率先基本实现农业农村现代化行动与各项规划有效衔接。

——坚持融合创新。把城乡融合发展作为推进农业农村现代化的重要路径，深化城乡经济社会发展联动改革创新，统筹推进农村经济建设、政治建设、文化建设、社会建设、生态文明建设和党的建设，着力破除户籍、土地、资本、公共服务等要素制约，加快健全完善城乡融合发展的体制机制和政策体系。

——坚持农民主体。坚持以人民为中心，充分尊重农民意愿，切实发挥农民在乡村振兴中的主体作用，调动广大农民的积极性、主动性、创造性，把维护农民群众根本利益、促进农民共同富裕作为出发点和落脚点，促进农民持续增收，不断提升农民的获得感、幸福感、安全感。

二、行动目标

到 2022 年，苏州率先基本实现农业农村现代化。基本形成现代都市生态农业蓬勃发展、优质高效、利益共享的产业融合新格局；基本形成特色凸显、农民乐居、市民乐享的“苏式”乡村新风貌；基本形成家风良好、民风淳朴、乡村传统文化和都市现代文明交融共生的乡风文明新气象；基本形成党建引领、“三治”结合、充满活力、和谐有序的乡村治理新局面；基本形成农民收入持续增长、生活质量显著提升、美好愿望基本满足的生活富裕新态势。

以“三化一融”（农业现代化、农村现代化、农民现代化和城乡融合发展）为统领，全面推动“三高一美”（高标准农田、高标准蔬菜基地、高标准池塘和美丽生态牧场）、“三特一古”（特色精品乡村、特色康居乡村、特色宜居乡村和古村落）、“三提一保”（提高农民生活质量、提高农民文明素养、提高农民自治能力和保障农村弱势群体）取得明显成效。

到 2022 年，农业农村现代化评价指标值基本达到现代化水平；“三高一美”全面覆盖，“三特一古”全面实施，“三提一保”全面落实；城乡融合发展体制机制进一步完善，城乡居民生活水平差距进一步缩小，城乡基本公共服务均等化水平进一步提升；城镇化水平达到 80%，农业科技进步贡献率达到 73%，村均集体可支配收入达到 1000 万元以上，农村居民人均可支配收入达到 4.25 万元以上，恩格尔系数保持在 24.5% 左右，城乡居民收入差距缩小到 1.95：1 以内。

三、主要任务

（一）聚焦都市生态农业定位，率先基本实现农业现代化

1.“三高一美”建设工程。加快农田连片及闲置地整治，2020 年全市新增高标准农田 20 万亩，实现高标准农田全覆盖。加快高标准蔬菜基地建设，全市常年菜地最低保有量稳定在 30 万亩以上。加快高标准池塘改造，到 2022 年建成标准化养殖池塘 22 万亩。加快美丽生态牧场建设，大力发展生猪等畜牧业，到 2022 年全市生猪自给率达到 30%。完善耕地质量调查监测与评价机制，2020 年实现全市规模经营农田轮作休耕一遍。提高农业机械化水平，到 2022 年主要农作物耕种收综合机械化率达到 96.5%。

2. 农业园区提档升级工程。推动农业园区管理体制改革，把现代农业园区打造成为农业科创“高地”，以“千企入园”为抓手，加大农业招商力度，支持农业科技创新，落实入园企业分级评价考核机制，吸引更多创新要素和创业团队入驻，着力培育一批世界一流水平的农业企业。优化整合园区生产、加工、物流、研发、示范、服务等功能模块，实现农业多元化和全产业链发展。到 2022 年，全市农业园区面积占耕地面积比重达到 60% 以上，入园企业达到 1000 家以上，农业产业化联合体达到 100 家以上。

3. 智慧农业建设工程。推进智慧农业国家级试点建设，加快建立涉农信息采集与共享工作机制、农业信息平台整体互联机制、数字技术与生产经营融合推进机制，到 2022 年农业信息化覆盖率达到 72%，全市农业电子商务销售额超过 55 亿元。以构建智慧农业农村基础信息库、智慧农业云平台为切入点，着力构建智慧农业生产经营体系、管理服务体系、决策应用体系和智慧农业示范园区，到 2022 年，全市建成 10 个智慧农业示范生产场景和 5 条农业全产业链专家服务系统，培育 10 个智

慧农业品牌和 15 个“智慧农村”示范村，重点打造昆山智慧农业技术和装备产业集群、吴中长三角智慧农业产业示范园区。

4. 乡村产业融合工程。大力发展农产品加工业，高水平打造农村一二三产业融合平台、特色农产品优势区和农业产业强镇，农业产业实现集群集聚发展。支持建设一批骨干冷链物流基地，支持各类主体建设产地分拣包装、冷藏保鲜、仓储运输、初加工等设施，明确新型农业经营主体在农村建设的保鲜仓储设施用电按照农业生产用电价格计算。到 2022 年，农业一产产值、加工产值、服务业产值结构更加优化，农产品加工业与农业总产值之比达到 6.3∶1。大力发展共享农庄（乡村民宿），促进农业与文化、教育、康养、旅游等产业深度融合，到 2022 年全市建成共享农庄（乡村民宿）100 个、乡村旅游精品线路 60 条，休闲农业和乡村旅游接待人次达到 8000 万，各类休闲农业营业收入超过 55 亿元。

5. 农产品区域公用品牌建设工程。围绕苏州大米、苏太猪、阳澄湖大闸蟹等全市优势和特色农产品，按照“集中力量、整合资源、强化培育、扶优扶强”的思路，培育一批“苏”字头精品特色农产品区域公用品牌。到 2022 年，全市培育农产品区域公用品牌 18 个，绿色优质农产品比重及农产品质量可追溯率达到 80%。

6. 绿色农业发展工程。加快转变农业生产方式，大力发展生态循环农业和生态畜牧业。到 2022 年全市重要水域、重要生态环境保护区等轮作休耕、休渔全覆盖；主要农作物测土配方施肥技术覆盖率达到 95% 以上。扩大农药零差率集中配送覆盖面，粮油类、果蔬类农药配送率分别达到 95% 和 90% 以上，化肥农药施用量保持负增长。深挖造林绿化潜力，到 2022 年陆地森林覆盖率超过 30%，自然湿地保护率达到 64% 以上。

（二）聚焦美丽宜居乡村建设，率先基本实现农村现代化

7.“三特一古”乡村建设工程。以自然村为单元，整合现有乡村建设项目，构建具有苏州特色的乡村建设体系。到 2022 年，全市培育 100 个左右特色精品乡村，培育 6 个左右特色精品示范区；全市集聚提升类和特色保护类村庄基本建成特色康居乡村，建成 30 个特色康居示范区；全市城郊融合类和其他一般类村庄基本建成特色宜居乡村。加强古村落、传统村落保护，抓紧建立保护名录库，按年度明确重点保护项目，并优先将符合条件的村庄选入特色精品乡村建设试点，到 2022 年完成市级传统村落保护名录的编制工作。开展农村文物古迹、传统村落、传统建筑等农业遗迹保护行动。推行设计师“驻村”服务制度，让专业设计师驻村指导，陪伴

式、全过程参与村庄建设。

8. 乡村基础设施提档升级工程。加快覆盖城乡的公路、电力、天然气、供水和垃圾污水收集处理等基础设施建设，健全市县镇村四级管理网络和建管长效机制。高质量推进“四好农村路”建设，实现行政村双车道四级公路覆盖率100%并向自然村延伸，实施农村公路生命防护工程，加强农村物流建设。大力实施“光网乡村”工程，力争到2022年实现行政村5G网络全覆盖。农村区域供水入户率稳定在100%。到2022年电子商务配送点行政村覆盖率达到100%。

9. 农村人居环境质量提升工程。按照由小康阶段到基本现代化阶段变化的要求，推动农村人居环境整治进入品质建设阶段。完善农房建设管理机制，引导农村居民有序开展农房翻建改建。推进农村厕所革命，科学合理布局，积极建设生态公厕。完善落实河（湖）长制，大力开展美丽河湖建设，加快推进农村水利工程提档升级改造，完善农村生活污水治理长效管理机制，加强处理设施标准化运维服务能力，巩固提升农村劣V类水整治成果。实施农村生活垃圾分类工作成效提升行动，进一步完善生活垃圾分类投放、分类收集、分类转运和分类处置体系建设。到2022年实现行政村生活垃圾分类处理占比100%，农村生活污水治理率达到92%，村庄绿化覆盖率达到30%。

10. 农村公共文化服务体系建设工程。加快构建农村现代公共文化服务体系，推进公共文化服务标准化、均等化、多样化。优化城乡文化设施布局，完善农村公共文化服务网点，打造农村“十里文化圈”，2020年农村综合性文化服务中心标准化建设实现全覆盖。加强基层文化资源整合，推进公共数字文化建设，开发服务乡村的特色数字文化产品，提高数字文化资源农村地区供给能力。广泛开展社区文化、村镇文化、家庭文化等群众性文化活动，鼓励城市文艺团体和文艺工作者定期送文化下乡。

11. 乡村治理能力提升工程。切实加强基层党组织对乡村治理的全面领导，大力实施“新时代美美乡村新接力”农村党建专项治理提升计划。持续深化“海棠花红”先锋阵地建设，大力推广“行动支部”工作法，鼓励镇、村两级党群服务中心与便民服务中心统筹建设使用，新建和改扩建镇（街道）、村（社区）党群服务中心建筑面积分别不低于1500平方米和400平方米。推动村党的委员会、总支部委员会分别设立纪委书记、纪检委员。推动社会治理和服务重心向基层下移，加强乡镇政府服务能力建设，深化农村“不见面审批（服务）”改革。持续完善以村民委员会为管理执行机构、以村民会议和村民代表会议为主要决策机构、以村务监督委员会为监督机构的村民自治组织体系。推行村民说事制度，推进乡村治理机制创新。推进乡村法治建设，增强基层干部法治观念，将政府各项工作纳入法治化轨道。提高乡村德治水平，完善村规民约，注重发挥家庭家教家风在乡村治理中的重要作用。2020 年，所有行政村均开展乡村“微自治”，乡村社区网格化管理覆盖率达到 100%，非法宗教活动报告率、治理率达到 100%，公众安全感达到 95% 以上。到 2021 年，全市村党组织书记兼任村委会主任的村占比达到 70%。到 2022 年，村民委员会依法自治达标率达到 98.5%，农村社区“一站式”综合服务平台建成率达到 100%，平安乡村建设达标率达到 98% 以上。

（三）聚焦农民生活持续改善，率先基本实现农民现代化

12. 就业创业扶持工程。建设覆盖城乡的就业服务信息管理系统，建立健全“15 分钟公共就业服务网”，实现城乡居民公共就业服务均等化。建立健全农村职业技能培训体系，扩大培训种类，提升就业层级，每年完成城乡劳动者职业技能培训 4 万人次。完善农村失业人员培训补贴政策。全市每年开发不少于 300 个基层公共服务岗位，用于安排符合条件的低收入家庭、困难家庭和就业困难高校毕业生就业。进一步优化集培训、政策、载体、服务、环境于一体的创业工作体系。全面落实社保补贴、技能培训、开业补助、租金补贴和贷款贴息等各类创业扶持政策，每年扶持农村劳动力自主创业 2000 人。支持返乡创业园、返乡创业孵化园（基地）、信息服务平台、实训基地和乡村旅游创客示范基地建设，到 2022 年累计建成市级创业孵化基地 270 个、省级创业示范基地 40 个。

13. 集体经济转型升级工程。充分发挥新型集体经济在增加农民财产性收入方面的促进作用。持续深化农村集体产权制度改革，总结推广农村集体产权制度改革经验，积极探索股权继承、转让、抵押担保等后续制度安排。加强农村集体“三资”管理，巩固深化“151”工作机制，规范农村集体资产线上交易。推进集体资产集中经营、委托管理等资产运营新机制，通过市场化配置手段实现集体资产资源保值增值。鼓励各地以镇（街道）为单位推动村级集体经济抱团异地发展，结合产业用地更新建设，在城镇规划区、各类开发区等优势地段开发或综合改造能够稳定增加集体收入的经营性项目和新经济业态。支持农村集体经济组织以出租、联营、入股等方式盘活利用空闲农房及宅基地。到 2022 年全市村均集体可支配收入超过 1000 万元。

14. 相对贫困长效帮扶工程。全面推进“一户一档一策”精准帮扶机制，健全低保对象动态管理和精准识别长效机制，推动农村低保制度和扶贫开发政策有效衔接，农村居民最低生活保障标准逐年增长。持续加大因病支出型困难家庭精准帮扶力度，将家庭困难的重病重残、三级精智残人员单独纳入最低生活保障，切实改善低收入群体和因病致贫返贫困难家庭生活质量。支持社会团体、基金会、社会服务机构等各类组织从事扶贫开发事业。深入开展100个市级机关部门和企事业单位挂钩帮扶100个集体经济相对薄弱村工作，市级财政安排专项补助资金，重点支持薄弱村帮扶转化项目和公共服务支出。落实集体经济薄弱村第一书记选派制度。2020年，100个集体经济相对薄弱村年可支配收入全部达到250万元以上或人均年可支配收入达到1000元以上。

15. 农民文化素质提升工程。继续巩固农村九年制义务教育，鼓励接受高等教育、高等职业教育的高素质人员从事现代农业、乡村产业，每年培养本地户籍农业专业毕业生300人以上，到2022年45岁及以下已认定新型职业农民中大专（含）以上学历人数占比达到80%左右。加大农业学历教育和技术培训力度，畅通大学生创业与新型职业农民待遇衔接渠道，每年培训农民7000人次，加快培养一支有文化、懂技术、善经营、会管理的高素质农民队伍。

16. 新时代文明实践提质工程。深入践行社会主义核心价值观，推进文明家庭和文明村镇建设，坚持教育引导、实践养成、制度保障“三管齐下”，到2022年县级以上文明村镇创建率达到68%。推进农村移风易俗，倡导文明新风，培育文明乡风、良好家风、淳朴民风。实施乡村文化人才培养工程，支持乡土文艺团组发展，扶持农村非遗传承人、民间艺人收徒传艺，发展优秀戏曲曲艺、民间文化。以新时代文明实践中心建设为载体，实施“十所十站十点十案例示范引领工程”，统筹抓好乡村精神文明建设、自治德治法治体系建设、文明积分试点、星级文明户评定、村规民约等工作，到2022年新时代文明实践中心（站）实现全覆盖。开展新时代文明实践志愿服务提质增效行动。

（四）健全城乡融合发展体制机制，基本实现“四化同步”发展

17. 城乡优质公共服务均等化工程。持续推进基础教育高位均衡发展，鼓励优秀校长、优秀师资向农村学校流动。大力发展面向农村的职业教育，加快推进职业院校布局结构调整，满足乡村产业发展需要。到2022年，学前三年教育毛入园率达到100%，九年义务教育巩固率达到100%，高中阶段教育毛入学率达到100%，

农村义务教育学校专任教师本科以上学历达到88%。强化农村基本公共卫生服务，加快推进市疾控中心迁建项目建设，落实基层医疗卫生机构新改扩建工作，加强慢性病综合防控，推进农村地区精神卫生、职业病和重大传染病防治。建立专业人员在乡村基层定期服务激励机制、乡村医务人员定期到核心医院培训进修机制，鼓励优秀医务人员向农村基层流动。到2022年，每万人拥有全科医生数3.5名，乡村居民健康素养水平达到25%以上。持续优化城乡居民养老保险与职工养老保险有效衔接机制。适度提高城乡居民基本养老保险参保缴费人员补贴标准，全面建立针对高龄、失能老年人的补贴制度。加快城乡养老服务体系建设，构建以居家为基础、社区为依托、机构为补充的医养结合养老服务体系，推动养老服务设施向农村延伸，到2022年实现行政村养老中心全覆盖。

18. 乡村人才队伍建设工程。实施姑苏乡土人才引育提升行动计划。统筹抓好农业专业人才、能工巧匠人才、文化传承人才和乡村治理人才四支队伍，到2022年全市累计引育600名左右符合时代要求、引领和带动作用明显的市级优秀乡土人才。实施大学生乡村汇聚行动，制定扶持政策，吸引高端人才和高校毕业生到农村创业创新，实施专业化青年人才定岗特选计划，促进“三农”人才向基层流动。全面建立城市科技文化人员等定期服务乡村机制，有组织地动员城市科研人员、工程师、规划师、建筑师、教师、医生下乡服务。鼓励农业科技人员到乡村兼职和离岗创业创新，允许符合条件的公职人员回乡任职。支持新乡贤返乡。加快现代农业科技创新中心和成果转化平台建设，为各类农业科技人才创业创新提供技术支撑。

19. 土地资源配置优化工程。编制国土空间规划和“多规合一”实用性村庄规划，明确新编县乡级国土空间规划应安排不少于10%的规划建设用地指标，重点保障乡村产业发展用地，到2022年实现村庄规划管理全覆盖。加大农业农村用地支持力度，制定土地利用年度计划时应安排至少5%新增建设用地指标，优先满足农村产业发展、基础设施和公共服务设施用地需求。对利用存量建设用地发展农村新产业新业态成效显著的，可给予新增建设用地计划指标奖励，奖励指标直接分配到镇（街道）。将农业种植养殖配建的保鲜冷藏、晾晒存贮、农机库房、分拣包装、废弃物处理、管护看护房等辅助设施用地纳入农用地管理，根据生产实际合理确定辅助设施用地规模上限。农业设施用地可以使用耕地。深化农村“三块地”改革，探索开展土地承包经营权及农村宅基地有偿退出改革试点。加强承包地确权登记颁证成果应用，农村承包土地经营权可以依法向金融机构融资担保、入股从事农业产业化经营。探索宅基地“三权分置”改革，完善农民闲置宅基地和闲置农房利用的配套政策，为乡村新产业新业态发展提供用地支持。完善农村集体经营性建设用地产权制度，在符合规划和用途管制的前提下，积极探索农村集体经营性建设用地出让、租赁、入股，实行与国有土地同等入市、同权同价，加快建立农村集体经营性建设用地产权流转和增值收益分配制度。结合全市产业用地保障和更新行动，有序有力推动镇村老旧低效工业集中区改造提升，实现集体发展载体空间拓展、资产增值。积极探索实行农文旅项目点状用地改革。

20. 财政金融支持工程。加大“三农”投入，确保财政支农总量资金只增不减。按“增加增量、统筹存量”的原则整合涉农资金，实行“大专项 + 任务清单”管理模式，加快“阳光惠农”监管系统建设，提高资金使用效能。研究“调整完善土地出让收入使用范围、进一步提高农业农村投入比例”的意见。贯彻落实第四轮生态补偿政策，进一步健全生态补偿机制。做大做优市级乡村振兴产业发展基金，将各类涉农基金统筹整合，形成规模集聚效应，鼓励各市（区）设立乡村振兴产业发展基金。建立银行业金融机构服务“三农”的激励约束机制，确保涉农贷款增长额占贷款增长总额比重超过 15%。加快推进农村信用体系建设，建立新型农业经营主体和农户信用评价体系，到 2022 年实现有效农户评定全覆盖。鼓励金融机构创新金融助农产品。开发小额贷款产品，探索镇级土地储备公司参与农村承包土地经营权和农民住房财产权“两权”抵押试点工作。实行农业贴息贷款，大力发展农业保险，推进政策性农业保险增品、提标、扩面，支持保险机构创新地方特色险种。引导工商资本深度参与农业农村现代化。引导涉农企业开展股权融资、债券融资，鼓励涉农企业在资本市场挂牌上市。鼓励国有企业、农业龙头企业建设规模化、专业化农业生产基地和装备制造基地。

四、保障措施

（一）强化党的领导

全面贯彻落实《中国共产党农村工作条例》，严格遵循党的农村工作基本原则，坚持党对农村工作的全面领导。健全市委全面负责、各市（区）党委抓落实、镇（街道）党委和村（社区）党组织具体实施的农村工作领导体制。发挥各级农村工作领导小组牵头抓总、统筹协调、考核监督等作用，研究协调“三农”重大问题。建立市领导挂钩联系乡村振兴工作常态化机制。推动全面从严治党向基层延伸，深入推进农村党风廉政建设。

（二）强化改革赋能

持续深化农村改革，加大制度供给，大力推进体制机制创新，不断激发农业农村发展新活力。重点抓好全国农村改革试验区和国家城乡发展一体化综合改革试点各项改革任务，总结梳理现有改革试点经验，加强试验成果推广应用。稳步开展与中国农业科学院战略合作，将中国农业科学院的科技优势和资源优势转化为苏州农业农村发展优势。

（三）强化示范引领

推进率先基本实现农业农村现代化示范镇建设，将市领导挂钩联系乡村振兴工作乡镇全部纳入现代化示范镇建设试点。加强全域规划和设计，形成镇域规划一张图、重点建设项目布局一张图、重点区域设计一套图。加强示范镇建设跟踪评估和第三方评估工作，以更高标准、更高水平、更高质量推动示范镇建设。注重对示范镇建设中特色做法经验的总结宣传，充分发挥先进典型的示范引领作用。

（四）强化监测考核

建立推进乡村振兴战略（率先基本实现农业农村现代化）实绩考核制度，以年度为单位制定考核实施方案，明确考核指标、评议评分细则等，采取工作实绩考评评分、日常监督和加减分项等定量测算与定性评价相结合的方式，对各地各部门在产业振兴、人才振兴、文化振兴、生态振兴、组织振兴、城乡融合、推进保障等方面的工作实绩进行考核和确定等次。相关结果由市委市政府在全市范围内进行通报，并与项目安排、评先评优等挂钩，同时作为选拔任用干部的重要参考。

文件七：

南京市人民政府关于加快推进农业机械化和农机装备产业转型升级的实施意见

宁政发〔2019〕225 号

各区人民政府，市府各委办局，市各直属单位：

为深入贯彻落实《国务院关于加快推进农业机械化和农机装备产业转型升级的指导意见》（国发［2018］42 号）和《省政府关于加快推进农业机械化和农机装备产业转型升级的实施意见》（苏政发［2019］46 号）精神，结合我市实际，制定本实施意见。

一、实施农机装备产学研推用一体化工程

（一）加强现代农机装备企业扶持培育。重点支持农机装备企业技术研发、设备改造和产品更新换代，聚焦农田灌溉、粮食烘干、植保无人机、种子加工、信息采集终端等领域，鼓励和支持企业专业化、精细化、特色化发展，扶持一批规模效益好、成长潜力大的高新农机装备企业，着力培育行业骨干企业和自主品牌。（市工信局、市科技局、市发改委、市农业农村局等负责。列第一位者为牵头单位，下同）

（二）加快产业集聚发展。大力推进农机装备产业基地建设，重点加强浦口国家农创园和溧水白马国家农高区建设，加大对农机装备龙头企业的引进力度，鼓励龙头企业在园区设立地区总部、研发中心等。整合农机装备产业资源，优化产业结构与布局，推动园区产业集聚发展，打造农机装备产业集聚区。（市工信局、市农业农村局、市科技局、市商务局、市投资促进局等负责）

（三）提升农机装备产业创新能力。鼓励科研院所、高校与农机装备企业加强合作，搭建农机科技创新平台，建立共建共享、深度融合的技术创新体系，增强企业和科研院所科技创新能力。聚焦农机装备智能化、绿色化、高效化发展，支持农机装备制造企业开展关键技术攻关和高端装备赶超研发，重点突破新型一体化智能泵站、智能型农用植保无人机、热泵热风机组等领域关键技术。（市科技局、市工信局、市发改委、市农业农村局等负责）

（四）支持农机装备企业加快发展智能制造，实施新一轮技术改造。借助工业普惠性奖补等政策，鼓励和支持农机装备企业应用数控技术和智能装备进行智能化改造提升，建设一批农机装备领域智能工厂和数字化车间，不断提升农机产品质量和效益。（市工信局、市发改委、市农业农村局等负责）

（五）建立和完善农机产品质量标准体系。加强农机产品试验检测能力建设，严格型式试验和质量检测。推动农机装备企业制定高于国家、行业标准的企业标准或团体标准，提高农机产品标准化水平，不断提升农机产品竞争力和影响力。（市工信局、市市场监督管理局、市农业农村局等负责）

（六）推进农机装备产品推广应用。实施农机产品“引进来、走出去”战略，支持重点农机企业积极参加国内外农机产品展销活动。（市农业农村局、市商务局、市工信局等负责）

二、实施农业主导产业生产全程机械化工程

（七）持续推进粮油作物生产全程机械化。到 2020 年，基本实现粮食生产全程机械化，全市农机总动力达 235 万千瓦，农作物耕种收机械化率超过 76%，其中主要粮食作物耕种收机械化率达到 96%。到 2025 年，主要粮食作物生产实现全程机械化，基本实现油菜生产全程机械化，全市农机总动力达 240 万千瓦，农作物耕种收机械化率达到 86%，其中主要粮食作物耕种收机械化率达 97%，丘陵田块“宜机化”作业条件显著改善。（市农业农村局、市科技局等负责）

（八）全面加快特色产业机械化生产示范推广。强化农机农艺融合，重点支持减肥节水、减药省种、促进农业废弃物资源化利用的新型、绿色、高效农机装备的示范推广。对区级区域内种植规模达 1 万亩以上的优势农产品，按“一业一机”要求，优选种植品种和农艺模式，优配作业机具，促进良种、良法、良地、良机融合。到 2020 年，设施农业、畜牧养殖、水产养殖、果茶、农产品初加工五项机械化取得明显进展；到 2025 年，有效推进河蟹养殖全程机械化和畜禽养殖自动化、生态化，茶叶、果蔬等生产全面机械化取得重大进展，设施农业、畜牧养殖、水产养殖、果茶、农产品初加工五项机械化率总体达 62% 以上。（市农业农村局、市科技局、市工信局等负责）

（九）支持建设农业机械化示范园区。到 2022 年，江宁、浦口、六合、溧水、高淳分别建成 1 个粮食生产全程机械化示范园区；围绕江宁西瓜、溧水“五梅”、高淳螃蟹、浦口水产、栖霞芦蒿、六合茶叶等特色产业，分别规划建设特色产业生产机械化示范园区。（市农业农村局、市科技局、市工信局等负责）

三、实施农业基础设施作业条件“宜机化”工程

（十）明确有关项目建设“宜机化”要求。结合产业发展定位，在农村土地综合整治、高标准农田建设、标准化菜地（茶园、果园）建设、设施大棚建设、畜牧标准化生态健康养殖、水产养殖等标准规范和实施细则中明确“宜机化”要求，合理布局农机作业服务配套设施，规范栽培模式、品种选定等“宜机化”技术指标。（市农业农村局、市规划资源局等负责）

（十一）支持改善农机作业条件。重点支持丘陵地区农田并整、高效节水灌溉配套和互联互通；大力支持现有粮田、菜园、茶园、果园和设施大棚“宜机化”改造，拓展农业机械化运用空间。出台粮食、蔬菜生产田块作业条件“宜机化”建设规范。到 2025 年，全市大宗粮油作物种植田块“宜机化”率达 100%，菜园“宜机化”率

达 90% 以上，茶园、果园“宜机化”率达 60% 以上。（市农业农村局、市规划资源局等负责）

四、实施农机社会化服务“全程机械化 + 综合化”工程

（十二）加快培育各类农机专业服务组织。支持农机装备与配套设施建设，支持南京新农集团参与社会化服务体系建设，扶持农机专业服务组织提升综合服务能力、拓宽服务领域、创新服务形式，鼓励其与农业园区、种植大户、家庭农场融合发展，可作为政府购买社会化服务的承接主体。（市农业农村局、市规划资源局、市财政局等负责）

（十三）支持农机社会化服务业态创新。鼓励农机专业服务组织开展跨区作业、代耕代种、订单作业、生产托管等高效便捷的社会化服务，鼓励建立设施农业、蔬菜类专业社会化服务合作社，促进小农户与现代农业发展有机衔接，引导适度规模经营。到 2020 年，江宁、浦口、六合、溧水、高淳分别建成 1 个“全程机械化 + 综合农事”服务示范中心。到 2025 年，建成 50 个“全程机械化 + 综合农事”服务中心。（市农业农村局等负责）

五、实施农机人才队伍专业化职业化工程

（十四）健全人才培养体系，注重农机实用型人才培养。鼓励市属高校、职业院校设置农业工程学科和专业，培养农业机械化专业人才。加快培育新型职业农民和基层农机技术人员，积极开展新型职业农民认定。（市教育局、市农业农村局等负责）

（十五）鼓励引导大中专毕业生、退伍军人、科技人员返乡创办领办新型农机服务组织。加大政策推介力度，依照政策给予创业担保贷款、创业补贴、大学生来宁创业就业学费补助等。将新型农机服务项目纳入市创业大赛内容，激发农机服务创业实践。（市农业农村局、市人社局、市地方金融监管局等负责）

（十六）强化基层农机管理推广队伍建设。到 2020 年，各涉农镇街配备 1 名以上专职农机管理推广人员，村社明确 1 名以上兼职农机管理推广人员。（市农业农村局、市人社局等负责）

六、实施农机化示范推广服务能力现代化工程

（十七）加快农机新技术新装备示范推广能力提升。依托围绕粮、菜、茶、蟹等优势主导产业，分类建立市级农机装备示范推广基地。到 2022 年，在六合区建成市级粮食生产农机装备示范推广基地；在江宁区建成市级蔬菜生产农机装备示范

推广基地。（市农业农村局、市科技局、市工信局等负责）

（十八）鼓励农业科技成果、标准转化应用。支持智能化农机装备示范推广，促进物联网、大数据、5G技术、卫星定位等信息技术在农机装备和作业上的应用。（市农业农村局、市科技局、市市场监管局、市工信局等负责）

（十九）大力推进“互联网＋农机信息化管理”。构建涵盖管理、推广、监理、作业监测、远程调度、作业订单等农机化管理服务的综合信息系统，与农村承包土地确权登记管理系统、农业社会化服务平台等互联互通。到2025年，实现数据信息共享，建成高效的农机化管理服务“一张网”。（市农业农村局、市规划资源局、市大数据局等负责）

七、实施农机化扶持政策多元化工程

（二十）落实农业设施用地政策。坚持统筹规划、合理布局，优先安排“全程机械化＋综合农事”服务中心用地，支持农机社会化服务主体按区级规划集中建设育秧育苗、农机具存放、农产品产地烘干、储藏、初加工等设施和区域农机维修中心。（市农业农村局、市规划资源局等负责）

（二十一）整合农机化发展、扶贫资金、美丽乡村等项目。支持村社集体统一建造农机库房等配套设施。（市农业农村局、市规划资源局、市财政局等负责）

（二十二）实施金融、保险、税收扶持优惠政策。引导地方金融组织开展农机金融服务，加大金融机构对新型农机经营服务主体的信贷投放，积极开展融资租赁、农机抵押贷款、购机贷款等业务。进一步完善并落实涉农融资担保业务补助、农机政策性保险等政策。对农机耕种收、植保、产地烘干等农业生产性服务按规定适用增值税免征政策。（市地方金融监管局、人行南京分行营管部、市发改委、市税务局等负责）

（二十三）实施农机报废更新补助政策。制定农机报废更新市、区补助办法。（市农业农村局、市财政局等负责）

八、实施农机安全生产管理网格化工程

（二十四）全面落实农机安全生产属地管理责任。建立政府、行业、生产经营者分工负责的农机安全责任体系。制定加强农机安全监管的政策措施，把农机安全生产纳入政府考核体系。（市农业农村局、市应急局等负责）

（二十五）健全镇街、村社农机安全监管网络。强化农机安全生产宣传教育，把农机安全监管责任延伸落实到村社，明确村社农机安全协管员及其职责，制定奖

励补助办法。（市农业农村局、市应急局等负责）

（二十六）加强农机安全执法检查。建立和完善与公安交管部门道路联合执法机制。（市农业农村局、市公安局等负责）

（二十七）消除农机安全隐患。推进变型拖拉机提前报废注销，实施报废补助。（市农业农村局、市财政局等负责）

（二十八）推进"平安农机"示范镇、村、农机合作社、家庭农场、农机大户建设。到 2025 年，创建 100 个"平安农机"示范合作社（家庭农场），实现全市"平安农机"示范市、区创建。（市农业农村局、市应急局、市公安局等负责）

为确保《关于加快推进农业机械化和农机装备产业转型升级的实施意见》落地落实，市级建立由市农业农村局和市工信局为召集单位、其他相关单位为成员的联席会议制度，协调推进全市农业机械化和农机装备产业转型升级工作。各区政府（管委会）对辖区内推进农业机械化和农机装备产业转型升级负总责，要结合实际制定切实可行的实施细则，确保农业机械化和农机装备产业转型升级各项工作得到落实。

附录四　关于农村金融发展的政策文件

文件一：

商业银行小微企业金融服务监管评价办法（试行）

第一章　总则

第一条　为全面科学评价商业银行小微企业金融服务工作开展情况和成效，督促和激励商业银行深入贯彻落实党和国家关于金融支持小微企业发展的战略部署，持续提升服务小微企业的质效，依据《中华人民共和国银行业监督管理法》《中华人民共和国商业银行法》《中华人民共和国中小企业促进法》，结合银保监会关于推进银行业金融机构小微企业金融服务的监管政策文件，制定本办法。

第二条　做好小微企业金融服务是商业银行服务实体经济、实现高质量发展的重要内涵。对商业银行小微企业金融服务工作开展监管评价（以下简称小微金融监管评价），应当坚持以下原则：

（一）定量与定性并行。为兼顾小微金融监管评价的客观性、全面性和灵活性，监管评价要素中包括定量和定性两大类指标。定量指标的总分值高于定性指标。

（二）总量与结构并重。通过小微金融监管评价，持续推动小微企业金融服务供给总量稳定增长的同时，引导不同类型的商业银行深入开展差异化竞争，细分小微企业市场和融资需求，优化小微企业金融服务对象、内容的结构，扩大服务覆盖面。

（三）激励与约束并举。小微金融监管评价结果应当作为衡量该年度商业银行小微企业金融服务情况的主要依据，与差异化监管政策制定与执行、现场检查以及小微企业金融服务相关的评先创优、政策试点和奖励等工作有效联动。

第三条　小微金融监管评价的实施主体是银保监会及其派出机构。

第四条　本办法适用于对在中华人民共和国境内依法设立的中资商业银行及农村商业银行、农村合作银行、农村信用社的小微金融监管评价。对当年新成立的商业银行（改制成立的农村商业银行除外），监管部门可参照本办法对其小微企业金融服务情况进行试评价。

各银保监局可根据辖内实际情况，参照本办法及附件《商业银行小微企业金融服务监管评价指标表》（以下简称《评价指标表》），自主决定是否对辖内村镇银行开展小微金融监管评价。

开发银行、政策性银行、外资银行应参照本办法，结合自身业务特点和职能定位，认真贯彻落实相关监管政策要求，积极改进完善本行向小微企业提供的金融服务。相关机构监管部门和银保监局应参照本办法，对开发银行、政策性银行、外资银行小微企业金融服务工作加强督促指导。

第二章　评价体系

第五条　小微金融监管评价体系由五部分评价要素构成，分别为：信贷投放情况、体制机制建设情况、重点监管政策落实情况、产品及服务创新情况、监督检查情况。

各项评价要素下设若干评价指标。每项评价要素的得分通过对评价指标的打分，结合监管人员的专业判断综合得出。

评价得分由五部分要素各自得分加总产生。定量指标依据计算结果得分（保留小数点后一位），定性指标最小计分单位为 0.5 分。

第六条　评价指标是评价要素的构成单元。指标具体内容及分值以《评价指标表》为准。

评价指标包含常规指标和加分指标两类。常规指标与加分指标的合计得分为被评价银行的最终得分。

第七条　常规指标的评价内容是小微企业金融服务中监管法律法规、规范性文件明文规定商业银行应当完成的考核目标、具体任务或必须遵守的监管要求。

常规指标的分值以正向赋分为主，符合指标要求的，按具体情况得分，不符合要求的不得分；部分指标对监管法律法规和规范性文件明令禁止商业银行实施的行为，或监管法律法规和规范性文件明文规定商业银行应当实施但未能实施、情节严重的行为给予负向赋分，发生指标规定行为的，按具体情况扣分，未发生规定行为的不扣分。常规指标合计满分 100 分。

第八条 加分指标的评价内容是小微企业金融服务中监管政策明确引导、鼓励、支持商业银行发展或推进的工作。

加分指标分值为正向赋分，符合指标要求的，按具体情况得分，不符合要求的不得分，合计满分 15 分。

第九条 小微金融监管评价结果根据得分划分为四个评价等级。

评价得分在 90 分（含）以上者为一级；得分在［75，90）区间者为二级，其中得分在［85，90）区间者为二 A，［80，85）区间者为二 B，［75，80）区间者为二 C；得分在［60，75）区间者为三级，其中得分在［70，75）区间者为三 A，［65，70）区间者为三 B，［60，65）区间者为三 C；得分在 60 分以下者为四级。

常规指标得分在 60 分以下者，当年评价结果等级直接判定为四级。

第十条 小微金融监管评价结果等级对应的评价含义如下：

（一）评价结果为一级，表示商业银行对小微企业金融服务工作的重要性有充分的认识，战略定位清晰，内部组织架构和机制体制健全，政策落实和制度保障有力，全面实现了各项监管考核目标，面向小微企业的产品、业务、服务方式创新成效突出，经营服务行为基本规范。

（二）评价结果为二级，表示商业银行从经营战略、组织机构、内部机制体制等方面围绕小微企业金融服务进行了专门的安排，较好地落实了政策要求，总体上实现了监管考核目标，能够针对小微企业融资特点开展产品、业务、服务方式创新，但工作还存在一些不足，需及时予以改进。

（三）评价结果为三级，表示商业银行小微企业金融服务的各项机制体制、产品、业务尚有欠缺，主动作为不足，存在部分监管考核目标不达标、政策落实不得力的问题，亟需采取有针对性的改进措施。

（四）评价结果为四级，表示商业银行小微企业金融服务工作存在严重缺陷，未按照回归本源、服务实体的要求落实相关政策，主要监管考核目标不达标，没有围绕小微企业金融服务建立专门的机制体制、开发特色产品、改进业务流程，应当对该行小微企业金融服务工作进行全面检视、切实整改，监管部门必要时可采取相应的监管措施。

第三章 评价机制

第十一条 小微金融监管评价按年度进行，评价周期为当年 1 月 1 日至 12 月

31 日。

当年度小微金融监管评价工作原则上应于次年 4 月 30 日前完成。

第十二条　小微金融监管评价的对象以商业银行法人为主。

银保监会负责组织、督导全国商业银行小微金融监管评价工作，并直接负责开展对大型银行、股份制银行的小微金融监管评价工作。

各银保监局负责组织开展对辖内属地监管的城市商业银行、民营银行、农村中小银行机构的小微金融监管评价工作。

第十三条　银保监会、各银保监局应当建立小微金融监管评价协调机制，具体负责对所管辖商业银行的评价工作。协调机制由各级普惠金融职能部门牵头，参与部门应当至少包括同级机构监管部门、银行检查部门、统信部门、消费者权益保护职能部门。

银保监会普惠金融部负责对小微金融监管评价的总体规划、专业指导和督促核查。

各银保监局可根据工作需要，决定是否在辖内银保监分局建立小微金融监管评价协调机制，并可参照本条第一款规定，自行确定分局层面相关协调机制的具体安排。

第十四条　各银保监局可根据辖内实际情况，决定是否对辖内的商业银行分支机构开展小微金融监管评价，并可参照本办法及《评价指标表》制定具体评价标准。

银保监局按照前款规定对大型银行、股份制银行分支机构开展小微金融监管评价的，应当将评价结果抄报银保监会普惠金融部及相应的机构监管部门；对地方法人银行的异地分支机构开展小微金融监管评价的，应当将评价结果抄报该法人银行属地银保监局。

各级监管部门应当加强对商业银行分支机构小微企业金融服务情况的信息共享。地方法人银行异地分支机构所在地银保监局应积极配合法人银行属地银保监局，向其通报分支机构在辖内服务小微企业的情况，提供必要信息。

第四章　评价流程

第十五条　小微金融监管评价流程分为以下六个环节：银行自评、监管信息收集、监管初评、监管复审、评价结果通报、档案归集。

第十六条 商业银行应按照本办法及《评价指标表》，对本行年度小微企业金融服务工作情况开展自评，并于次年 2 月底前向监管部门书面报告自评结果。书面报告内容应当包括：自评等级，各项评价要素及指标得分，对每项评价指标得分的证明材料。

商业银行应当高度重视、严肃对待自评工作，做到客观、全面、证据充分。对于自评得分显著高于小微金融监管评价得分，且自评得分缺乏必要证据支持的商业银行，监管部门可视情形在扣分要素中进行额外扣分。

商业银行向监管部门提交的自评证明材料，应当确保真实性。对于提交虚假证明材料、影响小微金融监管评价结果的商业银行，当次监管评价结果应直接认定为四级。

《评价指标表》规定需作为评价参照值的监管统计数据，各级监管部门应在银行自评工作开始前，以适当形式向相关商业银行告知。

第十七条 监管部门应当通过小微金融监管评价协调机制，全面收集商业银行相关信息，为监管评价做好准备。监管信息收集工作原则上由监管初评牵头部门或处室负责。信息收集内容及渠道包括：

（一）定量评价指标，原则上以从银保监会非现场监管信息系统中获取的数据为准。

定量指标在银保监会非现场监管信息系统中确无数据的，可通过监管检查报告、银行内外部审计报告、银行年报等材料获取。

（二）定性评价指标，可从以下方面收集相关信息：

1. 要求银行提供本行正式印发的文件（包括且不限于内部制度文件、会议纪要、考核评价通报、内外部审计报告等）。

2. 各级监管部门开展的小微企业金融服务相关调研、督导、督查、暗访中反映的、经监管部门核查属实的情况。

3. 各级监管部门接到的有关小微企业金融服务的信访、举报、投诉等、经核查属实的情况。

4. 其他国家机关开展的有关小微企业金融服务的外部审计、检查、处罚等情况。

5. 在前述材料的基础上，通过现场走访、抽查、监管会谈等途径进一步掌握的情况。

第十八条 监管部门综合前期信息采集和商业银行自评结果，并结合日常工作中掌握的商业银行小微企业金融服务有关情况，开展监管初评。

大型银行、股份制银行的监管初评，由银保监会普惠金融部牵头，按照小微金融监管评价协调机制实施。城市商业银行、民营银行、农村中小银行机构的监管初评，由属地银保监局根据内部小微金融监管评价协调机制具体情况，指定普惠金融职能部门牵头实施。

初评人员应当对照《评价指标表》，逐项填写商业银行得分情况及评分依据，并保存好相应的工作底稿和证明材料。初评人员可根据评价工作需要，参照第十七条规定，补充收集相关信息。属于必须由商业银行提交证明材料的评价指标，可要求商业银行补充提交证明材料，商业银行不愿或不能按要求提供的，相关指标应直接判定为最低分值。

第十九条 在初评基础上，监管部门应当对商业银行小微企业金融服务工作进行复审。

监管复审工作应当成立专门小组负责。大型银行、股份制银行的监管复审，由银保监会普惠金融部主要负责同志担任复审小组组长。普惠金融部负责具体组织，按照银保监会机关小微金融监管评价协调机制开展工作。城市商业银行、民营银行、农村中小银行的监管复审小组，由属地银保监局分管普惠金融工作的负责同志担任小组长，银保监局普惠金融处室具体负责组织，按照本局小微金融监管评价协调机制实施。

复审人员可视实际情况，要求商业银行补充提交证明材料，或请初评人员对打分依据进行补充说明。初评等级为一级或四级的商业银行，应当作为复审重点关注对象。对于各项要素及指标的评价得分，复审结果高于初评结果的，应当逐一书面阐明理由。

第二十条 监管复审小组形成复审评价结果后，应提请本级监管部门主要负责同志审核。审核批准后的结果，即为小微金融监管评价最终结果。

第二十一条 小微金融监管评价结果形成后，监管部门应及时向被考核的商业银行通报。

第二十二条 年度小微企业金融服务监管评价工作结束后，各级普惠金融职能部门应做好相关文件及证明材料的归档工作。

第二十三条 各银保监局应于次年 5 月 10 日前汇总形成辖内商业银行年度小微金融监管评价结果，书面报送银保监会。书面报告应附辖内商业银行监管评价结果明细，对评价结果为一级或四级的商业银行，应专门说明评价依据。

银保监会应于次年 5 月 31 日前汇总形成全国商业银行年度小微金融监管评价结果。汇总工作由银保监会普惠金融部负责。

第五章　评价结果运用

第二十四条　小微金融监管评价结果应当通过以下方式运用：

（一）在对单家商业银行的监管通报中，专题通报评价结果。

（二）将单家商业银行评价结果抄送有关组织部门、纪检监察机构和财政、国资等相关上级机构。

（三）将辖内商业银行总体评价结果抄送人民银行同级机构，并根据工作需要，以适当形式全辖通报。

（四）小微企业金融服务相关的评先创优、政策试点、奖励激励，应当将评价结果作为主要依据，监管部门应当优先选择或推荐评价结果为一级或二 A 级的商业银行。

（五）评价结果为三级的商业银行，监管部门应要求其提出针对性的改进措施，并加强监管督导。

（六）评价结果为四级的商业银行，监管部门应专题约谈其主要负责人，责令限时制定专项整改方案，并跟踪督促评估其后续落实情况。

（七）评价结果为四级，或小微企业信贷投放、监管政策落实、监管督导检查等评价要素中扣分较多的商业银行，在相关现场检查立项中应作为重点检查对象。

对当年新成立商业银行开展监管试评价的，评价结果可不按前款要求运用。

商业银行应当将评价结果作为对小微金融业务条线绩效考核的重要参数，并主动公开评价结果，接受社会公众监督。

第二十五条　监管部门责令商业银行开展小微企业金融服务专项整改的，在下一年度的小微金融监管评价中，应当重点关注其整改落实情况。

对于违反银保监会相关规定，整改措施不力或下一年度监管评价时仍无明显整改效果的商业银行，监管部门可根据《中华人民共和国银行业监督管理法》第三十七条规定，区别情形，对其采取暂停部分业务、停止批准开办新业务等监管措施。

第二十六条 各银保监局可根据相关监管法规，结合辖内实践，积极探索创新小微金融监管评价与普惠金融工作机制及其他监管措施的联动，进一步丰富监管工具箱，完善监管激励和约束手段，强化监管评价结果对辖内商业银行提升小微企业金融服务水平的导向作用。

第二十七条 各级监管部门应将小微金融监管评价与对小微企业金融服务的日常监管工作充分结合。在按年度开展监管评价的同时，应继续做实对商业银行的数据监测、业务督促、政策调研、监督检查等工作。

监管部门应当依据监管评价结果及各项评价要素和指标的具体得分情况，分行施策，精准发力，对商业银行小微企业金融服务工作确定督导、推动、检查的重点。

第六章 附 则

第二十八条 本办法自印发之日起施行。对商业银行小微企业金融服务工作的正式监管评价，从 2020 年度开始。

第二十九条 本办法所称小微企业贷款，除特别注明或限定外，均为商业银行向符合《中小企业划型标准规定》(工信部联企业〔2011〕300 号)规定的小型企业、微型企业发放的贷款，以及向个体工商户、小微企业主发放的经营性贷款。

本办法所称普惠型小微企业贷款，为商业银行发放的单户授信总额在 1000 万元(含)以下的小微企业贷款。

第三十条 本办法由银保监会负责解释。

对《评价指标表》中包含阶段性监管考核要求的评价指标，银保监会适时制定规范性文件，明确指标内容及适用期限。

第三十一条 银保监会根据小微企业金融服务有关政策法规要求，定期检视、适时修订完善本办法，推进小微金融监管评价长效化、系统化、制度化。

银保监会普惠金融部在每年开展小微金融监管评价前，可根据小微企业金融服务有关政策法规最新要求和实践需要，牵头对《评价指标表》中具体指标内容及分值权重作必要和适当的调整。

第三十二条 各银保监局按照本办法规定，可结合辖内情况，就小微金融监管评价工作的具体协调机制和流程制定细则，报送银保监会普惠金融部备案。

文件二：

中国人民银行　银保监会　发展改革委　工业和信息化部　财政部　市场监管总局　证监会　外汇局关于进一步强化中小微企业金融服务的指导意见

银发〔2020〕120号

面对新冠肺炎疫情对中小微企业造成的重大影响，金融及相关部门坚决贯彻党中央、国务院的决策部署，迅速行动，主动作为，出台了一系列措施，支持扩内需、助复产、保就业，为疫情防控、复工复产、实体经济发展提供了精准金融服务。为推动金融支持政策更好适应市场主体的需要，进一步疏通内外部传导机制，促进中小微企业（含个体工商户和小微企业主，不含地方政府融资平台，下同）融资规模明显增长、融资结构更加优化，实现“增量、降价、提质、扩面”，推动加快恢复正常生产生活秩序，支持实体经济高质量发展，提出以下意见。

一、不折不扣落实中小微企业复工复产信贷支持政策

（一）安排好中小微企业贷款延期还本付息。完善延期还本付息政策，加大对普惠小微企业延期还本付息的支持力度。银行业金融机构要加大政策落实力度，提高受惠企业占比，对于疫情前经营正常、受疫情冲击经营困难的企业，贷款期限要能延尽延。要结合企业实际，提供分期还本、利息平摊至后续还款日等差异化支持。提高响应效率、简化办理手续，鼓励通过线上办理。

（二）发挥好全国性银行带头作用。全国性银行要用好全面降准和定向降准政策，实现中小微企业贷款“量增价降”，出台细化方案，按月跟进落实。五家大型国有商业银行普惠型小微企业贷款增速高于40%。全国性银行要合理让利，确保中小微企业贷款覆盖面明显扩大，综合融资成本明显下降。

（三）用好再贷款再贴现政策。人民银行分支机构要用好再贷款再贴现政策，引导金融机构重点支持中小微企业，以及支持脱贫攻坚、春耕备耕、禽畜养殖、外贸、旅游娱乐、住宿餐饮、交通运输等行业领域。加强监督管理，确保资金发放依法合规，防止“跑冒滴漏”。中小银行要运用好再贷款再贴现资金，鼓励中小银行加大自有资金支持力度，促进加大中小微企业信贷投放，降低融资成本。

（四）落实好开发性、政策性银行专项信贷额度。开发性、政策性银行要在

2020 年 6 月底前将 3500 亿元专项信贷额度落实到位，以优惠利率支持中小微企业复工复产，制定本银行专项信贷额度实施方案，按月报送落实情况。

（五）加大保险保障支持力度。鼓励保险机构根据中小微企业受疫情影响程度的具体情况，提供针对性较强的相关贷款保证保险产品。鼓励保险公司区分国别风险类型，进一步提高出口信用保险覆盖面，加大出口中小微企业的风险保障。鼓励保险公司在疫情防控期间，探索创新有效的理赔方式，确保出险客户得到及时、便捷的理赔服务。

二、开展商业银行中小微企业金融服务能力提升工程

（六）提高政治站位，转变经营理念。要高度重视对受疫情影响的中小微企业等实体经济的金融支持工作，强化社会责任担当。按照金融供给侧结构性改革要求，把经营重心和信贷资源从偏好房地产、地方政府融资平台，转移到中小微企业等实体经济领域，实现信贷资源增量优化、存量重组。

（七）改进内部资源配置和政策安排。大中型商业银行要做实普惠金融事业部“五专”机制，单列小微企业、民营企业、制造业等专项信贷计划，适当下放审批权限。改革小微信贷业务条线的成本分摊和收益分享机制，全国性商业银行内部转移定价优惠力度要不低于 50 个基点，中小银行可结合自身实际，实施内部转移定价优惠或经济利润补贴。

（八）完善内部绩效考核评价。商业银行要提升普惠金融在分支行和领导班子绩效考核中的权重，将普惠金融在分支行综合绩效考核中的权重提升至 10% 以上。要降低小微金融利润考核权重，增加小微企业客户服务情况考核权重。改进贷款尽职免责内部认定标准和流程，如无明显证据表明失职的均认定为尽职，逐步提高小微信贷从业人员免责比例，激发其开展小微信贷业务的积极性。

（九）大幅增加小微企业信用贷款、首贷、无还本续贷。商业银行要优化风险评估机制，注重审核第一还款来源，减少对抵押担保的依赖。在风险可控的前提下，力争实现新发放信用贷款占比显著提高。督促商业银行提高首次从银行体系获得贷款的户数。允许将符合条件的小微企业续贷贷款纳入正常类贷款，鼓励商业银行加大中长期贷款投放力度，力争 2020 年小微企业续贷比例高于上年。

（十）运用金融科技手段赋能小微企业金融服务。鼓励商业银行运用大数据、云计算等技术建立风险定价和管控模型，改造信贷审批发放流程。深入挖掘整合银行内部小微企业客户信用信息，加强与征信、税务、市场监管等外部信用信息平台

的对接，提高客户识别和信贷投放能力。打通企业融资“最后一公里”堵点，切实满足中小微企业融资需求。

三、改革完善外部政策环境和激励约束机制

（十一）强化货币政策逆周期调节和结构调整功能。实施稳健的货币政策，综合运用公开市场操作、中期借贷便利等货币政策工具，保持银行体系流动性合理充裕，引导金融机构加大对中小微企业的信贷支持力度。

（十二）发挥贷款市场报价利率改革作用。将主要银行贷款利率与贷款市场报价利率的点差纳入宏观审慎评估考核，密切监测中小银行贷款点差变化。督促银行业金融机构将贷款市场报价利率内嵌到内部定价和传导相关环节，疏通银行内部利率传导机制。按照市场化、法治化原则，有序推进存量浮动利率贷款定价基准转换。

（十三）优化监管政策外部激励。推动修订商业银行法，研究修改商业银行贷款应当提供担保的规定，便利小微企业获得信贷。开展商业银行小微企业金融服务监管评价，继续实施普惠型小微企业贷款增速和户数“两增”要求。进一步放宽普惠型小微企业不良贷款容忍度。

（十四）研究完善金融企业绩效评价制度。修改完善金融企业绩效评价管理办法，弱化国有金融企业绩效考核中对利润增长的要求。将金融机构绩效考核与普惠型小微企业贷款情况挂钩。引导金融企业更好地落实国家宏观战略、服务实体经济，加大对小微企业融资支持力度。鼓励期货公司风险管理子公司通过场外期权、仓单服务等方式，为小微企业提供更加优质、便捷的风险管理服务。

（十五）更好落实财税政策优惠措施。加大小微企业金融服务税收优惠和奖补措施的宣传力度，力争做到应享尽享。加强普惠金融发展专项资金保障，做好财政支持小微企业金融服务综合改革试点。

（十六）发挥地方政府性融资担保机构作用。建立政府性融资担保考核评价体系，突出其准公共产品属性和政策性，逐步取消盈利考核要求，重点考核其支小支农成效（包括新增户数、金额、占比、费率水平等）、降低反担保要求、及时履行代偿责任和首次贷款支持率等指标，落实考核结果与资金补充、风险补偿、薪酬待遇等直接挂钩的激励约束机制。逐步提高担保放大倍数，并将政府性融资担保和再担保机构平均担保费率降至 1% 以下。

（十七）推动国家融资担保基金加快运作。2020 年力争新增再担保业务规模 4000 亿元。与银行业金融机构开展批量担保贷款业务合作，提高批量合作业务中风险责任分担比例至30%。对合作机构单户100万元及以下担保业务免收再担保费，2020年全年对100万元以上担保业务减半收取再担保费。

（十八）清理规范不合理和违规融资收费。对银行业金融机构小微贷款中违规收费及借贷搭售、转嫁成本、存贷挂钩等变相抬高中小微企业实际融资成本的乱象加强监管检查，从严问责处罚。

四、发挥多层次资本市场融资支持作用

（十九）加大债券市场融资支持力度。引导公司信用类债券净融资比上年多增1万亿元，支持大型企业更多发债融资，释放信贷资源用于支持小微企业贷款。优化小微企业专项金融债券审批流程，疏通审批堵点，加强后续管理，2020年支持金融机构发行小微企业专项金融债券3000亿元。进一步发挥民营企业债券融资工具支持作用。推动信用风险缓释工具和信用保护工具发展，推广非公开发行可转换公司债融资工具。

（二十）提升中小微企业使用商业汇票融资效率。对于确需延时支付中小微企业货款的，促进企业使用更有利于保护中小微企业合法权益的商业汇票结算，推动供应链信息平台与商业汇票基础设施互联，加快商业汇票产品规范创新，提升中小微企业应收账款融资效率。

（二十一）支持优质中小微企业上市或挂牌融资。支持符合条件的中小企业在主板、科创板、中小板、创业板上市融资，加快推进创业板改革并试点注册制。优化新三板发行融资制度，引入向不特定合格投资者公开发行机制，取消定向发行单次融资新增股东35人限制，允许内部小额融资实施自办发行，降低企业融资成本。设立精选层，建立转板上市制度，允许在精选层挂牌一年并符合相关条件的企业直接转板上市，打通挂牌公司持续发展壮大的上升通道。对基础层、创新层、精选层建立差异化的投资者适当性标准，引入公募基金等长期资金，优化投资者结构。

（二十二）引导私募股权投资和创业投资投早投小。修订《私募投资基金监督管理暂行办法》（中国证券监督管理委员会令第105号），强化对创业投资基金的差异化监管和自律。制定《创业投资企业标准》，引导和鼓励创业投资企业和天使投资专注投资中小微企业创新创造企业。鼓励资管产品加大对创业投资的支持力度，并逐步提高股权投资类资管产品比例，完善银行、保险等金融机构与创业投资企业的投贷联动、投保联动机制，加强创业投资企业与金融机构的市场化合作。推动完善保险资金投资创业投资基金政策。

（二十三）推进区域性股权市场创新试点。选择具备条件的区域性股权市场开展制度和业务创新试点，推动修改区域性股权市场交易制度、融资产品、公司治理有关政策规定。推动有关部门和地方政府加大政策扶持力度，将区域性股权市场作为地方中小微企业扶持政策措施综合运用平台。加强与征信、税务、市场监管、地方信用平台等对接，鼓励商业银行、证券公司、私募股权投资机构等参与，推动商业银行提供相关金融服务。

五、加强中小微企业信用体系建设

（二十四）加大对地方征信平台和中小企业融资综合信用服务平台建设指导力度。研究制定相关数据目录、运行管理等标准，推动地方政府充分利用现有的信用信息平台，建立地方征信平台和中小企业融资综合信用服务平台，支持有条件的地区设立市场化征信机构运维地方平台。以地方服务平台为基础，加快实现互联互通，服务区域经济一体化发展。探索建立制造业单项冠军、专精特新“小巨人”企业、专精特新中小企业以及纳入产业部门先进制造业集群和工业企业技术改造升级导向计划等优质中小微企业信息库，搭建产融合作平台，加强信息共享和比对，促进金融机构与中小微企业对接，提供高质量融资服务。完善和推广“信易贷”模式。

（二十五）建立动产和权利担保统一登记公示系统。推动动产和权利担保登记改革，建立统一的动产和权利担保登记公示系统，逐步实现市场主体在一个平台上办理动产和权利担保登记。

六、优化地方融资环境

（二十六）建立健全贷款风险奖补机制。有条件的地方政府可因地制宜建立风险补偿“资金池”，提供中小微企业贷款贴息和奖励、政府性融资担保机构资本补充等，以出资额为限承担有限责任。完善风险补偿金管理制度，合理设置托管对象、补偿条件，提高风险补偿金使用效率。

（二十七）支持对中小微企业开展供应链金融服务。支持产融合作，推动全产业链金融服务，鼓励发展订单、仓单、存货、应收账款融资等供应链金融产品，发挥应收账款融资服务平台作用，促进中小微企业 2020 年应收账款融资 8000 亿元。加强金融、财政、工信、国资等部门政策联动，加快推动核心企业、财政部门与应收账款融资服务平台完成系统对接，力争实现国有商业银行、主要股份制商业银行全部接入应收账款融资服务平台。

（二十八）推动地方政府深化放管服改革。推动地方政府夯实风险分担、信息共享、账款清欠等主体责任，继续组织清理拖欠民营企业、中小微企业账款，督促政府部门和大型企业依法依规及时支付各类应付未付账款。支持有条件的地方探索建立续贷中心、首次贷款中心、确权中心等平台，提供便民利企服务。继续清理地方政府部门、中介机构在中小微企业融资环节不合理和违规收费。

七、强化组织实施

（二十九）加强组织推动。人民银行分支机构、银保监会派出机构可通过建立专项小组等形式，加强与当地发展改革、财税、工信、商务、国资等部门的联动，从强化内部激励、加强首贷户支持、改进服务效率、降低融资成本、强化银企对接、优化融资环境等方面，因地制宜开展商业银行中小微企业金融服务能力提升专项行动。

（三十）完善监测评价。探索建立科学客观的全国性中小微企业融资状况调查统计制度和评价体系，开发中小微企业金融条件指数，适时向社会发布。人民银行副省级城市中心支行以上分支机构会同各银保监局探索建立地市级和县级中小微金融区域环境评价体系，重点评价辖区内金融服务中小微企业水平、融资担保、政府部门信息公开和共享、账款清欠等，并视情将金融机构和市县政府评价结果告知金融机构上级部门和副省级以上地方政府，营造良好金融生态环境。

文件三：

中国银保监会办公厅关于做好2020年银行业保险业服务“三农”领域重点工作的通知

银保监办发〔2020〕31号

各银保监局，各政策性银行、大型银行、股份制银行，各保险（控股）集团公司、保险公司：

根据中央经济工作会议和中央农村工作会议精神，按照《中共中央、国务院关于抓好“三农”领域重点工作确保如期实现全面小康的意见》工作部署，2020年银行业保险业要以习近平新时代中国特色社会主义思想为指导，深入贯彻党的十九大和十九届二中、三中、四中全会精神，围绕补齐“三农”领域短板等重点工作，加大信贷投入力度，提高风险保障水平，助力补齐“三农”领域全面建成小康社会的突出短板，确保如期全面建成小康社会、“十三五”规划圆满收官、打赢脱贫攻坚战和风险防控攻坚战。现就有关事项通知如下：

一、加强对标政策要求，明确“三农”金融服务重点领域

（一）支持“三农”领域补短板。提升金融服务乡村振兴能力，探索建立城乡普惠金融服务体系。加大农村公共基础设施建设中长期信贷支持，提高农村供水保障、基层医疗卫生服务和教育质量水平，改善农村公共文化服务，推进农村人居环境和农村生态环境治理。发挥保险功能作用，加强农村社会保障，参与完善城乡居民基本医疗保险、大病保险和基本养老保险制度。

（二）保障重点农产品有效供给。支持国家粮食安全战略，保障农民种粮基本收益，开发性、政策性金融机构要结合职能定位和业务范围支持高标准农田建设，商业性金融机构要围绕粮食生产、流通、加工、进出口、储备以及消费等各个环节加大信贷投放力度。推进稻谷、小麦、玉米完全成本和收入保险试点。做好包括生猪产业在内的畜牧业金融服务，发挥银保合力，推动肉蛋奶等稳产保供。要加大对“菜篮子”工程的信贷、保险支持力度，加强农产品仓储保鲜冷链物流设施建设金融支持。

（三）促进各类农业经营主体发展。做好小农户发展特色优势农产品、新产业新业态以及创业就业金融服务。拓宽小农户农业保险覆盖面。加大富民乡村产业信贷投入，多渠道促进农民经营性收入增长。加强对家庭农场适度规模经营和发展合作经营的金融支持。加大对农村各类专业合作社的信贷支持力度。支持各类返乡入乡人员创新创业，在信贷投放、贷款展期和不良容忍政策等方面向返乡入乡创业企业倾斜。

（四）强化特殊群体金融服务。做好困难学生、残疾学生的金融服务，加大助学贷款投放力度。完善养老服务机构融资政策，支持理财产品参与养老保障第三支柱建设，支持开发商业养老保险产品、养老保障管理产品、养老型理财产品和信托产品等养老金融产品。支持商业保险机构举办养老服务机构或参与其建设和运营，适度拓宽保险资金投资建设养老项目资金来源。

（五）做好新冠肺炎疫情防控期间的涉农金融服务。精准对接疫情防控期间“三农”领域的信贷保险需求，足额保障粮食和重要“菜篮子”品种保供的信贷供给，加强对农村地区公共卫生基础设施建设、卫生防疫等方面的融资支持，加大对受疫情影响的乡村旅游产业、种植养殖业、农副产品生产以及农民工返工复工就业等金

融支持力度。制定差异化金融服务措施，对受疫情影响较大的涉农主体不得盲目抽贷、断贷、压贷，对到期还款困难的适当予以展期、延期、续贷或调整还款付息计划，下调贷款利率，减免手续费及提高不良贷款容忍度等。发挥银行保险机构基层网点信息资源优势，为农业经营主体提供交易信息、创造交易机会，促进银企对接、企企合作，助力涉农主体渡过疫情灾害难关。

二、加强金融创新赋能，优化“三农”金融产品服务模式

（一）加大涉农信贷产品服务创新。完善小农户小额信用贷款政策，鼓励对资信良好、资金周转量大的家庭农场发放信用贷款，在返乡创业试点地区拓展返乡入乡创业企业信用贷款业务。探索以质量综合竞争力为核心的增信融资制度，将质量水平、标准水平、品牌价值等纳入农业经营主体信用评价和贷款发放参考因素。鼓励发展农业供应链金融。借助现代科技手段发展线上业务，改善农村网络信贷等普惠金融发展环境，为农民提供足不出村的便捷金融服务。

（二）拓宽涉农贷款抵质押物范围。鼓励依法合规开展温室大棚、养殖圈舍、大型农机抵押融资。支持有条件地区稳妥开展生猪活体抵押贷款试点。推进集体经营性建设用地使用权、集体林权、自然资源资产等抵押融资，以及承包地经营权、集体资产股权等担保融资。在宅基地制度改革试点框架下，支持有条件地区稳慎探索宅基地使用权抵押贷款业务。探索家庭农场通过流转取得的土地经营权担保融资。

（三）畅通涉农贷款风险缓释渠道。发挥担保“获客、增信、分险”功能作用，加强与全国农业信贷担保体系、国家融资担保基金合作，深化政银担合作机制。探索信贷 + 保险合作模式，加强银行、保险信息共享，发挥保险保障功能，对已投保的涉农项目在信贷额度、利率、期限等方面予以倾斜。协调推动地方政府和相关部门提高涉农贷款专项风险补偿基金补偿比例和覆盖面。

（四）推动涉农保险产品创新。支持各地开展优势特色农产品保险。优化“保险 + 期货”试点模式。探索农村长期护理保险。

三、加强工作合力，深入推进银行业保险业扶贫工作

（一）增加深度贫困地区金融供给。进一步加大对“三区三州”等深度贫困地区的政策倾斜，着力提升对未摘帽贫困县、未脱贫人口和“三区三州”135 个深度贫困县的支持力度。

（二）努力提高脱贫质量防止返贫。进一步加大对产业扶贫的信贷支持，完善

信贷支持与带动贫困户脱贫的挂钩机制，充分发挥扶贫小额信贷作用，帮助贫困户发展生产脱贫致富。支持保险机构在贫困地区开展政策性农业保险业务，加快发展当地特色农产品保险和价格保险、收入保险、“保险＋期货”等新型险种。扎实开展大病保险等健康扶贫，努力对建档立卡贫困人口实施倾斜性支付政策。

（三）统筹兼顾信贷支持和风险防控。督促银行机构认真做好精准扶贫贷款“贷前调查、贷中审查、贷后检查”，进一步提高贷款质量。认真落实扶贫小额信贷有关政策要求，加强定期监测分析和形势预判，妥善应对还款高峰期。指导银行机构积极争取贫困地区党委和政府的支持，推动完善扶贫信贷风险分担和补偿机制。

（四）大力开展典型经验总结推广和新闻宣传。认真总结梳理近年来银行业保险业扶贫工作典型案例和优秀产品，加大宣传推广力度，全面展现银行业保险业扶贫成果。

（五）认真研究脱贫攻坚期后的金融支持政策。研究谋划金融支持相对贫困人口的工作措施，接续推进减贫工作，实现脱贫攻坚与乡村振兴战略的有机衔接。

四、加强监管政策引领，营造“三农”金融发展良好环境

（一）合理提升资金外流严重县的存贷比。各银保监局要结合辖内县域实际情况，协调地方政府加强政策扶持、产业培育，开展融资对接、项目推介，引导银行将新增可贷资金优先支持县域发展。要对辖内县域存贷比进行监测分析，制定资金外流严重县的存贷比提升规划，加强考核引导，合理提升资金外流严重县的存贷比。

（二）加大“三农”信贷投放力度。各银行业金融机构要持续加大对“三农”领域的信贷支持，加强贷款期限管理，合理增加与农业生产周期相匹配的中长期信贷供给。要单列涉农和普惠型涉农信贷计划，在保持同口径涉农贷款和普惠型涉农贷款余额持续增长的基础上，完成差异化的普惠型涉农贷款增速考核目标。农发行、大中型商业银行要实现普惠型涉农贷款增速高于自身各项贷款平均增速；对普惠型涉农贷款在全部贷款中占比达到一定比例的，在监管上实施差异化考核。各银保监局要明确辖内法人机构普惠型涉农贷款增速考核要求。

（三）加强扶贫信贷保险支持。银行业保险业要努力实现精准扶贫贷款余额持续增长、深度贫困地区各项贷款平均增速高于所在省份贷款增速、扶贫专属农业保险产品持续增加、贫困户农业风险保障金额持续增长的考核要求。

（四）强化监管政策正向激励。建立金融机构服务乡村振兴考核评估常态化机制。对普惠型涉农贷款和精准扶贫贷款不良率高于自身各项贷款不良率年度目标 3 个百分点（含）以内的，可不作为监管评级和银行内部考核评价的扣分因素。各机构要做实涉农贷款和精准扶贫贷款尽职免责制度，营造信贷人员“敢贷、会贷、愿贷”的良好环境，形成一批典型案例，适时报银保监会推介、宣传。

（五）健全数据统计和信息共享机制。建立全国保险业普惠金融统计指标体系，积极探索保险业服务普惠金融的考核评估机制。各银保监局要探索建立银行保险机构与农业农村主管部门涉农信用信息共享机制，协调推动地方政府开展县域农户、中小企业信用等级评级，统筹整合乡村已有信息服务站点资源，推广一站多用。

五、加强金融服务下沉，推进基础金融服务实现基本全覆盖

辖内存在银行网点或保险服务空白乡镇、基础金融服务空白行政村的银保监局，要进一步压实银行业金融机构主体责任，确保 2020 年底基本实现“基础金融服务不出村、综合金融服务不出镇”。对暂不具备机构设立条件的极少数乡镇，可通过设立电子机具和流动服务等方式下沉服务；距离较近且金融需求较小行政村之间，可以采用流动服务和辐射的方式进行覆盖。

六、加强金融改革试点，推进农村普惠金融改革试验区建设

学习借鉴河南省兰考县、四川省成都市等农村普惠金融改革试验区经验做法，稳妥扩大农村普惠金融改革试点。鼓励有条件的地区在风险可控前提下先行先试，协调推动地方政府发挥积极作用，在平台搭建、信息共享、财政投入、税费减免、产权改革、监管引领等方面凝聚各方合力，激发银行保险机构发展农村普惠金融的内生动力。

七、加强风险防控力度，维护农村地区金融社会稳定

加大农村金融风险防控力度，完善农村金融风险防范处置机制。及时纠正农村地区银行网点或服务点重复建设、信贷产品过度同质化竞争以及授信过程中的不合规行为，引导构建有差异的农村信贷供给体系。加强基层保险监管，加大农业保险领域监督检查力度，建立常态化检查机制。督促保险机构足额及时理赔。严厉打击违法违规金融活动，坚决遏制非法集资向农村地区蔓延。培养农民金融风险防范意识、责任意识和诚信意识，促进农民金融素养不断提升，形成良好的农村金融生态。

文件四：

中国银保监会办公厅关于推动村镇银行坚守定位提升服务乡村振兴战略能力的通知

银保监办发〔2019〕233号

为贯彻落实党中央、国务院关于深化金融供给侧结构性改革，推动中小银行回归本源相关要求，督促村镇银行更好坚守定位，有效提升金融服务乡村振兴战略的能力，现就有关事项通知如下：

一、严格坚守县域和专注主业。支农支小是村镇银行的培育目标和市场定位。必须始终坚持扎根县域，不得跨经营区域办理授信、发放贷款、开展票据承兑和贴现。必须始终坚持专注信贷主业，当年新增可贷资金应主要用于当地信贷投放，贷款应主要投向县域农户、社区居民与小微企业，有条件的可根据当地实际适度加大对新型农业经营主体的信贷支持。要建立单户贷款限额制度，保证户均贷款余额始终保持低位。除结算性用途的同业存放业务、与主发起行及同一主发起行发起的村镇银行之间的同业业务外，不得跨省开展线下同业业务。

二、有效提升金融服务乡村振兴的适配性和能力。村镇银行要充分发挥扎根基层、掌握信息充分、工作链条短、决策效率高等特点，构建完善符合支农支小金融需求的特色经营模式。要注重不断改进创新产品与服务方式，为农户、社区居民和小微企业提供差异化、特色化的金融服务。要结合生产经营和消费特点，合理设定贷款期限，与生产经营和资金循环周期相匹配。要根据当地经济发展水平及借款人生产经营状况、偿债能力和信用状况，在有效做好风险防控的基础上，逐步减少对抵押担保的过度依赖，合理提高信用贷款比重，科学确定小额信用贷款额度。要充分运用支农支小再贷款、扶贫再贷款等政策工具，降低资金来源成本。支持多渠道拓宽资金来源，推动和利用开发性、政策性银行对村镇银行开展转贷款业务。

三、建立完善符合自身特点的治理机制。村镇银行要着力加强党的建设，有效发挥党组织在公司治理中的核心作用。要建立适合自身小法人特点和定位导向的治理结构，制定服务乡村振兴的发展战略规划，将实施情况纳入董事会和高级管理层履职评价，监事会要重点监督董事会和高级管理层在坚守定位方面的履职情况。要构建有利于主发起行发挥作用的股权结构，建立健全股权托管、转让和质押管理制度和关联交易管理制度。要改进和完善绩效考核制度，支农支小方面的指标权重应显著高于其他类型指标（合规经营与风险管理类指标除外）。

四、扎实做好风险防控与处置工作。村镇银行要树立合规、审慎、稳健的经营意识，始终坚持“小额、分散”的风险防控理念。要加强内控合规管理，紧盯关键岗位、人员和业务环节，提升信息系统建设水平，将相关风控要求形成“硬约束”。要提高贷前尽职调查和贷中贷后管理水平，加强对可疑业务和重点领域的审计与检查，切实防范通过同业票据或借冒名贷款方式开展偏离定位及违法违规业务。主发起行要切实履行监督职责，对所发起设立村镇银行的财务和风险条线的负责人实施定期轮岗交流。高风险村镇银行和主发起行要分别落实好风险处置的主体和牵头责任，按照“一行一策、分类处置”原则，制定处置方案，按照市场化、法治化原则综合运用增资、协助清收、资产转让等多种措施化解风险。

五、积极有效推动主发起行履职。要进一步完善主发起行发挥作用的制度安排。主发起行要科学制定和完善村镇银行中长期发展战略，设立村镇银行 5 家以上的，应按年度向董事会提交村镇银行发展规划和经营策略，并报属地和并表监管部门备案。要建立对村镇银行的内控评价机制和风险评估制度，开展对村镇银行的年度审计，审计报告应包含坚守定位相关内容，评价情况和审计报告要报送属地和并表监管部门。要支持村镇银行选优配强高管层，新组建村镇银行原则上应优先从本行选派优秀干部担任高管或董（监）事。要加大对所发起设立村镇银行的支持力度，帮助建立高效可靠的信息系统，以及为村镇银行加入人民银行征信系统提供资金、技术和人才等方面的支持。要设立专项制度或基金，为村镇银行流动性或业务资金缺口及时提供有效支持。

六、优化村镇银行培育发展。优化村镇银行区域布局，重点解决好中西部地区县域空白点覆盖，允许在“三农”和小微客户群体聚集、符合村镇银行发展定位的一般市辖区设立村镇银行，并严格执行挂钩政策，原则上不支持在大中城市的主城区（含新区、开发区）设立村镇银行。着力推动在国定贫困县相对集中地区和深度贫困地区组建“多县一行”制村镇银行，平衡好加大金融服务投入和实现商业可持续的关系。稳妥有序推动投资管理型村镇银行组建，优先支持其在中西部和老少边穷地区批量化设立村镇银行，鼓励其整建制收购高风险村镇银行。

七、建立完善监测考核指标体系。根据村镇银行培育发展实践和规律，建立村镇银行坚守定位监测考核基础指标（见附件）。各银保监局要结合辖区和机构实际，对基础指标作进一步细化和差异化，明确坚守定位的监测指标、达标标准以及考核安排，并报银保监会农村银行部备案。监测考核指标应分类实施：对成立两年以上的村镇银行，结合达标率和进步度，按季持续开展指标监测和考核通报；对成立两年以内的村镇银行暂不考核，指导其将相关监管要求纳入自身经营绩效考核。

八、强化对坚守定位的监管激励约束。对支农支小定位出现偏离的机构，属地监管部门要及时进行监管约谈和通报提示，督促限期整改；出现重大风险、定位严重偏离的机构，要按照相关法律法规，采取限制市场准入、暂停相关业务、责令调整高管人员等监管措施。对监测指标达标情况良好的机构，在市场准入和业务发展上优先支持。对于所发起设立村镇银行坚守定位总体良好的主发起行，优先支持其后续设立村镇银行；符合条件的，优先支持其组建投资管理型村镇银行和“多县一行”制村镇银行。

各银保监局要认真履行属地监管责任，把督促引导村镇银行坚守定位作为防范风险的重要手段，认真抓好落实，于每年4月底前向银保监会农村银行部报送上一年度相关情况。本通知印发前的有关规定与本通知不一致的，以本通知规定为准。

文件五：

中国银保监会办公厅关于做好2019年银行业保险业服务乡村振兴和助力脱贫攻坚工作的通知

银保监办发〔2019〕38号

各银保监局，各政策性银行、大型银行、股份制银行、邮储银行、外资银行，各保险集团（控股）公司、保险公司、保险资产管理公司、保险专业中介机构：

根据中央经济工作会议和中央农村工作会议精神，按照《中共中央 国务院关于实施乡村振兴战略的意见》《乡村振兴战略规划（2018-2022年）》《中共中央 国务院关于打赢脱贫攻坚战三年行动的指导意见》安排部署，2019年银行业保险业服务乡村振兴和助力脱贫攻坚要以习近平新时代中国特色社会主义思想为指导，坚持农业农村优先发展，聚焦深度贫困地区，遵循政府引导与市场主导相结合、创新发展和风险防范并重以及商业可持续的基本原则，大力发展农村普惠金融，实现农村金融与农业农村农民的共赢发展。现就有关事项通知如下：

一、回归本源，坚守定位，持续优化服务乡村振兴体制机制

（一）开发性、政策性银行要加大对乡村振兴中长期信贷支持。开发银行、农发行要坚守开发性、政策性银行职能定位，支持乡村振兴战略的重点领域和薄弱环节，与商业性金融互补合作做好金融服务。要发挥开发性、政策性金融引领作用，做好项目审核把关，提高支持乡村振兴战略实效，提升开发性、政策性资金使用效率。在依法合规、不增加地方政府隐性债务的前提下，加强财政涉农资金和银行信贷资金的协调配合，以市场化方式开展业务，加大对农业农村基础设施建设的中长期信贷支持。

（二）大中型商业银行要发挥体制机制优势。设立普惠金融事业部的大中型商业银行（设立“三农”事业部、扶贫事业部的银行除外）要将普惠型涉农金融服务、扶贫金融服务纳入事业部制统一管理，在人员配备、经济资本配置、内部资金转移定价、费用安排和考核激励方面予以政策倾斜，围绕服务乡村振兴和助力脱贫攻坚形成专业化的金融服务供给机制。农业银行要坚守面向“三农”、服务城乡战略定位，持续优化“三农”事业部组织架构和治理机制。邮储银行要坚守零售商业银行定位，进一步做实“三农”事业部。

（三）地方法人银行要立足本地、服务本地。城商行、民营银行要下沉服务重心，优化授权授信机制，持续开发多元化、特色化乡村金融产品，提升服务便捷性和可获取性。农村中小银行机构要保持县域法人金融机构地位和数量总体稳定，将新增可贷资金主要用于当地，将存贷比和县域贷款在资产中的占比保持在合理水平。整体研究推进省联社改革，规范省联社履职。稳妥组建投资管理型村镇银行和“多县一行”制村镇银行。

（四）保险机构要强化风险保障功能。聚焦提质增效，推进保险服务乡村振兴的专业化体制机制建设。提高农村地区疾病、自然灾害和意外事故等风险的保险保障水平，持续扩大保险资金在乡村振兴中的投入，依法合规稳妥推进保险资金支农支小融资业务试点。加快建立农业大灾风险分散机制，落实农业保险大灾风险准备金制度。推进组建中国农业再保险公司，完善多层次的农业保险风险分散机制。进一步深化改革，促进涉农类保险综合费率逐步稳定在合理水平。

二、对标要求，明确目标，精准服务乡村振兴重点领域和薄弱环节

（一）支持农业供给侧结构性改革。优先保障国家粮食安全，重点支持优质特色产业，助力提升农产品质量和促进农业科技成果转化应用。加大对农业“走出去”

项目的支持力度。加大对各类农机企业和新型农机服务组织的信贷投放，合理开展面向新型农业经营主体的农机融资租赁和信贷担保业务，鼓励发展农机保险。大力推进奶业振兴，推进奶业保险扩面、提标。合理加大对重点农产品精深加工企业和重要特色农产品原料收购的信贷支持。增加农业保险承保农作物和畜产品品种，扩大承保农作物播种面积和森林保险覆盖面积。

（二）助力美丽乡村建设。进一步加大对农村高标准农田、交通设施、水利设施、电网、通信、物流等领域的中长期信贷支持。大力发展绿色金融，重点支持生态体系保护和修复工程。进一步落实农村人居环境整治三年行动方案。促进乡村旅游提质升级。

（三）做好各类现代农业主体金融服务。加快推进新型农业经营主体信用评价体系建设。提高小农户小额信用贷款覆盖面，满足小农户有效金融需求。支持返乡农民工、大学生、转业军人、科技特派员等农村新兴群体的创新创业，推广“政银保”合作融资模式，加大农村创业担保贷款投放力度。扩大大病保险在农村地区的覆盖面，积极参与乡村医疗、养老和健康产业投资。

（四）提升特殊群体金融服务水平。加大助学贷款投放力度，执行优惠利率，扩大生源地助学贷款电子合同试点。满足高校学生合理消费金融需求。加大对具有劳动能力老年人的金融支持力度，在风险可控前提下适当放宽老年人贷款年龄限制。推进营业网点无障碍设施建设，探索通过新技术提升残疾人金融服务体验。

三、提高效率，强化分担，创新产品和服务模式

（一）创新金融产品。充分发挥全国信用信息共享平台和金融信用信息基础数据库的作用，探索开发新型信用类金融支农产品和服务。探索产业链金融模式。研发额度小、频度高、季节时限性较强的特色贷款产品和投资理财产品。探索农业保险保单质押贷款、农户信用保证保险贷款等银保合作产品。研发符合农民实际需求的人身保险、财产保险产品。

（二）拓宽抵质押物范围和风险缓释渠道。稳妥有序推进农村承包土地经营权、农民住房财产权、集体经营性建设用地使用权抵押贷款试点，积极稳妥开展林权抵押贷款。推广农业生产设备、运输工具、厂房抵押贷款，探索开展圈舍和活体畜禽抵押、养殖场抵押、乡村景区企业经营权和门票收费权质押、存单质押、应收账款质押贷款和订单融资。加强与全国农业信贷担保体系和国家融资担保基金等政府性融资担保机构的深度合作。探索土地收储公司参与农村产权抵押贷款风险处置。

（三）优化服务流程和方式。根据自身风险管理能力，区分业务种类，下放涉农信贷审批权限，简化业务流程，合理确定贷款额度、利率和期限。运用互联网、物联网、大数据、人工智能等技术，与农业企业、农产品交易平台系统对接，探索全流程在线操作的网络融资服务。不断优化涉农类保险业务的理赔流程，改善农民服务体验。

（四）扩大保险产品试点范围。深入开展三大粮食作物完全成本保险和收入保险试点，扩大农业大灾保险试点和“保险 + 期货”试点，稳步开展生猪和蔬菜价格保险试点。鼓励各地开展地方特色优势农产品保险试点、设施农业保险试点，扩大森林保险保费补贴试点范围。

四、加强融合，简化审批，科学合理推动基础金融服务扩面提质

（一）加大银行保险机构乡村服务融合力度。鼓励银行保险机构进一步下沉服务重心，在服务渠道等方面加强配合、发挥合力，更加便捷有效地提供基础金融服务。运用新技术推进基础金融服务向位置偏远、服务空白的自然村延伸。力争在 2020 年底基本实现“基础金融服务不出村、综合金融服务不出镇”。

（二）简化空白地区机构设立程序。优先在机构空白地区尤其是深度贫困地区新设网点。简化在空白乡镇设立简易银行和保险网点的审批程序，创造便利条件，开辟绿色通道，提高审批效率。

（三）推进基础金融服务网点建设。充分发挥基层党组织作用，科学合理推进空白地区金融服务网点建设。在不具备网点设立条件的乡镇，鼓励通过电子机具、流动服务站和便民服务点等方式实现服务覆盖。距离较近的乡村之间可通过核心辐射周边的方式提供金融服务。防止只有金融服务网点的标志或设施但没有金融服务的“空壳”情况，杜绝形式主义。

五、精准施策，聚焦深贫，助力打赢脱贫攻坚战

（一）全力做好脱贫攻坚专项巡视整改工作。要对照中央脱贫攻坚专项巡视反馈的问题和意见，举一反三，标本兼治，坚决按照党中央的要求整改到位。要将巡视整改和扶贫作风治理相结合，坚决纠正形式主义、官僚主义。农发行和农业银行要根据中央第十五巡视组的要求认真抓好整改，按时报送整改工作进展情况并抄送银保监会。

（二）重点抓好“三区三州”等深度贫困地区和特殊贫困群体脱贫攻坚工作。加强对深度贫困地区的政策倾斜，适当放宽对深度贫困地区和特殊贫困群体的贷款

期限，实行更加优惠的贷款利率。开发银行、农发行要加大对深度贫困地区基础设施、产业发展的信贷支持。提高保险保障水平，落实好降低保费的要求，对深度贫困地区财政补贴型农业保险的保险费率在已降费 20% 的基础上再降低 10%–30%。

（三）推动建立稳定脱贫的长效机制。聚焦“两不愁三保障”的标准，明确脱贫不脱政策，将融资与融智相结合，不断提高贫困人口脱贫致富的内生动力。完善金融支持产业发展与带动贫困户脱贫的挂钩机制和扶持政策，支持贫困地区发展有市场前景的特色产业。创新支持产业扶贫的信贷和保险产品服务，鼓励在贫困地区发展特色农产品保险，力争扶贫专属农业保险产品持续增加、覆盖面持续扩大。

（四）着力处理好规范发展和防范风险的关系。高度重视防范化解金融扶贫风险，把握好扶贫信贷投入和风险防控的平衡点。既要在不增加贫困县债务负担等前提下，允许对有稳定还款来源的扶贫项目继续提供融资支持，又要防止地方融资平台以扶贫名义过度举债。进一步规范和完善扶贫小额信贷管理，强化监管和监督考核，妥善应对还款高峰期。做好融资方式调整规范后的易地扶贫搬迁贷款后续工作。

（五）着手开展脱贫攻坚与乡村振兴战略衔接研究。打赢脱贫攻坚战是实施乡村振兴的优先任务，要及早谋划 2020 年完成脱贫攻坚目标任务后的战略思路，研究提出对收入水平略高于建档立卡贫困户的边缘人口中长期帮扶意见。

六、治理乱象，防范风险，净化乡村金融环境

各级监管部门要联合有关部门继续加大对各类农村金融乱象的整治力度。严厉打击以普惠金融之名、行“普骗金融”之实的违法违规金融活动，坚决遏制非法集资向农村地区蔓延。及时纠正银行业金融机构“垒小户”、过度授信等行为，引导信贷资金有效投放。及时纠正保险机构销售误导、设置理赔障碍等行为，引导保险机构依法合规提供保险服务。联合有关部门推进乡村金融环境建设，加大对逃废债行为的惩罚力度，进一步整合各类信用信息和农业风险相关信息。引导银行保险机构加强农村消费者权益保护，促进投诉处理结果满意度提升。加强对农村居民金融知识的宣传和教育，提高农村居民的信用意识和风险意识。

七、强化引领，严格考核，不断完善差异化监管政策

（一）考核目标。2019 年，各银行业金融机构要进一步加大涉农贷款投放力度，按照“增供给、降成本”的原则，切实减少涉农贷款中间环节费用、降低普惠型涉农贷款利率。一是各银行业金融机构要保持同口径涉农贷款余额持续增长，完

成普惠型涉农贷款差异化考核目标，实现普惠型涉农贷款增速总体高于各项贷款平均增速。二是各银行业金融机构要实现精准扶贫贷款余额持续增长。深度贫困地区贷款增速力争高于所在省（区、市）贷款平均增速。三是仍存在基础金融服务空白（包括保险服务空白）地区的银保监局应加强任务分解，科学合理推动覆盖工作，2019 年力争减少二分之一的空白地区，2020 年末力争实现基础金融服务基本全覆盖。

（二）落实涉农和精准扶贫贷款差异化监管政策。各银行业金融机构普惠型涉农贷款、精准扶贫贷款不良率高出自身各项贷款不良率年度目标 3 个百分点（含）以内的，可不作为监管评级和银行内部考核评价的扣分因素。进一步完善涉农贷款、扶贫贷款尽职免责制度，合理界定尽职认定标准和免责情形，切实将尽职免责要求嵌入内部操作流程。对不良容忍度之内的普惠型涉农贷款、精准扶贫贷款，信贷人员已按规定履职并无重大过失的应予以免责。协调推进普惠型涉农贷款、精准扶贫贷款享受定向降准、税收优惠等货币和财税政策。

（三）实施保险服务乡村振兴差异化监管。加强涉农类保险产品管理，研究涉农类保险产品分层管理，不断提高规范化、标准化水平。推进农民大病保险继续免征保险保障金工作，研究探索豁免农民大病保险等政策性健康保险业务反洗钱义务的合理性。协调推进涉农类保险业务纳入央行征信系统。

（四）建立健全涉农金融统计体系。研究建立涵盖农林牧渔业、农村、农户、新型农业经营主体、特殊群体等领域和群体的贷款专项统计指标体系。研究建立与中国保信全国农险信息平台数据共享机制，研究建立保险业普惠金融统计指标体系，进一步夯实实施差异化监管的数据基础。研究建立银行保险机构与农业农村、气象等部门之间的信息共享机制。

（五）推进农村金融改革试点示范建设。统筹推进农村金融改革试点示范区创建工作，加强顶层设计，规范创建流程。各级监管部门要加强对农村普惠金融改革试点示范工作的总结，加强经验宣传和推广。会同地方人民政府稳妥推进新型合作金融试点和农村金融改革工作。鼓励条件成熟的地方探索开展金融支持乡村振兴试点示范工作。

特此通知。

文件六：

中国人民银行　银保监会　证监会　财政部　农业农村部关于金融服务乡村振兴的指导意见

实施乡村振兴战略，是以习近平同志为核心的党中央作出的重大部署，是新时代做好“三农”工作的总抓手，是金融系统开展农村金融服务工作的根本遵循。按照《中共中央 国务院关于实施乡村振兴战略的意见》和《乡村振兴战略规划（2018–2022年）》有关要求，现就做好金融服务乡村振兴工作提出如下意见：

一、总体要求、目标和原则

（一）总体要求。

以习近平新时代中国特色社会主义思想为指导，紧紧围绕党的十九大关于实施乡村振兴战略的总体部署，按照产业兴旺、生态宜居、乡风文明、治理有效、生活富裕的总要求，坚持目标导向和问题导向相结合、市场运作和政策支持相结合，聚焦重点领域，深化改革创新，建立完善金融服务乡村振兴的市场体系、组织体系、产品体系，完善农村金融资源回流机制，把更多金融资源配置到农村重点领域和薄弱环节，更好满足乡村振兴多样化、多层次的金融需求，推动城乡融合发展。

（二）工作目标。

到2020年，金融服务乡村振兴实现以下目标：

金融精准扶贫力度不断加大。2020年以前，乡村振兴的重点就是脱贫攻坚。涉农银行业金融机构在贫困地区要优先满足精准扶贫信贷需求。新增金融资源要向深度贫困地区倾斜，深度贫困地区贷款增速力争每年高于所在省（区、市）贷款平均增速，力争每年深度贫困地区扶贫再贷款占所在省（区、市）的比重高于上年同期水平。

金融支农资源不断增加。涉农银行业金融机构涉农贷款余额高于上年，农户贷款和新型农业经营主体贷款保持较快增速。债券、股票等资本市场服务“三农”水平持续提升。农业保险险种持续增加，覆盖面有效提升。

农村金融服务持续改善。基本实现乡镇金融机构网点全覆盖，数字普惠金融在农村得到有效普及。农村支付服务环境持续改善，银行卡助农取款服务实现可持续发展，移动支付等新兴支付方式在农村地区得到普及应用。农村信用体系建设持续推进，农户及新型农业经营主体的融资增信机制显著改善。

涉农金融机构公司治理和支农能力明显提升。涉农金融机构差别化定价能力不断增强，农村金融产品和服务创新加快推进，涉农贷款风险管理持续改进，确保涉农不良贷款水平稳定在可控范围，县域法人金融机构商业可持续性明显改善，金融服务乡村振兴能力和水平持续提升。

中长期目标，到2035年，基本建立多层次、广覆盖、可持续、适度竞争、有序创新、风险可控的现代农村金融体系，金融服务能力和水平显著提升，农业农村发展的金融需求得到有效满足；到2050年，现代农村金融组织体系、政策体系、产品体系全面建立，城乡金融资源配置合理有序，城乡金融服务均等化全面实现。

（三）基本原则。

以市场化运作为导向。尊重市场规律，充分发挥市场机制在农村金融资源配置和定价中的决定性作用，通过运用低成本资金、增加增信措施等引导涉农贷款成本下行，推动金融机构建立收益覆盖成本的市场化服务模式，增强农村金融服务定价能力。

以机构改革为动力。持续深化全国政策性、商业性涉农金融机构改革，增强中长期信贷投放能力和差别化服务水平。规范县域法人金融机构公司治理，促进服务当地、支持城乡融合发展，增加农村金融资源有效供给。

以政策扶持为引导。加大货币政策支持力度，完善差异化监管，发挥财政资金对金融的引导和撬动作用。建立健全政府性融资担保和风险分担机制，发挥农业信贷担保体系和农业保险作用，弥补农业收益低风险高、信息不对称的短板，促进金融资源回流农村。

以防控风险为底线。金融机构要坚持信贷投放和风险防控两手抓，探索与服务乡村振兴相适应的资本补充渠道、合理回报机制和风险资本管理模式，提高法人治理水平，关注贷款质量，完善市场化风险处置机制，增强涉农业务风险防控能力，提高金融服务乡村振兴的可持续性。

二、坚持农村金融改革发展的正确方向，健全适合乡村振兴发展的金融服务组织体系

（四）鼓励开发性、政策性金融机构在业务范围内为乡村振兴提供中长期信贷支持。国家开发银行要按照开发性金融机构的定位，充分利用服务国家战略、市场运作、保本微利的优势，加大对乡村振兴的支持力度，培育农村经济增长动力。农业发展银行要坚持农业政策性银行职能定位，提高政治站位，在粮食安全、脱贫攻

坚等重点领域和关键薄弱环节发挥主力和骨干作用。

（五）加大商业银行对乡村振兴支持力度。中国农业银行要强化面向“三农”、服务城乡的战略定位，进一步改革完善“三农”金融事业部体制机制，确保县域贷款增速持续高于全行平均水平，积极实施互联网金融服务“三农”工程，着力提高农村金融服务覆盖面和信贷渗透率。中国邮政储蓄银行要发挥好网点网络优势、资金优势和丰富的小额贷款专营经验，坚持零售商业银行的战略定位，以小额贷款、零售金融服务为抓手，突出做好乡村振兴领域中农户、新型经营主体、中小企业、建档立卡贫困户等小微普惠领域的金融服务，完善“三农”金融事业部运行机制，加大对县域地区的信贷投放，逐步提高县域存贷比并保持在合理范围内。股份制商业银行和城市商业银行要结合自身职能定位和业务优势，突出重点支持领域，围绕提升基础金融服务覆盖面、推动城乡资金融通等乡村振兴的重要环节，积极创新金融产品和服务方式，打造综合化特色化乡村振兴金融服务体系。

（六）强化农村中小金融机构支农主力军作用。农村信用社、农村商业银行、农村合作银行要坚持服务县域、支农支小的市场定位，保持县域农村金融机构法人地位和数量总体稳定。积极探索农村信用社省联社改革路径，理顺农村信用社管理体制，明确并强化农村信用社的独立法人地位，完善公司治理机制，保障股东权利，提高县域农村金融机构经营的独立性和规范化水平，淡化农村信用社省联社在人事、财务、业务等方面的行政管理职能，突出专业化服务功能。村镇银行要强化支农支小战略定力，向乡镇延伸服务触角。县域法人金融机构资金投放使用应以涉农业务为主，不得片面追求高收益。要把防控涉农贷款风险放在更加重要的位置，提高风险管控能力。积极发挥小额贷款公司等其他机构服务乡村振兴的有益补充作用，探索新型农村合作金融发展的有效途径，稳妥开展农民合作社内部信用合作试点。

三、明确金融重点支持领域，加大金融资源向乡村振兴重点领域和薄弱环节的倾斜力度

（七）不断加大金融精准扶贫力度，助力打赢脱贫攻坚战。加大对建档立卡贫困户的扶持力度，用好用足扶贫小额信贷、农户小额信用贷款、创业担保贷款、助学贷款、康复扶贫贷款等优惠政策，满足建档立卡贫困户生产、创业、就业、就学等合理贷款需求。推动金融扶贫和产业扶贫融合发展，按照穿透式原则，建立金融支持与企业带动贫困户脱贫的挂钩机制。

（八）围绕藏粮于地、藏粮于技，做好国家粮食安全金融服务。以国家确定的

粮食生产功能区、重要农产品生产保护区和特色农产品优势区为重点，创新投融资模式，加大对高标准农田建设和农村土地整治的信贷支持力度，推进农业科技与资本有效对接，持续增加对现代种业提升、农业科技创新和成果转化的投入。结合粮食收储制度及价格形成机制的市场化改革，支持农业发展银行做好政策性粮食收储工作，探索支持多元市场主体进行市场化粮食收购的有效模式。

（九）聚焦产业兴旺，推动农村一二三产业融合发展。积极满足农田水利、农业科技研发、高端农机装备制造、农产品加工业、智慧农业产品技术研发推广、农产品冷链仓储物流及烘干等现代农业重点领域的合理融资需求，促进发展节水农业、高效农业、智慧农业、绿色农业。支持农业产业化龙头企业及联合体发展，延伸农业产业链，提高农产品附加值。充分发掘地区特色资源，支持探索农业与旅游、养老、健康等产业融合发展的有效模式，推动休闲农业、乡村旅游、特色民宿和农村康养等产业发展。加大对现代农业产业园、农业产业强镇等的金融支持力度，推动产村融合、产城融合发展。

（十）重点做好新型农业经营主体和小农户的金融服务，有效满足其经营发展的资金需求。针对不同主体的特点，建立分层分类的农业经营主体金融支持体系。鼓励家庭农场、农民合作社、农业社会化服务组织、龙头企业等新型农业经营主体通过土地流转、土地入股、生产性托管服务等多种形式实现规模经营，探索完善对各类新型农业经营主体的风险管理模式，增强金融资源承载力。鼓励发展农业供应链金融，将小农户纳入现代农业生产体系，强化利益联结机制，依托核心企业提高小农户和新型农业经营主体融资可得性。支持农业生产性服务业发展，推动实现农业节本增效。

（十一）做好农村产权制度改革金融服务，发展壮大农村集体经济。配合农村土地制度改革和农村集体产权制度改革部署，加快推动确权登记颁证、价值评估、交易流转、处置变现等配套机制建设，积极稳妥推广农村承包土地的经营权抵押贷款业务，结合宅基地“三权分置”改革试点进展稳妥开展农民住房财产权抵押贷款业务，推动集体经营性建设用地使用权、集体资产股份等依法合规予以抵押，促进农村土地资产和金融资源的有机衔接。结合农村集体经济组织登记赋码工作进展，加大对具有独立法人地位、集体资产清晰、现金流稳定的集体经济组织的金融支持力度。

四、强化金融产品和服务方式创新，更好满足乡村振兴多样化融资需求

（十二）积极拓宽农业农村抵质押物范围。推动厂房和大型农机具抵押、圈舍

和活体畜禽抵押、动产质押、仓单和应收账款质押、农业保单融资等信贷业务，依法合规推动形成全方位、多元化的农村资产抵质押融资模式。积极稳妥开展林权抵押贷款，探索创新抵押贷款模式。鼓励企业和农户通过融资租赁业务，解决农业大型机械、生产设备、加工设备购置更新资金不足问题。

（十三）创新金融机构内部信贷管理机制。各涉农银行业金融机构要单独制定涉农信贷年度目标任务，并在经济资本配置、内部资金转移定价、费用安排等方面给予一定倾斜。完善涉农业务部门和县域支行的差异化考核机制，落实涉农信贷业务的薪酬激励和尽职免责。适当下放信贷审批权限，推动分支机构尤其是县域存贷比偏低的分支机构，加大涉农信贷投放。在商业可持续的基础上简化贷款审批流程，合理确定贷款的额度、利率和期限，鼓励开展与农业生产经营周期相匹配的流动资金贷款和中长期贷款等业务。

（十四）推动新技术在农村金融领域的应用推广。规范互联网金融在农村地区的发展，积极运用大数据、区块链等技术，提高涉农信贷风险的识别、监控、预警和处置水平。加强涉农信贷数据的积累和共享，通过客户信息整合和筛选，创新农村经营主体信用评价模式，在有效做好风险防范的前提下，逐步提升发放信用贷款的比重。鼓励金融机构开发针对农村电商的专属贷款产品和小额支付结算功能，打通农村电商资金链条。

（十五）完善“三农”绿色金融产品和服务体系。完善绿色信贷体系，鼓励银行业金融机构加快创新“三农”绿色金融产品和服务，通过发行绿色金融债券等方式，筹集资金用于支持污染防治、清洁能源、节水、生态保护、绿色农业等绿色领域，助力打好污染防治攻坚战。加强绿色债券后续监督管理，确保资金专款专用。

五、建立健全多渠道资金供给体系，拓宽乡村振兴融资来源

（十六）加大多层次资本市场的支持力度。支持符合条件的涉农企业在主板、中小板、创业板以及新三板等上市和挂牌融资，规范发展区域性股权市场。加强再融资监管，规范涉农上市公司募集资金投向，避免资金“脱实向虚”。鼓励中介机构适当降低针对涉农企业上市和再融资的中介费用。在门槛不降低的前提下，继续对国家级贫困地区的企业首次公开募股（IPO）、新三板挂牌、公司债发行、并购重组开辟绿色通道。健全风险投资引导机制，积极引导风险资金投早投小，加大对初创期涉农企业的支持力度。鼓励有条件的地区发起设立乡村振兴投资基金，推动农业产业整合和转型升级。

（十七）创新债券市场融资工具和产品。鼓励地方政府发行一般债券，用于农村人居环境整治、高标准农田建设等领域。支持地方政府根据乡村振兴项目资金需求，试点发行项目融资和收益自平衡的专项债券。鼓励商业银行发行“三农”专项金融债券，募集资金用于支持符合条件的乡村振兴项目建设。加大对非金融企业债务融资工具的宣传力度，支持对优质涉农企业开辟注册发行绿色通道，在满足信息披露要求的前提下简化注册发行流程。

（十八）发挥期货市场价格发现和风险分散功能。加快推动农产品期货品种开发上市，创新推出大宗畜产品、经济作物等期货交易，丰富农产品期货品种。积极运用期货价格信息引导农业经营者优化种植结构，完善农产品期货交易、交割规则。创新农产品期权品种，改进白糖、豆粕期权规则，加快推进并择机推出玉米、棉花等期权合约，丰富农业风险管理手段。稳步扩大“保险 + 期货”试点，探索“订单农业 + 保险 + 期货（权）”试点，探索建立农业补贴、涉农信贷、农产品期货（权）和农业保险联动机制，形成金融支农综合体系。

（十九）持续提高农业保险的保障水平。科学确定农业保险保费补贴机制，鼓励有条件的地方政府结合财力加大财政补贴力度，拓宽财政补贴险种，合理确定农业经营主体承担的保费水平。探索开展地方特色农产品保险以奖代补政策试点。落实农业保险大灾风险准备金制度，组建中国农业再保险公司，完善农业再保险体系。逐步扩大农业大灾保险、完全成本保险和收入保险试点范围。引导保险机构到农村地区设立基层服务网点，下沉服务重心，实现西藏自治区保险机构地市级全覆盖，其他省份保险机构县级全覆盖。

六、加强金融基础设施建设，营造良好的农村金融生态环境

（二十）在可持续的前提下全面提升农村地区支付服务水平。大力推动移动支付等新兴支付方式的普及应用，鼓励和支持各类支付服务主体到农村地区开展业务，积极引导移动支付便民工程全面向乡村延伸，推广符合农村农业农民需要的移动支付等新型支付产品。推动银行卡助农取款服务规范可持续发展，鼓励支持助农取款服务与信息进村入户、农村电商、城乡社会保障等合作共建，提升服务点网络价值。推动支付结算服务从服务农民生活向服务农业生产、农村生态有效延伸，不断优化银行账户服务，加强风险防范，持续开展宣传，促进农村支付服务环境建设可持续发展。

（二十一）加快推进农村信用体系建设。按照政府主导、人民银行牵头、各方

参与、服务社会的整体思路，全面开展信用乡镇、信用村、信用户创建活动，发挥信用信息服务农村经济主体融资功能。强化部门间信息互联互通，推行守信联合激励和失信联合惩戒机制，不断提高农村地区各类经济主体的信用意识，优化农村金融生态环境。稳步推进农户、家庭农场、农民合作社、农业社会化服务组织、农村企业等经济主体电子信用档案建设，多渠道整合社会信用信息，完善信用评价与共享机制，促进农村地区信息、信用、信贷联动。

（二十二）强化农村地区金融消费权益保护。深入开展“金惠工程”、“金融知识普及月”等金融知识普及活动，实现农村地区金融宣传教育全覆盖。加大金融消费权益保护宣传力度，增强农村金融消费者的风险意识和识别违法违规金融活动的能力。规范金融机构业务行为，加强信息披露和风险提示，畅通消费者投诉的处理渠道，构建农村地区良好的金融生态环境。

七、完善政策保障体系，强化政策激励和约束

（二十三）加大货币政策支持力度。发挥好差别化存款准备金工具的正向激励作用，引导金融机构加强对乡村振兴的金融支持。加大再贷款、再贴现支持力度。根据乡村振兴金融需求合理确定再贷款的期限、额度和发放时间，提高资金使用效率。加强再贷款台账管理和效果评估，确保支农再贷款资金全部用于发放涉农贷款，再贷款优惠利率政策有效传导至涉农经济实体。

（二十四）更好发挥财政支持撬动作用。更好地发挥县域金融机构涉农贷款增量奖励等政策的激励作用，引导县域金融机构将吸收的存款主要投放当地。健全农业信贷担保体系，推动农业信贷担保服务网络向市县延伸，扩大在保贷款余额和在保项目数量。充分发挥国家融资担保基金作用，引导更多金融资源支持乡村振兴。落实金融机构向农户、小微企业及个体工商户发放小额贷款取得的利息收入免征增值税政策。鼓励地方政府通过财政补贴等措施支持农村地区尤其是贫困地区支付服务环境建设，引导更多支付结算主体、人员、机具等资源投向农村贫困地区。

（二十五）完善差异化监管体系。适当放宽“三农”专项金融债券的发行条件，取消“最近两年涉农贷款年度增速高于全部贷款平均增速或增量高于上年同期水平”的要求。适度提高涉农贷款不良容忍度，涉农贷款不良率高出自身各项贷款不良率年度目标 2 个百分点（含）以内的，可不作为银行业金融机构内部考核评价的扣分因素。

（二十六）推动完善农村金融改革试点相关法律和规章制度。配合乡村振兴相关法律法规的研究制定，研究推动农村金融立法工作，强化农村金融法律保障。结

合农村承包土地的经营权和农民住房财产权抵押贷款试点经验，推动修改完善农村土地承包法等法律法规，使农村承包土地的经营权和农民住房财产权抵押贷款业务有法可依。

八、加强组织领导，有效推动政策落实

（二十七）强化党对农村金融工作的领导。全面做好金融服务乡村振兴工作，要以习近平总书记关于“三农”工作、乡村振兴工作的重要论述为指导，切实加强党对农村金融工作的领导。各金融机构要切实加强组织领导，由总行（总部）一把手直接抓乡村振兴，各级分支机构一把手切实承担起政策落实的第一责任，为农村金融发展提供坚强组织保障。

（二十八）开展金融机构服务乡村振兴考核评估。根据乡村振兴战略目标，加强乡村振兴领域贷款监测，在完善新型农业经营主体认定标准的基础上，探索建立家庭农场、农民合作社等新型农业经营主体贷款统计，及时动态跟踪金融机构服务乡村振兴的工作进展。建立金融机构服务乡村振兴考核评估制度，从定性指标和定量指标两大方面对金融机构进行评估，定期通报评估结果，并作为实施货币政策、金融市场业务准入、开展宏观审慎评估、差别化监管、财政支持等工作的重要参考依据。

（二十九）抓好推进落实和经验宣传。人民银行分支机构要会同银行保险监管、证券监管、财政、农业农村等部门，根据本意见细化辖区服务乡村振兴的目标任务和部门分工，扎实推进各项工作举措落地见效。鼓励具备条件的地区，加大农村金融改革力度，依照程序建设金融服务乡村振兴试验区，开展先行先试，加强典型经验宣传推广，确保政策惠及乡村振兴重点领域。

文件七：

中国银保监会办公厅关于推进农村商业银行坚守定位 强化治理　提升金融服务能力的意见

银保监办发〔2019〕5号

各银保监局：

农村商业银行是县域地区重要的法人银行机构，是银行业支持“三农”和小微企业的主力军。农村商业银行坚持正确的改革发展方向，对于构建多层次、广覆盖、有差异的金融机构体系，更好满足实体经济结构性、多元化金融服务需求，具有十分重要的意义。为贯彻落实党的十九大重要改革举措要求、第五次全国金融工作会议及中央农村工作会议精神，建立完善农村商业银行金融服务监测、考核和评价指标体系，推进坚守定位、强化治理、提升金融服务能力，支持农业农村优先发展，推动解决小微企业融资难融资贵问题，现提出如下意见。

一、坚持正确改革发展方向，坚守服务“三农”和小微企业市场定位

（一）专注服务本地、服务县域、服务社区。农村商业银行应准确把握自身在银行体系中的差异化定位，确立与所在地域经济总量和产业特点相适应的发展方向、战略定位和经营重点，严格审慎开展综合化和跨区域经营，原则上机构不出县（区）、业务不跨县（区）。应专注服务本地，下沉服务重心，当年新增可贷资金应主要用于当地。

（二）坚守支农支小金融服务主业。农村商业银行应提高金融服务精准匹配能力，重点满足“三农”和小微企业个性化、差异化、定制化需求。将业务重心回归信贷主业，确保信贷资产在总资产中保持适当比例，投向“三农”和小微企业的贷款在贷款总量中占主要份额。严格控制大额贷款投向和投放比例，合理降低贷款集中度和户均贷款余额。

二、提升治理能力，完善服务“三农”和小微企业的内部机制

（三）优化符合支农支小定位的股权基础。农村商业银行应按照涉农优先、实业为主的原则，积极引进认同战略定位的优质法人入股，探索引进具备实力、治理良好的农村集体经济组织入股。应将股东支农支小服务承诺写入公司章程，并对承诺落实情况进行评估。对股东未落实承诺、甚至导致严重偏离支农支小定位的，应限制其相关股东权利。加强股东行为监测和规范管理，严防股东通过违规关联交易套取银行资金。

（四）完善金融服务导向的公司治理机制。农村商业银行应建立符合小法人特点和支农支小服务导向的公司治理架构和治理机制，注重将加强党的领导融入公司治理全过程。进一步优化董事会结构，注重选聘具有“三农”和小微企业业务背景的董事。应在公司章程中明确“三会一层”制定落实支农支小发展战略的职责分工，并将支农支小考核目标完成情况作为董事会、监事会和高级管理层履职评价的重要内容。应建立科学合理的支农支小绩效考核指标体系，指标权重应显著高于其他业务指标。对相关部门、分支机构和高管人员的绩效系数应与支农支小业务规模、占

比等情况挂钩，鼓励加大对农村和偏远地区网点的绩效倾斜力度。

（五）规范发挥行业指导和管理作用。省联社应注重发挥对农村商业银行支农支小定位的引领和支撑作用，改进履职方式，提升服务能力。应在行业层面健全对农村商业银行金融服务的考核机制，并将考核结果与农村商业银行高管人员履职评价和任用提拔相挂钩。对农村商业银行偏离定位的，应坚决纠正处理，情节特别严重的应对相关高管人员实施问责。辖内农村商业银行支农支小政策落实情况、具体效果以及省联社采取的相应措施，应作为监管部门对省联社履职评价的重要内容，并赋予足够权重。

三、围绕“三农”和小微企业金融需求特点，提升服务匹配度和有效性

（六）增加“三农”和小微企业金融供给。农村商业银行应科学测算“三农”和小微企业信贷增长年度目标，确保这两类贷款增速和占各项贷款比例稳中有升，辖内农户和小微企业建档评级覆盖面和授信户数有效增加。对有融资需求的“三农”和小微企业客户，应根据其财务、诚信和管理情况综合进行风险判断，科学降低对抵质押担保的依赖。完善差异化信贷政策，客观对待“三农”和小微企业出现的暂时性还款困难，对经营前景较好的不盲目抽贷、断贷。建立健全具有可操作性的尽职免责和容错纠错机制，加强对“三农”和小微企业不良贷款成因的甄别，对已尽职但出现风险的支农支小业务，应合理免除授信部门及其工作人员相应责任。

（七）改进和创新金融服务方式。农村商业银行应顺应县域经济社会发展变化和信息科技发展趋势，与时俱进改进服务理念和方式。切实增强主动上门服务意识，积极设计和推介适宜的产品和服务。加强大数据、云计算和人工智能等现代技术应用，探索开展与金融科技企业合作，合理增加电子机具在农村和社区的布设力度，稳步提升电子交易替代率。鼓励开展授信业务在线申请、在线审批，有条件的可推广自助、可循环贷款业务。合理推动贷款和续贷审批机制改革，有效整合业务受理、身份核实、资料核签等业务环节，提升服务效率。

（八）有效做好融资成本管理。农村商业银行应在商业可持续的前提下，尽可能为“三农”和小微企业减费让利。提升存贷款精细化定价能力，扭转盲目跟随同业、“一浮到顶”的粗放定价策略。灵活运用支农支小再贷款再贴现、专项金融债等工具，增加低成本长期资金来源。合理确定贷款期限和还款方式，对于流动资金贷款到期后仍有融资需求的，应提前准备、缩短资金接续间隔，降低贷款周转成本。规范贷款行为，清理不必要的“通道”和“过桥”环节。

四、建立监测考核指标体系，确保农村商业银行金融服务可监测可考核可评价

（九）建立完善支农支小监测指标体系。监管部门要从业务发展、服务质量、风险防控等方面，建立科学全面评价农村商业银行支农支小金融服务的监测指标体系，并推动农村商业银行将指标融入自身年度经营规划和绩效考核体系。各省级监管部门可结合本地区实际，研究制定差异化的监测指标体系，指导下级监管部门对辖内农村商业银行逐家制定监测考核目标，定期对达标情况进行统计监测和考核通报，确保达标机构覆盖面持续上升。对于不达标的农村商业银行，要督促制定总体整改目标与分年度达标规划，配套跟进督导和监管措施。

（十）强化监管激励约束措施。对于支农支小监测指标达标情况良好的农村商业银行，监管部门在监管评级中适当给予加分。对涉农和小微企业不良贷款率在监管容忍度范围内的，在“资产质量”等监管评级要素中不作为扣分因素，并在日常监管和行政处罚中落实好尽职免责要求。优先支持定位清晰、管理良好、支农支小成效突出的农村商业银行参评标杆银行，支持其参与设立投资管理型村镇银行和“多县一行”制村镇银行，鼓励其审慎合规开展信贷资产证券化、发行二级资本债和可转债等业务创新。对经营定位出现偏离的，要及时进行监管约谈和通报提示，督促限期整改；出现重大风险的，要果断采取暂停相关业务、限制市场准入、调整高管人员以及下调监管评级等监管措施。

各银保监局要认真履行属地监管主体责任，持续跟踪辖内农村商业银行执行落实情况，于每年 4 月底前向银保监会农村银行部报送上一年度执行落实情况及监测指标体系运行考核情况。

本意见适用于县域及城区农村商业银行。

文件八：

苏州市人民政府关于进一步做好当前金融支持小微企业稳定发展的若干政策意见

苏府办〔2020〕123 号

为了认真贯彻党中央抓紧抓实抓细常态化疫情防控工作要求，落实“六稳六

保”重要决策部署，强化金融机构担当作为，持续做好小微企业金融服务工作，着力增强小微企业生存和发展能力，帮扶小微企业渡过难关，特制定以下政策意见。

一、支持对象

对 2018 年、2019 年持续稳定依法经营，符合中国人民银行、中国银保监会关于普惠金融定义，受疫情影响暂遇困难但保持生产经营活动的小微企业和个体工商户。

二、政策措施

（一）实施“保就业”薪金云贷专项信贷计划。保就业是最大的民生，事关保市场主体、保产业链供应链稳定。市金融监管部门组织全市银行业金融机构，设立 100 亿元规模的“保就业”薪金云贷专项信贷计划，专项支持因疫情影响造成企业正常生产经营活动难以开展，现金流紧张，稳就业保就业存在一定困难的小微企业和个体工商户。经企业申请，金融机构对其按时支付员工基本工资所需的流动性资金需求给予支持，贷款利息执行同期贷款市场报价利率。市政府设立定额 2 亿元的风险补偿资金，对金融机构因实施专项信贷计划形成的坏账，承担超过 3% 且低于 5% 的部分的风险损失；设立 5000 万元备付资金，对金融机构投放专项信贷当年发生的逾期利息按季给予备付。具体细则由参与银行另行制定，政策期限自 2020 年 5 月 1 日至 2020 年 12 月 31 日。

（二）扩大短期出口信用保险覆盖面。财政安排 3000 万元专项资金，支持企业投保中国信保短期出口信用保险，鼓励外贸企业用好用足市级中小微统保平台，加大对年出口额在 1000 万美元以下的外贸企业支持，企业缴纳的短期出口信用保险保费予以全额补贴，帮助企业降低产品出口风险，稳定生产经营。

（三）提升企业“首贷”比例。各银行业金融机构应结合线下金融服务顾问走访和线上地方企业征信平台筛选，多渠道挖掘潜在客户，增加“首贷”企业数量。当年新增“首贷”企业以 2019 年末各行存量普惠型小微企业法人户数的 20% 为基本目标,30% 为争取目标。本项工作纳入市政府对金融机构年度工作综合评价内容。

（四）加强“信保贷”支持力度。依托苏州综合金融服务平台和地方企业征信平台，引导信贷资源更好支持普惠金融发展，提高信保基金承担风险容忍率，降低企业融资综合成本。按照企业征信评分，将《关于实施金融服务实体经济融资畅通工程的意见》中“信保贷”政策从原来的“600 分以下,600（含）~650 分,650（含）分以上”三档分类调整为“580 分以下，580（含）~650 分，650（含）分以上”三档分类，各分档内的风险分担比例和担保（保险）费率要求保持不变。政策期限自

2020 年 5 月 1 日至 2020 年 12 月 31 日。

（五）开展普惠金融优秀产品推介活动。各银行业金融机构遴选本行最受企业欢迎，具有价格优势、效率优势的产品，参加全市普惠金融优秀产品推介活动。活动通过线上 + 线下模式，向全市企业经营者宣传普惠金融知识，搭建沟通交流桥梁，促成银企合作共赢。

（六）派驻行业协会专职金融顾问。向受疫情影响大的旅游业、餐饮业、外贸中小企业等行业协会商会，派驻为期 1 年的驻点专职金融顾问，专职金融顾问依托派出银行开展工作，负责听取、搜集、研究该领域金融服务需求，为本协会成员企业提供金融业务咨询服务，为有融资需求的企业设计最有利的融资方案。

全市银行业金融机构要认真贯彻执行国家、省、市关于支持小微企业的各项金融扶持政策，积极利用无还本续贷、延期展期等方式帮助企业畅通现金流，推动中小企业转贷机制落地落实，更大力度推广物联网金融、银税互动、线上金融产品的运用。市商务、人社、税务、海关等部门要加强与金融机构合作互动，在数据支持、信息共享等方面做好协同配合。有关企业要坚持诚实守信原则，在向金融机构申请支持的过程中，应提供真实完整准确的申报材料，不得弄虚作假。通过政银企共同努力、更好合作，不断提高我市金融服务实体经济、服务小微企业的质量和效率，全力构建金融领域最优质、最舒心的营商环境。

文件九：

江苏省地方金融监督管理局　江苏省财政厅　中国人民银行南京分行　中国银行保险监督管理委员会江苏监管局　中国证券监督管理委员会江苏监管局　关于进一步推动江苏省法人银行保险机构开展普惠金融工作的通知

苏金监发〔2020〕35 号

各设区市地方金融监管局、财政局，人民银行中心支行、银保监分局，省内各法人银行、保险机构：

为深入贯彻落实党中央国务院、省委省政府关于推进金融服务实体经济、提升普惠金融发展水平相关决策部署，加大对制造业、民营、“三农”等领域中小微企业的金融支持力度，经会商研究，现就进一步推动江苏省法人银行保险机构开展普惠金融工作有关要求如下：

一、准确把握地方法人银行保险机构发展定位

提高地方法人银行保险机构普惠金融服务水平，是当前及今后一段时期江苏省金融改革工作的重要内容。法人银行保险机构应坚持回归本源，充分发挥地缘优势，走差异化、特色化发展道路。把开展普惠金融工作作为战略支点，持续加强服务能力和专业队伍建设，不断下沉经营管理和服务重心，努力构建多层次、专业化普惠金融服务体系。鼓励法人银行保险机构，探索创新更加灵活的普惠金融服务方式，省财政优先将符合普惠型标准的业务创新纳入金融创新项目奖励入选范围。（人民银行南京分行、江苏银保监局、省财政厅、省地方金融监管局、省联社按职责分工负责）

二、拓宽法人银行机构资本、资金来源

支持符合条件的法人银行机构通过资本市场发行股票、无固定期限资本债券、二级资本债券等方式充实资本。支持法人银行机构通过发行绿色金融债、小微金融债、“三农”金融债等各类专项金融债，为普惠金融业务筹集低成本资金。鼓励法人银行机构运用信贷资产证券化、不良资产处置等合规方式盘活信贷资源，重点投向中小微企业。各设区市人民银行中心支行要加强对法人银行机构流动性的日常监测，必要时运用常备借贷便利、流动性再贷款及再贴现等货币政策工具为其提供流动性支持。（人民银行南京分行、江苏银保监局、江苏证监局、省财政厅、省地方金融监管局、省联社按职责分工负责）

三、提升流动资金贷款业务期限结构合理性

各法人银行机构要准确把握各行业、领域中小微企业不同发展阶段的特征和诉求，在风险可控的前提下，进一步优化企业融资期限管理，根据企业生产经营周期特点，合理设定流动资金贷款的业务期限，对有中期流动资金贷款合理需求的企业予以支持，并为符合条件的企业及时办理无还本续贷业务，提升流动资金贷款期限与企业生产周期的匹配性。（江苏银保监局、人民银行南京分行、省地方金融监管局、省联社按职责分工负责）

四、建立“敢贷、愿贷、能贷”长效机制

进一步细化普惠金融工作考核要求，精确执行《金融企业呆账核销管理办法》，明确形成损失的主客观因素判定标准，对普惠型业务中因客观原因导致的损失，其资产核销与处分脱钩。提高合规性监管和国有金融资本监管对民营、小微企业不良

贷款容忍度，普惠型小微企业贷款不良率高出各项贷款不良率 3 个百分点以内的银行机构，该指标不作为当年监管评级、国有金融资本考核等扣分因素。鼓励各法人银行和国有（政府性）融资担保、再担保机构尽快建立健全针对中小微企业发放的普惠型、扶贫类（含个人）贷款的尽职免责认定标准、免责条件和容错纠错机制，将相关授信流程涉及人员全部纳入尽职免责评价范畴。（省财政厅、江苏银保监局、人民银行南京分行、省地方金融监管局、省联社按职责分工负责）

五、提升信贷投放核心能力

各法人银行机构应再次明确信贷业务核心地位，大力开展基层信贷人员队伍建设，培养一批扎根基层、爱岗敬业、操守过硬、业务熟练的基层客户经理。鼓励法人银行机构运用征信数据、金融科技等手段，开发基于考察第一还款来源的信贷技术，减轻对抵押、担保等保证措施的过度依赖，合理提高信用和无抵押贷款比重。支持省联合征信公司归集运用金融、税务、市场监管、社保、海关、司法等领域的企业信用信息，加快征信数据与金融业务创新融合，逐步形成“企业授权 + 机构征信 + 政府增信”的征信服务框架，为法人银行机构提供高质量征信服务。（江苏银保监局、人民银行南京分行、省地方金融监管局、省联社按职责分工负责）

六、加快推进普惠金融“一网通”工程

持续推动中小微企业和各类金融机构注册、接入省综合金融服务平台，提升平台服务面和服务能力。积极推动各类政策性金融产品接入平台，全面推广“小微 e 贷”“小微 e 贴”等与货币政策工具挂钩的政策性业务，提高普惠金融政策的可获得性。鼓励各级财政设立普惠型信用保障专项资金（基金），为银行机构通过平台发放的普惠型信贷业务提供一定比例的风险分担补偿，加大对普惠金融的支持力度。加快乡村振兴、生态环境、人才等重点领域子板块建设，批量引入政策类、特色类、专业类金融产品，支持重点领域普惠金融工作开展。（省地方金融监管局、省财政厅、人民银行南京分行按职责分工负责）

七、提升政策性转贷业务服务深度

规范政策性转贷业务承办主体资质和经营管理，各设区市地方金融监管局应会同当地有关部门依据《省政府办公厅转发省金融办等部门关于建立小微企业转贷基金指导意见的通知》（苏政办发〔2016〕100 号）、《关于进一步推动小微企业转贷基金工作的通知》（苏金融办发〔2017〕15 号）等文件要求，将辖内运营政府资金为主、从事公益性转贷业务的各类主体逐步整合设立为小微企业转贷服务公司，授予小额贷款业务经营资质，参照小额贷款公司监管；出台转贷业务管理细则，规范业务流程，明确综合成本上限，优化抵质押、担保等保证手段办理手续。鼓励法人银行机构与具备资质的小微企业转贷服务公司深化业务合作，对享受转贷服务的小微企业应坚持实质性风险判断，科学评估小微企业的信用评级和贷款形态。（省地方金融监管局、江苏银保监局按职责分工负责）

八、发挥法人保险公司服务优势

支持法人保险机构开展水稻、小麦、玉米等主要粮食作物完全成本保险和收入保险试点，扩大地方特色农产品保险和新型农业经营主体专属保险覆盖面，全面提升保险服务江苏省农业农村现代化建设的能力。鼓励法人保险机构针对建档立卡贫困户开展小额人身和财产安全保险业务，防止农村群众因病致贫、因灾返贫。支持法人保险机构在风险可控的前提下提供更加灵活的保证保险服务，为中小微企业获得融资提供增信支持。鼓励法人保险机构投资本省法人银行机构发行的资本补充债券工具和各类普惠型专项金融债。（江苏银保监局、省地方金融监管局、省财政厅按职责分工负责）

九、深化“银担合作”机制

鼓励法人银行机构与辖内政府性融资担保机构开展“总对总”合作，细化业务准入和担保代偿条件，明确代偿追偿责任，强化担保贷款风险识别与防控。推动建立国家融资担保基金、银行机构、省级政府性再担保机构、合作融资担保机构按比例分担风险的“政银担”分险模式，其中国家融资担保基金和银行机构承担的风险责任比例原则上均不低于20%，省级再担保机构承担的风险责任比例不低于国家融资担保基金承担比例，不高于30%。法人银行机构风险部分应纳入尽职免责、容错纠错机制调节范畴。鼓励法人银行机构与优质民营融资担保机构开展合作，合理设置准入条件，避免因所有制结构、注册资本等因素“一刀切”。（江苏银保监局、省地方金融监管局、省财政厅、省联社按职责分工负责）

请各部门、省联社、各法人金融机构根据通知要求及职能分工，及时出台相应工作措施、实施办法，确保政策落地见效。省普惠金融工作联席会议将定期进行统计数据通报、组织开展专项调研，评估政策效果、查找难点堵点，推动工作顺利开展。

文件十：

江苏省人民政府办公厅关于充分发挥融资担保体系作用大力支持小微企业和“三农”发展若干措施的通知

苏政办发〔2019〕77号

各设区市人民政府，省各委办厅局，省各直属单位：

发展融资担保是破解小微企业和“三农”融资难、融资贵问题的重要手段和关键环节，对于稳增长、调结构、促改革、惠民生具有重要作用。为贯彻落实《国务院办公厅关于有效发挥政府性融资担保基金作用切实支持小微企业和“三农”发展的指导意见》（国办发［2019］6号），推动融资担保行业特别是政府性融资担保机构进一步聚焦主业、支小支农，引导更多金融资源流向小微企业和“三农”等普惠领域，经省人民政府同意，现提出以下措施。

一、总体要求

（一）明确发展定位。坚持以习近平新时代中国特色社会主义思想为指导，认真贯彻党中央、国务院关于改进小微企业和“三农”金融服务的决策部署，推动融资担保行业以服务实体经济为宗旨，支持普惠金融发展，促进资金融通。加大政策扶持力度，持续优化行业结构，构建以省级政府性再担保机构为龙头、各市县政府性融资担保机构全覆盖、社会资本积极参与的融资担保体系。强化政府性融资担保、再担保机构准公共定位，坚持专注主业、保本微利运营，着力缓解小微企业和“三农”融资难、融资贵问题。

（二）聚焦支小支农融资担保主业。推动各类融资担保、再担保机构专注服务小微企业、个体工商户、农户、新型农业经营主体等“三农”主体，以及符合条件的战略性新兴产业项目和企业，对其中贷款信用记录和有效抵质押品不足但产品有市场、项目有前景、技术有竞争力的，应优先提供担保增信，促进大众创业、万众创新，平等享受财税支持政策。

二、完善融资担保体系

（三）加快发展政府性融资担保、再担保机构。各市、县（市）通过新设、指定或重组等方式，2021年底前至少有1家政府出资为主、以支小支农等政策性融资担保业务为主业、不以营利为目的的政府性融资担保机构。其中：设区市政府性融资担保机构注册资本不低于 5 亿元，有条件的力争达到 10 亿元；县级政府性融资担保机构注册资本不低于 3 亿元。对暂不具备条件的县（市），鼓励省、市政府性融资担保、再担保机构通过控股、参股等方式，支持县级政府性融资担保机构发展。政府性融资担保、再担保机构不得偏离主业盲目扩大业务范围，不得为政府债券发行提供担保，不得为政府融资平台融资提供增信，不得向非融资担保机构进行股权投资，坚持“不新增、降规模”，逐步将大中型企业担保业务规模控制在 20% 以内，主动剥离政府债券发行和政府融资平台融资担保业务，力争通过 3–5 年努力，单户 1000 万元以下的支小支农融资担保业务占比达到 80% 以上。

（四）充分发挥省级政府性再担保机构作用。省级政府性再担保机构应加快转型，发展成为职能定位明确、资本实力雄厚、支小支农主业突出、公司治理规范、信用评价和风险防控体系完善的龙头机构。支持省级政府性再担保机构牵头构建完善全省融资担保体系，通过参股、控股、托管市县政府性融资担保公司等方式，开展行业整合，推动市县融资担保行业整体发展。省级政府性再担保机构要深度对接国家融资担保基金，适当放宽合作机构准入条件，优化多层次风险分担、业务联动和政银担有效合作机制，逐步带动政府性融资担保机构单户 1000 万元以下的支小支农担保金额占全部担保金额的比例不低于 80%，其中单户 500 万元及以下的占比不低于 50%。

（五）推动各类融资担保机构协调发展。坚持“两个毫不动摇”原则，通过财政注资、吸收社会资本参股、实施兼并重组等方式，着力改变融资担保机构资本实力不强、业务开展乏力、风险控制能力偏弱的现状，不断提升融资担保能力，发挥更积极作用。对主要为小微企业和“三农”服务的各类融资担保机构，各级财政部门可以通过增资奖励、风险分担、保费补贴等方式提供支持。

（六）引导降费让利。各级政府性融资担保、再担保机构应在可持续经营的前提下，进一步调降再担保费率，逐步将合作机构平均担保费率降至 1% 以下。其中：对单户担保金额 500 万元及以下的小微企业和“三农”主体收取的担保费率原则上不超过 1%，对单户担保金额 500 万元以上的小微企业和“三农”主体收取的担保费率原则上不超过 1.5%。

三、构建可持续银担合作模式

（七）优化风险分担机制。设立省级融资担保代偿补偿资金，每年不低于 3 亿元，并实行动态补偿。加强与国家融资担保基金对接，优化风险分担机制，推动国家融资担保基金、银行业金融机构、省级政府性再担保机构（含省担保代偿补偿资金）、合作融资担保机构按比例分担风险。其中：国家融资担保基金和银行业金融机构承担的风险责任比例原则上均不低于20%，省级政府性再担保机构（含省担保代偿补偿资金）承担的风险责任比例不低于国家融资担保基金承担的比例、不高于30%。鼓励各市、县结合实际，设立本级代偿补偿资金，为融资担保机构进一步分险。落实代偿和分险责任，推动融资担保机构实现“先代偿、后分险”。

（八）完善银担合作机制。推动辖内融资担保机构与银行业金融机构开展“总对总”合作，细化业务准入和担保代偿条件，明确代偿追偿责任，强化担保贷款风险识别与防控。引导辖内银行业金融机构扩大分支机构审批权限，并在授信额度、担保放大倍数、利率水平、续贷条件等方面提供更多优惠，免收或少收融资担保机构保证金；加大与优质民营融资担保机构合作力度，合理设置准入条件，避免因所有制结构、注册资本“一刀切”。督促融资担保机构向合作银行业金融机构及时完整披露业务经营和财务状况信息，并对合作银行业金融机构进行定期评估，重点关注其推荐担保业务的数量和规模、担保对象存活率、代偿率以及贷款风险管理等情况，作为开展银担合作的重要参考。

（九）提升担保服务质效。推动融资担保机构分批接入省综合金融服务平台，发挥平台获客引流优势，提高服务能力。规范银行业金融机构和融资担保、再担保机构的收费行为，除贷款利息和担保费外，不得以保证金、承诺费、咨询费、顾问费、注册费、资料费等名义收取不合理费用，清理规范企业抵押登记、资产评估、过桥等附加费用，避免加重企业负担。推动融资担保机构在完善信用评价和风险防控体系的基础上，逐步减少、取消反担保要求。

四、营造良好发展环境

（十）完善资本金补充机制。推动省、市、县建立资本金持续补充机制，做大做强政府性融资担保、再担保机构，确保其具备充足担保实力和代偿能力。

（十一）加大保费补贴力度。按照保本微利、可持续的原则，对单户担保金额1000万元以下、且担保费率不高于1.5%的融资担保业务，省财政按其担保金额给予不超过年化1%的担保费补贴。

（十二）落实财税支持政策。按照国家相关规定，融资担保、再担保机构的代偿损失核销，参照《金融企业呆账核销管理办法》有关规定执行。符合条件的融资担保、再担保机构的担保赔偿准备金和未到期责任准备金企业所得税税前扣除，按照中小企业融资（信用）担保机构准备金企业所得税税前扣除政策执行。发挥地方资产管理公司作用，加快处置担保机构不良资产，释放更多担保资源。

（十三）规范担保抵（质）押物登记。支持融资担保机构作为抵押权人，依法办理担保业务涉及的建筑物和其他土地附着物、建设用地使用权、林权、股权、机器设备、车辆等反担保物权的抵（质）押登记。

（十四）发挥信用约束、激励作用。加强融资担保信用体系建设，通过第三方信用评级、接入征信系统、信用记录纳入国家和省公共信用信息平台等措施，维护融资担保行业信用。依托省大数据共享交换平台，在确保信息安全前提下，整合小微企业和涉农经营主体工商登记、行政许可、行政处罚、税收缴纳、社保缴费等信息资源，建立信用信息共享机制，为银行业金融机构、融资担保机构运用信用数据提供便利。

五、优化监管考核机制

（十五）优化绩效考核机制。按照“广覆盖、低费率、可持续”的原则，调整完善政府性融资担保、再担保机构绩效评价体系，降低或者取消利润考核要求，增加服务成效考核内容，着重考核扶持小微企业和“三农”业务规模、户数及其占比、增量，以及放大倍数、担保费率、风险控制等指标，并将考核结果与资本金补充、薪酬待遇等直接挂钩，形成开展支小支农担保业务的正向激励。

（十六）建立尽职免责机制。推动银行业金融机构和国有融资担保、再担保机构制定细化全流程全岗位尽职免责制度，设立内部问责申诉通道容错纠错。对已按规定妥善履行授信审批的银行业金融机构业务人员，实行尽职免责。对发生代偿损失的担保业务，国有融资担保、再担保机构及业务人员依法合规、勤勉尽职的，免除其相应责任。

（十七）压实各级监管责任。各地要明确政府性融资担保、再担保机构的出资人职责和属地管理责任，推动辖内政府性融资担保、再担保机构坚持支小支农业务发展与防控风险并重，完善保前、保中、保后风险管理措施。财政部门会同融资担保行业监管部门，定期对政府性融资担保、再担保机构落实“四个不得”要求、支小支农业务占比情况进行检查，不符合要求的，督促限时整改，并适当提高对支小支农业务代偿损失的容忍度。坚持强监管与促发展并重，推动各级监管部门创新监管机制，优化分类监管措施，推进监管信息化建设，重视发挥行业协会作用，不断提高监管有效性。加强监管人才培养，充实监管队伍，确保一线监管力量充足。要建立健全风险预警机制，及时上报并妥善处置辖内融资担保行业重大风险，牢牢守住不发生系统性区域性金融风险的底线。

文件十一：

江苏省人民政府关于推进普惠金融发展的实施意见

苏政发〔2018〕6号

各市、县（市、区）人民政府，省各委办厅局，省各直属单位：

为深入贯彻落实《国务院关于印发推进普惠金融发展规划（2016–2020年）的通知》（国发［2015］74号）精神，积极推进普惠金融发展，结合江苏省经济社会发展实际，现提出如下实施意见。

一、指导思想

全面贯彻落实党的十九大精神，坚持以习近平新时代中国特色社会主义思想为指导，坚持政府引导与市场主导相结合、完善基础金融服务与改进重点领域金融服务相结合，不断提高普惠金融服务的覆盖率、可得性和满意度，使最广大人民群众公平分享金融改革发展的成果，为推进“两聚一高”新实践和建设“强富美高”新江苏提供有力支撑。

二、基本原则

加强制度和体系建设。建立健全有利于普惠金融发展的政策制度及体制机制，强化对小微企业、农民、城镇低收入人群、贫困人群和残疾人、老年人等特殊群体金融服务的政策支持，提高准确性与有效性，促进普惠金融持续发展。

坚持平等和适度原则。以增进民生福祉为目的，让所有阶层和群体都能够平等、便利、合理地享受到符合自身需求特点的金融服务。

统筹市场和政府作用。正确处理政府与市场关系，尊重市场规律，让市场在金融资源配置中发挥决定性作用。更好发挥政府在统筹规划、组织协调、均衡布局、政策扶持等方面作用，实现社会效益与经济效益有机统一。

有效防范和化解风险。发展与规范并行，完善金融监管，维护金融稳定。在合法合规和风险可控前提下，鼓励金融机构开展金融服务和产品创新。

三、发展目标

提高金融服务覆盖率。基本实现乡乡有机构、村村有服务，提高助农取款保险服务点覆盖率和利用效率，推动行政村一级实现更多基础金融服务全覆盖。拓展城市社区金融服务广度和深度，显著改善城镇企业和居民金融服务的便利性。

提高金融服务可得性。大力改善对特殊群体的金融服务，加大对新业态、新模式、新主体的金融支持。充分发挥信用档案作用，提高小微企业和农户贷款覆盖率。提高小微企业信用保险和贷款保证保险覆盖率，农业保险参保农户覆盖率提升至95%以上。

提高金融服务满意度。有效提升金融服务效率，提高小微企业和农户申贷获得率和贷款满意度。加强金融消费者教育和权益保护工作力度，明显降低金融服务投诉率。

四、健全多元化机构体系

（一）发挥银行业金融机构作用。

推动国家开发银行、农业发展银行等政策性银行在江苏分支机构与各级政府建立合作推进机制，增强在服务“三农”、精准扶贫以及农村开发和水利、贫困地区公路等农业农村基础设施建设方面的贷款支持力度。（牵头责任单位：江苏银监局）

鼓励地方法人城市商业银行设立普惠金融事业部，以薄弱领域金融服务为重点，专项配置信贷、队伍等资源，建立科学合理的风险管理机制和差异化的考核评价机制。支持发起设立面向小微和“三农”的融资租赁公司或金融租赁公司。（牵头责任单位：江苏银监局）

发挥农村商业银行农村金融服务“主力军”作用。鼓励优质农商行通过上市（挂牌）、兼并重组等方式发展壮大。支持有条件的农村商业银行发行“三农”、小微企业专项金融债，拓宽支农资金融资渠道。（牵头责任单位：省农村信用联社）

鼓励符合条件的村镇银行按照可持续发展原则，在县（市、区）域内积极向基层延伸服务网点和设施，创新服务手段和服务模式，切实加强基层和社区金融服务。（牵头责任单位：江苏银监局）

（二）规范发展各类新型金融组织。

支持小额贷款公司发展，调整完善监管政策。坚持农村小额贷款公司“服务三农、小额分散”的经营宗旨，鼓励农村小额贷款公司开展“惠农贷”“小微贷”业务。（牵头责任单位：省金融办）

规范农民资金互助社运行。按照“适度规模、封闭运作、支持三农”的基本要求，稳步推进农民资金互助社“转籍”工作，建立健全法人治理结构和内部管理制度，建立完善全省统一的业务系统和以县（市、区）为主体的监管系统。（牵头责任单位：省金融办）

促进互联网金融组织规范发展。贯彻落实国务院有关部门、省委、省政府关于开展互联网金融专项整治的一系列部署要求，加强互联网金融风险专项整治，按照有关法律法规和政策文件规范发展业务。（牵头责任单位：人民银行南京分行）

（三）积极发挥保险公司保障优势。

扩大贫困地区政策性农业保险覆盖面，降低贫困户保费费率和起赔点。积极推广小额贷款保证保险，为贫困户融资提供增信支持。鼓励保险机构建立健全针对贫困农户的保险保障体系，开展人身和财产安全保险业务，防止贫困群众因病致贫、因灾返贫问题。创新优化适合江苏特点的农业保险经营模式，完善农业保险协办机制。（牵头责任单位：江苏保监局）

五、创新金融产品和服务手段

（一）鼓励金融机构创新金融产品和服务模式。

推广针对小微企业、高校毕业生、农户，以及精准扶贫对象等特殊群体的小额信贷产品。针对不同类型和经营规模的新型农业经营主体，积极提供差别化融资方案，推广“一次授信、余额控制、随用随贷、周转使用”的信贷模式。开展动产质押贷款业务，推动中征应收账款融资服务平台应用，发展知识产权、股权、仓单、订单、应收账款等质押贷款和供应链融资业务。（牵头责任单位：人民银行南京分行）

深入推进“两权”抵押贷款试点工作，探索扩大抵押物范围。深入开展小微企业转贷方式创新，鼓励各地设立小微企业转贷基金，支持建立小微企业转贷服务公司。（牵头责任单位：人民银行南京分行）

鼓励符合条件的小微企业发行私募债券、集合债券，探索发行小微企业集合信托。引导农业企业通过期货市场进行农产品的套期保值。鼓励各类资本设立农业产业投资基金、农业科技创业投资基金等股权投资基金，拓宽农业和涉农企业直接融资渠道。（牵头责任单位：省金融办）

完善银行、融资担保机构和政府出资的担保基金之间的风险共担机制。提升政策性农业信贷担保服务能力，加快构建覆盖全省的农业信贷担保服务网络。引导银行业金融机构对购买信用保险和贷款保证保险的小微企业给予贷款优惠政策。加大创业担保贷款财政贴息补助资金安排规模，强化对城镇登记失业人员、就业困难人员、创业农民、建档立卡贫困人口等弱势群体创业、就业、致富的信贷支持力度。（牵头责任单位：省财政厅）

提高农业保险覆盖程度。巩固发展主要种植业保险，大力发展高效农业保险。扩大农业保险覆盖率和省级财政高效设施农业保险奖补险种范围，按规定将符合条件的近海养殖保险纳入财政奖补范围，扩大畜产品及森林保险范围，鼓励保险机构开展地方特色农产品保险、目标价格保险、收入保险、天气指数保险和新型农业经营主体专属保险，全面提高保险服务现代农业建设的能力。（牵头责任单位：江苏保监局）

（二）发挥互联网促进普惠金融发展的有益作用。

鼓励具有资质的各类金融机构积极利用互联网技术，为小微企业、农户和各类低收入人群提供小额存贷款业务。支持农村商业银行发挥机构、客户优势，通过手机银行业务等服务方式，全面提升农村金融服务的信息化、网络化水平。鼓励具有资质的各类金融机构、涉农电商探索开展“金融+互联网+农业”经营模式，提升农村互联网金融服务水平。（牵头责任单位：省金融办）

六、完善金融基础设施

（一）推进农村支付环境建设。

支持各类金融机构结合自身战略定位，下沉服务网点，进一步向县域和重点乡镇延伸，提高基础金融服务的基层覆盖面。完善农村金融综合服务站服务功能，进一步叠加惠农补贴支取、缴费、金融服务信息收集、征信信息采集、金融消费者投诉接报、金融知识宣传等服务。支持农村金融服务站与电商平台村级服务站功能融合，打造农村金融服务站“升级版”，不断提高为农村地区提供金融服务的能力。大力宣传推广现代支付工具，鼓励各地增加农村地区支付服务环境基础设施建设的资金投入，进一步优化 ATM、POS 机在农村地区的布局，充分利用现代信息科技手段，大力推广自助银行、网上银行、手机银行等现代化金融服务渠道，提升农村支付结算互联网水平。（牵头责任单位：人民银行南京分行）

（二）建立健全普惠金融信用体系。

设立主要服务于中小微企业的省级企业征信公司，进一步健全中小企业信用信息采集和应用机制，提高中小微企业的信息透明度。稳步推进小微信贷机构接入金融信用信息基础数据库，提高接入效率，降低接入成本。稳步推进金融机构接入省

级综合金融服务平台，提高融资效率，降低融资成本。（牵头责任单位：省金融办）

完善江苏省农村经济主体综合信息管理系统，整合县域涉农公共信用信息和“三农”信息等资源，提高新型农业经营主体、农户信用档案建档覆盖面。强化信用信息在促进“三农”融资方面的运用，引导涉农金融机构积极运用信用等级评价结果，创新金融服务，提高金融支农惠农的水平和实效。（牵头责任单位：人民银行南京分行）

（三）做好普惠金融统计工作。

建立涵盖金融服务可得性、使用情况、服务质量的统计指标体系，开展普惠金融专项调查和统计，全面掌握普惠金融服务基础数据和信息。建立普惠金融发展动态评估和考核机制，从区域和金融机构两个维度，对普惠金融发展情况进行全面评价，督促各地区、各金融机构持续改进服务工作。（牵头责任单位：人民银行南京分行）

七、发挥政策引导和激励作用

（一）建设省级综合金融服务平台。

提升综合金融服务水平，不断完善基于互联网技术的省级综合金融服务平台，服务中小微企业融资。按照“一个平台、三大支撑”的建设思路，有效整合金融产品、融资需求、信息中介、征信服务、扶持政策等资源，实现网络化、一站式、高效率融资对接。（牵头责任单位：省金融办）

完善农村金融综合服务体系。健全完善全省统一联网、信息互联、资源共享、省市县乡四级联动的农村产权交易信息服务平台，开展资产评估、法律服务、产权经纪、抵押登记等业务，打造农村产权“互联网＋交易鉴证＋他项权证＋抵押登记”抵押融资链条，构建集信息发布、产权交易、法律咨询、资产评估、抵押登记等为一体的农村产权交易和融资服务体系。（牵头责任单位：省委农工办）

支持设立农村综合金融服务公司。积极发展小额信贷、信用担保、农业保险代理、涉农产业投资、农业农村人才培训等综合金融服务。支持符合条件的县（市、区）组建农村资产经营公司，以市场化方式运营管理，开展农村各类经营性资产资源价值评估、抵押物回购处置等业务。（牵头责任单位：省金融办）

（二）加强金融监管政策差异化激励。

开展涉农和小微企业信贷政策导向效果评估，加强评估结果反馈和运用，推动金融机构加大对农业供给侧结构性改革的金融支持力度，进一步提升小微企业金融服务水平。通过普惠金融定向降准政策及再贷款再贴现政策工具，不断引导金融机构贯彻金融服务实体经济理念，将更多金融资源配置到经济社会发展的重点领域和薄弱环节。合理确定辖区内使用再贷款资金发放的涉农、小微企业贷款利率水平，促进社会融资成本降低。加强对地方法人金融机构涉农、小微企业贷款考核，通过精准考核、有效激励，提升金融机构支农支小的积极性。加强对辖区内地方法人机构已发行存续期小微金融债、三农金融债后续监督管理。（牵头责任单位：人民银行南京分行）

（三）发挥财税政策作用。

设立普惠金融发展专项资金，专项用于普惠金融发展，制定普惠金融发展专项资金管理办法，包括建立财政资金增信措施、贷款和担保风险补偿政策、支持直接融资和地方金融体系发展政策等。（牵头责任单位：省财政厅）

（四）压实地方政府金融监管和风险处置第一责任。

严厉打击各类非法金融活动。重点打击非法集资、非法证券交易、非法保险等涉众涉稳不法金融活动，完善非法集资举报奖励制度，探索建设非法集资监测预警平台。切实加强金融监管，着力做好风险识别、监测、评估、预警和控制工作，完善金融突发事件应急处置预案，妥善处置普惠金融重点服务对象金融风险，坚决守住不发生区域性金融风险的底线。（牵头责任单位：省金融办）

八、加强普惠金融教育和金融消费者权益保护

（一）加强金融知识普及教育。

充分发挥媒体的舆论引导作用，督促金融机构多渠道开展金融消费者教育，引导金融消费者树立理性消费投资理念，提高风险意识和自我保护能力。加强对金融消费者宣教基地的工作指导，鼓励有条件的机构建设金融消费者宣教基地，方便社会公众就近、便捷获取教育资源。（牵头责任单位：人民银行南京分行）

（二）提高公众金融风险意识。

以金融创新业务为重点，针对投资理财、融资担保和网络借贷平台等重点行业和领域，深入宣传金融风险防范知识，增强群众风险防范意识，树立“收益自享、风险自担”观念。督促金融机构重点加强信息披露和风险提示，引导金融消费者根据自身风险承受能力和金融产品风险特征理性投资消费。（牵头责任单位：省金融办）

（三）强化金融消费者权益保护。

建立金融消费者权益保护工作协调机制，加强金融消费者权益保护监督检查，

及时查处侵害金融消费者合法权益的行为，维护金融消费市场健康有序运行。督促金融机构切实担负起受理、处理金融消费纠纷的主体责任，进一步完善工作机制，改进服务质量。畅通金融机构、行业协会、监管部门、仲裁、诉讼等金融消费争议解决渠道，探索建立非诉第三方纠纷解决机制，引导金融消费者通过合法渠道解决金融纠纷。（牵头责任单位：人民银行南京分行）

九、加大普惠金融发展组织保障

（一）加强组织领导。

加强与中国人民银行和银监会、证监会、保监会等国家金融管理部门及其派出机构的沟通协调，争取国家对江苏省普惠金融更多的支持。建立由省金融办牵头，金融监管部门、省有关部门参加的省普惠金融工作联席会议制度，加强金融监管部门、地方政府、金融企业之间的协调互动，强化意见实施的总体指导和统筹协调，研究解决意见实施过程中出现的新情况新问题，确保各项目标、任务和措施落实到位。联席会议办公室设在省金融办，具体负责联席会议日常工作，各成员单位按照工作职责各负其责、协同推进，根据职责分工完善并推动落实各项配套政策措施。各设区市要加强组织领导，建立相应的普惠金融发展工作协调机制，结合本地经济金融发展实际，制定具体落实方案，细化支持政策和配套措施，扎实推进各项工作。

（二）强化法制保障。

加强地方立法，抓紧起草《江苏省地方金融条例》，明确各类普惠金融服务主体行为规范，依法保护各方权益，维护竞争公平有序、要素合理流动的金融市场环境。建立金融政法联动机制，完善金融执法体系。协调法院加快金融案件立案、审判、执行速度，推行金融案件审判程序繁简分流，加大简易程序适用力度。严厉打击恶意逃废金融债权的违法犯罪行为，切实保护金融企业合法权益。

（三）完善考评机制。

建立对意见实施情况的跟踪监测、检查和评估制度，把意见目标任务完成情况纳入各级地方政府工作目标责任制考核内容，定期公布检查评估结果，确保各项政策措施落到实处。构建全省金融机构工作绩效评价体系，对评价较高的金融机构，在货币政策工具使用、差异化监管、风险资金补偿等方面给予倾斜。完善金融业综合统计分析和数据共享制度，强化非现场监管信息系统建设，逐步将各类新型金融市场主体纳入统计监测范围。加强实施情况信息披露，建立群众评价反馈机制和第三方评价机制，鼓励公众参与监督，切实推进意见实施。